本书为全国高校古籍整理研究工作委员会直接资助项目"传世珍藏叶赫那拉氏族谱整理及研究"（编号：1438）的最终研究成果；国家社科基金项目"满族伦理思想研究"（编号：16BZX083）的阶段性研究成果

满族文化研究丛书

THE SORTING AND
RESEARCH OF THE
YEHENARAS
GENEALOGY

《叶赫那拉氏族谱》
整理与研究

薛柏成　著

中国社会科学出版社

图书在版编目（CIP）数据

《叶赫那拉氏族谱》整理与研究／薛柏成著．—北京：中国社会科学
出版社，2020.5

ISBN 978 – 7 – 5203 – 5124 – 9

Ⅰ.①叶…　Ⅱ.①薛…　Ⅲ.①氏族谱系—研究—中国　Ⅳ.①K820.9

中国版本图书馆 CIP 数据核字（2019）第 209313 号

出 版 人	赵剑英
责任编辑	刘　芳
责任校对	闫　萃
责任印制	李寡寡

出　　版	中国社会科学出版社
社　　址	北京鼓楼西大街甲 158 号
邮　　编	100720
网　　址	http://www.csspw.cn
发 行 部	010 – 84083685
门 市 部	010 – 84029450
经　　销	新华书店及其他书店

印　　刷	北京明恒达印务有限公司
装　　订	廊坊市广阳区广增装订厂
版　　次	2020 年 5 月第 1 版
印　　次	2020 年 5 月第 1 次印刷

开　　本	710×1000　1/16
印　　张	22.25
插　　页	2
字　　数	303 千字
定　　价	108.00 元

序

　　叶赫那拉氏，原出女真扈伦四部之叶赫部。叶赫部是扈伦四部中最强的部落，是努尔哈赤统一女真最后消灭的劲敌，其过程，构成了早期满族史的重要内容，该部首领叶赫那拉氏家族（始祖星根达尔汉）的清佳奴、杨吉奴及其子纳林布禄、金台石（皇太极舅父）等，也成为早期满族史的重要人物。叶赫那拉氏又是清入关后的满洲“八大家”之一，[①] 礼亲王昭梿曾说：“凡尚主选婚，以及赏赐功臣奴仆，皆以八族为最云。”[②] 清初的努尔哈赤、皇太极及代善、济尔哈朗等几个宗室王公，以及入关后的几位皇帝，其后妃、福晋多出自叶赫那拉氏。清皇家也将女儿嫁与叶赫那拉氏家族。有名者，如努尔哈赤的孝慈后（皇太极生母）、皇太极之侧妃（承泽亲王硕塞生母）、康熙帝的惠妃（皇长子直郡王胤禔的生母）、乾隆帝的舒妃，以及晚清的慈禧太后、光绪帝的孝定皇后（慈禧侄女）等。叶赫那拉氏在清代有影响的，清初有康熙朝的权臣大学士明珠（原叶赫部贝勒金台石之孙），文学方面是明珠之子，众所周知的诗词大家纳兰性德。晚清则有宰辅之臣那桐，以及垂帘的慈禧太后。因而，叶赫那拉氏是满族

---

　　① 满洲“八大家”有哪八家，文献记载不一。全部记之有十余家，而一般以瓜尔佳氏、钮钴禄氏、佟佳氏、富察氏、（叶赫）那拉氏、赫舍理氏、舒穆禄氏、马佳氏为其中最著名的家族。

　　② 昭梿：《啸亭杂录》卷10“八大家”，中华书局1980年标点本，第316页。

史、清史上值得重点研究的著姓。

薛柏成先生早就从事叶赫那拉氏之家族研究，十几年前出版了专著《叶赫那拉氏家族史研究》①，此后仍执着于这一专题的探讨，为此而多方搜集有关资料，尤其是集中反映叶赫那拉氏家族史的宗族谱，综计前后已二十几种，裒然成集。遂有今日《〈叶赫那拉氏族谱〉整理与研究》一书之面世。

叶赫那拉氏，或作叶赫纳喇氏、叶赫纳兰氏、叶赫呐喇氏，还有略去"叶赫"简称为纳喇氏、那拉氏乃至那氏者。而同为居叶赫地区为叶赫那拉氏者，又有同姓氏而不同宗者。《〈叶赫那拉氏族谱〉整理与研究》一书所述该家族之宗谱，就有以上不同名称及不同的家族。该著分整理、研究两部分。所整理者有如下多种。

国家图书馆所藏：

《叶赫纳兰氏八旗族谱》，道光三年钞本。为叶赫那拉氏始祖星根达尔汉第十四世孙额腾额编撰。谱首为额腾额所作谱序，次为世系表，谱末记道光初年叶赫那拉氏后裔分布的地方。世表自始祖星根达尔汉至铭敦，共辑十五代，1522 人。所整理之分支世系表，清晰地显示了诸如杨吉奴→纳林布禄、金台石→尼雅哈→明珠→纳兰性德→福格，以及清佳奴→布寨→布扬古、布尔杭古等人的辈分关系。

《布寨佐领世表》。此谱为前述叶赫贝勒清佳奴之子叶赫西城之主布寨（亦称布斋）及其后裔的世系谱，自布寨记至麟武凡十四代，共188 人。并记述布寨之子布尔杭古（或作布尔杭武）归附努尔哈赤之后，其所属叶赫壮丁编为两个佐领，以及历经太宗皇太极、入关后雍正时的变化，最后又续编三个佐领为五个佐领的过程。此五个佐领缺出，由布尔杭古之子孙承袭。而布寨之另一子达尔汉的子孙则无承袭资格。这是八旗制度中的重要内容。

《叶赫那拉氏族谱》，道光二十九年朱丝栏稿本。该族原为朝鲜

---

① 薛柏成：《叶赫那拉氏家族史研究》，吉林文史出版社 2004 年版。

人，后居叶赫，归隶满洲，编入镶黄旗满洲内，始祖章嘉任厩长。顺治元年，其子概吉一支"从龙"入京。此外，族人本支仍居叶赫。章嘉玄孙常英，乾隆时任京官笔帖式，辑进京之一支族人编为世谱（以概吉为本支始祖）。此后嘉庆十七年、道光二年、道光十七年、道光二十九年几次续修。此谱有历次所修之序，族人世系，族人堆齐、常英、官保、德敏、德毓、彭年等人的传记及其后人的简历。后附经整理的世系表。

《叶赫那拉氏世系生辰谱》（乾隆二年蓝丝栏钞本）。族人那淳所修。此族隶京旗镶红旗满洲。顺治时胡锡布一支入京。那淳之祖兴保，曾任平郡王府（岳托后裔铁帽子王府）头等护卫，管王府包衣事务。此谱列族人世系，并按世系叙族人生平简历、子女等。

《叶赫拉氏宗谱源流考》（康德十年叶凌云写本）。此族原隶京旗正白旗，康熙初年拨回吉林宁古塔。此谱叙叶赫部及本支源流及本族人一些重要事迹。

中国第一历史档案馆所藏：

叶赫那拉氏《德贺讷世管佐领接袭家谱》，是该档案馆的"宫中杂件"手抄折册，从最后所续内容看，应成于光绪后期。其引人注目之处，是谱系中有"慈禧太后"，列于"惠征"之下，而惠征之先祖为"德贺讷"。该谱主要记德贺讷下喀山之子孙的族源、世系支脉、亲族关系、袭爵、旗籍、驻防迁徙、改旗抬旗、重要人物等情况，以及喀山家族的两个世管佐领的世代承袭情况。全谱共记 13 世，216名男丁。

此外，《〈叶赫那拉氏族谱〉整理与研究》一书另将乾隆朝官修《八旗满洲氏族通谱》中的"叶赫地方纳喇氏"部分作了标点。

《〈叶赫那拉氏族谱〉整理与研究》的整理部分，还将叶赫那拉氏之以下族谱的内容作了摘编。

1. 正白旗《叶赫呐喇氏宗谱》，满汉文合璧，同治年间续修，藏中央民族大学图书馆。摘编内容：正白旗满洲二甲喇叶赫那拉氏的 3

个世管佐领的历任佐领官担任者及其族人分散在各地驻防的具体地点。

2. 辽宁《叶赫那拉宗族谱》，辽宁那世垣藏本。所摘录为：诸位族人所作的序；对官修《八旗满洲氏族通谱》等资料误记族人、史事的辨析；叶赫纳喇氏始祖释疑补遗；该族支的祭祀礼仪；族人取名预列的用字；宗规家训等。

3. 辽宁《那氏谱书续集》，摘录：谱序；家族远祖、先祖等族人的考证。

4. 吉林满汉合璧《叶赫那拉氏谱单》，乾隆至光绪四次续修。摘录：谱序；该分支族人世系；满文神本。

5. 《那桐谱单》。那桐，叶赫那拉氏，内务府满洲镶黄旗人。光绪三十一年任大学士、外务部会办大臣，宣统元年为军机大臣，是值得研究的晚清人物。此著摘编了《那桐谱单》中那桐之父浦安、那桐的一子八女、那桐之子绍曾的四子三女及他们的婚姻与子女情况。

6. 叶赫那拉氏后裔叶嘉莹家世之渊源及谱系有关资料。

叶嘉莹为众所周知的国际著名的中国古典文学研究专家。此部分所编内容有："叶嘉莹自述"，记述叶赫那拉氏星根达尔汉家族之渊源、演变，直至明珠、纳兰性德的概况，以及叶嘉莹自己之曾祖、祖父之职任与自己所受家族儒家文化的影响。另外是叶嘉莹与先辈之世系关系：始祖为星根达尔汉→二世：席尔克明噶图→三世：齐尔哈尼→四世：诸孔革→五世：台担住→六世：清佳奴→七世：那林布禄→八世：乌达哈→九世：尼克达→十世：托三太→十一世：谙布→十二世：常龄（长龄）→十三世：多隆→十四世：联魁→十五世：中兴→十六世：廷元→十七世：叶嘉莹。

《〈叶赫那拉氏族谱〉整理与研究》一书的研究部分，既是作者对族谱内容解析的心得，同时也是对族谱史料价值的阐释。如《叶赫纳兰氏八旗族谱》（额腾额修）关于星根达尔汉叶赫那拉氏后裔褚孔革一支事迹的揭示，褚孔革曾孙瑚沙拉、爱敏之子孙们的取名汉化现象。《叶赫那拉氏族谱》（祥安修）关于叶赫那拉章嘉家族之源于朝鲜人的族源、归附努尔哈赤后的任职，"从龙"进京后的情况及其后裔作为一个下层官宦之家在乾、嘉、道年间的家族奋斗史。其他如根据《叶赫拉氏宗谱源流考》《拉林那氏古谱谱单》《黑龙江地区那氏谱单》《双城古谱》《那氏谱书续集·双城支系族谱》所载世系源流，而总结的不同宗支之叶赫那拉氏归附满洲，"从龙入关"后，再因调防或其他原因到黑龙江地区的历史迁徙过程。这对东北满族史的研究有重要的参考价值。再如综合《那桐谱单》与《叶赫那拉氏族谱》（常英原辑）所揭示的那桐家族与原朝鲜人章嘉的血缘关系，以及《那桐谱单》所反映的那桐家族的满族礼俗，与满族宗室贵族、官宦之家的婚姻关系。还有，根据《德贺讷世管佐领接袭家谱》所记载，证明慈禧太后娘家之叶赫那拉氏，与星根达尔汉及以后的叶赫部酋长之叶赫那拉氏并非同一家族，该叶赫那拉氏之祖上，在叶赫部灭亡以前就归附了努尔哈赤，因而，民间传言所谓被满洲灭亡的叶赫部酋长遗言该部之女将来复仇灭清，至晚清遂有叶赫那拉氏慈禧之倾覆爱新觉罗王朝云云，是凭空编造。作者还据《德贺讷世管佐领接袭家谱》，总结该家族自入关前到咸丰末年隶旗的变化、族人之任官等情况，均有学术意义。

　　叶赫那拉氏中的星根达尔汉家族，其后裔族人值得作集中系统的研究。仅见于《八旗满洲氏族通谱》所记乾隆初年以前记为"金台石同族"应立传有事迹之人，就有 20 人，还有 7 人记有其本人或子孙所任官职。应立传中的较重要者，有诸如金台石、布扬古、额驸苏纳、国舅阿什达尔汗、都统固三泰等，每个人下又都列有子孙等任官者多人，如金台石下，就列有 40 多个任官者，其中大学士明珠，明珠之子都察院左都御史揆叙、皇家和硕额驸揆芳等，皆列叙其下。如果再将乾隆初年以后至清末这一家族的有名人物，集中而作系统研究，将是非常有意义的。满洲其他大家族如钮祜禄氏、瓜尔佳氏、佟佳氏、富察氏等，均有必要作专题研究。如果满学界能够对满洲这些大家族，以各家族谱结合档案及其他文献进行专门研究，则对于满洲家族史乃至满族史研究的深入与发展，都是很大的促进。这也是这部《〈叶赫那拉氏族谱〉整理与研究》应予重视的学术价值体现。

本人于叶赫那拉氏素无研究，薛先生之邀序盛情难却，乃根据《〈叶赫那拉氏族谱〉整理与研究》所记，叙如上内容，希望能对读者细阅此著略有所助。

杜家骥

戊戌秋于南开园

前　言

清朝官修《八旗满洲氏族通谱》①载：那拉氏"为满洲著姓，其氏族散处于叶赫、乌拉、哈达、辉发及各地方，虽系一姓，各自为族"，包括尼马察、张、科尔沁、长白山、伊巴丹、伊兰费尔塔哈、布尔哈图、伊哈里、扎库木各地方的那拉氏家族。而叶赫那拉氏主体原系明末海西女真扈伦四部之一叶赫部的王族，是满族除皇族之外在清代有很大影响的家族。努尔哈赤统一扈伦四部后，这一家族群体伴随清朝的历史发展而发展，除了王族金台石、贵族喀山等几支族外，还有大量平民支族主要散处于北方各地，生息繁衍，一直到今天。对于这一群体历史的研究向来比较零散，史料也不集中，但满族人的修谱风气之盛却是由来已久的，古往今来叶赫那拉氏族人在自己的谱书之中记载了大量的本氏族历史，这些珍贵的资料使叶赫那拉氏族谱从一个重要的实证角度浓缩了满族的群体历史记忆，与其他满族家族记忆构成了满族族群自我认同的文化基础，它很好地承载了满族人的个性历史，这恰恰是我们在宏观民族叙述史学中常常惯性遗失的，但这些记忆怎能失去！正如定宜庄先生所说："每个人的历史都不应该被遗忘。"②研究其中的宗教信仰记忆、满族共同体形成的记忆、民族

---

① 弘昼、鄂尔泰、福敏等：《八旗满洲氏族通谱》，辽海出版社 2002 年影印本。
② 定宜庄：《老北京人的口述历史》，中国社会科学出版社 2009 年版，扉页。

迁徙历史记忆、满汉文化交融的记忆以及道德生活记忆是当前满族历史文化研究的重要方式之一，即历史人类学、社会学甚至伦理学等多学科交叉研究的范式。在这里我们着重于谱牒资料中普通民众日常生活的研究，诸如衣、食、住、行、家庭、节日、礼仪、信仰、迷信、神话、传说、民俗，在史实与讹传、真实与虚夸之间找到一种平衡，获得一种思路，这对于满族历史文化研究而言，也有极其重要的启发。

一　叶赫那拉氏族谱中体现的满族宗教信仰历史记忆

清入关后，满族宗教信仰越来越多元化，民间家祭逐渐代替了野祭，掺杂了官方提倡的佛教、道教等内容。而野祭形态仅在黑龙江和吉林地区的民间个别家族当中存在，而且有其独特的仪式、神谕和宗教伦理，是满族族群最为特殊的宗教信仰历史记忆。叶赫那拉氏满文《那氏谱单》所附神本为我们展示了清代吉林地区叶赫那拉氏萨满信仰中野神祭的内容与特色，作为个案，它对满族萨满文化的研究有较大的参考价值。它具体有以下几方面：首先，祭祀之神多元化，寄托了图腾崇拜的满族萨满信仰。其次，《那氏谱单》所附神本祭祀的祖先神是那拉瞒尼，寄托了祖先崇拜的满族萨满信仰。再次，《那氏谱单》家谱中的"那拉瞒尼"是叶赫那拉氏家族的祖先神，而瞒尼神的原型则是祖先中的英雄实体，他们多数是氏族、部落的首领、酋长，生前均为本氏族的发展做出过特殊的奉献和贡献，这是对祖先的经历与业绩的记录和传颂，以此实现纪念的目的。在复习、强化群体记忆的同时，也完成了记忆的传承，使一代代人接纳了共同的群体记忆，体现了满族萨满信仰中独特的族群认同。最后，神本中的神辞崇尚长白山文化，寄托了满族及其先民慎终追远的族源信仰，这是满族文化中敬重大自然的一种宗教表现。

辽宁《叶赫那拉宗族谱》中记载了有关叶赫那拉氏家族的祭祀记忆，包括榆树祭、锁头妈妈祭、祖宗祭、背灯祭、梭龙杆子祭、孤柳树祭，带有鲜明的野祭特色，同时把野祭的程序融入宗族家祭程序之中。另外，谱中"托力"的神话传说，寄托了叶赫那拉氏族人万物有灵、祈愿家族平安的萨满信仰。上述祭祀记忆及神话传说从另一个方面丰富了满族萨满信仰的研究内容。

二　叶赫那拉氏族谱中体现的满族形成与发展的历史记忆

（一）关于满族共同体形成的历史记忆

在满族共同体形成的历史记忆研究中，以清朝官修《八旗满洲氏族通谱·叶赫地方呐喇氏》《叶赫纳兰氏八旗族谱》《布寨佐领世表》《叶赫纳兰氏族谱》《那桐谱单》《叶赫呐喇氏宗谱（正白旗）》为代表。其中《叶赫纳兰氏八旗族谱》对叶赫那拉氏著名的金台石一支在努尔哈赤灭叶赫部后其人民归属八旗编制的记载最为直观、详尽，纠正了诸多文献之误和史家错笔，是海西女真融入满族共同体的真实历史记忆；《叶赫纳兰氏族谱》及其续谱《那桐谱单》展示了叶赫籍朝鲜人的历史活动；《叶赫呐喇氏宗谱（正白旗）》向人们展示了东北各部落力量的"国初来归"，所有这些反映了在满族共同体的形成、发展过程中，东北地区少数民族部落不断加入的民族融合过程的集体历史记忆。

清朝官修《八旗满洲氏族通谱·叶赫地方呐喇氏》是目前有关叶赫那拉氏世系源流最权威、客观的史料。它根据当时的档案和八旗满洲名门望族所保存的宗谱，共收录叶赫地方纳喇氏著名人物七十六个，从明末叶赫灭亡前后，截至通谱成书的乾隆年间，记有金台石、布扬古、苏纳等支族姓氏命名、归顺努尔哈赤和皇太极的时间、原籍何地、官阶及勋绩，记载世系少则七八代，多则十几代，较为真实地反映了在后金建立前后叶赫族人加入满族共同体及其对清初统一与政权巩固的历史作用。

《叶赫纳兰氏八旗族谱》是目前所掌握的有关叶赫那拉氏世系源流最清楚，记述内容较全面的一部珍贵史料。在满族共同体的形成中，与努尔哈赤灭叶赫部的人事直接相关，其中自诸孔革至叶赫东城贝勒金台石之孙南褚，共六代，其人名、官职、支派、世系等多与明人冯瑗《开原图说》卷下《海西夷北关支派图》所记相符。自南褚之后，凡七代，所记人名，官职、支派世系及旗属等多与《清史稿》诸臣封爵世表和《八旗通志》旗分志满洲八旗佐领世系相符，特别是对叶赫那拉氏著名的金台石一支记载最为详尽、可信，纠正了诸多文献之误和史家错笔。

《布寨佐领世表》对叶赫部灭亡后期部族归属真实地作了说明，谱内布尔杭武条下注："此佐领原系太祖高皇帝辛未年取叶赫时以布尔杭武作为三等男爵与敬文王姊联姻。将叶赫壮丁编为两个佐领，由佐领下诸莫欢、武巴海各承管一佐领。至太宗文皇帝八年，分别论记起初各官功绩，布尔杭武之子格巴库虽然无功，念系异国贝勒之后，与定鼎功臣相等。免去壮丁为优异佐领。雍正九年，众大臣会议佐领时，此两个佐领虽系优异，但实录并无圈点，册籍上无拴参等处，故作为世管佐领，将此二佐领撤回，著布尔杭武之子格巴库、布尔杭武之孙萌图（曾任吉林乌拉将军）各承一佐领。"这则史料对努尔哈赤灭叶赫后其人民的归属给了一个具体的交代，很有价值。

兴泰、祥安修《叶赫纳兰氏族谱》以及张之澍先生的《那桐谱单》上承清乾隆三十九年常英编辑的《叶赫那拉氏族谱》。常英在其《叶赫那拉氏族谱》序中说道："我高祖讳章嘉，本朝鲜人，世为名阀。天命年间迁于辽，隶满洲职居厩长，住叶赫氏那拉。既我曾祖讳羓吉，顺治元年从龙入都，本枝乃居叶赫族属，甚繁势难备载。故谱中止叙进京之一派。查乾隆初纂修八旗姓氏通谱，本族编入厢黄旗满洲内，所载叶赫那拉氏章嘉，原任厩长，其孙法尔萨原任牧长，元孙常英现系文生员。"①

这就很清楚地交代了《那桐谱单》所记族人的族源，是在天命年间迁入叶赫地区的朝鲜族人，后融入满族这个民族共同体中。这不仅反映了在满族共同体的形成、发展过程中，东北地区少数民族部落（包括朝鲜族部落）不断加入的民族融合过程，也反映了满族共同体直至近代以来的民族融合情况。张氏族人的先祖就是在努尔哈赤、皇太极时期主动归顺而来朝鲜族中的一支，而满族在入主中原之后与汉民族的融合就更加密切，《那桐谱单》体现的姓氏变迁就充分说明了这一点。

《叶赫呐喇氏宗谱（正白旗）》记载了雅巴兰这一家族的谱系，交代了其归附努尔哈赤的时间：雅巴兰的三个儿子额森、瑚沙喇、爱敏台吉所在的支族人物是"隶正白旗，世居叶赫地方，国初来归"，而雅巴兰的第六子阿什达尔汉是在努尔哈赤灭叶赫后，即天命四年（1619），率族属投归后金，其族众被编入满洲正白旗中。

对于叶赫那拉氏的族源问题一直有不同看法，官修《八旗满洲氏族通谱·叶赫地方呐喇氏》认为是蒙古人，始祖星根达尔汉到叶赫不是入赘，而是占据其地；还有人认为是女真人，这也涉及满族共同体形成的问题。正蓝旗《叶赫那拉宗族谱》认为："叶赫那拉氏始祖星根达尔汉是北元东部阿岱汉和太师阿鲁台留在嫩江流域遗族中的土默特人，为避难投靠到女真塔鲁木卫纳喇氏家中，改姓纳喇，招为赘婿。其后人迁到叶赫河畔，故称叶赫。"这则记载肯定了"蒙古人"说，同时对其始祖的来历也作了研究，给了我们另外一个研究的视角。

（二）关于满族民族迁徙与驻防的历史记忆

在满族民族迁徙历史记忆的研究中，以《德贺讷世管佐领接袭家

---

① 薛柏成：《叶赫那拉氏家族史研究》，吉林文史出版社2004年版，第347页。

谱》《叶赫呐喇氏宗谱（正白旗）》《那氏谱单》《那氏谱书续集》《黑龙江那氏谱单》为代表，全面立体地展示了满族从东北"从龙入关"并在北京及全国各地驻防，一些族群又因清统治者强化守卫东北"龙兴之地"的意图继而被派回东北的复杂历史迁徙过程，其中族群血缘认同的特殊组合是人类学意义上的独特记忆。

满洲八旗在"从龙入关"后，一开始都住在北京城中，后来随着清军的南下，八旗在各地都有驻防，由于东北是满族的发源地，备受清政府的重视，所以一部分满洲八旗又被派回东北驻防。作为清代八大家族之一的叶赫那拉氏家族在历史上曾作为守卫"龙兴之地"——东北的重要力量之一，有多支家族被派回到东北驻防，这些情况的细节在叶赫那拉氏家族史上一向不甚明了，通过叶赫那拉氏《德贺讷世管佐领接袭家谱》所记载的慈禧太后家族的前后旗属、驻防变化资料以及《那氏谱单》《那氏谱书续集》《黑龙江那氏谱单》的相关资料，可以从一个侧面了解叶赫那拉氏家族随清朝入主中原前后的流向及其在国内的分布等情况。其主要居住地为盛京、凤城、北京、拉林等地，这对《八旗通志》《八旗满洲氏族通谱》《清史稿》相关史料多有续写和增补。

八旗驻防是清朝的根本制度之一。清军入关之后，在原有八旗制度的基础上，在全国范围内开始建立八旗驻防体系，选择各地派驻八旗兵丁，设置将军、都统、副都统等员统率，形成了有清一代特有的八旗驻防制度，为维护清朝统治发挥了极其重要的作用。《叶赫呐喇氏宗谱（正白旗）》所附"叶赫呐喇氏八旗各处分驻地方"表记载了雅巴兰后人在全国的驻防情况，雅巴兰后人共有 103 个家族驻防在全国 44 个地区，北到吉林、黑龙江地区，南到福建、广东地区，西到西安、伊犁地区，东到沧州、密云地区，几乎遍布大江南北，其中东北地区驻防人数最多，像吉林、沈阳、旧边、白山等地派驻家族近40 个；而西北边疆地区也次之，像西安等地派驻家族 5 个，伊犁等地派驻家族 8 个，这从一个侧面反映了清政府重视东北地区与西北边疆地区的防卫，这些都是研究满族后裔流向、分布的重要资料，为民族迁徙问题的研究提供了第一手资料。

辽宁的《那氏谱书续集》也反映了东北叶赫那拉氏家族入关后，再因调防或其他原因回到东北的历史迁徙过程。此支叶赫那拉氏，原居"叶赫利河涯"，其地在开原之东北，大约清初"从龙入关"，居北京草帽胡同，多数担任护军与侍卫，服役于圆明园。康熙二十六年（1687）其先祖温大力率领一部分人奉命调防至辽宁复州城，护边屯垦，繁衍发展，一直至今天。结合现存一些叶赫那拉氏族谱如《八旗满洲氏族通谱·叶赫地方纳喇氏》《叶赫纳兰氏八旗族谱》《世管佐领恩惠家谱》《布寨佐领世表》《叶赫纳兰氏族谱》《正白旗满洲叶赫那拉氏宗谱》等，我们认为叶赫那拉氏家族在明末清初大多分布在吉林省叶赫地区，后"从龙入关"，一部分留在北京，其余调防全国各地，其中绝大多数人回到东北驻防，由此可以看出国内叶赫那拉氏家族迁徙的大致情况：叶赫那拉氏家族的数量以辽宁省最多，吉林省次之，黑龙江省再次之，在京津及全国各地也有一小部分。这对研究国内叶赫那拉氏族的分布、源流，并以此为例进而研究整个满族家族的分布有着很高的学术价值。作为个案，其对研究与清代边疆驻防有关的课题极有价值。

黑龙江地区《那氏谱单》是《叶赫那拉宗族谱》的作者那世垣先生历经多年，多次到黑龙江地区走亲访友辑录而成，反映了叶赫那拉氏家族从道光年间一直到20世纪50年代，自辽宁地区分几次迁徙到黑龙江地区的情况，该家族主要分布在黑龙江地区勃利县、鸡西市、鸡东县、哈尔滨市、汤原县、宝清县、依兰县、拜泉县、依安县、黑河市十个县市区。道光年间，已有少部分族人因为生计等原因北迁至黑龙江地区。大致在20世纪50年代，又有少部分族人北迁至黑龙江地区。迁徙的原因应是中华人民共和国成立以后，我国计划经济体制逐步建立，在优先发展重工业的原则指导下，东北成为中华人民共和国成立初期重点投资建设的地区。同时，东北地区人口相对较少，特别是黑龙江省人口密度较低、资源丰富。所以这部分族人北迁至黑龙江地区，其谱单中"世字辈"之下的"守字辈"有关人员基本是在黑龙江地区出生的，其修谱人执着的族群血缘认同给我们留下了深刻的印象，这种文化认同下的记忆会大大有助于以后相关问题的研究。

通过上述谱书所记载的资料，可以了解叶赫那拉氏家族随清代贵族入主中原前后的流向、在全国的分布等情况，对于满族人口史研究也具有重要的史料价值。

（三）关于慈禧太后家世及相关问题的历史记忆

慈禧太后家世及相关问题历来争讼不休，这个问题随着中国第一历史档案馆珍藏的宫中杂档——叶赫那拉氏《德贺讷世管佐领接袭家谱》的发现及相关研究，明确了慈禧太后父系家族为叶赫那拉氏喀山一支，其族源、世系支脉、世职佐领承袭等信息在《八旗通志》《八旗满洲氏族通谱》《清史稿》及清宫档案中均可找到确切佐证，是可以信赖的。《八旗通志》《八旗满洲氏族通谱》《清史稿》相关史料对喀山家族世系的记载截至乾隆年间，俞炳坤先生据乾隆五十一年汉文黄册《京察三等官员册》、嘉庆六年汉文黄册《京察二等官员册》梳理了慈禧太后父系家族世系，[1] 但从未有资料证明慈禧太后父系家族世系与喀山家族世系的联系，从而使慈禧太后父系家族世系祖先无考，造成传统叶赫那拉氏家族史料的缺失。而《德贺讷世管佐领接袭家谱》的发现在学界填补了长期以来对慈禧太后父系家族世系无考的空白，从而也否定了"慈禧太后本是汉族人"的一些说法。

"慈禧复仇"这个命题曾流行于野史小说，甚至《清史稿》也把有清一代的兴亡归结于慈禧，[2]《德贺讷世管佐领接袭家谱》的发现

---

① 俞炳坤：《慈禧家世考》，《故宫博物院院刊》1985 年第 3 期。
② 赵尔巽：《清史稿》，中华书局 1987 年版，第 9313 页。

再次说明"慈禧复仇"是不存在的,《八旗满洲氏族通谱》《德贺讷世管佐领接袭家谱》中记载慈禧太后父系家族喀山一支是"世居叶赫苏完地方""当叶赫未灭,挚家归太祖"的一支叶赫那拉氏家族,不属于金台石家族,而且,全族立有军功,所以慈禧这一支叶赫那拉氏家族不仅与爱新觉罗家族没有世仇,反而有功,这有助于对慈禧的评价。

三　叶赫那拉氏族谱中体现的满族道德生活的历史记忆

在满族伦理道德记忆的研究中,以《那桐谱单》《那氏谱书续集》、正蓝旗《叶赫那拉宗族谱》为代表,我们认为,《那桐谱单》相关资料反映了近代满族贵族的道德生活;《那氏谱书续集》中详尽地体现了缅怀祖德、启示后人的现代阐释;正蓝旗《叶赫那拉宗族谱》所附族训、族中道德人物事迹、道德俚语俗语浓缩了这一家族的伦理道德记忆,所有这些褒奖爱国奉献,倡导个人道德修养的记载,无疑是研究满族道德生活史独特的资料。

《那桐谱单》相关资料反映了近代满族贵族的道德生活(包括婚姻观、生活情趣、礼仪文化、男女平等观等内容),涵盖了近代满族贵族家庭生活中的道德生活的特点及评价,体现了满族道德生活中带有汉族伦理道德的印记,但也保留了很多具有满族民族特色的道德文化,如其中所载的满族道德生活中的礼节、满族人之间门当户对的通婚要求等。

《那氏谱书续集》的修谱书宗旨明确提出了道德要求:"怀祖德、晓支脉、互促进、增凝聚。承前启后,继往开来。百善孝为先。尊敬长辈、孝道父母,那氏族人世代相传。"其中的"相离无不相合,相会更能和睦,道德知识,相关而相善;生计财产,相经而相营"以及"忠孝传家远,仁和奉室长。祖德铭威望,宗功誉满堂。敦厚千秋永,贤达万古良。文明成大业，礼貌创辉煌。勤劳尚节俭，信勉振家邦"等语实则传达了中国传统文化中的"追本溯源、光宗耀祖、正人伦、明孝悌"等道德思想。

《叶赫那拉氏族谱》中谱序、墓志、行述志、人物小传占据了整个族谱内容的三分之二，而这些文字有很多是这个家族的道德生活史的描述，传达了家族"忠孝为先""官当其任宜兴利，宜除弊"的为官伦理道德，表达了"居是官者不可以躁心尝之，求速效慕近功，惧其剽而悍也不可以怠心乘之。纵性情图安逸惧其废而弛也，能吏不可为而为"等为臣伦理道德；还传达了要"忠孝""喜必庆，忧必吊，长幼相接必以序，饮宴相欢必以情，教子弟必宽而严""于同祖之伯仲子侄亲若一体，罔不尽力周恤""持家勤俭，闺门严肃""宽厚，和平恭慈，俭约持躬，则砥节励廉，接物无疾言遽色，以义方教子，以孝友传家"等的家族治家伦理道德。

正蓝旗《叶赫那拉宗族谱》专门列举了族人孝顺贤德的典型，目的是以道德教化后人。《叶赫那拉宗族谱》还利用民间道德俚语、俗语进行道德劝诫："勿谈人之短，莫道己之长。家贫出孝子，国乱显忠良。信义行天下，奸巧不久长。好花能几日，转眼两鬓霜。忠厚传家远，廉耻振家邦。勤俭能致富，懒惰败家郎。知足常欢乐，贪吝有余殃。金钱莫乱用，开口求人难。千金置产易，万串买邻难。家财积万贯，难买子孙贤"，可谓用心良苦。

更为可取的是正蓝旗《叶赫那拉宗族谱·族训》回顾叶赫那拉氏历史，赞扬祖德，倡导把个人道德修养与爱国奉献结合起来："叶赫那拉，源远流长。白山黑水，是其故乡。渔猎为生，勤劳善良。满洲归一，驰骋疆场。统一祖国，功勋辉煌。先贤创业，后辈发扬。少当树立，远大理想。胸怀祖国，志在四方。科技时代，读书为尚。业精于勤，学毁于荒。锐意进取，宁折不枉。建功立业，为国争光。立身之本，修德为纲。德才兼备，展翅高翔。遵纪守法，身家安康。夫妇相处，贵互礼让。一人为主，大事共商。赡养父母，理所应当。父慈子孝，天伦和祥。家庭和睦，百业兴旺。培育子女，勤谨莫忘。宗族嗣续，中华希望。"

如今我国多民族道德生活史的研究已进入一个新的阶段，满族从白山黑水到入主中原，其道德生活随时间与地域的变化不断注入新的内容，其中东北旗人、北京旗人、全国驻防八旗的道德生活发展很不平衡，加之满汉伦理道德观的融合，这对如何建构一部满族道德生活史提出了很高的要求，满族族谱中的道德生活记忆无疑是最为重要的资料之一。

四　叶赫那拉氏族谱中体现的满汉文化交融的历史记忆

在满汉文化交融的历史记忆研究中，所有叶赫那拉宗族谱都不同程度地体现了满汉文化的交融，其中较有特点的以满汉文合璧《叶赫呐喇氏宗谱》《叶赫纳兰氏八旗族谱》《那氏谱书续集》《叶赫那拉宗族谱》为代表。

满族宗谱都有"正人伦，明孝悌""学而优则仕"等内容，这与汉族编纂谱书的缘由是相同的。说明满族编撰宗谱深受汉族文化的影响，其中既有满族自身的需要与特点，又有传统的儒家思想的印记，是满汉文化交融的典型载体。叶赫那拉氏族谱也不例外，如《叶赫纳兰氏族谱》中载："……不为谱以记之，必致喜不以相应，戚无以相关，迟之又久，不流为陌路者几希矣。将何以笃周亲而敦伦纪哉！既如生男命名之际，恐干犯名讳……将来代远年湮，必致茫然莫辨。干犯者在所不免。"又如《那氏族谱》前言中强调："深虑代远年湮，所有祖宗遗留之规矩礼法渐至失传，淹没无闻，乃发起修谱……亦不过礼失而求诸野。"再如《叶赫那拉氏后裔叶嘉莹家世之渊源》中叶嘉莹先生曾有这样一段话，"我家先世既接受了汉族之儒家文化，而养成了一种'学而优则仕'的观念，遂以仕宦为出身之正途。所以我的父亲乃被取名为'廷元'而字曰'舜庸'。此一名字之取义，盖出于《史记》之《五帝本经》，其中于舜帝之记载曾云：'高辛氏有才子八人，世谓之八元……至于尧，尧未能举……舜……举八元。使布五教于四方……内平外成'。由此可见，我父亲之得名，原也寄寓有先祖父的一种欲其出仕朝廷之意"，这些都深深地渗透着汉族传统的儒家思想。

满汉文合璧《叶赫呐喇氏宗谱（正白旗）》是由清末同治年间崇秀、裕彬、乌尔棍岱三人续修，此谱书有满汉文对照谱序，谱中世系亦是满汉文对照，其中重要官职、驻地、学名分别在相应位置贴以小黄、红长条贴，并在其上注明，这对于研究满语，尤其是满汉名字转译来说，是十分有价值的原始资料，反映出汉文化对满族的影响，反映出民族文化的进一步融合，因此具有历史学与语言学的双重价值。

从《叶赫纳兰氏八旗族谱》中人名的前后变化可以看出，叶赫那拉氏的后裔随清帝入主中原后满汉文化交融的过程。从尼雅尼雅喀之孙瑚沙拉和爱敏台吉两人后裔名字的变化就可以看出来。从瑚沙拉和爱敏兄弟两人的后裔名字看，第十代是一个分界线，都是从第十代起取汉名，不同辈分名字有区别。如其中阿什达尔汉之后从第十代起就发生了变化，到第十二代时就变成了汉名那兴、那德、那永。而第十代之前则是用满语的取名习惯，即不按辈排字，不同辈分名字没有区别且多用乳名，如"达子""倭子""南朝""索罗货""偏头""石头"等，还有父子字音相近，兄弟字音相近和兄弟依序命名者。如爱敏台吉之孙阿琳察和阿琳察之子阿琳保；瑚沙拉长子色贵和色贵之子色味、色黑等。从上述人名变化情况看，第十代人出生在康熙初年，正是清朝贵族入主中原并全面接受汉族文化之时，也是叶赫那拉氏家族习汉字，着汉衣，娶汉妻，小儿命名依汉制之始，是"从龙入关"的满族人在接受汉文化之后不可阻挡的潮流。

满族叶赫那拉氏族谱是满族历史的组成部分，其中的宗教神话记忆、满族共同体形成的记忆、民族迁徙的历史记忆、伦理道德生活的记忆等构成了满族族群重要的历史群体记忆，从社会学、历史人类学、道德生活等方面去梳理研究满族叶赫那拉氏族谱中的群体性记忆的内涵、风格与强韧性，可以提供一个来自实证的范式，将不同的说法互相参照比较，往往更能窥见鲜活的历史真相，有助于再现清前史的历史记忆，进而探索清朝勃兴的密码，对清史与满族史的研究应有所拓展，对满族家族史、满族历史人物、满族宗法制度、满族道德生活史等的研究都将具有重要的参考价值。

目　　录

第一编　叶赫那拉氏族谱研究

第二编　叶赫那拉氏族谱文本整理

第一编 叶赫那拉氏族谱研究

第一章

叶赫那拉氏族谱述论

叶赫那拉氏，亦称叶赫纳喇氏或叶赫纳兰氏，为清代满族"八大姓"之一，其主体原系明末海西女真扈伦四部之一叶赫部的王族。追溯历史，叶赫那拉氏乃金朝贵族姓氏，其地在今吉林省叶赫河、伊通河流域。明朝初年，居住在松花江大折弯地区的蒙古人星根达尔汉吞并原居住在扈伦地区（今黑龙江省呼兰河与松花江合流地区）的纳喇氏部落后，改姓纳喇氏，使用女真语，并逐渐融合于当地女真人风俗之中。16世纪初，南迁开原北，后又移叶赫河，故称叶赫部，其族视星根达尔汉为叶赫那拉氏始祖，其后代分布甚广。清朝钦定《八旗满洲氏族通谱》记载：纳喇氏"为满洲著姓，其氏族散处于叶赫、乌拉、哈达、辉发及各地方，虽系一姓，各自为族"，包括尼马察、张、科尔沁、长白山、伊巴丹、伊兰费尔塔哈、布尔哈图、伊哈里、扎库木等地。

叶赫那拉氏族谱主要是指世居叶赫地方，后来随清入关流散于各地的叶赫那拉氏族人的宗谱，分官修与私人修撰两种，其基本内容都有谱序和世系，但详略不一，有的仅千余字，有的则数万字，其中谱序叙述本族的来源、迁徙、修谱过程及地位显赫者。世系按辈分排列族人，大多数宗谱仅记男人，亦有略述简历于名下。有的谱书中还记有传记、诗文、仕宦、碑记、奏章、呈状、上谕、诰命、敕书、祭祀规矩、祭文、族规等。宗谱有木刻本、排印本，印数多在一百部上下；还有大量手抄本，每次抄写不过数十部。修谱资金由族人募捐。宗谱中还有只记录一族或一支世系的名单，称为谱单。谱单有一纸一单，有数纸拼为一单，或折子等多种形式。当代叶赫那拉氏族人的宗谱与时俱进，开始有了印刷本，特别是20世纪初以来甚至有了彩印本。

满族人极重视血缘和地缘关系，满族先民从原始社会经奴隶制社会到封建社会的时间跨度很短，到入关后还保留着原始氏族制的残余。天聪八年（1634）开始正式授予世袭牛录额真后，不仅有敕书说明世代承袭缘由，还逐渐纂辑了世袭家谱，以证明其家世，这其中的原因主要有：第一，在清朝的八旗制度中，宗谱是官职承袭的重要凭证；第二，满族宗谱是表明人丁身份、地位的主要证明；第三，清朝皇帝倡导修谱。乾隆皇帝敕谕编纂《八旗满洲氏族通谱》，助长了满族修谱之风。由此没有获得世袭爵职的满族家族，也十分重视编修谱牒家乘，以加强血缘关系的凝聚力。

综观满族宗谱，其序言中都有"追本溯源，光宗耀祖，以谕后人；正人伦，明孝悌"的内容，这与汉族编纂谱书的缘由是相同的。叶赫那拉氏族谱也不例外，如《叶赫那拉氏族谱》辑谱人常英在族谱原序中说："念一族之中，人以远近而分，情以亲疏而别。丁繁户众，有见面不识其支派，不辨其名字者，不为谱以记之，必致喜不以相应，戚无以相关，迟之又久，不流为陌路者几希矣。将何以笃周亲而敦伦纪哉！既如生男命名之际，恐干犯名讳，请问族中老人，有知者，亦有不知者。有不待问即命名，将来代远年湮，必致茫然莫辨。干犯者在所不免。则纂辑族谱，其事顾不容己。"又如《那氏族谱》叙言中说："深虑代远年湮，所有祖宗遗留之规矩礼法渐至失传，淹没无闻，乃发起修谱。宗弟应铎等实赞成之，乃追溯羊山公以下世系表、坟墓图以及冠婚丧祭各仪注叙述一编，虽不能成为信史，而使后人知其来由，自以继往古，而开来也，亦不过礼失而求诸野。"《叶赫那拉氏羊公墓表》亦写道："饮水思源，受恩图报，而况始迁之祖，其坟墓所在，虽代远年湮鞠为茂草，而报本追远之思岂有既哉！吾乡那氏为叶赫嫡派，本姓那拉……"这些都渗透着汉族传统的儒家思想，随着时代的推移，汉族的影响愈来愈重，直至清朝灭亡之后，八旗制度解体，满族并未终止纂修谱书。

叶赫那拉氏族谱以辽宁省为最多，最为珍贵者当数北京国家图书馆、中国第一历史档案馆、中央民族大学图书馆珍藏的善本族谱。本书首次标点整理了清代官修谱书《八旗满洲氏族通谱·叶赫地方纳喇氏》《叶赫那兰氏八旗族谱》《叶赫那拉氏族谱》《布寨佐领世表》《叶赫那拉氏世系生辰谱》《叶赫拉氏宗谱源流考》；中国第一历史档案馆藏的慈禧世系《德贺讷世管佐领接袭家谱》；吉林民间藏《叶赫那拉氏谱单及神本》；天津民间藏《那桐谱单》等，关于国内叶赫那拉氏族谱收藏分布情况见表1-1。

总之，叶赫那拉氏族谱是极为珍贵的历史文化遗产，其中所记载的大量珍贵史料，对于考察满族的民族风俗有重要的史料价值，对满族家族史、满族历史人物、满族宗法制度等的研究都具有重要的参考价值，为我们研究北方满族人民的生产、生活、宗教、语言文化等方面提供了不可替代的第一手材料，叶赫那拉氏族谱的深入研究必将促进满族人口史、宗教史、社会史、民族迁徙问题的研究。

表1-1　　　　　国内重要叶赫那拉氏族谱收藏分布情况

收藏地区及版本	名　　称	旗　属	修撰人及修谱时间
国家图书馆武英殿刻本	《八旗满洲氏族通谱·叶赫地方纳喇氏》	八旗满洲	弘昼、鄂尔泰、福敏、徐元梦等奉清高宗弘历之敕于雍正十三年（1735）官修
国家图书馆道光二年抄本	《叶赫那拉氏族谱》	镶黄旗	常英乾隆三十九年（1775）修
国家图书馆清蓝丝栏抄本	《叶赫那拉氏世系生辰谱》	镶红旗	那淳乾隆二年（1775）修

续表

收藏地区及版本	名 称	旗 属	修撰人及修谱时间
国家图书馆道光二十九年朱丝栏稿本	《叶赫那拉氏族谱》	镶黄旗	兴泰嘉庆十七年续常英谱，兴泰道光二年（1822）二续，兴泰道光十七年（1837）三续，祥安道光二十九年（1837）四续
国家图书馆道光三年抄本	《叶赫那兰氏八旗族谱》	八旗满洲	额腾额道光三年（1823）修
中央民族大学图书馆	《叶赫呐喇氏宗谱》	正白旗	崇秀等清同治年间续修
中国第一历史档案馆	《德贺讷世管佐领接袭家谱》	镶黄旗	约光绪年间修
国家图书馆光绪年间抄本	《布寨佐领世表》	正红旗	清光绪末年修
国家图书馆1934年叶凌云写本	《叶赫那拉氏宗谱源流考》	正白旗	叶凌云1934年修
辽宁新宾藏本	《那氏谱单》	八旗满洲	民国二十七年（1938）修
辽宁辽阳藏本	《叶赫那拉氏家谱》	八旗满洲	1939年修
辽宁凤城那寿山藏本	《那氏族谱》	正蓝旗	那寿山1943年修
北京	《敦厚堂世系生辰谱》	镶黄旗	不详
辽宁庄河藏本	《那氏家谱》	正红旗	不详
辽宁沈阳藏本	《叶赫那拉氏谱》	八旗满洲	不详
辽宁本溪那世范藏本	《那氏族谱（续）》	正蓝旗	那世范1996年修
辽宁本溪那世垣藏本	《叶赫那拉宗族谱》	正蓝旗	那世垣2001年修，那世垣2014年重修
吉林吉林市那雅夫藏本	《叶赫那拉氏谱单及神本》	正蓝旗	不详
黑龙江双城那成举藏本	《叶赫那拉氏双城古谱》	正蓝旗	不详
天津张之澍藏本	《那桐谱单》	镶黄旗	张之澍2001年修
密云县古北口那选仲藏本	《那选仲家谱》	镶蓝旗	那选仲2003年修
辽宁瓦房店那宝范藏本	《那氏谱书续集》	正蓝旗	那宝琛、那宝范、那权增2012年修

第二章

叶赫那拉氏族谱中反映的
早期部族史及人物研究

第一节 叶赫那拉氏族谱中反映的
叶赫那拉氏早期部族史[①]

叶赫，又写作也赫、也合、夜黑、野黑、野赫。叶赫系满语 yehe 的音译，故在书写上不尽相同。叶赫部是明代女真人的一支。女真人的祖先可以追溯到先秦时的肃慎人。有人认为肃慎人原是西部通古斯的原始人群，在五六千年以前，他们顺黑龙江向东渔猎，其中一支溯松花江和牡丹江而上，在这一地区繁衍生息，后来他们被称为"肃慎"。在汉魏时称"挹娄"，南北朝时称"勿吉"，隋唐时称"靺鞨"，宋代始称"女真"。当时，女真人主要居住在松花江下游的黑龙江地区，过着渔猎为主的生活，处于原始社会的落后状态。元朝末年，随着生产的发展，女真原始社会解体，奴隶制度逐步确立起来。分布在松花江流域的称"海西"女真，活动在黑龙江流域的称"野

---

① 本节资料来源为以下几种：《明实录》，中华书局 2016 年版；《清太祖武皇帝实录》，中华书局 1986 年影印《清实录》本；《满洲实录》，辽宁通志馆影印 1930 年线装本；《满文老档》，中华书局 1990 年版；徐乾学：《叶赫那拉氏家乘》，崇秀等《叶赫呐喇氏宗谱》中央民族大学图书馆藏本。在此统一注明，其他引用各处恕不一一注明。

人"女真，居住在牡丹江、绥芬河、图们江流域的称"建州"女真。海西女真因松花江的女真语为海西江而得名，建州女真因归属建州卫而得名。这三大部女真人的社会生产发展很不平衡。海西女真、建州女真生产力水平较高，社会比较进步，而野人女真仍处于原始社会状态。

女真人早就与中原统治集团发生了联系，是中华民族大家庭的一个成员。周武王时有肃慎进贡的文献记载。唐时靺鞨人曾建立了归属于中原的渤海国。等到明朝洪武年间，明加强了对女真人居住地区的管理，在女真人地区设置了司、卫、所，任命各部酋长为都督、都指挥等职，赐给敕书，建立一个个隶属关系，各部酋长凭敕书进京纳贡。

元末明初起，居住在东北各地的女真人开始了持续两百余年的民族迁徙。海西女真从原居住地松花江一带向西南迁徙，建州女真从牡丹江流域迁向东南。海西女真在南迁中，形成了四个较大的部落，即叶赫部、哈达部、乌拉部、辉发部。这四个部落被称为"扈伦四部"，其名源于忽剌温江，即松花江上游的一条小河，今黑龙江省的呼兰河。忽剌温的谐音"扈伦"（又称胡笼、虎伦等）。哈达部原居住在松花江北岸呼兰河以东的塔山左卫。后来迁至今辽宁省开原靖安堡哈达河（今小清河）上游居住，以河为名，称哈达部（哈达城在今开原县李家台乡王杲城一带）。乌拉部原居呼兰河左岸团山子一带，称塔山卫，后来迁至乌拉河沿岸（今吉林市永吉县乌拉街满族乡一带）筑城，以河为名，称乌拉部。辉发部原是居住在牡丹江流域费提卫的一支，后迁至辉发河流域（今吉林省辉南县境内），称辉发部。

叶赫部原居住在松花江北岸塔鲁木卫（又称达喜穆鲁卫，因境内有达喜穆鲁山而得名），该卫建于永乐四年（1406）三月，据《明实录》记载："女直人头目打叶等七十人来朝，命置塔鲁木……四卫，以打孛（叶）等为指挥。"史料记载，叶赫部始祖为星根达尔汗（胜根打喇汉），星根达尔汉家族凭借优越的地理环境和自然条件，逐渐发展强大，一举消灭居住在呼伦河流域的女真纳姓部落，移居其地，改姓纳喇。后来族众繁衍，人多势盛，逐渐南迁，移居叶赫河流域，称为叶赫部。当时的女真人及清代满人以地名或部名系于姓氏之前，如同汉人之姓名前冠以郡名，星根达尔汉家族便被称为叶赫纳喇（又译作纳兰、那拉）氏。

纳喇为女真语，是汉语"太阳"的意思，原是金代贵族姓氏。明时改译为纳喇（纳兰）。星根达尔汉改姓纳喇后，其家族接受当地女真人风俗，语言也逐渐使用女真语。星根达尔汉为明朝建立的塔鲁木卫指挥佥事。指挥佥事之类的少数民族职官虽然由朝廷任命，但如无特殊情况，一般是世代承袭，不更换他姓的。星根达尔汉死后，由其子席尔克明噶图（又译作石儿刻命刚兔）袭职，并从塔鲁木卫指挥佥事升为都指挥佥事，指挥相邻的几个部落。席尔克明噶图之后又由其子栖尔哈那（又译作奇里哈尼、的儿哈你）袭都指挥佥事职，并曾向明朝朝贡马匹、貂皮，得到朝廷的赐宴和衣服、彩缎等赏赐。但栖尔哈那后来不服从明朝约束，率部南移，并深入汉人居住区掳掠，被明朝兵士杀死。栖尔哈那子祝孔革（又译作竹孔革、诸孔厄）认罪降附，明朝没有再追究他随父掳掠的罪过，一年后让他担任塔鲁木卫都督佥事，又恢复了塔鲁木卫向明朝朝贡，明朝朝廷给予赏赐的旧例，并允许他率部迁移到开原以北。因为这里位于镇北关之北，又是女真人向明朝朝贡和与内地贸易必经的关口，所以明朝人把叶赫部称为"北关"，与其东南贡市于广顺关的哈达部称"南关"相对。祝孔革掌管北关即叶赫部时，各部之间争夺异常激烈，"皆称王争长，互相战杀，甚至骨肉相残，强凌弱，众暴寡"。叶赫部被以王台为首的南关即哈达部打败，祝孔革也被王台的叔父王忠杀害。祝孔革之子台出（又译作太杵、太叔）虽然仍袭父职，但受制于哈达部，无大作为。到其子（一说为侄子）清佳奴（又译作卿家奴、清佳努）、杨吉奴（又译作仰加奴、杨佳奴）时，叶赫部才又强盛起来。

据史料记载，叶赫部的活动范围"南境多在奉天界与哈达为邻，西境到威远堡边门，北境与科尔沁、郭尔罗斯为邻，东到伊通河"。可见当时叶赫部活动区域是很广阔的。今二龙湖底（古为赫尔苏城）、伊通城（古为乌苏城）、伊通大孤山（古为雅哈城）、辽宁开原的莲花（古为落罗寨）均为叶赫部的重要城堡，屯兵要地。

海西四部（扈伦四部）刚刚形成后，叶赫部在军事上因唇亡齿寒的地理位置及贸易的需要，同哈达、辉发、乌拉结成联盟，称作扈伦联盟。结盟初期，哈达贝勒王忠由于恭顺明朝，得到了明廷的支持，势力日趋强大，以其军事实力控制了叶赫、辉发、乌拉三部，成为扈伦的盟主，"东夷自海西、建州一百八十二卫、二十所、五十六站，皆听其约束"。叶赫凭借地处北关这一优势，数次劫抢各部向明廷的贡品及明朝赐给各部的敕书。因此，哈达贝勒王忠杀害了叶赫贝勒祝孔革，并趁机夺占了叶赫的七百道敕书以及叶赫所属的季勒寨等十三个屯寨。从此，叶赫和哈达两部之间结下了不解之仇。哈达贝勒王忠死后，他的侄儿王台继位，仍为盟主，继续控制其他三部。王台同其叔王忠一样非常恭顺明朝，备受宠爱，被明封为"龙虎将军""左督都"，他是女真人中第一个被明朝授予"龙虎将军"的首领。

祝孔革之子台出有二子，为清佳奴、杨吉奴。兄弟俩雄心勃勃，为报哈达的杀祖亲之仇进行了积极的斗争。首先，于万历元年（1573）前后在叶赫河岸修筑了两座城垒。据记载，叶赫两座城池修筑得十分坚固，内三层，外三层，易守难攻。叶赫部修建了坚固的城堡，又有了广阔的活动区域，再加上叶赫地处半山区，适宜耕作与放牧，这些都为叶赫部的崛起提供了良好的条件。其次，叶赫与哈达联姻，缓和两部之间的紧张关系。叶赫部清、杨两贝勒惧怕哈达有明朝为靠山，不敢轻举妄动，表面上维护盟主王台，把妹妹温姐许配给王台为妻。王台虽然知道叶赫部清、杨兄弟并非等闲之辈，但感到叶赫贝勒对自己比较恭顺，故把自己的女儿许配给杨吉奴为妻，以此来进一步巩固自己的盟主地位。就在王台欲将其女送到叶赫部时，叶赫贝勒杨吉奴故意抢先娶恍惚太（蒙古一部）的女儿为妻，同时趁机派兵夺回了失地季勒寨。

叶赫部的这两次举动，实际上是向哈达部发出了挑战的信号。哈达贝勒王台此时面临众叛亲离，有的名将已经叛逃到叶赫部，而为了争夺贝勒之位，哈达内部又发生了内讧。王台终于在万历十年（1582）忧愤而死。他的儿子虎儿罕赤（虎儿罕）继为贝勒，不久亦病死。王台的六子孟格布禄（清、杨兄弟的妹妹温姐所生，又作猛哥孛罗）与外妇子（男子在正妻以外在别处另娶的妾或私通之妇）康古陆（康古六）、虎儿罕赤之子歹商为争夺首领地位发生争执，互不相让，自相残杀。叶赫贝勒瞅准这个机会，企图控制哈达部。明朝从自己的利益出发，欲扶持王台之孙歹商袭位，叶赫贝勒则出面干预，反对歹商袭位。叶赫和哈达的战争一触即发。叶赫联合瑷兔、惚恍太计一万余人一起出兵哈达，打败了哈达孟格布禄的抵挡队伍，砍杀哈达部三百多名兵卒，夺取了一百五十副甲胄。在退兵之时，又放火烧了哈达的一些村寨及粮草。这次叶赫出兵哈达是一次试探性的进攻，但充分显示了其军事实力，进而使他们成为海西（指叶赫、乌拉、辉发、哈达等部）女真人事实上的盟主。为巩固和扩大盟主地位与实力，清佳奴和杨吉奴开始了对建州部的笼络。

建州部的努尔哈赤因祖父觉昌安、父亲塔克世被明军误杀，为报祖、父之仇，脱离明朝总兵官李成梁，投奔叶赫部贝勒清佳奴和杨吉奴。杨吉奴见努尔哈赤相貌魁伟，谈吐不凡，是个立大业、成大事的人才，就对他格外优待，并要把女儿嫁给他。努尔哈赤想借助叶赫部为海西女真人盟主的威势提高自己的地位，以便称雄建州女真各部。杨吉奴虽然欣赏努尔哈赤，对他曲意笼络，但觉得他只身逃亡，羽翼未丰，并不想立即把女儿嫁给他，只是为以后加强联系，逐步使建州女真人也归附自己。努尔哈赤看出了杨吉奴的用意，但为了借助叶赫部的声威壮大自己的势力，还是答应了这桩婚事。杨吉奴赠给他"马匹甲胄，且使兵护卫"，把努尔哈赤送回建州（今辽宁省新宾县境）。

叶赫部贝勒清佳奴和杨吉奴与建州部的努尔哈赤建立联系后，背叛明朝，并企图吞并亲明朝的哈达部，侵掠明朝辽东汉人住地。这自然激起哈达部首领孟格布禄的强烈反抗，也为明朝所不容。明朝朝廷应孟格布禄的请求，派辽东巡抚李松和总兵官李成梁率兵征剿。叶赫部虽然是当时女真诸部中实力最雄厚的部落，但还远不是明朝官军的对手。

明朝政府对于叶赫和哈达之间的战争，开始是采取不干涉的态度。后来由于两部的战争逐渐升级，明朝开始担心失掉南关（广顺关）。因为哈达是南关的守卫者，西可抵御蒙古，南可防建州女真，是明朝的可靠屏障。于是，明派巡抚副使任天祚带着布匹、绸缎以及农具等物品来到叶赫，劝阻叶赫贝勒停止对哈达的进攻。叶赫贝勒没有接受这一要求，而是继续频繁出兵哈达部。

叶赫部的频繁袭扰，使哈达贝勒感到哈达已经抵挡不了叶赫的进攻，只有借助明的力量才能控制住叶赫。哈达贝勒给明驻辽东总兵李成梁送去了金银、黑紫貂等贵重物品，恳求明出兵叶赫。万历十一年（1583）十二月，李成梁在开原设"市圈计"斩杀了清、杨兄弟。此后，李成梁率兵穷追不舍，直逐叶赫城下。布寨（又作布斋，清佳奴之子）和那林布禄（又作那林孛罗，杨吉奴之子）自知抵抗不过，只好出城乞降，这一仗，使叶赫刚刚显露出来的实力受挫，布寨和那林布禄继为贝勒。

叶赫部经过休养生息，实力渐趋恢复。万历十六年（1588）叶赫设计引起哈达内讧，并趁机出兵哈达，一举攻占了威远堡（今辽宁开原老城东的威远堡），接着又发兵攻打歹商。哈达贝勒只好请求明朝出兵叶赫。李成梁率兵再次攻打叶赫，并攻陷下叶赫西城。叶赫贝勒布寨和那林布禄再次出城乞降，对天盟誓，请求宽恕，李成梁才收兵返回开原。

叶赫在短短的几年里，两次遭到明军的进攻，损失惨重。但是叶赫部却在明朝采取的一系列支持哈达部的歹商、抑制孟格布禄的政策中，得到了喘息之机。万历十五年（1587）明巡抚顾养谦以降人为向导，攻打孟格布禄，毁二城，斩首五百余级，革除了孟格布禄原袭"龙虎将军"称号，所以哈达部内部始终没有能够形成统一的整体。待万历十九年（1591）叶赫部支持哈达的孟格布禄杀掉歹商后，哈达部大势已去。明朝见哈达部无法挽回衰败的局面，便由对哈达的支持，转向对叶赫的扶持，叶赫部从此便以军事实力在扈伦四部中称雄为王，成了扈伦四部的盟主。

在以布寨和那林布禄为首的叶赫部战败降附明朝时，建州部努尔哈赤的势力却得到迅速扩展，逐渐统一建州女真各部落，成为叶赫部发展的一大威胁。布寨和那林布禄为求进一步发展以便成为海西女真盟主，就必须和努尔哈赤交好。努尔哈赤也力图联络叶赫部，以便壮大自己的声威，于是双方旧话重提，确立了姻戚关系。

万历十六年（1588）九月，那林布禄亲自送年仅14岁的妹妹那拉氏孟古格格（满语，汉译为小姐）到建州，与年已30岁并有妻室的努尔哈赤结婚（后生皇太极，被尊为孝慈高皇后）。努尔哈赤率领建州女真诸贝勒，举行了盛大的欢迎仪式，热情款待。史载"率诸贝勒大臣迎之，大宴礼成"。

当时，女真各部之间强者为霸，以军事和经济实力来平衡高下。布寨和那林布禄与努尔哈赤虽然有亲戚关系，但都想称雄于女真各部，都把对方视为自己称雄的障碍，相互之间展开了激烈的争夺。努尔哈赤统一建州女真之后，没有就此罢止，而是展开了更大规模的远征。万历十九年（1591）努尔哈赤攻克了长白山鸭绿江部，大胜回师，统治范围越来越大。叶赫贝勒感到努尔哈赤之举将影响自己的势力范围，便想让以努尔哈赤为首的建州部也归于自己麾下，于是派人索要土地，要以努尔哈赤为首的建州部和乌拉、哈达、辉发等部一样，尊叶赫部为盟主。努尔哈赤严词拒绝。叶赫部使者在建州碰了钉子，布寨和那林布禄就凭借自己海西女真盟主的地位，联络哈达、辉发两部进行武力威逼。叶赫部贝勒布寨和那林布禄自恃为海西女真盟主，势力强大，决定采取武力夺取建州部领土的办法，削弱努尔哈赤的势力，进而扑灭建州部。他们先联络长白山部的朱舍里、纳阴二部，洗劫了建州东界叶臣所居住的村寨。努尔哈赤没有防备，未予还击。接着，布寨和那林布禄又联合哈达、乌拉、辉发三部人马和叶赫兵士一起偷袭建州部的户布察（又译作户布恰、湖卜察）寨，遭到努尔哈赤军兵的阻击，没有成功。布寨和那林布禄便又于万历二十一年（1593）九月，集合叶赫、哈达、乌拉、辉发、科尔沁、席北、瓜尔佳七部和长白山部的朱舍里、纳阴二部兵力，共三万人，号称"九姓之师"，分三路进攻建州，企图一举扑灭努尔哈赤军兵，称雄女真各部。不料决战前夕，叶赫军营有一人逃跑，向努尔哈赤报告了"九姓之师"的兵力和作战部署。努尔哈赤兵少难以正面对抗，采取了集中精锐，在七部二卫向建州进军的必经之地古勒山用据险设伏的办法，阻击"九姓之师"。古勒山之战，以叶赫为首的"九姓之师"损失惨重，叶赫贝勒布寨被杀，乌拉贝勒满泰之子布占泰被俘告终。古勒山下，兵马填江，积尸遍野。至此，叶赫两次进攻努尔哈赤宣告失败，被迫由进攻转为防御，而努尔哈赤以少胜多，"军声大振，远近慑服"。

古勒山一战，叶赫部损失惨重。努尔哈赤虽然由此威名大震，但建州部为抵御"九姓之师"也付出了很大代价，因此，叶赫部和建州部战后都感到需要休整，于是双方调整政策，四年之内再没有发动战争。那林布禄为争取和平环境，休养生息，于万历二十五年（1597）主动联合哈达、乌拉、辉发三部，派遣使者到建州向努尔哈赤道歉。接着，继布寨为贝勒的布扬古（布寨子）将其妹（即后来所谓的"叶赫老女"）许婚给努尔哈赤，那林布禄弟金台石也把亲生女儿许聘努尔哈赤次子代善。努尔哈赤以鞍马、铠甲为聘礼，并杀乌牛祭地，宰白马祀天，与叶赫等海西四部歃血会盟，彼此都对天发誓，说要永结盟好。

但结盟和好的局面没有维持多久，彼此之间又发生了摩擦冲突。努尔哈赤的将领木哈量侵掠蒙古科尔沁部，归途路经叶赫部，叶赫部贝勒那林布禄将其截获，扣留了木哈量所掠夺的蒙古马四十匹，并把木哈量送交蒙古部落。这一行动表明那林布禄仍以盟主自居，保护海西女真以至蒙古部落，阻止以努尔哈赤为首的建州部进一步扩张发展，这是努尔哈赤所不能容忍的。还有让努尔哈赤难以容忍的是势力较强的乌拉部贝勒布占泰主动投依叶赫部，拥戴那林布禄和布扬古为盟主。布占泰为讨好叶赫部，不仅把他嫂子都都库氏（前贝勒、布占泰之兄满泰妻）所珍玩的铜锤送给那林布禄，还答应将安楚拉库、内河两处地方献给叶赫部。努尔哈赤担心此类事件再度发生会壮大叶赫部的势力，立即派弟弟巴雅喇、长子褚英率兵出征，夺取了安楚拉库和内河两地的二十几个村寨。这样一来，叶赫部和建州部的矛盾又趋激化，那林布禄和努尔哈赤成为势不两立的仇敌了。

努尔哈赤十分宠爱的妻子孟古格格（叶赫部杨吉奴的幼女、那林布禄的妹妹）病危之际，思念生母，想见一面诀别。努尔哈赤派人到叶赫去迎接岳母，请求那林布禄让母亲来建州，使她们母女在临终前能见上一面。那林布禄坚决不答应，只派了孟古格格幼年时的乳母的丈夫南泰前往探视。孟古格格不久病亡。努尔哈赤十分恼怒。那林布禄派人到建州请求努尔哈赤归还他哥哥布寨的尸体，努尔哈赤为了报复泄愤，把布寨的尸体剖为两半，一半留在建州，一半送给那林布禄。那林布禄异常愤懑，"因念兄仇，昼夜哭泣，不进饮食，郁郁成疾"，不久抑郁病亡。那林布禄死后，其弟金台石继为贝勒，与布扬古分居叶赫东、西二城，仍然是努尔哈赤的劲敌。他们对努尔哈赤与叶赫部为敌，特别是杀害布寨耿耿于怀，一直想报仇雪恨。为此，他们在争取蒙古部落援助和争夺哈达部等问题上，和努尔哈赤展开角逐。为争取蒙古部落援助，金台石将许配给代善的女儿，转嫁给蒙古喀尔喀部贝勒宰赛。为避免哈达部投向努尔哈赤，金台石先发制人，首先焚掠了哈达部的一些村寨，不料却加速了哈达部投向努尔哈赤的进程。哈达部贝勒孟格布禄抵敌不住，送子女到建州做人质，向努尔哈赤借兵抵抗，面对这种局面，叶赫只好采取离间建州和哈达关系的办法，但被努尔哈赤发觉。万历二十七年（1599）九月，努尔哈赤率兵马攻打哈达。经过六天的激战，哈达城被攻陷，哈达贝勒孟格布禄被活捉，努尔哈赤借故将其杀掉。明朝派人诘问此事，努尔哈赤只好将孟格布禄之子武尔古代（吾儿忽答）放回哈达。这一年，哈达遭到天旱之灾，努尔哈赤发兵一举灭掉了哈达。哈达部的灭亡，使明朝失掉了南关（广顺关），海西四部打开了一个缺口。

努尔哈赤并吞哈达部后，把矛头指向长期依附于叶赫部的辉发部。辉发部发生内乱，贝勒拜音达理的族众多投附叶赫部。拜音达理为制止族众逃离本部，使自己能够自立，向努尔哈赤求援乞婚。努尔哈赤为收买拜音达理，进而并吞辉发部，立即派出一千兵士"帮助"拜音达理，并将自己的女儿许配给他。但拜音达理徘徊于叶赫和建州两部之间，筑城自固，想的是自为贝勒，独立成部，并不愿意娶努尔哈赤的女儿，投靠建州部。努尔哈赤便出兵杀死拜音达理父子家人，征服了辉发部。

辉发部被以努尔哈赤为首的建州部征服后，叶赫部的女真盟友只有以布占泰为首的乌拉部了。叶赫部贝勒布扬古和金台石为联络乌拉部共同对付建州部，答应将先前许婚努尔哈赤的"叶赫老女"转嫁给布占泰。布占泰听说"叶赫老女"为当代绝色，就对努尔哈赤先后嫁给他的建州三女（努尔哈赤的一个女儿，其弟舒尔哈齐的两个女儿）厌恶疏远，并用箭射击努尔哈赤侄女娥恩姐，以发泄对努尔哈赤的怨恨。努尔哈赤听说后，兴兵直抵乌拉部，和乌拉部展开多次大战。乌拉部战败灭亡，布占泰逃往叶赫部。

万历三十七年（1609），努尔哈赤和舒尔哈齐亲自统率建州部军兵征讨叶赫部，企图一举将其荡平，使海西女真全归自己麾下，但遭到叶赫部骑兵的英勇抵抗。叶赫部虽然步兵稍弱，骑兵却优于建州部。建州兵抵敌不住，向后退却，连副统帅舒尔哈齐也中箭负伤。努尔哈赤大败而归，决意报复，但不敢再轻视叶赫部骑兵的防御能力了，回建州后即命令工匠不分昼夜地打造甲胄、兵器，并征调洪丹、土乙等五部军兵，决心做好充分准备以后，再与叶赫部决战，吞并叶赫部。

叶赫部贝勒金台石和布扬古得知努尔哈赤即将兴兵再侵叶赫部的消息，就把建州部备战与努尔哈赤征调洪丹等五部军兵的情况报告明朝辽东官员，想凭借明朝的威力制止努尔哈赤对叶赫部的并吞。明朝辽东官员也担心努尔哈赤势力膨胀，打败叶赫部后会使女真各部统归于他的麾下，更加难以控制，便准备联合蒙古各部进行干涉。恰在这时，建州内部也发生动荡，前乌拉部贝勒满泰的孙子、努尔哈赤的女婿吾乙古多暗中与叶赫部、明朝辽东官员及蒙古部落联络，准备做内应，合击建州部老营。建州部的一些部众也蠢蠢欲动。在这种情况下，努尔哈赤不得不停止出兵攻打叶赫部的计划，转攻为守，一面集中人力修筑工事，增设路障，防御叶赫、明朝及蒙古军兵的进攻；一面将吾乙古多囚禁起来，杀死与他同谋的七个头目，整顿内部，加强城守。

叶赫部贝勒布扬古恃有明朝支持，又将先许努尔哈赤、后许布占泰的妹妹（即"叶赫老女"）许嫁蒙古喀尔喀部贝勒八哈搭儿憨（又译作巴哈达尔汉）的儿子莽古尔代，惹恼了努尔哈赤。努尔哈赤坚持要布扬古和金台石交出布占泰，多次遣使交涉，都被布扬古和金台石拒绝。努尔哈赤整顿好内部后，又于万历四十一年（1613）九月，统率四万大军突然进攻叶赫部。金台石和布扬古以为有明朝撑腰，努尔哈赤不敢轻举妄动，丝毫未做战斗准备。努尔哈赤率领建州军兵很快就攻占了璋城、乌苏城等十九处城寨，大肆焚掠。金台石和布扬古深感危急，便上书向明朝求援。明朝辽东官员也上奏说努尔哈赤攻灭叶赫部则开原难保，开原不保则辽东会失。明万历皇帝也看出了以努尔哈赤为首的建州部日趋强盛，大有向汉族居住区推进，夺取开原的势头，便一面派遣使者指责努尔哈赤，警告他不得侵犯叶赫部；一面命令游击官马时楠、周大歧带领一千名枪炮手，分别驻守叶赫部的东、西二城，支援叶赫部抵抗建州军兵，并供给叶赫部豆、谷千石，大锅六百口，以安定叶赫部民心。努尔哈赤感到要吞并叶赫部，首先必须击败叶赫部的后台明朝军兵，于是他表面上修书向明朝申辩，领兵退回建州，实际上却决定首先和明朝对抗，然后再灭掉明朝支持的叶赫部。

万历四十四年（1616），努尔哈赤建立后金国（史称后金）政权，以天命纪年，宣布割据一方，和明朝分庭抗礼。天命三年（1618）四月，努尔哈赤率步骑兵二万征明，临行书七大恨告天，"七大恨"是努尔哈赤对明用兵的宣言书，其中有四"大恨"关涉叶赫部，指责明朝对其袒护。明朝则明确表示：叶赫部金台石、布扬古等若能擒、斩努尔哈赤，赐给建州部原来所领的全部敕书（明朝政府发给女真各部首领朝贡贸易的文凭），并晋升为龙虎将军。金台石为表示效忠明朝，令其子德尔格勒（又译作得儿格里、得儿勒台州）领兵剿袭了努尔哈赤军兵驻扎的一个辉发村寨，明朝赏赐金银两千两，彩缎二十表里，予以鼓励。

努尔哈赤为进行报复，并解除对明作战的后顾之忧，亲自统领大军杀入叶赫部腹地，焚掠了二十多个城寨，直杀至叶赫城东十里，把所到之处的财物、牲畜、居民掳掠一空。叶赫部军兵难以抵敌，金台石派人向明朝开原总兵官马林告急，马林急速率兵援救，准备配合叶赫兵袭击努尔哈赤。努尔哈赤为避免两面受敌，领兵迅速撤出叶赫部。马林率领明军和叶赫兵追赶了四十多里，见努尔哈赤兵势强盛，一时难以取胜，没有接仗即收兵回营。但这时后金国已攻掠了明朝汉人居住区抚顺、清河城等地，明朝和后金国的矛盾异常尖锐，与叶赫部存亡息息相关的明金大战已迫在眉睫，不可避免了。明朝为了彻底摧毁努尔哈赤建立的后金国政权，于万历四十七年（后金天命四年，1619）征收"辽饷"税银三百万两，任命兵部左侍郎杨镐为辽东经略，负责对金作战军务，调集开原总兵官马林、山海关总兵官杜松和原任总兵官赵梦麟、保定总兵官王宣、辽东总兵官李如柏、辽阳总兵官刘綎等所部兵八万八千人，合叶赫部和朝鲜李朝兵共十万余人，号称四十万，分兵四路合围后金国都城赫图阿拉（今辽宁省新宾县西老城）。努尔哈赤得知了明朝的作战部署后，派遣使者去叶赫部离间他们与明朝的关系，规劝金台石和布扬古与后金国和好，不要帮助明军。金台石和布扬古虽然与努尔哈赤有杀兄杀父之仇，拒绝了使者的游说，但考虑到当时叶赫部处在后金国的三面包围之中，明金战争谁胜谁负尚难预料，对后金国不无畏惧之感。自此以后，他们实际上对明金战争采取了迟疑观望的态度。

叶赫部的迟疑观望，使努尔哈赤的后顾之忧减轻，得以全力对付明军。他首先集中精锐兵力，在萨尔浒（今辽宁省抚顺市东大伙房水库所在地）击溃杜松率领的左翼中路军，杀杜松、王宣、赵梦麟等将领，然后率军转攻正在尚间崖（今辽宁省抚顺县境）集结的马林所部左翼北路明军，马林败逃。原定配合马林的叶赫部兵开到中固城（今辽宁省开原县境），听说马林败北，立即退回本部，防守叶赫部城寨。坐镇沈阳的经略杨镐得报，急令右翼中路的李如柏所部和右翼南路的刘綎军撤退。李如柏率部退出战场，刘綎率领的明军却已深入三百里，遭到后金国军兵的围攻而惨败，刘綎战死。率军一万三千人来支援刘綎的朝鲜都元帅姜弘立投降后金国。后金国在对明战争中取得全胜后，立即把矛头指向叶赫部。

叶赫部在开原、铁岭以北，有驻扎在那里的明朝重兵的支持，要扑灭叶赫部，必须首先占据开原、铁岭，使叶赫部孤立无援。叶赫部贝勒金台石和布扬古听说努尔哈赤将要夺取开原，派人"先期密报，（明朝）推官郑之范不惟不信，且鞭笞之"。努尔哈赤统兵直抵开原城下，负责守城的郑之范和总兵官马林毫无战守准备，马林被杀，郑之范乘隙逃跑，后金国军顺利地占领了开原。驻守铁岭的明朝军官也同样腐朽昏聩，努尔哈赤乘机攻陷铁岭。叶赫部金台石、布扬古联络蒙古喀尔喀部宰赛等军来战，也被努尔哈赤率军击败。叶赫部从此失去依靠明朝和联结蒙古的条件，被后金国四面包围，完全成为努尔哈赤的囊中之物了。

天命四年（万历四十七年，1619）八月，努尔哈赤亲自统率数万金军征讨叶赫部，经过激烈战斗，逼近叶赫部贝勒金台石和布扬古的驻地。布扬古退守西城，金台石退据东城，后金国军又把东、西二城的联系切断，分别重重包围。努尔哈赤命令次子代善、八子皇太极等四大贝勒指挥金军攻打西城，自己亲自领兵攻打东城。东城是一座地势险峻的山城，外有木栅，木栅内是石城，石城内又有木城，木城中还有名叫"高台"的八角明楼，是金台石平日居住和储藏珍贵财物之所。努尔哈赤指挥后金国军毁其城外木栅，直逼石城之下，威逼金台石投降。叶赫兵战败，金台石带领妻子、幼子及亲信兵士退守木城中的八角明楼即高台之上，继续进行顽强抵抗。努尔哈赤率军攻入木城，将高台团团围住，金台石仍然拒不投降。后金国兵毁掉高台，从火中抓住金台石，努尔哈赤命令兵士将他绞杀。

据守西城的布扬古和弟弟布尔杭古（又译作布尔杭武、布儿杭孤）听说东城失守，派人向围攻西城的后金国军统帅大贝勒代善请降，代善决意扑灭叶赫部，不容他们有任何据点，但又不愿攻城付出巨大代价，布扬古和布尔杭古听了代善的保证誓言，以为可保性命，打开城门出降。但尽管当时迷信，在利害冲突面前，誓言仍然不值分文。努尔哈赤还是以布扬古下跪不合规矩、赐酒不饮、不拜谢而起为借口，下令把他缢杀。实际上是怕留着布扬古会成为叶赫部众的一面旗帜，使叶赫部众以他为中心，形成威胁后金国统治的一股势力。布扬古的弟弟布尔杭古年幼，且未为贝勒，在叶赫部众中影响不大，缺乏号召力，难以成为一部领袖，才得以苟全性命，由代善"恩养"，实际是对他进行管束，严加控制。金台石被绞杀前，其子德尔格勒劝谏无效，皇太极要把德尔格勒缚住杀死，以绝后患。努尔哈赤认为叶赫那拉氏不仅八代为叶赫部首领，而且曾经是海西哈达、乌拉、辉发等部的盟主，和女真各部以至蒙古都有姻戚关系，有着广泛的社会联系和影响，出于巩固后金国和进一步扩展的需要，必须收买叶赫部众人心，以便稳定被后金国并吞的海西叶赫、哈达、乌拉、辉发等地的局势。为此，他不同意杀死德尔格勒，德尔格勒于是才投降了后金国。

努尔哈赤相继命人缢杀叶赫部贝勒金台石、布扬古，收降了德尔格勒，对布尔杭古严加控制后，又命令后金国军兵歼灭了帮助叶赫部守卫东、西二城的明朝游击马时楠及其所部一千明朝兵士。叶赫部所属各城寨部众群龙无首，先后都投降了后金国。努尔哈赤"把（叶赫）诸贝勒、诸大臣全部收养，叶赫两城的诸贝勒，不论长幼全部收下了。不论叶赫国中的善人、恶人，都一家不动。父子、兄弟不分，亲戚不离，原封不动地带来了"。叶赫部的臣民被迫跟随努尔哈赤的军队迁徙到建州，入籍编旗，但不准他们聚居，而是分别编入满洲（当时以建州女真人为主）各旗，如德尔格勒、沙浑隶满洲正黄旗，布尔杭古隶满洲正红旗等，以淡化他们的叶赫部落意识，使他们完全融合于建州女真人之中。努尔哈赤为笼络他们，还封授德尔格勒和布尔杭古为三等副将，成为满族成员中的一个重要组成部分。至此，叶赫部不复存在。叶赫两城从 1573 年前后开始修筑到 1619 年城毁，其间仅存 46 年。

后来，清初统治者为保护东北地区祖宗发祥地，曾修建柳条边，叶赫被封禁在柳条边内，清政府曾在叶赫设置驿站。1683 年，康熙东巡，经过叶赫古城，面对荒草野陌，断垣残墙，康熙帝十分感慨，作五言小诗《经叶赫废城》诗曰："断垒生新草，空城尚野花，翠华今日幸，谷口动鸣笳。"

中日甲午战争以后，柳条边管理松弛，旗民越过柳条边到叶赫开荒，才使叶赫地界人烟日增。1940 年以前，叶赫隶属伊通州管辖，1940 年以后，叶赫归属吉林省梨树县管辖，现在归由四平市铁东区政府管辖。

第二节　叶赫那拉氏族谱中反映的历史人物研究[①]

努尔哈赤统一扈伦四部后，叶赫那拉氏全族除阵亡、被杀者、外

[①]　本节资料来源为以下几种：《清实录》，中华书局 1986 年影印《清实录》本；《满洲实录》，辽宁通志馆影印 1930 年线装本；《满文老档》，中华书局 1990 年版；中国第一历史档案馆：《康熙起居注》（全三册），中华书局 1984 年版；赵尔巽等：《清史稿》，中华书局 1977 年点校本；鄂尔泰：《八旗通志》（初集、二集），李洵、赵德贵主点校，东北师范大学出版社 2003 年版；王钟翰：《清史列传》，中华书局 1987 年点校本。在此统一注明，其他各处引用恕不——注明。

逃者外，全部投降后金国，大大加强了后金国的国力，成为主要依靠力量之一。天聪九年（1635），皇太极为表彰叶赫部金台石的孙子南褚招抚苏泰太后及察哈尔部余众之功，不仅将自己的第三福晋嫁给南褚，而且把南褚和德尔格勒的同族叔父阿什达尔汉视为功臣，免除他们的徭役，让南褚管2个牛录军民，阿什达尔汉管1个牛录军民，这3个牛录，后来就成为勋旧佐领，子孙世代承袭。原叶赫部的部众被后金迁离故地后，分别被组编为各旗的牛录即佐领，并且大多是世管或互管佐领，仍由叶赫那拉氏家族之人世代掌管，到康熙年间，具体情况如下：以原叶赫部人丁及其子孙组编的满洲佐领，隶满洲正黄旗佐领6个，其中金台石后裔统管5个，金台石弟弟阿三后裔统管1个；隶满洲正白旗佐领8个，其中阿什达尔汉后裔统管3个，苏纳后裔统管2个，乌均都都后裔统管2个，阿尔卜后裔统管1个；隶满洲正红旗佐领9个，其中布寨后裔统管7个，阿拜后裔统管1个，布丹后裔统管1个；隶满洲正蓝旗佐领4个，其中巴尔喜后裔统管1个，伊巴礼后裔统管2个，鄂莫克图后裔统管1个；隶满洲镶黄旗佐领3个，均由图鲁石后裔统管；隶满洲镶红旗佐领5个，其中巴奇兰后裔统管3个，武达哈后裔统管2个；隶满洲镶蓝旗佐领8个，其中扈什布后裔统管1个，烟洲后裔统管2个，顾三台后裔统管3个，喀山后裔统管2个；另有2个佐领由世居叶赫地方的蒙古人编成，分别隶属于蒙古正白旗和蒙古正红旗。综上所述，由叶赫地方人丁编成的八旗佐领共计45个。这些佐领军兵对于以军事立国的清王朝来说，无疑是不可忽视的力量，也是清王朝用人行政不能不考虑的重要因素之一。所以，努尔哈赤次子代善之后、礼亲王昭梿在《啸亭杂录》中论列满洲"八大家"即满族八个显赫氏族，将叶赫那拉氏列为第四，说"凡尚主选婚，以及赏赐功臣奴仆，皆以八家为最云"①。

　　由于叶赫那拉氏家族与清朝皇室有着密切的姻戚关系，掌管了众

---

　　①　昭梿：《啸亭杂录》卷10，中华书局1980年版。

多的佐领军兵,又和满洲以至蒙古的不少佐领有着历史渊源关系,无论从血缘还是从地缘来讲,都是清王朝统治下满族的重要组成部分,在清王朝的统治者阶层中,不能没有他们的代表人物。这些代表人物为清王朝的建立和巩固立下了汗马功劳,成为清王朝的栋梁之材,清王朝也给予他们相应的高官厚禄。叶赫那拉氏家族和原叶赫部人众及其后裔一直在清王朝中占据着重要地位,官声赫赫,职任隆隆,历世簪缨,绵延不绝。叶赫那拉氏家族及其代表人物为清初的统一与巩固发挥了重要作用。皇太极即皇帝位后,立即封授大臣和妻室。他的妻子叶赫那拉氏被封为侧妃;叶赫那拉氏家族的女婿、大贝勒代善在朝臣中位列第一,被封为和硕礼亲王;叶赫那拉氏家族的另一女婿、贝勒济尔哈朗位列第二,被封为和硕郑亲王;娶那拉氏为妻的岳托被封为成亲王,掌管兵部事;尼堪被封为固山贝子(宗室第四等爵位)。清王朝的军国大权,在很大程度上被叶赫那拉氏家族的女婿(虽然这些女婿不止一个妻子)、外甥、外孙们所掌握。叶赫那拉氏家族,也自然在清朝占有重要地位。见表2-1:

表2-1　　　爱新觉罗家族与叶赫那拉家族重要姻亲关系一览

爱新觉罗家族	叶赫那拉家族	姻亲关系及封号	生子(女)
努尔哈赤	杨吉奴女孟古格格	孝慈高皇后	生皇太极
努尔哈赤	叶赫那拉氏	侧妃	生和硕公主聪古伦
皇太极	叶赫那拉氏	继妃	生二子乌努春,生皇五子硕塞
皇太极	叶赫那拉氏	庶妃	
和硕礼亲王代善	叶赫那拉氏布寨女	福晋	
和硕郑亲王济尔哈朗	德尔格勒女叶赫那拉氏	福晋	
和硕郑亲王济尔哈朗	叶赫那拉氏苏泰太后	和硕(继)嫡福晋	

续表

爱新觉罗家族	叶赫那拉家族	姻亲关系及封号	生子（女）
成亲王岳托	叶赫那拉氏	福晋	
敬谨亲王尼堪	叶赫那拉氏	福晋	
济尔哈朗子富尔敦	叶赫那拉氏	福晋	
康熙帝玄烨	叶赫那拉氏	惠妃	生皇长子胤褆
乾隆帝弘历	纳兰永寿女	舒妃	生皇十子
咸丰帝奕宁	叶赫那拉氏慈禧太后	孝钦显皇后	生同治帝载淳
光绪帝载恬	叶赫那拉氏隆裕太后	孝定景皇后	
努尔哈赤女	苏 纳	额驸，固山额真	生苏克萨哈
努尔哈赤女	固三泰	固伦额附，男爵	

皇太极继位伊始，和后金并立的除明朝外，还有自称统 40 万众的英主青吉思汗（即元太祖成吉思汗之号）的"蒙古国"。所谓"蒙古国"，实际是蒙古察哈尔部，只是由于其首领林丹汗是元朝宗室后裔，以强力为蒙古诸部盟主而已。皇太极对林丹汗采取了分化瓦解的政策，使蒙古各部逐步脱离林丹汗，投向后金国，并于天聪二年（1629）联络蒙古反察哈尔部，出兵共同攻击林丹汗。林丹汗被迫率部退出西拉木伦河流域，在归化城（今内蒙古呼和浩特市）集结流散部众。天聪六年（1632），皇太极再次率大军西进远征，征集蒙古诸部兵共击林丹汗。林丹汗率领部众十余万渡黄河西逃，两年后在青海打草滩病死。林丹汗死后，察哈尔部内乱，不少部众脱离察哈尔部，被皇太极招抚。但林丹汗的妻子苏泰太后、囊囊太后、伯奇太后、俄尔哲图太后及苏泰太后的长子、林丹汗的继承人额尔克孔果尔（即额哲）等，依然拥有部众数千户，在黄河以西游牧自立，对蒙古诸部仍有一定号召力。

皇太极于天聪九年（1635）二月，派弟弟多尔衮为统帅前去收服。因为林丹汗的大福晋（满族人对高官显爵夫人的称呼）苏泰太后是原叶赫部贝勒金台石的孙女儿、德尔格勒的女儿、南褚的姐姐，皇太极命护军都统南褚和德尔格勒的同族叔父阿什达尔汉随行。他们行至名叫西喇朱尔格的地方，招抚了林丹汗不得宠的妻子囊囊太后及其子琐诺木台吉，派人将他们护送往沈阳。然后继续西行，抵达苏泰太后和额尔克孔果尔及其部属的统地托里图。

　　苏泰太后是林丹汗死后察哈尔部的实际执政者，其子额尔克孔果尔则是林丹汗确定的继承人，招降他们，是多尔衮、南褚等此行的主要目的。南褚一马当先，愿意率先前往劝诱招抚。苏泰太后见察哈尔部大势已去，无法与后金国军兵抗衡，又有亲弟弟南褚劝降，便命额尔克孔果尔率领所属部下首领去迎接多尔衮等人，并设宴款待，表示愿意投降后金国，还献出了举世闻名的无价珍宝"传国玉玺"①，不再以元朝皇室嫡裔号召蒙古各部，为后金国招抚蒙古各部创造了极为有利的条件。皇太极获得"传国玉玺"后，看到察哈尔等部蒙古已经臣属于后金国，认为"天命"已归己，于第二年（1636）四月，以"应天顺人"的姿态，正式即皇帝位，改元崇德，定国号为大清。可见清王朝的建立是在统一察哈尔部之后，而察哈尔部统一与苏泰太后、南褚、阿什达尔汉的贡献是密不可分的，苏泰太后后嫁给努尔哈赤的侄子济尔哈朗，②成为爱新觉罗氏家族中的一员，苏泰太后作为叶赫那拉氏家族的女子为清王朝的统一立下了第一功，这是叶赫那拉氏家族在清王朝的建立与形成中的重大功绩。

　　叶赫那拉氏家族人物及其子弟最为突出的功绩之一是在对明、朝鲜和农民起义军多年征战中的赫赫军功，现据《清史列传》《八旗通志》《八旗满洲氏族通谱》的客观记载简述一下他们的主要功绩。

　　籍隶正白旗满洲的苏纳，早在叶赫部与努尔哈赤激烈争夺女真各部盟主时，即弃兄弟族人投依努尔哈赤，娶努尔哈赤与庶妃嘉穆瑚觉罗氏所生公主成为额附（满语贵人女婿的称谓，汉译为驸马、女

---

①　李林：《满文旧档》天聪九年五月二十八日，辽宁大学历史系1979年版。
②　李林：《满文旧档》天聪九年九月，辽宁大学历史系1979年版。

婿）。屡次从征立功，由佐领升为参领，又由参领擢任为副都统。天聪元年（1627）从征锦州，在塔山击败明军。三年，与总兵官武纳格率兵出征察哈尔部，收降民2000户。五年，攻明大凌河城（今辽宁省锦县），四次击败明军，以功授护军统领，擢兵部承政（相当于后来的兵部尚书）。九年，定八旗蒙古旗制，授正白旗蒙古都统。崇德元年（1636），从武英郡王阿济格入长城伐明，56战皆捷。次年参加征朝鲜之役，亦获胜。既是皇室懿戚重臣，又是后金及清初的著名战将。

苏纳长子苏克萨哈，比其父更加善战多谋，不仅在对明的征战中功勋赫赫，而且在内廷中也深得顺治、康熙二帝的重用，堪为爱新觉罗氏的功臣。苏克萨哈在崇德六年（1641）为牛录额真时，即从睿亲王多尔衮围攻锦州，多次击败明军。明蓟辽总督洪承畴率师赴援，苏克萨哈又随皇太极所领清兵主力断其退路，在塔山、杏山连败明军，截获粮草。清朝入关后，多尔衮集大权于一身，部属多平步青云，得到提拔。苏克萨哈耿介正直，虽为多尔衮近侍之臣，却从不阿谀逢迎，又以对多尔衮专权骄横，排斥异己不满，与之保持若即若离的关系，因而在多尔衮摄政期间，未得擢拔重用，只在顺治二年（1645）循例授以牛录章京世职，四年升为三等甲喇章京。多尔衮死后，才由顺治帝命他袭苏纳世职，为三等阿思哈尼哈番，并授议政大臣。苏克萨哈为维护顺治帝权威，与王府护卫詹岱等揭发多尔衮谋逆情状。朝廷追夺多尔衮封号，擢拔苏克萨哈为二品世职男爵加五品世职云骑尉。

顺治九年（1652），拥护南明桂王朱由榔的大西军将领李定国分兵两路北伐，接连攻占贵州、广西、湖南的大部分地区，清朝敬谨亲王尼堪被击毙，定南王孔有德兵败自杀。在清军惨败的情况下，苏克萨哈与固山额真（满语，汉译都统）陈泰于次年出征湖南。十二年，苏克萨哈率部与大西军大将刘文秀、卢明臣、冯双礼所部激战于岳州（今湖南岳阳市）、武昌、常德等地。六战皆捷，卢明臣被迫自杀，冯双礼负重伤偕刘文秀败走贵州，扭转了清朝的被动局面。苏克萨哈以战功卓著晋为二等子爵，一品世职，升任领侍卫内大臣（统领侍卫亲军，翊卫扈从）。他终日在内廷奔走，为朝廷效力，不仅成为顺治帝的心腹重臣，也深得其母孝庄皇太后赏识。皇太后患病时，苏克萨哈等终日奉汤送药，"昼夜勤劳，食息不暇"。孝庄皇太后病愈以后，顺治帝加封苏克萨哈为太子太保。在顺治帝生命垂危，将不久于人世时，孝庄派人征询了钦天监监正、德国传教士汤若望的意见，决定将顺治帝的第三子定汉名为玄烨（此前只有满名，无汉名），立为皇太子。当天夜半，命苏克萨哈将"御讳"送至乾清门，令学士王熙、麻勒吉起草遗诏。正月初七日夜间，顺治帝病死，初九日玄烨即帝位，是为康熙帝。康熙帝当时年仅八岁，尊祖母孝庄皇太后为太皇太后，由议政大臣索尼、苏克萨哈、遏必隆和鳌拜四大臣辅政。

在辅政四大臣中，索尼资格最老，地位最尊崇，但年老多病，遇事不愿多作主张，任凭鳌拜施政。鳌拜是三朝旧臣，战功显赫，恃功自傲，不把苏克萨哈放在眼里。遏必隆系后金国开国勋臣额亦都与和硕公主所生，虽有战功，但为人庸常，议事一味依附鳌拜。苏克萨哈虽与遏必隆同系努尔哈赤的外孙，为姨表兄弟，但所属的旗分有别，所代表的集团利益不同，因而态度有异。他与鳌拜也"称姻娅，而论事多与鳌拜迕，积以成仇"。康熙四年（1665），太皇太后欲册立索尼的孙女赫舍里氏为康熙帝皇后，"苏克萨哈嗔怒年庚不对，曾经掣肘"[1]。因此得罪了索尼，索尼便积极支持鳌拜排斥、打击苏克萨哈的活动。鳌拜在索尼、遏必隆的支持下，展开了对以苏克萨哈为首的异己势力的疯狂打击。

康熙五年（1666），鳌拜借口多尔衮执政时分占圈地不合八旗次序，将镶黄旗应得之地拨给了正白旗，提出要交换更正。索尼和遏必

---

① "中研院"历史语言研究所编：《明清史料》丁编第8本，北京图书馆2008年版，第713页。

隆表示赞同，遂颁布了镶黄、正白两旗互易庄田的"圈换之令"。圈换之令的颁布，打乱了二十多年来已经"各安生业"的生产、生活秩序，立即在京引起巨大混乱，有关地区农民恐换耕地，多抛荒不耕。奉命经理圈换的大学士兼户部尚书苏纳海（正白旗满洲人）、直隶山东河南三省总督朱昌祚（镶白旗汉军人）、直隶巡抚王登联（镶红旗汉军人）等纷纷上疏，请求收回成命。鳌拜认为他们"与苏克萨哈系一体之人，将他们灭戮，坏去苏克萨哈一手一足"①，便把他们三人逮捕入狱，决意处死。康熙帝召集辅政四大臣询问，索尼、遏必隆、鳌拜三人"坚奏苏纳海等应置重典"②，唯独苏克萨哈一言不发，明显地与鳌拜对抗。康熙帝因辅政四大臣意见不统一，"不允所请"。"鳌拜卒矫诏，并予弃市。"③ 鳌拜一举杀三位大臣，康熙帝制止亦无效，可见其气焰之嚣张。

康熙六年（1667），康熙帝诏臣工直陈政事得失，弘文院侍读、汉人熊赐履对鳌拜专权为不满，请求康熙帝"申饬满、汉诸臣虚衷酌理，实心任事"。鳌拜览奏大怒，为对付熊赐履等继续上疏弹劾自己，保全自己在朝廷中的地位，继续控制康熙帝，一面申禁言官，不得上疏陈奏，堵塞言路；一面又企图拉拢苏克萨哈共同蒙蔽康熙帝，苏克萨哈对鳌拜早有戒心，不愿和他一同敷陈旧事，蒙蔽皇帝。随后，四辅政大臣中名列第一的索尼病重，无法再过问朝政，鳌拜更害怕名列第二的苏克萨哈直接向康熙帝进言，对自己不利，又对苏克萨哈说："若有奏事，三人同进"。苏克萨哈知道鳌拜的用心所在，不受他的钳制，屡次"自行启奏"，请求康熙帝亲政。鳌拜认为苏克萨哈的言行意在解除自己之权，便对亲信党羽恶狠狠地说："今日归政于皇上，

---

① "中研院"历史语言研究所编：《明清史料》丁编第 8 本，北京图书馆 2008 年版，第 713 页。

② 《清圣祖实录》卷 20，中华书局 1986 年影印《清实录》本。

③ 王钟翰：《清史列传》卷 6《苏克萨哈》，中华书局 1987 年点校本。

明日即将苏克萨哈灭族"①。但康熙帝亲政已不可阻止，康熙六年
（1667）六月索尼病死，七月康熙帝即宣布亲政。

康熙帝亲政之初，仍命辅政大臣"佐理"，鳌拜依然骄横专权。
苏克萨哈为避免鳌拜陷害，再次上疏提出为先帝守陵寝，鳌拜及其党
羽大学士班布尔善等抓住话柄，诬陷苏克萨哈"不愿归政"，将他的
兄弟子侄及家人逮捕入狱，然后捕风捉影地罗织了二十四条"罪
状"，以"大逆"论处，请康熙帝批准将苏克萨哈及其长子内大臣查
克旦凌迟处死，其余诸子侍卫穗黑、塞黑里、郎中那赛、赛克精额、
达器、德器，孙侉克札，侄子图尔泰、海兰等皆斩立决。苏克萨哈的
同族前锋统领白尔赫图，侍卫额尔德、乌尔巴因曾与鳌拜之侄赛木
特、卓必太口角，也被视为苏克萨哈心腹，请斩立决。康熙帝知道是
鳌拜报复私怨，"坚执不允所请"，鳌拜竟然气势汹汹地在康熙帝面
前攘臂咆哮，强争累日，迫使康熙帝批准。康熙帝无奈，将苏克萨哈
改为绞刑，其余全按鳌拜意见处治。

苏克萨哈被处绞，子侄及一些族人被斩杀，给叶赫那拉氏家族以
沉重打击。苏克萨哈一生在对明的征战中勇敢战斗，战功赫赫，他忠
于朝廷，兢兢业业，在"鳌萨之争"中能够反对"圈换之令"，能够
不与怀有野心的鳌拜集团同流合污，对清的统一做出了贡献。

叶赫那拉氏白尔赫图（苏克萨哈的族侄）初为前锋校，以军功授
兵部副理事官。崇德年间屡次从征有功，擢任为前锋参领。顺治元年
（1644）随睿亲王多尔衮入山海关，参加了在一片石、安肃、庆都等
地袭击李自成农民军的战斗，多有斩获，并从豫亲王多铎西剿农民
军，攻克潼关。次年，随多铎移师江南，征讨南明诸王的反清武装，
在苏州、湖州、金华等地的战斗中，均立战功，助多铎等平定了江
苏、浙江、福建。五年，从亲王济尔哈朗出征湖南，在湘潭、宝应、

---

① "中研院"历史语言研究所编：《明清史料》丁编第 8 本，北京图书馆 2008 年版，
第 715 页。

武冈等地大败联明抗清的李自成、张献忠农民军余部。累积军功，授一等轻车都尉，三品世职，擢任为前锋统领。十五年，随信郡王多尼出征南明桂王朱由榔，于贵州累次获胜，进军云南。在永昌、腾越、镇安等地击败拥护桂王的主力李定国军，南明桂王遁入缅甸。十八年，白尔赫图和定西将军爱星阿等率军进入缅甸追索，缅甸国王莽白献出桂王。康熙元年（1662）其子一等侍卫罗铎授三等子爵，由罗铎弟白尔肯承袭，谥白尔赫图为"忠勇"。

籍隶镶蓝旗满洲的叶赫那拉氏顾三台，亦于叶赫未亡时归附后金。努尔哈赤为争取叶赫部降附，授参将世职，并把公主嫁给他，封为固伦额附。天命七年（1622）从征广宁（今辽宁省北宁市），"首先突入敌阵，身受数创，力战不休，遂败敌兵"，优加副将世职。皇太极即位后，置八大臣之列，为镶蓝旗都统，"内理国政，外治戎兵"①。天聪元年（1627），参与征服朝鲜之役。三年，攻明朝的遵化城，四年，攻昌黎县，并驻防滦州（今河北省滦县），俱立军功，是后金及清初不可多得的文韬武略之臣。

顾三台子明阿图，顺治元年（1644）随多尔衮进关，管佐领事，署镶蓝旗满洲副都统。清军入京时殿后督兵，多建奇绩。次年叙功，授佐领世职，任都察院参政。六年，出任镶蓝旗蒙古副都统，加世职至三等轻车都尉。

隶属镶蓝旗满洲的叶赫那拉氏胡什布，于天命初年率所属归附后金国，努尔哈赤以其所带人丁编为佐领，令其管理，不久任侍卫，兼参领。天聪二年（1628），以追叛逃明的阿山、阿达海有功，授为参将。又以随征通古索尔笔部"身被七创，战益力，斩敌将"②，授佐领世职。八年，从征明朝，在大同击败明总兵祖大弼；攻万全、左卫，败明总兵曹文诏。九年，任镶蓝旗蒙古都统。顺治四年（1647）

---

① 鄂尔泰：《八旗通志》初集卷 168，东北师范大学出版社 2003 年版。
② 赵尔巽等：《清史稿》卷 23《胡什布传》，中华书局 1977 年点校本。

晋世职为二等轻车都尉。其子穆彻纳，顺治三年（1646）从征蒙古苏尼特部腾机思，击败助腾机思为乱的喀尔喀土谢图汗军兵，以功于次年授任为护军参领。六年，从征山西叛将姜瓖，获胜立功，授为四品世职骑都尉加五品世职云骑尉。十一年，随征广东，在新会败李定国军，从优授世职为三等轻车都尉。

隶属正白旗满洲的叶赫那拉氏阿布岱，投依后金即授备御世职，兼管佐领事，列为十六大臣之一。天命年间从征辽阳、沈阳、广宁等地，天聪时出征察哈尔部，崇德年间随皇太极征讨朝鲜。所到之处，均立战功，累加世职至三等参领。后缘事将所加世职削去，仍留佐领世职，由其长子阿三承袭。阿三孙莽义禄初袭佐领世职，以功累加至三等轻车都尉。顺治十一年（1654）从征广东，击败李定国军兵，晋世职为一等轻车都尉。历升至镇守荆州将军，加授内大臣。

居住在叶赫苏完地方的那拉氏喀山，为慈禧太后祖上，于天命四年（1619）叶赫部灭亡之前，即携家投附后金国，隶镶蓝旗满洲。努尔哈赤以其智勇，授备御世职，为参领。屡次从征立功，顺治初年累进世职至二等子爵，卒谥敏壮。其子纳海初任佐领，旋授前锋参领。天聪、崇德年间多次从征明朝，在围攻锦州及松山、杏山等战斗中，战功尤著，并奉命赍书谕祖大寿等明朝守将投降，从略山西大同及直隶、山东各地。累计功绩，晋世职为三等轻车都尉，并袭其父二等子爵，合为二等伯，死后由其弟纳秦承袭。

阿什达尔汉是金台石的近支同族兄弟，叶赫部灭亡后率所属人众投依后金国，以贵胄授佐领，籍隶正白旗满洲。天命六年（1621）随军攻明奉集堡，"八旗并进，诸将无出其先者"，攻辽阳城，又是"先登，克之"，叙功授一等轻车都尉世职。皇太极继位后，命阿什达尔汉管理与朝鲜和明朝及蒙古诸部交涉事务，因是皇太极生母的兄弟辈，赐称"国舅"。天聪九年（1635），随多尔衮等招抚林丹汗的继承人额尔克孔果尔及苏泰太后，为后金国立了大功，次年授为都察院承政。此后屡至蒙古诸部清理刑狱，明刑申禁，颁赦宣谕。论功，授三等男爵世职。崇德五年（1640）与参政祖可法疏奏时事，得到皇太极的赞赏，"受心膂寄，常随侍左右"①，是个文武全才。后虽与明军在松山战斗中以保皇太极不力获罪降职，但仍名列世职大臣。死后，由其长子席达理承世职。席达理初任佐领，屡从征战，特别是在攻大凌河城（今辽宁省锦县大凌河镇）、围锦州诸战役中，以少胜多，建立功勋。顺治四年（1647）命为理藩院侍郎，仍管佐领事。后世职晋至一等轻车都尉，并加衔太子少保。

鄂莫克图初为护军校，为金台石、布扬古的远支同族，隶正蓝旗。天聪三年（1629）随岳托攻明保安州（今河北省涿鹿县），第一个登城，赐号"巴图鲁"（满语，汉译为英雄、勇士），授备御世职，擢任参领。八年从征黑龙江虎尔哈部，"计俘，为诸冠"②。崇德二年（1637）从伐卦尔察部，亦多有俘获。三年，授兵部理事官，随多尔衮进入明地攻掠，直至济南。五年，任前锋统领，从围锦州，大败明总兵祖大寿军。六年，再次从围锦州，击败明经略洪承畴军。又追击杏山、塔山明兵，斩获甚多。七年，又在杏山大败当时为明朝总兵官的吴三桂，以军功晋世职为二等参领。顺治元年（1644）随多尔衮入关，追击李自成农民军于直隶、山西各地。二年转战陕西、湖广，以功授一等参领世职。三年，随豪格入川，击败张献忠农民军。论功，升世职为一等轻车都尉，授正蓝旗满洲副都统，为世职大臣。其次子春兑在"三藩之乱"时从征立功，授云骑都尉世职。

路什为金台石远支同族，隶镶黄旗，于崇德八年（1643）随从大将军阿巴泰出掠明朝，攻山东兖州府时，以第三人登城，克城之后赐号巴图鲁，授三等参领世职。顺治元年（1644）随多尔衮入山海关，参加了击败李自成农民军的战斗，一直追击至庆都县。次年叙功，晋为二等参领。又从征农民起义军于陕西绥德、延安等地，随英亲王阿

---

① 王钟翰：《清史列传》卷4《阿什达尔汉》，中华书局1987年点校本。
② 赵尔巽等：《清史稿》卷23《鄂莫克图传》，中华书局1977年点校本。

济格先后击败李自成所部一只虎（李锦）、刘宗敏军，俘获李自成妻高氏。三年随豪格入川，先击败贺珍军，后战胜张献忠军，论功，晋升世职为三等男爵。十五年从征贵州，大败拥护南明桂王朱由榔的总兵官罗大顺等军，叙功晋为二等男爵世职。吴三桂叛清后，路什以七十高龄请求从征，随宗室尚善出征湖南，康熙十七年（1678）以偏师取湘阴，进洞庭湖，守九马嘴，与敌激战，力竭阵亡。议恤追赠一等男爵兼云骑都尉，由其子布纳海承袭，为世职大臣。

　　另一金台石的远支同族和托，隶镶红旗。在崇德三年（1638）以护军校从征明朝，在丰润、深州（今河北省深县）、博平等地获胜。五年和六年参加了围攻锦州战斗，在松山、杏山大败明兵，并击溃了明朝总督洪承畴率领的援军。七年从征宁远（今辽宁省兴城县），又获大胜。顺治元年（1644）随多尔衮进山海关与李自成农民军作战，获胜后复追击至庆都，以功升世职为一等参领加云骑都尉。其子贺布索袭父职，又以功升世职加至二等男爵。康熙元年（1662）升任副都统，三年出征茅麓山（湖北省兴山县西北）阵亡。议恤追赠为一等男爵兼云骑都尉世职，由其子承袭。其近亲族人吴立达，康熙二十年（1681）以八品官从征云南，在黄草坝等地连败叛军胡国秉部，积劳成疾，卒于军中。议恤追赠云骑都尉世职。

　　额塞亦为金台石、布扬古远支同族。于崇德三年（1638）从征明朝吴桥县，以第二人登城。六年，参加围困锦州的战役，击败松山明军马步兵。顺治二年（1645）随多铎南征，占领淮安，在黄、淮之间连败南明军兵。接着进军江南和福建，连连获胜。五年，从征江西叛将金声桓，又获胜。叙功，授二等轻车都尉世职。十年，随征湖广，在衡州大战中阵亡。议恤追赠一等轻车都尉，由其子满塞承袭，名在世职大臣之列。

　　叶赫部族人布当奇理初任护军统领，崇德年间屡次随军进入明朝内地侵掠，并参加了围攻锦州、杏山、松山的战役，都率先破城克敌，所在立功。顺治元年（1644）随多铎追击李自成农民军，由河南进取潼关，先登克城。二年，南下攻扬州，又于城破处冲锋在前，获得胜利。三年，叙功，授佐领世职，是清朝的一员勇将。金台石的远支同族中的代表人物还有吴尔佳齐、艾松古、图鲁石、穆成格、星额礼、苏尔丹等多人，在从征明朝，与农民起义军的战争中各有建树，史之记载甚多，限于篇幅，这里就不一一罗列了。

总之，在清王朝征服明朝及中原大地的战斗中，叶赫那拉氏家族作为清朝武装部队的重要力量，发挥了较大作用，立下了赫赫功勋。

清入关后，通过镇压李自成、张献忠农民起义军和消灭南明势力的战争，逐步建立起在中国的统治，叶赫那拉氏家族不仅在清的统一中功勋赫赫，而且在清政权的巩固与发展中的作用更为突出，无论是平定三藩之乱，还是抵御外来侵扰维护中华民族尊严；无论是收复台湾，还是在发展经济文化等方面都有叶赫那拉氏家族的影子，他们之中既有亲临前线冲锋陷阵的勇士，更有协助皇帝运筹帷幄，决胜千里的杰出人物。下面仅以他们中的代表人物的历史活动来说明这个问题。

金台石的曾孙、南褚长子穆占初为旗员，后任侍卫兼牛录参领。顺治十六年（1659），受命署前锋校，驻防云南。时元江土司那嵩起兵反清，穆占参与平定有功，授予三等轻车都尉世职，擢任正黄旗满洲副都统。康熙十二年（1673）冬，吴三桂在云南举兵叛清，康熙帝命安西将军赫叶由陕西、四川进讨，以穆占署前锋统领，参赞军务。穆占赶至陕西时，四川巡抚、提督、总兵等官员皆叛降吴三桂，抗拒清军进兵。穆占率兵先驱，在野狐岭击溃叛军，攻克阳平关、七盘关，在川、陕边界与叛军展开大战，屡屡获胜。不料陕西提督王辅臣亦在宁羌（今陕西宁强县）响应吴三桂叛清，使清军失利。康熙帝命穆占代赫叶为安西将军，征讨王辅臣叛军。王辅臣于康熙十五年（1676）势穷投降。陕西平定后，康熙帝授穆占都统品级，命佩征南将军印，率陕西等处军兵赴湖广征讨吴三桂。穆占经由荆州、岳州助安亲王岳乐攻长沙，又移兵江西袁州（今江西省宜春县），在吉安大败吴三桂军兵，收复湖南茶陵、修县、安仁等地，攻克郴州、桂阳、桂东、兴宁（今资兴县）和江西永兴等地，叛军被迫投降。康熙帝奖谕他说："自穆占至荆州后，所奏调遣守御事宜，无所不允。今破贼收疆，穆占是赖。"但穆占与简亲王喇布进取意见不合，康熙帝命他们"自今以往，毋分彼此，合力剿灭逆贼"①。时值吴三桂病死。叛军败退，穆占率兵在常宁、永州（今湖南省零陵县）、道州（今湖南省道县）等地大败叛军，进军广西，收复全州、灌阳、恭城等地。康熙十八年（1679）十一月，康熙帝命穆占参赞定远平寇大将军彰泰军务。穆占督兵击溃吴应麒军，占领沅州（今湖南省芷江县），进取贵州镇远，收复平越（今贵州省福泉县）、贵阳、安顺等地。二十年，又攻占平远（今贵州省织金县）等地，进军云南，与广西、四川两路清兵合攻云南昆明，云南平定。穆占凯旋回师，任正黄旗蒙古都统、议政大臣，名列世职大臣。

穆占弟吴丹，康熙十二年（1673）由一等侍卫升任镶黄旗蒙古副都统。吴三桂举兵叛清后，曾于十三年奉命前往征讨叛军的顺承郡王勒尔锦军中宣谕机宜。陕西提督王辅臣起兵反清后，康熙帝命吴丹为建威将军，统率大同、保定、太原汛守兵，镇守太原，以防王辅臣叛军东犯。十四年移师潼关，剿抚华州（今陕西省华县）、商州（今陕西省商县）等处叛军，所向建功。十五年随抚远大将军图海进攻平凉，王辅臣兵败乞降，吴丹率数骑入城安抚，远近归附。十七年康熙帝授吴丹为护军统领，特命参赞图海军务，进剿汉中、兴安叛军，屡战屡胜，是一员难得的大将。

明阿图子，顾三台孙赛碧翰，初任护军参领。平定"三藩之乱"时从征，击败吴三桂叛军大将吴之茂，克阳平、朝天诸关。又趋保宁讨伐王辅臣，攻克秦州。并从征福建，在漳州等地战败台湾郑锦（又作郑经，郑成功子）派来的大将刘国轩、吴淑。后随军开赴云南，参

---

① 王钟翰：《清史列传》卷7《穆占》，中华书局1987年点校本。

加了平定"三藩之乱"的最后战役,诸事有功。康熙二十三年(1684)升任本旗蒙古副都统,寻转满洲副都统,授子爵世职。

布扬古和金台石的远支同族颜珠虎于顺治十五年(1658)以护军什长从征云南,屡败李定国军兵,以功授云骑都尉世职。康熙十三年(1674)从征吴三桂,虽然身受数伤,仍在岳州、宜都等地大败叛军。其长子拜珠虎亦从征叛军,在夺取石门坎、黄草坝等战斗中立功授云骑都尉世职,父子均为勋臣。辛柱(布扬古的远支同族)于吴三桂反叛前,以五品官奉命迁移吴三桂家口。行至贵州安顺府,吴三桂叛清,被响应吴三桂的提督李本深抓获,不屈而死。朝廷恤赠拜授骑都尉世职,为忠烈之臣。

花色(金台石远支同族)由旗员升任平郡王府长史,兼管佐领事。"三藩之乱"开始后,康熙帝命他以长史管护军营长事,随顺承郡王勒尔锦由湖广进剿。他到湖广后所向克捷,康熙帝褒奖说,"尔实系为国家出力之人,忠勇可嘉"①,破格提升他为副都统兼议政大臣。康熙十八年(1679),花色又随军征剿,在兴宁、武冈等地获胜。十九年,进军云贵,收复靖州、绥宁、会通、黔阳、镇远等地。二十年,在进攻平越府的战斗中,"花色奋勇先登,士气百倍","石矢雨下,不反顾",一举攻克。接着又进取贵阳、普安,大败叛军,云南刚刚平定,花色以积劳病死军中,恤赠何职不详,但被列为世职大臣。鄂和诺(金台石、布扬古远支同族)初任护军校,"三藩之乱"爆发后立即从征,在湖广宜都、松滋等地大败叛军。又出征福建,在厦门战胜郑锦军兵。后随军进至云南,平定以吴世为首的叛军。叙功,授云骑都尉世职,位在勋臣之列。

明珠(1635—1708),叶赫那拉氏,字端范,隶满洲正黄旗,官至太子太傅、武英殿大学士、礼部尚书、佐领。明珠担任内阁大学士期间,协助平叛、招降郑氏、展界开海、反击沙俄和与俄使谈判、改

---

① 鄂尔泰:《八旗通志》初集卷164,东北师范大学出版社2003年版。

善满汉关系、蠲免赋税与举荐清官，直接参与了清政府的一些重大军机国事的决策与施行，显示了以他为代表的叶赫那拉氏家族对清初政权巩固的巨大贡献。

关于明珠谱系，《清太祖高皇帝实录》载："其始祖星根达尔汉生席尔克明噶图，席尔克明噶图生齐尔噶尼，齐尔噶尼生褚孔格，褚孔格生太杵，太杵生子二——长清佳奴，次杨吉奴。"①杨吉奴即为明珠的曾祖，杨吉奴有七子：长为喀尔喀玛、次为纳林布禄、三为金台石等。纳林布禄继为东城贝勒。纳林布禄死后，弟金台石继为贝勒。万历四十七年（1619），金台石为努尔哈赤军兵所败，自焚未死，遭建州兵加害。金台石身死部破之后，长子德尔格勒、次子尼雅、三子沙浑，归降建州。尼雅（又作尼雅哈）娶墨尔齐氏为妻，有四子：长子扬武，次子贞泰，三子明珠（又作明住），《清史列传·明珠传》载：尼雅哈受"骑都尉世职，顺治三年卒。长子振库袭，明珠其次子也"。《叶赫纳兰氏八旗族谱》载明珠为尼雅哈之第三子，四子国立。尼雅仅官至佐领，其子明珠则官高位显。

明珠的妻子，为英亲王阿济格之女。阿济格是清太祖努尔哈赤第十二子，崇德元年（1636）受封为英郡王，顺治元年（1644），入关败李自成，晋封英亲王。史称：明珠之"夫人觉罗氏，恩封一品夫人，为太祖高皇帝嫡孙女、英王正妃第五女"。明珠第三子揆方，也联姻王室，娶康亲王杰书之女为妻。杰书为礼亲王代善子祜塞之第三子。②据载："郡主讳叔慎，字惠卿，和硕康亲王之第八女，相国明公之第三妇，册封额驸揆方之妻子也。郡主以王室懿亲，奉天子之命，下嫁额驸。"这段文字的撰者年尧羹，娶明珠长子纳兰性德之女为妻子，故知之甚详。明珠父子环联王姻，可见其权势诣显，宦运

---

① 《清太祖高皇帝实录》卷6，天命四年八月己巳，中华书局1986年影印《清实录》本。

② 赵尔巽等：《清史稿·诸王二》卷216，中华书局1977年点校本。

敦庞。

明珠自幼聪慧过人，善解人意，办事勤慎敏达，且通满汉语文，熟悉典章制度，入官府之初便显露出过人的才华，仅二十几岁便受康熙帝重用。先在内务府当总管，后又升任弘文院学士。康熙五年（1666）四月，明珠迁弘文院学士，进入了朝政中枢机构。次年九月，充任纂修《世祖实录》副总裁。康熙七年（1668）六月，黄河、淮河、运河河水骤涨，江苏兴化等处环城水高两丈，城门也被堵塞，黄河、淮河多处决堤，灾情严重。明珠奉命与工部尚书玛尔赛视察淮河、黄河等处的水利工程。定议在兴化白驹场添设河厅一员，恢复兴化白驹场旧闸，增凿黄河北岸引河以备蓄泄，这一建议有可取之处。随后，明珠亲自领导了黄河引河的开凿。由于治河有功，当年九月明珠升为刑部尚书。接下来的几年中，明珠仕途通畅。康熙十年（1671）十一月，明珠改任兵部尚书。从此他与康熙帝接触更频繁，更亲近，经常随侍左右或护驾巡察，参与机密，传达谕旨。康熙帝很信任明珠，常把自己的行踪和活动单独告知他一人，许多本不属兵部的事务，康熙帝也交给他去处理。康熙十二年（1673）八月，明珠又兼任纂修《太宗实录》总裁，明珠和康熙帝之间的相互信任逐渐加深。

康熙初年，南疆平定，清廷以明朝的三个降将留重兵驻守。平南王尚可喜镇广东，平西王吴三桂镇云南，靖南王耿精忠镇福建。十余年后，三王势力渐大，骄纵跋扈。康熙十二年（1673）三月，平南王尚可喜上疏请求退休，让其子尚之信嗣封王位。康熙帝不同意，命其撤藩。七月，平西王吴三桂和靖南王耿精忠以退为进，也假意要求撤藩，进行试探。康熙帝召见诸大臣商议处置办法。三藩力量不可小视，撤藩关系到南疆的稳定，清廷上下为此展开激烈争论。关于撤不撤藩的问题，形成两种尖锐的对立的意见。一种意见认为，三藩应该久镇南疆，不可撤也不敢撤；与此相对立的是，以户部尚书米思翰、刑部尚书莫洛与明珠为一方，坚决反对不可撤之类的妥协退让意见，认为应当撤。康熙帝同意明珠等人的意见。果然，撤藩令下后，三藩于康熙十二年（1673）至康熙十五年（1676）间相继起兵反叛，史称"三藩之乱"。在平定"三藩之乱"的过程中，明珠辅佐康熙帝运筹帷幄。他频繁参加议政王大臣会议，讨论军情，制定应敌策略。

面对吴三桂叛军的威胁，康熙帝以"军机紧要事务，不便稽迟"为由，命内阁大学士参加议政王、大臣会议，"将会议事宜即奏朕前，以便立行批发"。明珠等大学士积极参加议政王、大臣会议，对国家军政要务进行决策，如明珠自己在康熙帝面前所说"自用兵以来之下（旨），系臣等公同票拟"[①]，即协助康熙帝分析军情，票拟谕旨，运筹帷幄，为彻底平定叛乱而竭尽全力。明珠协助康熙帝抓住吴三桂病死，林兴珠等人投降的有利时机，命令清军"务水陆夹击，速取岳州"[②]。同时展开瓦解叛军的招降活动。叛军在军事打击和政治攻势下解体，纷纷投诚，吴三桂的侄儿、驻岳叛军统帅吴应麒率残部弃城逃遁，清军收复岳州。从此湖南门户洞开，清军蜂拥而至。叛军非降即逃，清军不战而得长沙、澧州、常德、衡州。驻守华容、湘潭等地的叛军闻讯即败逃，清军很快就收复了湖南全境。

在收复湖南全境前夕，明珠又协助康熙帝制定了进军四川和云南、贵州，彻底消灭叛军的方略。进军四川是从收复陕西的兴安、汉中开始的。康熙十八年（1679），清朝起用平定王辅臣叛乱有功的奋威将军王进宝和宁夏提督赵良栋等汉人将官，很快就收复了兴安、汉中，叛军主帅王屏藩、将军吴之茂退守四川。清军乘胜进击，收复成都、保宁（今四种省阆中县）等地，王屏藩自杀，吴之茂等被擒，四川渐次恢复。恢复四川后，赵良栋于康熙十九年（1680）三月提出由湖南、广西、四川三路进取云贵的方案。明珠又促使康熙帝接受了赵良栋的建议，命彰泰为定远平寇大将军，湖广总督蔡毓荣为绥远

---

① 《康熙起居注》第1册，中华书局1984年版，第589页。
② 勒德洪等：《平定三逆方略》卷41，清康熙二十五年（1686）内府朱格抄本版。

将军，从湖南沅州出征；赖塔为征南大将军，统率两广清军由南宁进军；赵良栋为云贵总督兼勇略将军，统率陕西、四川清军由四川出师，一齐进取云贵。湖南一路经贵州镇远、平越、贵阳，直趋云南。广西一路夺石门坎隘口入贵州，经安隆所（今安龙布依族苗族自治县）、黄草坝（今兴义县）进入云南，攻克曲靖，在嵩明与湖南一路清军会师，一同进至昆明附近。

在清军分三路进兵云贵期间，明珠还协助康熙帝处置了尚之信、耿精忠二藩王。尚之信虽然投降，但不听调遣参战，康熙帝命刑部侍郎宜昌阿等以巡视海疆为名赴广东，将其逮捕处死。耿精忠归降后，其弟昭忠、聚忠告发他"尚蓄逆谋"，康熙帝密令时在福建，后来成为明珠儿女亲家的康亲王杰书做工作让他来京质对。耿精忠到京后，康熙帝令将他拘捕审讯，然后处死。明珠多次参加兵部会议或户、兵二部的联席会议，参与议定紧急的军事调遣、将领委任及物资供应等问题。明珠为平定叛乱可谓费尽了心机。吴、耿、尚三藩尽除后，明珠又协助康熙帝撤销了他们的藩王建制，将藩下官兵分散安置，将选任官吏的大权收归朝廷，革除了云南、广东、福建等地三藩擅权时的积弊，消除了隐患，为加强国家统一，促进经济发展起了不可低估的作用。

"三藩之乱"平定后，康熙帝褒扬功臣，多次赞扬明珠等力主撤藩的事，由于在撤藩问题上明珠的主张与康熙帝的想法一致，解除了清政府三大心腹之患中的最大一患，在平定"三藩之乱"中立功的明珠自成为武英殿大学士之后，更加受到康熙帝的特别眷顾。康熙二十三年（1684）冬，康熙下江南，又以明珠为扈从。这种种特殊的恩遇，使明珠志得意满。明珠精通满、汉两种语言文字，口若悬河，辩才无碍，使他在廷中更显得特别突出。在内阁任上，尤其是在大学士索额图去职后，明珠在政治上，尤其在人事上拥有很大发言权。

作为大学士，康熙帝在任免或处理文武大臣时，经常征询他的意见。康熙二十年，吏部准备补授翰林院掌院学士，明珠推荐了候补学士陈廷敬、侍读学士蒋弘道等人。康熙帝听后立即决定任命陈廷敬。不久，吏部为补两广总督空缺，开列了满汉官员的职名给康熙帝。明珠以满汉公议为名，推举福建巡抚吴兴祚，称其效力征讨，且熟悉海务，应补授两广总督，也得到康熙帝首肯。明珠推举和支持的官员，多能够胜任职责。河道总督靳辅一直在明珠的有力支持下修治黄、淮二河，整顿河务。靳辅治河七年，使黄、淮故道复通，河务整顿一新。明珠还积极支持康熙帝侧重奖廉，以扶持激劝群臣，整饬吏治，并向康熙举荐了像于成龙、格尔古德、范承勋、张鹏翮、陆陇其等清官与人才，他举荐的人才多为康熙帝所重用，虽然不能从根本上澄清吏治，但对朝政倡廉，进而缓和阶级矛盾与民族矛盾，促进社会安定和发展生产，是起了积极作用的。

康熙帝虚心接受汉族文化，标榜满汉一体，以求缓和民族矛盾，明珠在人事上基本上能顺应这一潮流。"三藩之乱"平定后，国家需要恢复发展社会经济，明珠辅佐康熙帝减轻赋税，与民休息。康熙二十一年（1682）九月，巡察两盐课御史堪泰请求加征盐商每引税钱 3 钱，明珠强烈反对。山西因受灾需要停征钱粮，户部讨论后决定要加以征收，明珠又积极支持停征。康熙二十二年（1683）十一月，户部决定不准停征湖南当铺、酒铺增添的税钱，明珠反其道而行之，积极支持湖南停征，并且认为天下已经平定，所增收的税银似应该停征。明珠的这些主张都和康熙帝的意旨一致，受到康熙帝的称赞。康熙二十年（1681）正月，身处台湾的郑锦病亡，后嗣发生纠纷。福建总督姚启圣得讯，请求朝廷会合水陆官兵，审机乘便直捣巢穴。当时驻守福建的宁海将军喇哈达亦得郑锦死讯，奏请乘机进取台湾。明珠等大学士捧折本面奏请旨。康熙帝和明珠等商议后，命福建将军、总督、巡抚、提督等"同心合志，将绿旗舟师分领前进，务期剿抚并用，底定海疆，毋误事机"①。

---

① 《清圣祖实录》卷 96，中华书局 1986 年《清实录》影印本。

但闽海前线的最高军事长官宁海将军喇哈达、福建水师提督万正色等反对用武力进剿，朝中高层官员亦以路远且险加以阻挠，康熙帝在明珠等人的协助下力排众议，接受姚启圣、李光地的推荐，以投诚的原郑成功部将、内大臣施琅替换万正色为福建水师提督（改万正色为陆路提督），前往福建，"克期统领舟师进取澎湖、台湾"。施琅抵福建后，与总督姚启圣意见不一，屡次上疏请求专征，但姚启圣却一再要求与施琅一同进兵台湾，在这种情况下，康熙帝虽然主张总督、提督一同进取台湾，但为慎重起见，命议政王、大臣会议具奏。明珠考虑到姚启圣和施琅意见分歧，对出征克敌不利，上奏康熙帝推荐施琅一人进兵。康熙帝听了明珠的陈述，改变原来的主张，施琅取得专征大权后，集舟师从铜山出发，直驶澎湖，经过海上激战，郑氏守将刘国轩败走台湾，施琅率领清军占领澎湖。康熙二十二年（1683）闰六月初八日，郑克塽请降，施琅将使者并降表、书信咨送姚启圣，请旨定夺。康熙帝将降表交议政王、大臣会议，议政王、大臣认为"应如所请"。康熙帝又问明珠等满汉大学士："准其投诚可否？"明珠等"皆奏以为可"①，从而推动了台湾问题的顺利解决。郑氏集团出降，清军占据台湾。

关于台湾的弃守问题，诸大臣也有不同意见。索额图倚信的内阁学士、福建安溪人李光地等怕戍守台湾会加重福建的负担，借口为防止新的分裂割据局面的出现，提出弃守台湾，甚至主张将台湾拱手送给荷兰，也有人主张迁其人，弃其地。而施琅、姚启圣和都察院左都御史赵士麟等，坚决反对放弃台湾。康熙帝命议政王、大臣等会议。会议后，明珠等请旨据守台湾，取得康熙帝的同意。从此，在台湾设置了地方政权机构，促进了台湾经济、文化的发展和社会的进步。在这一过程中，明珠筹虑赞画，襄成大业，功不可没。在明珠出任大学士前，沙俄对我国的侵略活动正处在紧锣密鼓之中。他们先后侵占了

---

① 《清圣祖实录》卷118，中华书局1986年《清实录》影印本。

蒙古茂明安部的牧地尼布楚、雅克萨城和楚库柏兴，并以此为据点，继续在黑龙江流域窜犯。为驱逐俄国侵略者，明珠于康熙二十一年（1682）八月，协助康熙帝派遣副都统朗谈、一等公彭春等以捕鹿为名，前往雅克萨侦察地理形势、沿途水陆交通及俄军部署等情况。之后吸收了郎谈等意见的合理成分，积极备战自卫。明珠又先后协助康熙帝规划向黑龙江前线调集军队、修筑黑龙江城（在今黑龙江省爱辉县之南，江之东岸）、贮存粮食、筹划屯田、修造船舰、开辟驿路，不仅扼制了俄国侵略军继续向黑龙江中下游的进犯，也为清顺利收复雅克萨等江北之地奠定了基础。

康熙二十五年（1686）九月二十五日，以文纽科夫和法沃罗夫为首的俄国谈判使团先遣信使来北京，表示愿意接受清政府的建议，就边界问题进行谈判，并请求清军停止围攻雅克萨城。康熙帝随即派大学士明珠和吏部尚书科尔坤、户部尚书佛伦等与文纽科夫等进行接洽谈判。文纽科夫呈递的沙皇彼得给康熙帝的国书中颠倒是非，还无理要求康熙帝约束清军，"勿过境骚扰寻衅，滋生事端"，甚至要求处治我方官兵。明珠遵奉康熙帝谕旨，向文纽科夫等追述了战争的原委，说明责任在俄国方面。他义正词严地驳斥沙俄的无理要求，并赞同康熙帝解雅克萨之围，并将清军撤至战舰附近集驻，完全是为了促进谈判，和平解决中俄边界争端，并不说明他承认俄军可以长期霸占雅克萨。明珠和文纽科夫的谈判，促使中俄两国结束战争，进入和谈阶段，为日后《尼布楚条约》的签订创造了必要的条件。从所谈的内容来看，也表现了鲜明的爱国主义精神。

明珠还多次以阁臣兼任编纂重要史书、政书的职务。明珠先后为总裁，重修太祖、太宗《实录》及编纂《三朝圣训》《政治典训》《平定三逆方略》《大清会典》《大清一统志》和《明史》。《太祖实录》和《太宗实录》先后告成，明珠则先后被加封为武英殿大学士，以至太子太傅的最高荣衔。

　　当然，明珠亦有其不利于社会进步的过失，甚至严重的过失，但如前所述，我们要看主流，要从大处着眼，应全面公正论述明珠的为人与作为，对就是对，错就是错，一句话，实事求是。权力和皇帝的宠信、重用给明珠带来权威，清代内阁本无重权，又无首辅之设，但明珠却俨然以首辅自居。阁中票拟，都由明珠统管，语言的轻重权衡，都由明珠的心意而定，即使出现了错误，同事们也不敢驳正。从康熙十七年到康熙二十七年（1678—1688），这十年是明珠权势最盛的时期，他在臣僚中占据了政治上的一个中心位置。权力过盛，明珠的私心就逐渐萌生了。他开始利用他的权力，打击异己，收买人心，结党营私，个人生活过于奢侈。康熙二十七年（1688）二月，在康熙帝授意下，徐乾学、高士奇唆使江南道御史郭琇上了著名的震动朝野的《纠大臣疏》。郭琇在疏中陈述明珠、余国柱背公营私罪状共八款，指出明珠窥探上意，其权术足以掩盖他的罪过，又有余国柱等相配合，他负君恩之罪罄竹难书。康熙通过剖析张罍、蔡毓荣等案件的情弊，严斥在廷诸臣的种种恶劣作风，最后宣布革除明珠的大学士职务，余国柱也被革职。不久，明珠被授为内大臣。康熙二十九年（1690）六月，厄鲁特蒙古准噶尔部首领噶尔丹勾结沙俄反动势力起兵叛乱。康熙帝命抚远大将军、裕亲王福全统兵征噶尔丹，明珠被派去参赞军务。乌兰布通一战，噶尔丹战败，假装求和，夜间自大碛山逃走，清军没有追击噶尔丹而使之逃脱，明珠受牵连获罪，降四级留任。次年，复授其武英殿大学士。康熙三十五年春，康熙帝御驾亲征噶尔丹，明珠负责督运西路军饷，五月，昭莫多之战，噶尔丹败走，清军胜利班师。第二年，康熙帝再次亲征，明珠扈从至宁夏，又拨驼运饷，并运送银两颁发鄂尔多斯，随兵从征。不久，噶尔丹败死。明珠因两次从征有功，官复原级。康熙四十三年三月，他与内大臣阿米达等一道参与赈济山东、直隶河间流入京师就食的饥民。康熙四十七年（1708）六月初六日，明珠因病而逝，终年74岁，明珠死讯奏闻后，康熙帝特命"予故领侍卫内大臣、一等公福善，内大臣明珠，各祭葬如例"①。

康熙帝颁布《明珠谕祭碑文》对明珠的功绩作出谕定的评价：

> 皇帝遣礼部郎中兼参领瓦哈礼谕祭正黄旗议政大臣、内大臣、前太子太傅、武英殿大学士兼礼部尚书佐领加三级明珠之灵曰：鞠躬尽瘁，臣子之芳踪；赐恤报勤，国家之盛典。尔明珠性行纯良，擢内大臣敬慎厥职，方翼遐龄，忽焉长逝，朕用悼焉，特颁祭葬，以示悯恻。呜呼！宠锡重垆，忝沐匪恭之报；名垂信史，聿昭不朽之荣。尔如有知，尚克歆享。

这虽不能以此为评价明珠的唯一标准，但纵观明珠的一生，其历史功绩都是应当肯定的。现归纳如下：首先，明珠精励勤慎，政事敏达。明珠在任刑、兵、吏、礼四部尚书和大学士时，熟悉典章，办事谨敏，"抒欲翼"，"佐经猷"，在康熙帝政策的制定与执行过程中，均发挥了重要的作用，他自任刑部尚书到辞世，从政长达四十年，其间平定"三藩"、统一台湾、抗御外敌、用兵西北、治河通漕、崇文重教等，都参与其事，功不可没。其次，明珠参与机务，密议决策。明珠比康熙长十九岁。康熙帝亲政时十四岁，明珠则三十三岁，一位青年君主，一位盛年重臣。明珠以康熙帝经筵讲官与宰辅权臣的双重身份，参与重大治策的廷议与执行。明珠对康熙帝需定之策，建言；拟旨之策，谋划；议商之策，陈奏；争议之策，直谏；可行之策，承旨；不当之策，谏劝；欠缺之策，补充；既定之策，遵行。最后，明珠罢相之后，仍膺重任。他任内大臣，三次参与征噶尔丹之役，奉命赈济流民，叙功复原级，又加二级。明珠作为康熙朝的名相，在错综复杂的历史条件与社会环境中，辅佐青年君主康熙帝，顺应历史趋势，调整重大治国政策；抵御外来侵扰，维护中华民族尊严；力削割

---

① 《清圣祖实录》卷231，中华书局1986年《清实录》影印本。

据势力，发展封建国家统一；促进满汉文化交流；举荐信用贤能，兴修水利发展生产。任内大臣二十年，仍备顾问，劳绩西北。开拓熙朝新政，奠下康雍百年"盛世"基石。其功绩是应当肯定的。明珠不愧是中国封建社会史上的名相，叶赫那拉氏家族在清初杰出的政治家。

纳兰性德是明珠之子，字容若，号楞伽山人，满洲正黄旗人。原名成德，后因避东宫太子讳改为性德。生于顺治十一年腊月十二日（1655年1月19日），卒于康熙二十四年五月三十日（1685年7月1日）。是叶赫那拉氏家族中的一位伟大的文学家，是清代重要词人之一，是中国古代最杰出的少数民族词人之一，他继承和发扬了满族文化内在的纯朴和真诚，又汲取了汉族文化之精髓，用他那一颗赤子之心，对中华民族传统文化进行消融和整合，从而确定自成一家的纳兰词，对中华民族文化传统的发扬光大做出了积极贡献。梁启超先生誉赞为："清初学人第一。"王国维认为他是"北宋以来，一人而已"。他与汉人学者、文士结下了深厚的友谊，增进了满汉之间的团结。他编撰了大型学术著作《通志堂经解》，不仅体现了其向往汉文化的热切之心，更体现了其与汉族文人通力合作，维护民族团结的远大志向。康熙二十一年秋，纳兰性德奉使"觇梭龙"，史载纳兰性德"尝奉使塞外，有所宣抚"，"觇棱龙诸羌"。而他历尽艰辛，终于把梭龙诸羌的实际情况弄清，并及时报告给了康熙帝，使清政府及时调整相关政策，取得了主动。纳兰性德的墓志铭之一这样记载："道险远，君间行，疾抵其界，劳苦万状，卒得要领还报。后梭龙输款而君已殁。"其为团结西北各族人民，维护祖国的统一做出了卓越贡献。

叶赫那拉氏家族中的后妃，在清代历史中或多或少地发挥着作用与影响，其中有著名的叶赫那拉氏三皇后：孝慈高皇后、孝钦显皇后（慈禧）与孝定景皇后，而慈禧太后最为有名。

根据《清实录》《清史稿》《清皇室四谱》《清列朝后妃传稿》等书的记载，在慈禧之前，清代历朝皇后妃嫔中姓叶赫那拉的除孝慈高皇后之外，还有努尔哈赤的侧妃、皇太极的侧妃、乾隆的舒妃。姓那拉氏的有努尔哈赤的大妃和另一侧妃，皇太极的继妃和一位庶妃，顺治的一位庶妃，康熙的惠妃、通嫔和两位贵人，雍正的孝敬宪皇后，乾隆的皇后，道光的和妃。太祖侧妃：叶赫那拉氏孝慈高皇后妹妹。生女聪固图公主，为努尔哈赤第八女，下嫁蒙古喀尔喀台吉固尔布什。太宗侧妃：叶赫那拉氏，孝慈高皇后族人，阿纳布之女，阿纳布父固三泰为镶蓝旗固山额真。这些那拉氏，虽然不全是叶赫那拉氏家族的后代，因为叶赫、乌喇、哈达、辉发及满洲的其他地方都有那拉氏，"虽系一姓，各自为族"，但是，在她们之中甚至有一些"未详何氏"的妃嫔之中还有叶赫那拉氏，则是可以肯定的。咸丰帝共有皇后妃嫔十九人。过去，我们只知道慈禧姓叶赫那拉。从中国第一历史档案馆保存的档案中可以发现，原来被《清史稿》《清皇室四谱》《清列朝后妃传稿》称为"不知氏族"或"不详何氏"的璷妃、玮嫔、玉嫔，都属于叶赫那拉氏。①

在清代宫闱制度建立和发展完善过程中，叶赫那拉氏被册封为皇后者三，妃嫔者五。特别是三皇后，在历史上影响颇大，即太祖孝慈高皇后，文宗孝钦显皇后，德宗孝定景皇后。

太祖孝慈高皇后，名孟古格格，叶赫贝勒杨吉奴之女，比努尔哈赤小16岁，是清太宗皇太极的生母。杨吉奴识见明敏、慧眼独具，当努尔哈赤脱离明总兵李成梁至叶赫时，即视落魄中的努尔哈赤为"非常之人"，将爱女许之。杨吉奴被明总兵李成梁以"市圈计"杀害后，子纳林布禄继为贝勒。万历十六年三月（1588年10月）纳林布禄将孟古格格送到赫图阿拉（今辽宁省新宾县）与努尔哈赤成婚。努尔哈赤"率诸贝勒，大臣迎之，大宴成礼"②。万历二十年十月二十五日（1592年11月28日）生皇太极。万历三十年九月（1603年

---

① 中国第一历史档案馆藏《宫中杂件》第1247包。
② 赵尔巽等：《清史稿·列传》卷1《后妃》，中华书局1977年点校本，第8899页。

10 月）孝慈高皇后病危，"思见母，上遣使迎焉，纳林布禄不许。九月庚辰，病逝"。努尔哈赤非常悲恸，"表殓祭享，仪物悉加礼，不饮酒茹荤者逾月。越三载，始葬尼雅满山冈"。"天命九年，迁葬东京杨鲁山，天聪三年，再迁沈阳石嘴头山，是为定陵。崇德元年，上谥孝慈昭宪纯德真顺承天育圣武皇后"。顺治元年，祈太庙，康熙元年，改谥。雍正、乾隆累加谥，称"孝慈昭宪敬顺仁徽懿德庆显承天辅圣高"皇后。清史稿评她"庄敬聪慧，词气婉顺，得誉不喜，闻恶言愉悦不改其常。不好谄谀，不信谗缤，耳无妄听，口无妄言，不预外事，殚诚毕虑以事上"①。孝慈高皇后终生只生一子为皇太极。皇太极天命元年（1616）封为和硕贝勒，为四大贝勒之一。

文宗孝钦显皇后即慈禧太后，关于她，在下文第五章第二节中将详述之，这里不再赘述。

德宗孝定景皇后，慈禧太后胞弟桂祥之女，慈禧侄女。光绪十四年（1888）被慈禧太后钦点成婚，次年立为皇后。光绪三十四年（1908），光绪帝在南海瀛台涵元殿病逝，依慈禧太后遗命由宣统帝即位，宣统帝称她为"兼祧母后"，尊为皇太后，上徽号隆裕，而宣统帝时年仅三岁，因此由太后抚养宣统帝，同时隆裕太后也和宣统帝生父摄政王载沣一同主掌风雨飘摇的清王朝。宣统三年十二月戊午（1912 年 2 月 12 日），以太后名义颁布《宣统帝退位诏书》，结束清朝自 1636 年以来共二百七十六年的统治。1914 年正月甲戌去世，享年四十六岁。上谥曰"孝定隆裕宽惠慎哲协天保圣景皇后"，合葬崇陵。

一些机构与著名历史人物对德宗孝定景皇后的评价多为肯定，如《大公报》："既非依附于帝王，亦未尝有垂帘之政绩，而独以让德高怀，召亿兆人之讴恩，曾不以国体之变迁，而稍驰其爱敬者，伊古以来，实惟前清隆裕太后。"《中国日报》："己丑年嫁光绪帝为嫡后，

---

① 赵尔巽等：《清史稿·列传》卷 1《后妃》，中华书局 1977 年点校本，第 8899 页。

秉性柔懦，失西后欢；尤与光绪感情不洽，抑郁深宫二十余年。既无可誉，亦无可讥。惟清廷退位，后力居多，将来共和史中亦不失有价值之人物也。"孙中山："孝定景皇后让出政权，以免生民糜烂，实为女中尧舜，民国当然有优待条件之酬报，永远履行，与民国相终始。"黄兴："全赖隆裕皇后、皇帝及诸亲贵以国家为前提，不以皇位为私产，远追尧舜揖让之盛心，遂使全国早日统一，以与法、美共和相比并。"各国公使："隆裕太后英武明断主共和，下诏赞成。致使糜乱之局由此大定，民国秩序得以保全。一切商场、金融均受无形之保护，中外同声感恩！外人之生命财产尤赖隆裕之力得以安全。"可以说在这一点上，隆裕太后还是顺应了历史潮流，值得肯定。

还有一些叶赫那拉氏著名历史人物，如近代的外交家那桐等人均在历史上发挥了自己的积极作用，在此不加赘述，见本书第七章第五节"那桐谱单研究"。

第三章

清代乾隆官修《八旗满洲氏族
通谱·叶赫地方纳喇氏》研究

　　清代官修谱书《八旗满洲氏族通谱·叶赫地方纳喇氏》①，本章下文简略为《通谱》。共收录叶赫地方纳喇氏人物近 400 人，记载世系少则七八代，多则十几代，较为真实地反映了在后金建立前后叶赫族人的活动及对清初统一与政权巩固的历史作用，是所有叶赫族谱中最为重要的一部，因已印刷成书，故又是极易找到的一部，是叶赫那拉氏家族史的首要的材料之一。此书版本有：武英殿刻本，已被辽沈书社据其影印本整理出版，有 1989 年版。

第一节　《通谱》中记载的叶赫那拉氏源流

一　《通谱》与叶赫那拉氏源流

　　对于叶赫那拉氏家族的族属，以何种方式来到张地之纳喇姓部，

---

　　① 官修谱书《八旗满洲氏族通谱·叶赫地方纳喇氏》是清代弘昼、鄂尔泰、福敏、徐元梦等奉清高宗弘历之敕而编纂。全书 80 卷，始纂于雍正十三年（1735），编竣于乾隆九年（1744）。书中辑录了除清代皇室爱新觉罗氏以外的满洲姓氏，详细记述了其归顺爱新觉罗氏的时间、原籍何地、官阶及勋绩情况。全书共辑录满洲姓氏 1114 个，并为每个姓氏中勋业最显著者立传，事迹不显著者亦简记之，该书不仅是一部了解满洲姓氏及八旗的工具书，也是一部了解清代前期历史特别是八旗人物、民族分布、民族关系、满族源流的重要史料。该书自修成以来，只在乾隆时宫内武英殿刻印过一次。2002 年辽海出版社影印出版武英殿刻本，并在书后增附新编的人名、姓氏索引，方便了检索和查阅。

学界有很多争议，集中起来主要有几种观点：一是，族属蒙古人说、女真人说；二是，据纳喇姓部占领说、入赘说①。关于叶赫那拉氏家族的源流，《通谱》开篇就有记载："先有蒙古人星根达尔汉者，原姓土默特，初灭扈伦国所居张地之纳喇姓部，据其地，因姓纳喇氏。后迁于叶赫河岸，遂号叶赫国。"我们认为《通谱》的记载基本是准确的。

《清史稿·列传十》载："杨吉奴，叶赫部长，孝慈高皇后父也。其先出自蒙古，姓土默特氏，灭纳喇部据其地，遂以地为姓；后迁叶赫河岸，因号叶赫。始祖星根达尔汉……"《清太祖武皇帝实录》卷一载："夜黑国，始祖蒙古人，姓土默特氏。所居之地曰张，灭扈伦国内纳喇姓部，遂居其地，因姓纳喇。后移居夜黑河，故名夜黑。"《满洲实录》卷一诸部世系亦云："叶赫国始祖蒙古人，姓土默特，所居地名曰璋。灭扈伦国内纳喇姓部，遂居其地，因姓纳喇。"《清朝通志》皇朝通志卷十也说："纳喇氏，星根达尔汉蒙古人，本姓土默特，因灭纳喇姓部据其地改姓纳喇氏。"《纳兰家族墓碑》明珠墓志铭亦载："始祖星根达尔汉，灭扈伦国，据其纳兰部，因氏焉。迁业赫河之滨，为业赫国王。"其他如蒋良骐《东华录》等都有大同小异的记载，我们认为《清史稿》《清实录》《满洲实录》《清朝通志》这样权威的史书的记载是不会错的。另外，作为蒙古土默特星根达尔汉一支部众是为了求得生存之地而南迁的，其间的手段必然是征服与占领，所以"入赘说"在逻辑上也不合理，所以《通谱》的记载具有权威性。

关于叶赫部部众的族属问题，我们认为是以蒙古人为主体的蒙古人和女真人的结合体。如前所引，星根达尔汉率领的蒙古土默特一支

---

①　丛佩远：《叶赫部族属试探》，《黑龙江文物丛刊》1983 年第 7 期；赵东升：《关于叶赫部首领的族属问题》，《满族研究》1995 年第 4 期；张永江、叶雪冬：《试论叶赫部的族属与历史分期问题》，《内蒙古大学学报》1989 年第 5 期。

部众攻入扈伦国,吞并了当地的金代遗族纳喇姓部,改姓纳喇。蒙古人摧毁了纳喇女真人在张地的统治并取而代之,吞并了其部众。这样,作为征服者的蒙古人便与被征服者女真部众互相掺杂,融为一体。

《通谱》明确记载了叶赫部灭亡后,叶赫那拉氏除阵亡、被杀者、外逃者外,全部投降后金国,更大大加强了后金国的国力,成为主要依靠力量之一,集中表现在掌管了众多佐领(牛录)军兵,成为清朝的重要支柱。"然汗(努尔哈赤)仍以宽大为怀,不念叶赫诸贝勒旧恶,其诸贝勒、大臣,均加豢养。叶赫二城所有大小贝勒,皆留而养之。其叶赫国人,不论善恶,皆不损其家产,父子、兄弟、亲戚,不令离散,尽行带来。未拿妇人之衣领,未取男人之弓箭,其各户之财帛器皿等一应物件,仍由原主收取之。"① 叶赫部的臣民被迫跟随努尔哈赤的军队迁徙到建州,入籍编旗,但不准他们聚居,而是分别编入满洲(当时以建州女真人为主)各旗,如德尔格勒、沙浑隶满洲正黄旗,布尔杭古隶满洲正红旗等,以淡化他们的叶赫部落意识,使他们完全融合于建州女真人之中。努尔哈赤为笼络他们,还封授德尔格勒和布尔杭古为三等副将,成为满族成员中的重要组成部分。

《通谱》关于各佐领人员的记载十分详细。原叶赫部的部众被后金迁离故地后,分别被组编为各旗的牛录即佐领,并且大多是世管或互管佐领,仍由叶赫那拉氏家族之人世代掌管,到康熙年间,具体情况如下。

以原叶赫部人丁及其子孙组编的满洲佐领,隶满洲正黄旗佐领6个,其中金台石后裔统管5个,金台石弟弟阿三后裔统管1个;隶满洲正白旗佐领8个,其中阿什达尔汉后裔统管3个,苏纳后裔统管2个,乌均都都后裔统管2个,阿尔卜后裔统管1个;隶满洲

---

① 满文老档研究会译注:《满文老档》,东洋文库1955年版。

正红旗佐领 9 个，其中布寨后裔统管 7 个，阿拜后裔统管 1 个，布丹后裔统管 1 个；隶满洲正蓝旗佐领 4 个，其中巴尔喜后裔统管 1 个，伊巴礼后裔统管 2 个，鄂莫克图后裔统管 1 个；隶满洲镶黄旗佐领 3 个，均由图鲁石后裔统管；隶满洲镶红旗佐领 5 个，其中巴奇兰后裔统管 3 个，武达哈后裔统管 2 个；隶满洲镶蓝旗佐领 8 个，其中扈什布后裔统管 1 个，烟洲后裔统管 2 个，顾三台后裔统管 3 个，喀山后裔统管 2 个；另有 2 个佐领由世居叶赫地方的蒙古人编成，分别隶属于蒙古正白旗和蒙古正红旗。综上所述，由叶赫地方人丁编成的八旗佐领共计 45 个。这些佐领军兵对于以军事立国的清王朝来说，无疑是不可忽视的力量，也是清王朝用人行政不能不考虑的重要因素之一。所以，努尔哈赤次子代善之后、礼亲王昭梿在《啸亭杂录》中论列满洲"八大家"即满族八个显赫氏族，将那拉氏列为第四，说"凡尚主选婚，以及赏赐功臣奴仆，皆以八家为最云"。

第二节　《通谱》对叶赫那拉家族人物的历史评价

一　《通谱》对叶赫那拉氏家族的历史评价

《通谱》开卷即为满洲"著姓"，首列八个"著姓"，各个家族依次为瓜尔佳氏、钮枯禄氏、舒穆禄氏、马佳氏、董鄂氏、赫舍里氏、他塔喇氏、伊尔根觉罗氏，而舒舒觉罗、西林觉罗、通颜觉罗、伶佳氏、那木都鲁氏、纳喇氏等，皆在前三十卷内。其中《叶赫地方纳喇氏》列在卷二十二，排列祖孙数代，概述家族事迹，记载了叶赫那拉氏家族在国家政治生活中发挥着重要的作用。

《通谱》全面辑录了叶赫那拉氏家族在清统一与巩固中的历史功勋。由于叶赫那拉氏家族与清朝皇室有着密切的姻戚关系，是清王朝统治下满族的重要组成部分，在清王朝的统治者阶层中，有他们的代表人物。这些代表人物为清王朝的建立和巩固立下了汗马功劳，成为清王朝的栋梁之材，清王朝也给予他们相应的高官厚爵。据《通谱》记载，叶赫那拉氏家族和原叶赫部人众及其后裔一直在清王朝中占据着重要地位，官声赫赫，职任隆隆，历世簪缨，绵延不绝，我们仅以叶赫那拉氏家族金台石一支为例，见表3－1：

表3－1　　　《通谱》所载金台石一族显赫人物情况一览

（20支69人，本表52人）

姓名	历任官职	功绩
索尔和	一等男兼一云骑尉，历任吏部侍郎兼佐领	
武丹	由佐领历任建威将军，赠云骑尉	征厄鲁特噶尔丹，奋勇击贼阵亡
巴什	一等男，任郎中、参领兼佐领	
尼雅哈	佐领，授骑都尉，任郎中	定鼎燕京时著有劳绩
明珠	原任武英殿大学士、内大臣	
星德	原任头等侍卫兼佐领	
揆叙	原任都察院左都御史	
永绶	原任兵部侍郎、副都统	
瞻岱	原任甘肃提督	
宁秀	原任副都统兼佐领	
岱穆	由二等侍卫赠云骑尉	从征福建，击海寇于厦门阵亡
布尔杭武	三等男，初编佐领使统之	
诸孔额	三等男，任副都统、议政大臣袭职	
音图	任吉林乌喇将军	
禅岱	历任吏部侍郎兼佐领	
察尔琦	三等轻车都尉，任参领兼佐领	从征厄鲁特噶尔丹，奋勇破贼有功

续表

姓名	历任官职	功绩
富拉塔	原任刑部尚书	
索柱	原任护军参领兼佐领	
晋保住	原任头等护卫兼佐领	
葛伦泰	原任护军参领兼佐领	
西柱	原任刑部侍郎兼佐领	
苏纳	额驸，佐领，历任参将、寻擢副将、护军统领、兵部尚书、授骑都尉、三等轻车都尉、蒙古都统	初征叶赫时于广宁等处屡著军功，又以任事有能，不违指使，奉旨免死罪四次。从征锦州，率八旗蒙古兵丁星夜往截塔山西路，遇明兵二千，击败之。又征察哈尔，俘获二千八百余人，取大凌河，城内兵出战，击败之。征锦州，屡败敌兵，得纛二杆。征北京，于雕窝城、长安岭、昌平州等处败敌五十六次。征朝鲜，击败宁边城李元帅弁兵二千，生擒李元帅
苏克萨哈	佐领，一等男兼一云骑尉。二等子，历任领侍卫内大臣，加太子太保。顺治十八年授为辅政大臣	三围锦州屡败松山兵，征湖广时，伪王刘文秀率伪将卢明臣、伪侯冯双礼等，统贼众六万、船千余艘，由常德分兵攻岳州、武昌，苏克萨哈伏兵游击，焚获船只，大败贼众。明臣赴水死，双礼被重创，降其伪副将等四十余员。叙功，优晋二等子
苏永祚	历任散秩大臣、护军统领兼佐领	
札克丹	原任领侍卫内大臣兼佐领	
绥赫	原任头等侍卫兼佐领	
阿玉锡	由员外郎考绩称职授云骑尉，遇恩诏加授骑都尉。叙功，加一云骑尉，又两遇恩诏加至二等轻车都尉，缘事降为三等轻车都尉，历任副都统	从征锦州，击败洪承畴兵，从征江西，屡败贼首金声桓等兵
都理库	授为二等轻车都尉，任参领	从征厄鲁特噶尔丹，奋勇破贼有功
邦经吉	任头等侍卫兼佐领	

续表

姓名	历任官职	功绩
二格	前议政大臣、工部侍郎，现任都察院左副都御史兼佐领	
阿什达尔汉	佐领，授一等轻车都尉，历任理藩院尚书，赐号舅舅，授为三等男	攻辽东城，先登有功，复以任事有能，不违指使，历任理藩院尚书。平定朝鲜时，指麾官军，斩杀甚众
席达理	云骑尉，寻任理藩院侍郎，蒙恩授为三等轻车都尉，遇恩诏授为二等轻车都尉，缘事降为三等轻车都尉，又两遇恩诏加至一等轻车都尉，卒，赠太子少保，立碑纪焉	从征大凌河，屡败敌兵；征察哈尔，率二十人败贼伏兵三百；初过北京，征山东，击败太监冯永盛兵
吴尔巴	任头等侍卫、侍卫班领兼佐领	
纳延泰	三等轻车都尉，现任头等侍卫、侍卫班领兼佐领	
柏尔赫图	授骑都尉，加一云骑尉，三遇恩诏，加至一等轻车都尉。授为一等男。历任前锋统领兼佐领，赐谥忠勇	由前锋参领围锦州，击败松山、杏山马步兵，征宁远，城内兵出战，击败之。定鼎燕京时，追击流寇至安肃、庆都等县，斩杀甚众。后破流贼，灭福王，平定河南、江南等处，俱有军功。征福建，路经金华府，遇贼蔡副将兵五百，步战败之。征湖广，败贼兵千余于湘潭县，攻宝庆府，克其城。贼伪杨总兵率马步兵来取武冈州，击败其众，斩杨总兵，又两败贼首一只虎等兵征山东土贼。斩贼首杨三元等六人，破其步兵五千余众。续征云南，贼首祁三省，率兵二万余守鸡公背，奋勇进剿，斩伪将一员，生擒十九人，贼伪巩昌王，拥众在玉龙关拒战，奋击大败之，获其金印一颗。又入缅国，至阿洼城，获伪桂王有功
栢尔肯	三等子，任散秩大臣兼佐领	
栢清额	佐领，现任副都统	

续表

姓名	历任官职	功绩
瑚锡布	佐领。复恩赐骑都尉，三遇恩诏，加至二等轻车都尉，历任都统	
穆彻讷	由防军参领，两遇恩诏，授骑都尉优授为三等轻车都尉	追滕吉思，击败土谢图汗及硕罗汗等兵征山西，于宁武关，屡败贼众。征广东，击败贼李定国步兵四万于新会县
吴晋泰	原任步军校爱松武，授云骑尉，遇恩诏，加授骑都尉。历任副都统兼佐领	由员外郎，从征太原府，城内兵遁出，追击大败之。征流贼，于延安府连破其营，追滕吉思，击败土谢图汗兵。后驻防太原府。叛贼李杨色，率兵来犯，击败之。驻防代州，击败贼首刘傅，郎方马步兵
四格色	原任户部侍郎	
固三泰	佐领，历任都统	
和色	加一云骑尉叙功，优授为二等轻车都尉	从征湖广，于茅麓山败贼三千余众；征江西，击败贼首李茂著等兵于钟鼓山；征广东，于韶州府等处击败伪将马宝兵万余众；续征云南，击败贼伪将何继祖兵于黄草坝，贼将胡国秉等率兵万余，出云南城拒战，并击败之
瑚钮	护军校从征四川，于阳平关等处击败贼伪叶总兵等兵数万余众；后至泰州，击贼阵亡	由护军校从征四川，于阳平关等处击败贼伪叶总兵等兵数万余众；后至泰州，击贼阵亡
多启纳	七品官，授云骑尉，任护军参领	由七品官从征察哈尔布尔尼，于大卤地方，奋勇破贼有功
布当奇理	护军参领，优授骑都尉	由护军参领围锦州，击败松山、杏山马步兵，过北京，征山东，击败三河县马兵，破流贼，灭福王，平定河南、江南等处，屡败贼众

续表

姓名	历任官职	功绩
哈雅尔图	原任理藩院尚书、议政大臣	
色赫	护军校,授云骑尉,授为骑都尉	由护军校从征山东,击败贼首吕思渠等兵数万余众,征察哈尔布尔尼,于大卤地,奋勇破贼有功,后征云南,击败贼伪将胡国秉等兵二万余众
拉玛	原任都统兼佐领	
额赫纳	原任都统兼佐领	
郭思海	原任兵部尚书	
察库	原任户部侍郎	

上表所示金台石一支可谓官声赫赫、功绩卓著,既有开国元勋苏纳、阿什达尔汉、席达理、柏尔赫图,又有中兴重臣明珠、苏克萨哈等,计有尚书4人、侍郎7人、都统11人、参领7人、头等侍卫6人、佐领93人等,仅一个家族分支就显赫到如此,可见整个家族之一斑。

二 《通谱》的历史价值

《通谱》的有关记载是乾隆以前整个叶赫那拉氏家族的忠实记录,可资叶赫那拉氏家族史的研究。

首先,《通谱》是研究叶赫那拉氏家族史的最为权威、完备的人物索引资料。

《通谱》记载了乾隆以前整个叶赫那拉氏家族的族源、世系支脉、世职佐领承袭等信息,共收录叶赫地方纳喇氏著名人物76个,自金台石、布扬古、苏纳等支族记起,即起自明末,叶赫灭亡前后,截至通谱成书的乾隆年间,每支族记其姓氏命名、归顺努尔哈赤和皇太极的时间、原籍何地、官阶及勋绩。姓氏中勋绩卓著者44人立传,记

载世系少则七八代，多则十几代；更有价值的是，事迹不显者（家族
中的中下层）107人也作简记，称为附载，并明确标注了诸如"俱世
居叶赫地方。系国初来归之人""俱世居叶赫地方，系天聪时来归之
人""俱世居叶赫地方，系来归年份无考之人"，而且较为真实地反
映了在后金建立前后叶赫族中下层人的活动及自身的职业、官职，是
所有叶赫族谱中最为详尽的一部，可谓信史。

　　其次，《通谱》对《八旗通志》《清史稿》相关史料多有增补。
《通谱》记载人物在《清史稿》《清实录》《清朝通志》《八旗通志》
中均有相关记载，而与《通谱》相参证，比如关于爵位与佐领的世
系情况，《通谱》至为详细。更有价值的是有些叶赫那拉氏家族人物
为其他史料未载，《通谱》人物简传可补其不足，也可佐证一些史
实。如《通谱》的有关记载再次说明"慈禧复仇"是不存在的。《通
谱》卷二十二《叶赫地方人氏》记载："喀山，镶蓝旗人，世居叶赫
苏完地方，国初来归，授骑都尉。从征辽东，有功，授三等轻车都
尉。又击毛文龙兵，斩守备两员，并歼其众，授三等男，三遇恩诏，
加至二等子，卒，赐谥敏壮，照一品大臣，例立碑……"明确标明慈
禧太后父系家族喀山家族非金台石一支，而是"世居叶赫苏完地方"
"当叶赫未灭，挚家归太祖"的一支叶赫那拉氏家族，不属于金台石
家族，而且，全族立有军功。《通谱》记载：纳喇氏"为满洲著姓，
其氏族散处于叶赫、乌拉、哈达、辉发及各地方，虽系一姓，各自为
族"。可见叶赫那拉氏家族不只是被努尔哈赤灭掉的金台石一支，而
是多支，所以慈禧这一支叶赫那拉氏家族不仅与爱新觉罗家族没有世
仇，反而有功。

　　最后，《通谱》所记叶赫那拉氏家族人物有关官职、勋绩等内
容有助于对其家族的评价。《通谱》所记叶赫那拉氏家族人物多在
清朝世代官居高位，其他族人亦多有功名，计有尚书5人、侍郎15
人、都统29人、参领64人、统领11人、佐领149人、骁骑校56
人护军校84人等。另外，此家族除了任各级文武官员外，《通谱》

中还记载了若干人，分别在八旗中担任笔帖式、护军、司库、牛羊群总管、牧长、铁匠协领、翼长、厩长等职务，可见，此家族从上到下显示了它是一个影响较大的满族家族。

第四章

国家图书馆藏叶赫那拉
氏族谱研究

第一节 《叶赫那兰氏八旗族谱》研究

《叶赫那兰氏八旗族谱》辑于清道光三年四月，为叶赫那拉氏第十四代玄孙额腾额编撰。现藏于国家图书馆，清道光三年钞本。谱首为额腾额所作谱序，次为世系表，尾记道光初年叶赫那拉氏后裔分布地方。世系表自始祖星根达尔汉至额腾额族侄铭敦，共辑十五代，1522人。其中自四世孙诸孔革（褚孔格、褚孔厄）至叶赫东城贝勒金台石之孙南褚，凡六代，其人名、官职、支派、世系等多与明人冯瑗《开原图说》卷下《海西夷北关支派图》所记相符。自南褚之后，凡七代，所记人名，官职、支派世系及旗属等多与《清史稿》诸臣封爵世表和《八旗通志》旗分志满洲八旗佐领世系相符。其中正白旗满洲支族自始祖至现年，共十六辈，只续为十五代，幼丁系入，外族未入。《叶赫那兰氏八旗族谱》是目前所掌握的有关叶赫那拉氏世系源流比较清楚，记述内容较为全面的一部珍贵史料。

一 《叶赫那兰氏八旗族谱》世系源流

据《叶赫那兰氏八旗族谱》谱序记载："叶赫地方贝勒，始祖原系蒙古人，姓土默特氏。初自明永乐年间带兵入扈伦国招赘，遂有其地，因取姓曰纳兰氏。后明宣德二年，迁于叶赫利河涯建城，故号曰叶赫国。其地在开原之东北，即明所谓之北关者是也。与明交会于镇北关，与海西女真接壤。所属有十五部落，而人多勇猛善射者。所属地方人心悦服。俱以贝勒称之。故始祖贝勒星根达尔汉传子席尔克明噶图，再传子齐尔哈那，三传子珠孔额，四传子太杵，生二子，长曰清佳奴，次曰杨佳奴，兄弟二人绥服叶赫诸部。各居一城，明万历十二年，为宁远伯李成梁所诱被害。清贝勒子布寨，杨贝勒子纳林布禄，各继其父，俱为贝勒。后与明交和，纳贝勒之弟金台石、布贝勒之子布扬武嗣贝勒。在叶赫地方一百九十年，共八代，嗣贝勒十一辈，至天命三年明万历四十八年乃终。"这与《清史稿》《清实录》《满洲实录》《清朝通志》《八旗通志》等权威史书的记载是一致的。[1] 据族谱记载，太杵二弟台坦柱有子三人：长曰齐纳赫，次曰清佳奴，为叶赫西城贝勒。三曰杨吉奴，为叶赫东城贝勒，其小女是努尔哈赤孝慈高皇后，称"孟古格格"，系清太宗皇太极的生母。太杵三弟尼雅尼雅喀有子四人：长曰延桂，亦称烟州。其五子扈什布任满洲镶蓝旗都统。次曰阿尔卜，其孙苏纳"尚努尔哈赤第六女为额附"。苏纳子苏克萨哈，顺治朝任领侍卫内大臣加太子太保，顺治十八年授辅政大臣。三曰雅林布，其长子固三泰尚公主，封固伦额附。四曰雅巴兰，其第七子阿什达尔汉，任理藩院尚书，天聪六年太宗文皇帝赐号"达雅奇国舅"。清佳奴有子四人：长曰布寨，亦称布斋，继其父为叶赫西城贝勒；次曰兀逊孛罗，明万历十一年十二月与其父清佳奴同时在开原遇难；三曰阿巴亥，亦称阿巴海；四曰阿拜，其次子诺穆图为多罗额附，诺穆图子国斯海任兵部尚书。杨吉奴有子七人：长曰喀尔喀玛，亦称哈尔哈麻，明万历十一年十二月与其父杨吉奴同时在开原遇难。次曰纳林布禄，亦称纳林孛罗，继其父为叶赫东城贝勒，明万历三十六年在叶赫病故（无嗣）。三曰金台石，继其兄

---

① 见本书第四章第一节《叶赫那兰氏八旗族谱》研究。

纳林布禄为叶赫东城贝勒。其子德尔格勒降清隶满洲正黄旗，授三等副将世职。其孙明珠在康熙朝任武英殿大学士加太子太傅。明珠长子性德为一等侍卫，是清代著名满族词人。

二　《叶赫那兰氏八旗族谱》内容特点

（一）《叶赫那兰氏八旗族谱》是对叶赫那拉氏星根达尔汉一支记述内容最为全面的一部

据族谱记载，始祖星根达尔汉传子席尔克明葛吐，席尔克明葛吐传子栖尔哈那，亦称"齐尔哈尼"，齐尔哈尼传子诸孔厄（褚孔格、褚孔革）兄弟三人，其中诸孔厄居其长，次曰哲铿额，季曰哲赫纳。族谱对兄弟三人的世系均有记载，共辑十五代，1522 人。又详细记载了诸孔厄子太杵、台坦柱、尼雅尼雅喀三人的世系，谱中人员遍布八旗满洲，可见《叶赫那兰氏八旗族谱》是目前所掌握的有关叶赫那拉氏星根达尔汉一支世系源流最清楚、记述内容较全面的一部。可以说《叶赫那兰氏八旗族谱》为后来的很多叶赫后裔寻根问祖提供了详尽的资料，2001 年辽宁那世垣《叶赫那拉宗族谱》，2012 年辽宁那宝琛、那宝范、那权增《那氏谱书续集》就是参照了《叶赫那兰氏八旗族谱》才搞清了自己支族的世系源流，见本书第七章第一节、第二节。

（二）《叶赫那兰氏八旗族谱》末尾详细列举了道光初年叶赫那拉氏后裔分布情况

据族谱记载，道光初年叶赫那拉氏后裔分布情况如表 4－1 所示：

表 4－1　　　　　　　　道光初年叶赫那拉氏后裔分布情况

地　域	后裔名单	地　域	后裔名单
佛德礼地方	启派达系罕、弼启兰肯	女汪雅哈地方	希拉浑
掌尼地方（张地）	瑚什布、札拉库、多博诺、萨木罕、安珠瑚、喀克萨哈、英安	察哈尔	确尔那

地 域	后裔名单	地 域	后裔名单
吉林	东浑、百德纳、喀喀、乌达哈、洪郭勒岱、齐玛库、莫尔欢、通什库、翁鄂多	特库地方	台布
沈阳	霍托、常海、瑚什布	萨尔呼（萨尔湖）	察库
旧边	珲塔、海鼎、奎特伊、棍善、德保、勒叶	旧山	珲塔
苏翰延地方	尼玛善、硕礼额、瑚岱、乌勒台	尼玛产地方	七奴珲、印塔、霍木托、西伯、那林
科尔沁	托图、鄂鄂克图	嘉穆呼地方	尼喀里
白山	硕色、额尔格图、推喀纳、那吉格、阿克占、彦西、阿库密、采住、罕吉布吉、常武、二格	易州（义县）	鼎永义
嵩山	布彦	纳木都鲁地方	莽俭
布尔噶图城	南都里、元泰	黑山	台立
叶赫勒地方（叶赫）	岱达	札库木地方	达礼库、巴彦
糜山地方	索尔算	社里地方（舍力站）	翰吉图
乌克敦地方	乌瑚纳	阿库立尼满	达密善
托帛武地方	阿琅阿	博索地方	阿琅阿、晖齐里
辽阳	瑚什布、佟麦、阿尔纳	连道地方	富德里
雅尔呼	乌什	额勒敏地方	贲色
噶哈立地方	乌尔齐海		

从上表可见道光初年叶赫那拉氏后裔主要分布在东北地区的33个地方，共78支（族），其中以吉林地区最多，家族后裔达34支（族），可以看出道光初年叶赫那拉氏在东北的后裔的生存状态。

（三）《叶赫那兰氏八旗族谱》褚孔革一支的记载最为详细，官声赫赫，功勋卓著

因辑谱人额腾额系褚孔革嫡裔，在编纂《叶赫那兰氏八旗族谱》时曾查阅了"本旗老谱"和《满洲八旗氏族通谱》，故谱中所记人名、官职、支派、世系及旗属翔实可信，具体而言：

1. 褚孔革兄弟三人

褚孔革兄弟 3 人，有子侄 12 人，为世人所知者只有褚孔革和其长子太杵 2 人，究其原因，主要是叶赫部自己没有留下文献资料。《叶赫那兰氏八旗族谱》自齐尔哈纳后，将褚孔革 3 兄弟的后裔，按"大父房""二父房""老三房"三支分别记述。脉络清晰，人事俱细，可补诸史之不足。

2. 台坦柱子孙行次和轶事

台坦柱有子 3 人，长曰齐纳赫；次曰清佳奴；季曰杨吉奴。齐纳赫有子二人：长曰蒙古禄，其第三子乌达哈，为叶赫阿济城主，即阿奇兰城主，明万历四十七年八月二十二日，清太祖努尔哈赤率兵灭叶赫时，乌达哈受其堂兄布扬古即布扬武之命率兵固守叶赫西城东门，见其东城八角明楼上起火，知大势已去，携妻子开城门出降。次曰三丹，亦称山坦或山谈，为叶赫兀苏城主。明万历四十一年（1613）九月，努尔哈赤统兵 4 万征叶赫，"因通卒泄师期，叶赫收璋、吉当阿二路民堡。太祖围兀苏城（是时城内有痘疫，故军民未撤），城长山谈、扈石木降"，扈石木亦称瑚什布，为三丹堂弟，即三丹叔祖尼雅尼雅喀之孙，降清后官至满洲镶蓝旗都统。

清佳奴有子 4 人：长曰布寨，亦称卜寨或布斋，继其父为叶赫西城贝勒（明万历二十一年九月，与其叔兄弟那林布禄，纠集哈达贝勒蒙格布禄即孟古孛罗、乌拉贝勒满泰之弟布占泰、辉发贝勒拜音达里 4 部；长白山朱舍里、讷殷 2 部；蒙古科尔沁、席北即锡伯和卦尔察 3 部，共 9 部之师合兵 3 万，分 3 路征建州女真酋长努尔哈赤，在苏克苏浒河的古勒山寨外，布寨率先突阵，马触木障踏倒，被努尔哈赤

部卒吴琰杀死。叶赫讨其尸，努尔哈赤令部下"剖其半而归之"。布寨死，其长子布扬古继为叶赫西城贝勒）。次曰兀逊学罗，明万历十一年十二月与其父清佳砮同时在开原关王庙内遇难（其长子兀金泰于明万历四十七年六月十六日清太祖努尔哈赤率兵破开原时，曾率叶赫兵2000人增援开原，不意途中遇皇太极伏兵而阵亡）。三曰阿巴亥，亦称阿巴海。四曰阿拜（其次子诺穆图为多罗颇驸，其第三子国思海任兵部尚书）。然其后裔人才辈出，政绩显赫者，尤数金台石一支。至于具体事迹及评价见本书第三章《八旗氏族通谱卷22》研究。

三　《叶赫那兰氏八旗族谱》价值

（一）纠正了诸多文献之误和史家错笔

关于这一时期的叶赫史料只能从《明实录》《三朝辽事实录》《辽夷略》《万历武功录》《开原图说》《辽东志》《全辽备考》和《满文老档》《满洲秘档》《清实录》《开国方略》及朝鲜《李朝实录》等明末清初官方文献中间接地查寻，且又很不全面，故诸多史实细节无从考证。《叶赫那兰氏八旗族谱》对叶赫那拉氏著名的金台石一支记载得最为详尽，纠正了诸多文献之误和史家错笔，可佐清史和叶赫部史的研究，是治叶赫部史的珍贵材料。另外，谱中的"道光初年叶赫那拉氏后裔分布情况"表对了解叶赫那拉氏后裔自努尔哈赤统一女真各部之后其家族的流向、数量以及研究这一家族今天的发展都有较大作用。

（二）反映了满汉文化的互相融合

从谱中人名的前后变化可以看出，叶赫那拉氏的后裔随清帝入主中原后的汉化过程。我们以褚孔革第三子尼雅尼雅喀之孙瑚沙拉和其第八弟爱敏两人的后裔为例：

1. 瑚沙拉后裔

瑚沙拉有子3人：长曰色贵，次曰萨玛哈，季曰沙珲。色贵有子3人：长曰色味，次曰色黑，季曰黄件。色味有子4人：长曰来住，次曰迈图，三曰库里，四曰石头（应是乳名）。库里有子8人：长曰扬爱，次曰杨阿布，三曰桑阿陀（三阿布），四曰伊香阿（四香阿），五曰乌香阿（五香阿），六曰陆达子（六达了），七曰齐尔格特伊（七尔格特伊），八曰巴尔瑚达（八尔瑚达）。扬坷布一子曰松龄。松龄有子3人：长曰那昌阿，次曰那清阿，季曰那兴阿。那清阿有子2人：长曰全恕，次曰全庆。全恕一子曰桂祥。全庆一子曰麟祥。麟祥有子2人，长曰延年，次曰延绪。延绪有子3人，长子奎柏，次曰奎楷。

2. 爱敏台吉后裔

爱敏有子3人：长曰齐纳尔图，次曰齐达木，季曰齐努浑。齐纳尔图一子曰阿琳察。阿琳察一子曰阿琳保。阿琳保一子曰英保。英保有子2人：长曰德成，次曰德明。德成有子3人：长曰纳木善，次曰纳禄善，季曰纳明善。德明有子2人：长曰纳托善，次曰纳礼善。德成有孙4人：贵琳，成琳，庆琳，胜琳。曾孙8人：文勒，文敬，文劲，文治，文行，文通，文瑞，文惠。玄孙3人：弃昌，吉昌，恒昌。

从瑚沙拉和爱敏台吉兄弟2人的后裔名字看，两支自第十代人之前则依满制，不按辈排字，且多以乳名称之。如"达子"（蒙古人）、"倭子"（日本人）、"南朝"（汉人）、"索罗货"（朝鲜人）、"偏头""石头""老哥"等。还有父子字音相近，兄弟字音相近和兄弟依序命名者。如爱敏孙阿琳察和阿琳察之子阿琳保；瑚沙拉长子色贵和色贵之子色味、色黑，父子3人所讳字音皆相近。瑚沙拉玄孙桑阿布行三、伊得阿行四、乌香阿行五、陆达子行六、齐尔格特伊行七、巴尔瑚达行八，则是依齿序命名。但是自第十代起则开始循汉制，即按辈排，字以别。瑚沙拉一支自那昌阿、那兴阿兄弟一代至其玄孙奎柏、奎楷一代同辈人讳字相同。从上述人名变化情况看，第十代人是叶赫那拉氏汉化之始。第十代人出生在康熙初年，恰是清贵族入主中原全面接受汉文化之时。习汉字，着汉衣，娶汉妻，小儿命名依汉制，是"随龙入关"的满族人不可阻挡的新潮流，叶赫那拉氏自当不能例外。

第二节 《叶赫那拉氏族谱》研究

《叶赫那拉氏族谱》为清乾隆三十九年（1774）常英辑，后经其曾孙兴泰，玄孙祥安多次续修。有国家图书馆藏清道光二十九年朱丝栏稿本，谱首为乾隆三十九年常英原序，嘉庆十七年（1812）兴泰初修序，道光二年（1822）兴泰二修序，道光十七年（1837）兴泰三修序和道光二十九年（1849）祥安四修序。次为世系图、齿序图和始祖概吉、四世祖常安、四世叔祖六十三、六世叔祖柏年等墓位图及墓志。尾为世系年表。此谱自始祖概吉记起直至道咸年间的那谦凡九代，共76人。谱中官职封衔用黄签朱笔书写，现任职事用红签墨书、聘娶妻室、生育丁男排书各派之次，四修序更对编排体例进一步说明："我高祖常英公始合族人，询其年齿、名字、官爵、婚娶、生育以次排书辑为谱，所以尊祖敬宗收族者规模甚宏，家君仰承前轨，续加考复仕、不仕、娶某氏、享年几、某日卒，咸登载之加详焉。并绘坟墓、山向树木、屋庐为图。自嘉庆壬申迄道光丁酉，凡三修三序之。"辑谱人常英为概吉四世孙，康熙五十三年（1714）九月生，乾隆三十九年（1774）四月卒，诰封武显将军，原任笔帖式；续谱人兴泰乾隆五十二年生，历任知县、海防同知、理事通判；另一续谱人祥安道光四年生，历任玉牒馆誊录官、八品笔帖式。

一 《叶赫那拉氏族谱》世系源流

在《叶赫那拉氏族谱》常英序中说道："我高祖讳章嘉，本朝鲜人，世为名阀。天命年间迁于辽，隶满洲职居厩长，住叶赫氏那拉。既我曾祖讳概吉，顺治元年从龙入都，本枝乃居叶赫族属，甚繁势难备载。故谱中止叙进京之一派。查乾隆初纂修八旗姓氏通谱，本族编入镶黄旗满洲内，所载叶赫那拉氏章嘉，原任厩长，其孙法尔萨原任牧长，元孙常英现系文生员……"① 祥安四修序亦载："维我始祖概吉公，世居叶赫，近长白山边，受姓那拉隶镶黄旗……"这就很清楚地交代了《叶赫那拉氏族谱》所记族人的族源与迁徙情况：其高祖章嘉是朝鲜族中的一支，在天命年间迁入叶赫地区，并在努尔哈赤、皇太极时期主动归附而来，章嘉任厩长，这一家族属于镶黄旗满洲，到了顺治元年始祖概吉时从龙入都，之后以北京为中心，一直繁衍生息到第九代，是一支下层官宦之家。

二　《叶赫那拉氏族谱》特点

（一）《叶赫那拉氏族谱》真实记录了乾、嘉、道年间下层官宦之家的家族奋斗史

《叶赫那拉氏族谱》所列直系家族成员 76 人中除了一人历任知县、同知外，其余皆为笔帖式以下官吏，从整体上看，这是一个下层官宦之家。但此谱对所有任官之人的名、字、号、旗属、履历、生卒年以及妻妾的生卒年、旗属及所生儿女的姓名、诰命等一一加以介绍，宛若一个家族的官吏履历表，真实记录了这个下层官宦之家的家族奋斗史。

始祖概吉之后，这个下层官宦之家开始辛苦地生存与经营，虽处逆境，但奋斗不息，兢兢业业于所任差事，总能获得朝廷认同，化险为夷。如三世堆齐一支的经历就能体现出来：

> 堆齐，幼而岐疑长而敦敏，八岁时祖父即去世……以零丁孤苦之身，无所倚赖而克底于成……清汉稿文下笔立就，人皆赞为淹博，尝在军营粮饷处，一时奏折稿文俱经。先君一人之手而成，则好之，笃习之，精其苦心孤诣……自备资斧前往厄尔昆屯

---

① 《八旗满洲氏族通谱卷·叶赫地方纳喇氏》载："章嘉，原任厩长。其孙法尔萨，原任牧长。元孙常英，现系生员。"

田效力。斯时也，孑然一身，仓皇就道，亲老子幼，内无强近可依之亲，独步孤行，外无同心共济之友，伤何如也。……先君以勤慎为各大人所倚重，于是有以贿赂托先君代为干者，有以势分逼先君代为钻刺者，先君悉屏绝之，事竣将军大人连名保奏，实授笔帖式，即于是年十月从军营押解粮饷、册档来京，次年五月二十日到家，骨肉欢聚，悲喜交集，一家之人疑为梦幻。……忆自缘事离家历时十载八年。八月十九日京师地震，家无担石之蓄，人有覆压之惧，所有房屋地土除当日变价抵还官项外，仅余破屋数椽，以为栖身之所，及毕姻姊出嫁，历年京城军营两处之用度赎罪之粮价，虽有珠宝所积，早已告匮。此日家计之窘迫真有不堪言语形空者。……先君自军营回京得侍奉萱堂，一家团聚所愿已足，其视功名淡如也，故不图进取……先君一生，功名际遇始则蹭蹬蹉跎，继则流离颠沛，当于库使被系时身家之拖累难堪也，后于屯田戍边时，日用之饔飧莫继也，卒也否极而泰，处困而亨。庚戌地震之变以守戌，免贼匪劫抢之难以奉调免，出九死而一生，皆逢凶而化吉，固邀天佑亦人之感格有以致之耳。（《叶赫纳兰氏族谱·皇清诰赠儒林郎堆齐公行述志》）

又如四世常英的人生奋斗经历：

　　……

常英，幼而弱多疾，十三岁始就传读汉书，十五岁祖父即有军台之役，房屋产业悉变价以抵官项，居则破屋数椽，食仅薄粥两餐，家中替不能供读。先君发奋自励，不因贫而废业，夜读必三鼓，攒点时即起，寒暑不辍，无力延师，常袖诗文向先生长者以咨询，暇则兼习清文，如是五六年而清汉咸通，雍正十二年二十一岁考中文生员……六年春咸安宫官学期满，考列一等第四名，引见赏大缎二端、贡笔二十管、贡墨十锭；又考中翻译笔帖

式第二名……十四年出贡学政礼部侍郎吕公炽，名列入旗满洲第
一，补授掌仪司笔帖式，转补御史衙门笔帖式……（常英）尝顾
毓兄敏与毓而言曰："余自幼羸弱，六岁出痘后发斑，寒紧搐疯，
濒死者数矣，幸而得生，十一十二岁下血，形骸骨立，头脑生
疮，复病伤寒，发尽落，故就学极迟尔。祖及余皆单传尔，祖因
公获遣危险异常，幸邀恩得未灭，千里沙场迢迢独赴，当时知者
始则惊骇，继则扼腕无不慨然而太息焉，其时之情景可知矣。余
自行刻苦，大加惩创，祈化愚鲁以期上进，奈遭家多难，从学无
资，赖官学肄业得入学，补禀出贡……"（《叶赫那拉氏族谱·
皇清诰封武显将军常英公行述志》）

正是这样的奋斗，到道光年间这一家族初具规模，传至九代，枝
繁叶茂，更在光绪年间出了户部尚书、外务部尚书、总理衙门大臣、
军机大臣，内阁协理大臣、翰林、奉天将军①这样的高官。

（二）《叶赫那拉氏族谱》多方面反映了满汉文化交融的历史

1. 汉族传统的儒家思想观念与满族文化的交融

满族宗谱都有"忠义""正人伦，明孝悌"的内容，这与汉族编纂
谱书的缘由是相同的。说明满族编撰宗谱深受汉族文化的影响，其中既
有满族自身的需要与特点，又有传统的儒家思想的印记，是满汉文化交
融的典型例子。如《叶赫那拉氏族谱》原序："有之尊祖故敬宗，敬宗
故收族。原夫族也者，支分百世，派衍一宗，不有以联属之而欲广枝叶
之庇，敦骨肉之爱，其势有所不能。昔苏季子散金于族中，范文正施财
于同姓，简策所载，事诚尚焉。英自顾心忧力绌，不能步武前哲，第念
一族之中，人以远所而分，情以亲疏而别，丁繁户众，有见面莫识其支

---

① 见本书《那桐谱单》有关资料。十世那桐先后在清末担任过户部尚书、外务部尚
书、总理衙门大臣、军机大臣、内阁协理大臣等职务，并兼任过京师步军统领和管理工巡
局事务，是中国近代外交史上一位重要的人物；那桐的父亲普安，亦称浦安，官至翰林，
那桐的叔父是铭安，曾任奉天将军。

派、辨其名字者，不为谱以记之，必致喜无以相庆，戚无以相关，迟之又久不流，为陌路者几希矣，将何以笃周亲，而敦伦纪哉？则纂辑族谱，其事顾不容已"。又如《叶赫那拉氏族谱》三修序："尝闻世之门第可观者一事，堕先训则无以启后昆，明乎子孙当绳其祖武，烝烝自立也。我族自从龙入都，世受国恩，懔懔以忠孝传家……"这些都渗透着汉族传统的儒家伦常思想；另外，儒家的礼仪观念也深入到满族文化之中，如始祖概吉公墓志："马鬛之封，礼传至圣，牛眠所兆，事著陶公"。六世叔祖柏年公墓志："锦囊青鸟之术，金锁玉髓之书，皆秦汉唐宋以来形胜，家所传三代而上未尝闻也。然而异生竹策，神护湖镫，牛眠征百世之祥，龙耳致九重之问，则又班班可考……"

2. 汉族传统的风水文化与满族文化的交融

《叶赫那拉氏族谱》一个显著的特点是具有汉族传统风水文化的墓图多，如始祖概吉墓图标示坐落在东直门外大亮马桥东五里许十方院，丙山壬向，南至北三十，大东至西九丈；四世祖常英墓图标示坐落在东直门外东霸楼子庄西北，癸山丁向；四世叔祖六十三墓图坐落在东直门外东霸楼子庄西，艮山坤向。并且对汉族风水文化也有心得：六世叔祖柏年公墓志认为："卜吉合葬，以妥先灵。据望者云，此地以土城为后帐，以京畿作前朝，左右相生，进退得位，沙回水转，隐藏财禄之形，虎抱龙环具有腾骧之势，生旺归库，代出相卿，自葬以后叔父辈皆职位高骞，人丁蕃茂，因俱信为水聚风藏，地灵人杰……"六世叔祖柏年公墓志亦认为："锦囊青鸟之术，金锁玉髓之书，皆秦汉唐宋以来形胜，家所传三代而上未尝闻也。然而异生竹策，神护湖镫，牛眠征百世之祥，龙耳致九重之问，则又班班可考，是知地有其穴则世有其人，苟非其人则地昧其穴。行仁而获吉，壤纯孝而梦佳城，福可致祥，数不离理至足信也"。

3. 汉族传统的姓名礼仪与满族文化的交融

从《叶赫那拉氏族谱》中人名的前后变化可以看出汉文化对满族的影响，反映出民族文化的进一步融合，如《叶赫那拉氏族谱》第五世名字到第六世名字的变化，见表4-2：

表4-2　　　　　　　　《叶赫那拉氏族谱》世系

始祖	概吉							
二世	嘎尔萨	阿尔萨	法尔萨	黑塞	老格			
三世	和让	佛鼎	堆齐	照柱	五达子			
四世	五十三	常英	六十三	常泰	常福			
五世	德敏	德毓	三官保	存住	定住	巴哈	四官保	五官保	永德
六世	鹤年	彭年	庆福	延年	遐年	庆德	庆升	柏年	椿年
七世	兴禄	兴璩	兴泰	兴伟	兴浚	兴诚	兴禧	兴怡	兴瑞
八世	荣安	斌安	祥安	定安	普安	敬安	铭安	富安	文安
九世	那桂	那谦							

从表中我们可以清晰地发现第五世名字有德敏、三官保、存住、定住、巴哈、四官保等，与上几世明显从名字上分不清辈分，到第六世以后才能分清，所以第六代是一个分界线，都是从第六代起取汉名，不同辈分名字有区别。而这之前则是满语的取名习惯，即不按辈排字，不同辈分名字没有区别且多用乳名，如"五达子""堆齐""五十三"等，还有父子字音相近，兄弟字音相近和兄弟依序命名者。从上述人名变化情况可以看出汉族传统的姓名礼仪与满族文化的交融。

（三）《叶赫那拉氏族谱》充分地体现了这一家族的道德生活

《叶赫那拉氏族谱》另一个显著的特点是谱序、墓志、行述志、人物小传占据了整个族谱内容的三分之二，而这些文字内容有很多是这个家族的道德生活的描述，如反映家族为官伦理道德的记述：

（二修序）：子臣之道，忠孝为先，汝诵读以来，敬事后食之，义闻之素矣，然非知之难而行之难也，吾备员内廷，兢兢自矢，数十年幸免陨越焉。汝今者一行作吏身。膺民社抑，知县令一官，事繁而任重乎，原夫一邑之内，封疆几百里，烟火数千家，其间若抚字、若催科，县官当其任宜兴利，宜除弊，县官司职其司，仓库为国储，所关乎出纳不可不慎，案牍为民命所系，判断不可不公。时而饥馑，见告当思调剂之方，忽焉盗贼交乘。宜讲抚绥之策。春秋二季之祀典，维虔敬鬼神，即以敦教化。科岁雨考之关防必谨端士习，即以育人才。邑中恣肆之凶徒，劝惩须早；衙内奸猾之书吏，甄别维严。临于上者督抚大僚不患督责之过深，而患感孚之无本，统于下者佐杂末吏，不虑情意之不洽，而虑礼貌之多疏。居是官者不可以躁心尝之，求速效慕近功，惧其剽而悍也不可以急心乘之。纵性情图安逸惧其废而弛也，能吏不可为而为。掊击甚则伤残必多，既非所以为，父母廉吏可为而不可为。矫激甚则刻薄不免，尤非所以语慈祥。若夫临机应变，因时制宜，运用存乎一心，固难凭虚而臆断也。故在位而夙夜靖共则息事安民，地方蒙其祚簠簋不伤则身败名裂，宗族惧其殃。尝闻循良之官福泽下贻于孙子，几见贪酷之吏炎祸不上及于祖宗也哉！

（三修序）：当先君之寿终正寝也，在戊子之六月至庚寅秋，始得匍匐回旗擗踊苦次，非固缓也，以公累羁縻故不能急于奔丧也。至先慈之寿终官署也，在乙未之闰六月丙申春，始得扶榇归里，丁酉夏已卜吉合葬，非固缓也，亦以公务积逋故不能皇皇就道也。以一官匏系大，故连遭其悲哀，急迫备萃一身，畴不知之，而畴不悯之，然泰历任两省，临民六邑，时以兢兢自矢，不暇为身家计者，何哉？亦以尔俸尔禄、民膏民脂，仰邀圣谕煌煌远念。先型赫赫，予何人斯其敢簠簋不饬，有负国家、祖父之明训也哉！

上述记载传达了家族为官伦理道德要"忠孝为先""官当其任宜兴利，宜除弊""敬鬼神，即以敦教化""临于上者督抚大僚不患督责之过深，而患感孚之无本，统于下者佐杂末吏，不虑情意之不洽，而虑礼貌之多疏""居是官者不可以躁心尝之，求速效慕近功，惧其

剽而悍也不可以怠心乘之。纵性情图安逸惧其废而弛也，能吏不可为
而为"。上述这些为官之道，正是满汉伦理文化融合的具体体现。

再如反映家族家庭伦理道德的记述：

（四修序）：读是谱者，忠孝之感其可诬哉！此我高祖所以辑
谱于前，家君于族人所以三修谱于后者也。家君于族人喜必庆，
忧必吊，长幼相接必以序，饮宴相欢必以情，教子弟必宽而严，
侍人必仕而恕，祥安未能仰希于万一，亦惟兴叔兄斌安交相勖，
恪守家法，期无忝所生已耳。

（皇清诰赠儒林郎堆齐公行述志）：先君存心忠厚，持躬谨
慎，待人接物一本至诚，于同祖之伯仲子侄亲若一体，罔不尽力
周恤，有成其家室者，有助其读书者。亡故无力即多方借贷，代
为殡殓者，毫无吝惜之容，推委之意。教子以义，待下以宽，故
虽遭遇事变，桁杨在前，棰楚在后，词气安详，夷然不动。当时
司宪辈且有肃然起敬，深加叹服者，非中有操持置成败利害于度
外而能若是乎？……先慈朱太君禀性慈惠、持家勤俭，闺门严
肃，教子有方，自我先君缘事日始，凡朔望持斋，元旦日粒米水
浆不入口，名为清斋，一生阅历艰辛，缕述莫罄，十余年苦况，
上奉高堂，下抚儿女，俱系先慈一人之调护维持而家道赖以不
坠，是先君非得先慈则家室有倾危之患，而内顾堪虞，先慈不因
先君遇变则安常处顺，而才德弗著，两人者诚两美之必合，亦相
得而益彰也。嗟乎，哀哀父母，生我劬劳，英未得稍申末报忽于
乾隆十年六月初八日倐然寿终，今欲承欢膝下已无及矣。悲夫，
树欲静而风不息，子欲养而亲不逮，能不抱终天之恨之哉！

（六世叔祖柏年公墓志）：柏年公生时宽厚，和平恭慈，俭约
持躬，则砥节励廉，接物无疾言遽色，以义方教子，以孝友传
家，一时姻娅亲邻无不称为长者焉……

上述记载传达了家族治家伦理道德，即要做到"忠孝""喜必庆，忧必吊，长幼相接必以序，饮宴相欢必以情，教子弟必宽而严""于同祖之伯仲子侄亲若一体，罔不尽力周恤""持家勤俭，闺门严肃""宽厚，和平恭慈，俭约持躬，则砥节励廉，接物无疾言遽色，以义方教子，以孝友传家"等。

总之，《叶赫那拉氏族谱》从一个重要的实证角度记录了满族共同体形成的多民族性、满汉文化交融及道德生活历史，对满族家族史的研究具有较大的价值。

第三节 《叶赫那拉氏世系生辰谱》研究

《叶赫那拉氏世系生辰谱》是那淳于乾隆二年（1775）编修，有国家图书馆藏清蓝丝栏抄本，自胡锡布（瑚席布）记起，凡七代，共计 80 余人。直接与《八旗满洲氏族通谱·叶赫地方纳喇氏》相参照。修谱人那淳，号清若，字朴岑，别号意园、晏如、一字还我，堂名敦厚。由监生中式。乾隆十五年庚午科文举人，十六年辛未科翻译进士，历任奉天铁岭县知县、义州知州、同知、奉天锦县知县、兵部笔帖式、贵州开泰县知县、普安州守，享寿五十三岁，终于贵州普安州署。

一 《叶赫那拉氏世系生辰谱》世系源流

《叶赫那拉氏世系生辰谱》载："高祖胡锡布，镶红旗满洲，从龙入都。原任骁骑参领，出仕未久旋以疾终。"征之《通谱卷22》："瑚席布，镶红旗人，世居叶赫地方。来归年分无考，任骁骑校。其子蒙古尔岱，原任郎中。华色，原任副都统。孙兴保，原任头等护卫。四保，原任长史。钮勒，原任二等护卫。苏尔巴，原任骁骑校。曾孙塞克，原任佐领。常安，现任浙江巡抚。常钧，现任知府。元孙常敏，现系荫生。"可知这一叶赫那拉氏支族是星根达尔汉一支中的哲赫纳家族，世系为始祖星根达尔汉→席尔克明噶图（吐）→齐尔噶（哈）尼→哲赫纳→巴萨喀→阿苏→札布达→胡锡布（瑚席布）。哲赫纳家族属于镶红旗满洲，何时归附于努尔哈赤不可考，到了胡锡布时从龙入都，之后以北京为中心，一直繁衍生息到第七代（自胡锡布记起），是一支中下层官宦之家。

二　《叶赫那拉氏世系生辰谱》特点

（一）真实记录了中下层官宦之家的家族历史

《叶赫那拉氏世系生辰谱》所列直系家族成员除了常钧是正白旗汉军副都统、佐领、刑部侍郎、巡抚外，其余皆为州府以下官吏，并以下级官吏居多，例如同知、骁骑校、笔帖式、六品典仪、知县等职，从整体上看，这是一个中下层官宦之家。但此谱对所有任官之人的名、字、号、旗属、履历、生卒年以及妻妾的生卒年、旗属及所生儿女的姓名、诰命等一一加以介绍（见表4－3），宛若一个家族的官吏履历表，真实记录了这个中下层官宦之家的家族历史。

（二）首开叶赫那拉氏谱书中记载女性家族成员的先例

《叶赫那拉氏世系生辰谱》与许多叶赫那拉氏谱书中不同的是，此谱单世系还首次详细记录了女性配偶及直系女性家族成员，诸如妻妾的姓氏、旗属、生卒年、诰命、所生儿女的姓名等，其中重要女性家族成员还注明了夫婿状况等内容，十分详细，总计有记载的女性配偶（妻）达35人，妾为4人；记载直系女性家族成员33人。在乾隆年间这样修谱，充分体现了满族人男女平等的伦理观念。

（三）首开叶赫那拉氏谱书中记载女婿家族成员的先例

《叶赫那拉氏世系生辰谱》的一个突出特点是首开了叶赫那拉氏谱书中记载女婿家族成员的先例。如谱中记载女婿家族成员达12人之多（见表4－3），每个人名下详细记录了姓名、字号、堂号、旗属、任官履历、生卒年等情况，这在一般的满族族谱中是不常见的，使我们能够进一步从这个角度认识与评价这一家族。

表4-3 《叶赫那拉氏世系生辰谱》所载重要人物履历、任官、
配偶、女婿等一览

姓名	历任官职及履历	妻妾	家族之女婿情况
胡锡布	原任骁骑参领，镶红旗满洲，从龙入都，出仕未久旋以疾终	妻塔他里氏，顺治十八年诰赠通议大夫安人	
蒙固尔岱	由考取笔帖式历任工部，他齐哈哈番户部员外郎、郎中。钦差河东监院，差满回京，升授陕西布政司	妻王佳氏，乾隆二十六年诰赠资政大夫夫人	
华色	副都统		
兴保	原任平郡王府头等护卫，总管包衣大臣事务，生于康熙壬寅元年八月初八日卯时，终于雍正己酉七年四月二十五日寅时	妻鄂卓氏，正红旗满洲，原任甘肃巡抚伊图之女，生于康熙己酉八年六月二十九日亥时，终于雍正壬子十年十二月十四日辰时。乾隆二十六年诰赠资政大夫夫人	
常钧	由监生中式，雍正四年丙午科翻译举人，补授内阁票签中书，荐升陕西潼关同知、榆林府知府、甘肃安西道，缘事革职。特授兵部主事，军机处行走。随征西路，奏补工部员外郎，军功议叙。恩赏世袭云骑尉，升授江南淮徐海道，未及赴任旋授正白旗汉军副都统，兼公中佐领，刑部侍郎。调补仓场侍郎，未及到任升署江西安徽巡抚，实授河南、江西巡抚，特恩赏戴孔雀翎，调补甘肃、湖北、云南、湖南巡抚，缘事革任。钦差驻扎哈尔沙尔，掌大臣关防，办理回部事务。奉调回京，补授三等侍卫，调补本旗，管理红白银两事务章京五十年。恩赐千叟耆筵。终于乾隆己酉五十四年十月二十四日卯时，享寿八十八岁。壬午年二月初六日寅时建生	前妻瓜尔佳氏，正黄旗满洲，原任内务府员外郎哈什泰之女，生子那霈，乾隆二十六年诰赠夫人。妻鄂卓氏，正红旗满洲，原任礼部郎中兼佐领五格之女。壬辰年四月二十六日丑时建生，生子那淳、长女、二女、三女、六女、七女，乾隆二十六年诰封夫人。终于乾隆五十二年七月初一日未时，享寿七十六岁。妾李氏，山西人，乙未年九月十四日卯时建生。生子那澄、那衍、那淇、四女。终于乾隆二十五年四月二十九日寅时。妾赵氏，北京人，丁卯年十一月二十七日戌时建生。生子那湧、九女、终于嘉庆甲戌年正月。妾韩氏，北京人，壬戌年二月二十日卯时建生，终于戊辰年十一月。妾徐氏，苏州人，丁卯年三月二十日午时建生	

姓名	历任官职及履历	妻妾	家族之女婿情况
那霭	由监生中式，乾隆十五年庚午科翻译举人，考取笔帖式，补授工部题升本部主事员外即，郎中兼族长，缘事降级，荷蒙特恩赏给原衔，派往伊梨办事，五十三年二月回京，终于丙辰年十月初五日。辛丑年十一月初六日寅时建生	妻莫尔奇特氏，镶黄旗蒙古。原任步军校噶尔玛之女。乙巳年八月二十一日子时建生，生子常森；妻马佳氏，正黄旗满洲，原任吏部郎中广安之女，丁未年九月十五日子时建生。生子常楷、长女、四女、五女。终于乾隆五十八年四月初七日申时，享寿六十七岁	
那淳	由监生中式。乾隆十五年庚午科文举人，十六年辛未科翻译进士，简授奉天铁岭县知县，题升义州知州，捐纳同知，复以知州拣发河南，降补奉天锦县知县，降补兵部笔帖式，调任提督衙门，陕西巡抚衙门笔帖式草任。特恩以知县用调授贵州开泰县知县，题升普安州守。乾隆壬寅四十七年十月二十六日丑生，享寿五十三岁，终于贵州普安州署	妻周氏，镶红旗汉军，原任四川保宁府知府周岐之女。癸丑年七月初二日亥时建生，生子常林、常楹，终于癸亥年正月二十六日丑时	
那澄	由监生考取笔帖式，初任理藩院，调任提督衙门，京察一等，选授安徽泾县知县，调任桐城县知县降调。特恩以主事用，奏补提督衙门主事。简发江南候补、直隶州知州，奏补江苏、直隶、通州知州，历署扬州。五十年卓异至京，因终善。留京员外郎用挈，入东陵员外郎。五十四年调任提督衙门，承袭云骑尉，升任浙江宁波道。终于丁巳年四月十六日卯时。丙辰年二月二十六日辰时建生	妻塔他里氏，正白旗满洲，原任湖南沅州府知府唐珠之女。丁巳年九月十二日亥时建生，生长女，终于乾隆三十五年正月二十六日未时。妻富察氏，镶黄旗满洲，原任湖南巡抚富勒浑之女，乙亥年十月二十六日巳时建生，生子达楫，终于丁丑年三月初九日寅时。长子达楫，庚戌年三月十八日卯时建生	

姓名	历任官职及履历	妻妾	家族之女婿情况
那衍	由官学生考取内阁中书，升授奉天复州知州，降调，复授湖南武冈州知州，因公被议，蒙恩以主事卫发往新疆，办理粮饷。五十二年十二月回京，终于乙卯年三月二十八日寅时，辛酉年十一月初八日卯时建生	妻何氏，镶蓝旗汉军。原任贵州思南府知府何遂元之女，丙寅年十一月初十日丑时建生，生子常桂，终于乙卯年五月初四日巳时	
那淇	由监生考取内阁中书补入票签处行走。五十一年升补侍读，历任安徽池州府、广西横州知州，终于辛未年八月初三日。乙丑年五月二十九日未时建生	妻卢氏，镶黄旗汉军。原任广西贵平县知县卢焜之女。乙丑年十一月十一日丑时建生，终于乾隆三十二年七月初二日。妻爱新觉罗氏，镶蓝旗满洲，宗室原任乾清门二等侍卫佛升之女。丁卯年三月二十二日丑时建生，生长女、三女。终于庚午年六月二十二日卯时	

姓名	历任官职及履历	妻妾	家族之女婿情况
那浚	由官学生考补工部库，堂名仰山俟，历任直隶通判。壬辰年三月二十八日未时建生	妻伊琥尔氏，正白旗蒙古，原任贵州东道四十七之女，壬辰年七月十一日未时建生。生子达权、达枢、达桓、长女；长女，丁未年九月二十四日未时建生，生子德昌、德进、德敏、德斌、长女、二女。终于嘉庆四年	大婿福盛阿，瓜尔佳姓氏，镶黄旗满洲，历任刑部主事员外郎；二婿额腾额，东鄂娃氏，历任兵部银库、工部笔帖式，拣发山西理事、同知、通判，奏补朔平府萨拉齐通判，奏升大同府丰镇同知；三婿通恩，佟音娃氏，由官学生考取乌林内阁中书，升广东诏州府理猺、通判，升安徽颍州守，特调安庆，官声卓异，升调江苏常镇通道、按察司、湖南布政司、光禄寺卿；四婿德铭，觉罗姓氏，初任刑部，调刑部，记名一等，以同知升补山西清水河通判；六婿伊江安，白都姓氏，由监生考取笔帖式，特简户部，调任理藩院，改补内阁中书，奏升兵部主事，军机处行走，升任银库员外郎，仍世袭轻车都尉，五十三年，升任吐鲁番领队大臣、叶尔羌大臣、山东巡抚、古城领队大臣；七婿札拉芬，乌雅姓氏，正黄旗满洲。挑补蓝翎侍卫，历升二等侍卫；九婿查清阿，章佳姓氏，正蓝旗满洲，由监生补授兵部笔帖式

姓名	历任官职及履历	妻妾	家族之女婿情况
达桂	前锋	妻杜氏，顺天人	长婿伊崇安，白都姓氏，正白旗满洲，由禀生中式。乾隆四十二年丁酉科文举人，四库全书馆行走，分管吏部；四婿善琏，觉罗姓氏，正蓝旗满洲，内阁中书
常榆	由官学生考取实录馆誊录官，补吏部笔帖式	妻黄氏，镶红旗汉军，广东副都统三等忠勤伯黄文燥之女	长婿佛保，达佳娃氏，镶黄旗满洲，世袭骑都尉四品，荐升二等侍卫；二婿周庆宁，正白旗包衣汉军，由监生捐笔帖式，补授内务府笔帖式，历任奉辰苑苑丞、膳房主事、慎刑司员外郎；三婿额勒石，正白族蒙古，直隶保定府副将福宁阿三子，由荫生历任户部主事员外郎；四婿图尔炳阿，正红旗满洲，索绰罗氏，广西象州知州永恰布之子，由监生捐授孝陵笔帖式

此表据《叶赫那拉氏世系生辰谱》相关记载整理。

三 《叶赫那拉氏世系生辰谱》价值

首先，因《叶赫那拉氏世系生辰谱》修谱时间与《八旗满洲氏族通谱·叶赫地方纳喇氏》为同一时代，故能与之相印证，《叶赫那拉氏世系生辰谱》是那淳于乾隆二年（1775）编修，而《八旗满洲氏族通谱》始纂于雍正十三年（1735），编竣于乾隆九年（1744），二者几乎同时代，故能相互参照，且《八旗满洲氏族通谱·叶赫地方纳喇氏》记载胡锡布一支仅100多字①，《叶赫那拉氏世系生辰谱》记载胡锡布一支却十分详尽，故能补《八旗满洲氏族通谱》之不足。

其次，以往《叶赫那拉氏族谱》多记载星根达尔汉之褚孔革分支，《叶赫那拉氏世系生辰谱》对叶赫那拉氏哲赫纳家族起源及康雍乾时代的具体情况进行了详细记载，使星根达尔汉一支的世系历史内容更加充实，这本身对整个叶赫那拉氏家族史的研究具有重要意义。

总之《叶赫那拉氏世系生辰谱》所记载的该家族的世职承袭、人物、驻防迁徙等情况，是研究满族人口史的重要资料，对北京满族的研究也有重要的参考价值，是一部重要的满族家族文化史料之一。

---

① 《八旗满洲氏族通谱·叶赫地方纳喇氏》："瑚席布，镶红旗人，世居叶赫地方。来归年分无考，任骁骑校。其子蒙古尔岱，原任都中。华色，原任副都统。孙兴保，原任头等护卫。四保，原任长史。钮勒，原任二等护卫。苏尔巴，原任骁骑校。曾孙塞克，原任佐领。常安，现任浙江巡抚。常钧，现任知府。元孙常敏，现系荫生。"

第五章

中国第一历史档案馆藏
叶赫那拉氏族谱研究

第一节　《德贺讷世管佐领接袭家谱》研究

慈禧太后家世及相关问题历来争讼不休①，这个问题随着中国第一历史档案馆珍藏的宫中杂档——《德贺讷世管佐领接袭家谱》② 的发现及其相关研究，似有定论，但尚不明朗，譬如《德贺讷世管佐领接袭家谱》的真伪问题、叶赫那拉氏家族各支族之间的关系问题、慈禧复仇问题、叶赫那拉氏家族在近代的佐领世袭问题、叶赫那拉氏家族在清朝入主中原后的流向及在东北的分布等，笔者结合有关资料，再作探讨，以期抛砖引玉，引起学界对此问题的重视。

一　《德贺讷世管佐领接袭家谱》的真伪问题

现藏于中国第一历史档案馆的《德贺讷世管佐领接袭家谱》系宫中杂档，是辽宁新宾满族自治县民族事务委员会刘庆华先生在查阅档案时偶然发现的，他在其论文中称："此文件是小楷手抄折册，没有

---

① 慈禧的出身，主要有几种说法：北京说、绥远说、山西长治说、安徽芜湖说、浙江乍浦说、甘肃兰州说。其中，最权威的说法是北京说，影响比较大的是山西长治说，认为慈禧是汉人，还提出了所谓的文物与人证作为佐证。

② 刘庆华：《慈禧太后家世新证——德贺讷世管佐领接袭家谱研究》，《满族研究》2009 年第 2 期。

编纂年款，主要记载慈禧太后父系家族世系、袭爵、旗籍、驻防等情况……展现了慈禧太后父系家族的族源、迁徙、改旗抬旗、重要人物、世系支脉、亲族关系、世职承袭等情况。"① 此文章发表之后，并未引起较大反响，甚至有人怀疑此谱的真实性，加之虽然 80 年代以来对慈禧的研究一直未断，但对慈禧家世问题的研究一直未有突破，仅凭此份家谱就说能"澄清慈禧太后的家世和多年来学术界的讹说"，不免令人疑虑。

笔者认为《德贺讷世管佐领接袭家谱》是可靠的。

首先，《德贺讷世管佐领接袭家谱》并不是真正意义上的族谱，而是这一支叶赫那拉氏家族为家族内人员承袭世管佐领一职，呈给皇帝御览的参考凭证，此谱的"小楷手抄折册，没有编纂年款"的形制特点也说明了这一理由。并且它又混在浩如烟海的清宫档案之中，故能完整地留存下来。毕竟清宫档案资料数量巨大，编目也极为笼统，很难直接查到，这也是慈禧太后父系家族先世无考的重要原因之一。

其次，《德贺讷世管佐领接袭家谱》记载的慈禧太后父系家族的族源、世系支脉、世职佐领承袭等信息在《八旗通志》《八旗满洲氏族通谱》《清史稿》及清宫档案中均可找到确切佐证，是可以信赖的。

第一，在族源上。

《德贺讷世管佐领接袭家谱》记载，德贺讷为始祖，其子鄂勒柏哩为二世，喀山为第三世，世居叶赫苏完地区，天命年间，喀山由叶赫地方率领家人及部属归附努尔哈赤，被任命为骑都尉，后来担任佐领。《八旗通志·喀山传》载："喀山，满洲镶蓝旗人，世居叶赫苏完地方。天命四年，于叶赫未灭之先，即率族属来归。太祖高皇帝以

————————————

① 《德贺讷世管佐领接袭家谱》，中国第一历史档案馆，宫中杂档。

其智勇，授备御世职"（后称骑都尉）①；《八旗满洲氏族通谱·叶赫地方人氏》记载："喀山，镶蓝旗人，世居叶赫苏完地方，国初来归，授骑都尉"②；《清史稿》载："喀山，纳喇氏，世居苏完。当叶赫未灭，挈家归太祖，隶满洲镶蓝旗，授牛录额真。"③

可见《德贺讷世管佐领接袭家谱》所载喀山一支的族源与《八旗通志》《八旗满洲氏族通谱》《清史稿》所载喀山一支的族源吻合。

第二，在佐领世袭上。

《德贺讷世管佐领接袭家谱》载，喀山子孙在镶蓝旗中，拥有两个世管佐领，世代承袭佐领之职。第一个佐领世代承袭次序是：喀山→那海（亦写作纳海）→那亲（亦写作纳亲、那钦）→赫尔图→富柱（亦写作关柱）→托津泰→丰绅泰→胡图克→福禄→奎林→荣联；另一个佐领世代承袭次序是：希尔图→存保柱→穆尔泰（亦写作穆理台）→额林→歧山（亦写作启山、奇善、奇山）→阿克东阿→喀英阿→札郎阿→景文→惠隆→普祥→恩祥→德垣→恩广（光绪二十一年承袭）。

《八旗通志·卷十·旗分志（十）》载："第十五佐领，系第十四佐领内余丁。康熙八年，那亲管佐领时，分编一佐领。"《八旗满洲氏族通谱·叶赫地方纳喇氏》载："喀山……其子纳海由佐领从征锦州……其弟纳亲袭职，年老告退，其子穆理台袭职，任长史兼佐领……其子奇善袭职时……现任副护军参领兼佐领。又喀山之孙赫尔图原任佐领，曾孙关柱现任佐领。"其中喀山世系佐领世代承袭次序是：喀山→那海→那亲→穆理台（亦写作穆尔泰）→奇善（亦写作启山、歧山、奇山）→赫尔图→关柱（亦写作富柱）。可见，《德贺讷世管佐领接袭家谱》与《八旗通志》《八旗满洲氏族通谱》在佐领世

---

① 鄂尔泰等：《八旗通志》，东北师范大学出版社1985年版，第4126页。

② 弘昼、鄂尔泰等：《八旗满洲氏族通谱》，辽海出版社2002年影印本，第285—286页。

③ 赵尔巽等：《清史稿》，中华书局1987年版，第9313页。

袭上吻合。

最后，作为旁证，中国第一历史档案馆藏宫中杂件第 1247 包中有这样一条清宫档案史料："纳拉氏镶蓝旗满洲，恩祥佐领下，原任道员惠征之女……原任员外郎吉郎阿之曾孙女，闲散景瑞之孙女，原任副都统惠显之外孙女，住西四牌楼劈柴胡同。"① 从此条史料可知，慈禧之父惠征的堂兄惠隆的次子恩祥曾经承袭佐领，在《德贺讷世管佐领接袭家谱》的记载中惠征家族正属于这一佐领之内，这样我们就可以清楚地把慈禧父族世系完整地排列出来：德贺讷→鄂勒柏哩→喀山→那亲（亦写作纳亲、那钦）→穆尔泰（《八旗满洲氏族通谱》亦写作穆理台）→歧山（亦写作启山、奇山，《八旗满洲氏族通谱》写作奇善）→喀英阿（《八旗满洲氏族通谱》亦写作喀尼）→吉郎阿→景瑞→惠征→慈禧，可见《德贺讷世管佐领接袭家谱》与清宫档案史料所载吻合。

二　《德贺讷世管佐领接袭家谱》与"慈禧复仇"问题

《德贺讷世管佐领接袭家谱》的发现再次证明"慈禧复仇"这个命题纯属子虚乌有。在历史上叶赫部是被清王朝的祖先努尔哈赤灭掉的。所以，民间野史及一些文学作品中有一种非常流行的说法："慈禧复仇"，说的是清王朝的祖先攻打叶赫的时候，大肆杀戮，叶赫部的男子快被杀光了。叶赫部的首领在临死之前发誓说：我叶赫那拉氏即使只剩下一个女儿，也要复仇。也有人说是因为努尔哈赤在兴建一所祭神的殿堂时，从地下掘起了一块有"灭建州者叶赫"六个字的古碑②等。这些传说，虽然各不相同，但是，它们说明的无非是叶赫那拉氏是清皇室的仇敌，这一家族在清王朝没有地位，叶赫那拉氏慈禧垂帘弄权是为祖先复仇。的确，清代晚期的历史给予人们这样一个

---

① 俞炳坤：《慈禧家世考》，《故宫博物院院刊》1985 年第 3 期。
② 蔡东藩：《慈禧太后演义》，浙江人民出版社 1980 年版，第 5 页。

表象：慈禧这个叶赫那拉氏的女儿骄奢弄权，伴随着清王朝走向衰亡，是完成了其祖先的复仇大业。连《清史稿·后妃列传》都这样认为："论曰：……一代之兴亡，系于宫闱。呜呼！岂非天哉，岂非天哉？"但事实是，叶赫部作为明王朝统治下的一个地方政权是不存在了，但是叶赫那拉氏这个家族却并没有被消灭，而且得到后金政权的信任，在清王朝建立的过程中立下了汗马功劳，从而成为有清一代八大家族之一。

《德贺讷世管佐领接袭家谱》的发现再次说明"慈禧复仇"是不存在的，《德贺讷世管佐领接袭家谱》中记载慈禧太后父系家族喀山一支是"世居叶赫苏完地方""当叶赫未灭，挚家归太祖"的一支叶赫那拉氏家族，不属于金台石家族，而且，全族立有军功。"苏完地方"当在叶赫东、西二城之东北方向，同为叶赫部属地。《八旗满洲氏族通谱》记载：纳喇氏"为满洲著姓，其氏族散处于叶赫、乌拉、哈达、辉发及各地方，虽系一姓，各自为族"。可见叶赫那拉氏家族不止被努尔哈赤灭掉的金台石一支，而是多支，这在《八旗满洲氏族通谱》《八旗通志》《清史稿》中均有明确的记载，如《八旗通志·喀山传》载："喀山，满洲镶蓝旗人，世居叶赫苏完地方。天命四年，于叶赫未灭之先，即率族属来归。太祖高皇帝以其智勇，授备御世职"（后称骑都尉）。《八旗通谱·卷二十二·叶赫地方人氏》记载："喀山，镶蓝旗人，世居叶赫苏完地方，国初来归，授骑都尉。从征辽东，有功，授三等轻车都尉。又击毛文龙兵，斩守备两员，并歼其众，授三等男，三遇恩诏，加至二等子，卒，赐谥敏壮，照一品大臣，例立碑。其子纳海由佐领从征锦州，屡败松山、杏山马步兵，又击败洪承畴三营兵，叙功，授云骑尉，三遇恩诏，加至三等轻车都尉，后承袭伊父之二等子，并为二等伯，卒，无嗣。"《清史稿》载："喀山，纳喇氏，世居苏完。当叶赫未灭，挚家归太祖，隶满洲镶蓝旗，授牛录额真。屡从伐明，下辽、沈有功，予游击世职。天命九年，明总兵毛文龙以兵百人劫额驸康果礼庄，喀山率所部御之，斩二裨将，歼其众。天聪六年，从伐察哈尔，与劳萨、吴拜率精锐前驱。林丹汗遁走。八年，进三等梅勒章京。目失明，辞牛录。顺治初，进二等昂邦章京。寻改二等精奇尼哈番。十二年，卒，谥敏壮。子纳海……从伐明，与席特库等以步兵四千击败明阳和骑兵，斩级二百，获马六十余；复设伏宣府，捕明逻骑。天聪九年，复从伐明，攻大同，命与布丹等驻上都城故址，诇军事。寻命与鄂莫克图等赍书谕明边守将，历喜峰口、潘家口、董家口诸隘，及还，斩逻卒百余……六年，明总督洪承畴集各道兵赴援，次松山，与吴拜击败其骑兵。……顺治初，遇恩诏，进三等阿达哈哈番。及喀山卒，兼袭二等精奇尼哈番，例进二等伯。雍正中，从孙奇山，降袭一等阿思哈尼哈番。乾隆元年，定封一等男。"所以慈禧这一支叶赫那拉氏家族不仅与爱新觉罗氏家族没有世仇，反而有功。

三 《德贺讷世管佐领接袭家谱》与叶赫那拉氏家族史研究

近年来，国内叶赫那拉氏家族史的研究有了较大的进展，而《德贺讷世管佐领接袭家谱》的发现填补了长期以来对慈禧太后父系家族世系无考的空白，厘清了喀山一支与叶赫那拉氏家族各支族之间的关系以及叶赫那拉氏家族在近代的佐领世袭问题，交代了这一家族在清朝入主中原前后的流向及在东北的分布等情况，丰富了叶赫那拉氏家族史的内容及研究领域，是叶赫那拉氏家族史料的重要发现。

（一）增补了叶赫那拉氏家族史料的不足

《德贺讷世管佐领接袭家谱》对《八旗通志》《八旗满洲氏族通谱》《清史稿》相关史料多有续写和增补。

《八旗通志·卷十·旗分志（十）》载："第十四佐领……寻改令喀山管理……赫尔图老病告退，以其兄之子官柱管理。""第十五佐领，系第十四佐领内余丁。康熙八年，那亲管佐领时，分编一佐领……额林降调,以其兄一等阿思哈尼哈番兼副护军参领歧山管理。"从中可见《八旗通志》对喀山世系的记载止于官柱、歧山两人,大约在乾隆九年之前,之后没有记载;《八旗满洲氏族通谱》:"喀山……其子纳海……后承袭伊父之二等子,并为二等伯……其弟纳亲袭职,年老告退,其子穆理台袭职,任长史兼佐领,因病告休。其子奇善袭职时……又喀山之孙赫尔图原任佐领,六格原任三等护卫,石柱原任二等护卫。曾孙关柱现任佐领,额林现任二等护卫,台敏现任五品官;新泰现任监生;元孙喀尼原任主事。"可见,《八旗满洲氏族通谱》所载喀山世系截至乾隆九年前后的"喀尼(亦写作喀英阿)",比《八旗通志》多记载了一代,之后也没有记载。《清史稿·列传十七·喀山》载:"喀山,纳喇氏,世居苏完。……子纳海……兼袭二等精奇尼哈番,例进二等伯。雍正中,从孙奇山,降袭一等阿思哈尼哈番。乾隆元年,定封一等男。"《清史稿》对喀山世系的记载与《八旗通志》一样,止于乾隆年间的歧山,之后还没有记载。

由此可见,《八旗通志》《八旗满洲氏族通谱》《清史稿》相关史料对喀山家族世系的记载截至乾隆年间,俞炳坤先生据乾隆五十一年汉文黄册《京察三等官员册》、嘉庆六年汉文黄册《京察二等官员册》梳理了慈禧太后父系家族世系,但从未有资料证明慈禧太后父系家族世系与喀山家族世系的联系,从而使慈禧太后父系家族世系祖先无考,造成传统叶赫那拉氏家族史料的缺失。

《德贺讷世管佐领接袭家谱》中世系从喀山到乾隆年间的喀英阿(亦写作喀尼),它记载的喀尼(亦写作喀英阿)之子吉郎阿正是慈禧的曾祖父,这就与俞炳坤先生的考证衔接上了,即吉郎阿在乾隆五十一年(1786)任内阁中书,并被列为京察三等,这就解决了《八旗通志》《八旗满洲氏族通谱》等传统史料喀山世系中断后无法接续的问题,更为可取的是,《德贺讷世管佐领接袭家谱》世系一直连续记载到光绪年间,比《八旗通志》《八旗满洲氏族通谱》《清史稿》多记载了九代,还对各支14岁至2岁的20名少年儿童加以记载,大大地丰富了叶赫那拉氏家族史料。

（二）对叶赫那拉氏家族的研究很有帮助

满洲八旗在"从龙入关"后，一开始都住在北京城中，后来随着清军的南下，八旗在各地都有居住，由于东北是满族的发祥地，备受清政府的重视，所以在北京的一部分满洲八旗又被派回东北驻防，作为清代八大家族之一的叶赫那拉氏家族在历史上曾作为守卫"龙兴之地"——东北的重要力量之一，有多支家族被派到东北驻防，通过《德贺讷世管佐领接袭家谱》所记载的慈禧太后家族的前后旗属、驻防变化资料，可以从一个侧面了解叶赫那拉氏家族随清朝入主中原前后的流向及其在国内的分布等情况。

喀山家族原隶满洲正黄旗，后改入满洲镶蓝旗，由于军功及慈禧太后的原因，家族中部分支系又被抬入满洲镶黄旗。根据清朝的制度，满洲八旗有上三旗（镶黄旗、正黄旗和正白旗）和下五旗（镶白旗、正红旗、镶红旗、正蓝旗和镶蓝旗）之分，上三旗由皇帝亲自统率，故其政治地位高于下五旗。惠征一支旗籍的变化，是在咸丰十一年（1861）七月十八日慈禧正式被封为圣母皇太后之后，其娘家照例予以抬旗改变成为镶黄旗。

《德贺讷世管佐领接袭家谱》对某支系抬入满洲镶黄旗，某支系留于原旗，做了明确记载：此家族投归清太祖努尔哈赤后，隶属正黄旗，约在顺治八年（1651）改隶镶蓝旗，咸丰年间，那钦长子、三子两支因功被抬入镶黄旗满洲，其余各支子孙仍隶属镶蓝旗。《德贺讷世管佐领接袭家谱》亦明确记载了喀山家族随清朝入主中原后的流向及驻防等情况：喀山家族原居叶赫部苏完地方，在天命年间投归后金，居住在赫图阿拉城（新宾老城），继而居辽阳，后随着迁都盛京而移居沈阳。清军入关后，喀山家族由沈阳迁往北京。而喀山叔伯万托欢一支，由北京派往拉林（今黑龙江省五常市拉林镇）驻防，仍隶属于镶蓝旗，见表5-1：

表5－1　　《德贺讷世管佐领接袭家谱》所载喀山家族旗属变化情况及流向

喀山家族各支族名称	原隶旗属及时间	改入旗属及时间	抬入旗属及时间	最终流向
那钦长子、三子	正黄旗（天命年间）	镶蓝旗（顺治八年）	镶黄旗（咸丰年间）	北京
万托欢	正黄旗（天命年间）	镶蓝旗（顺治八年）	无	黑龙江省五常市
惠征	正黄旗（天命年间）	镶蓝旗（顺治八年）	镶黄旗（咸丰十一年）	北京

从这则资料可知，喀山家族在国内的主要居住地为盛京、北京、拉林等地。结合现存一些叶赫那拉氏族谱，如《八旗满洲氏族通谱·叶赫纳喇地方人氏》《叶赫那兰氏八旗族谱》《世管佐领恩惠家谱》《布寨佐领世表》《叶赫那拉氏族谱》正白旗满洲《叶赫那拉氏宗谱》等，我们认为：喀山家族与各支叶赫那拉氏家族在明清时期大多分布于吉林省叶赫地区，后从龙入关，一部分留在北京，其余调防全国各地，其中绝大多数人回到东北驻防。由此可以看出国内叶赫那拉氏家族迁徙的大致情况：叶赫那拉氏家族的数量以辽宁省最多，吉林省次之，黑龙江省再次之，在京津等地也有一小部分。这对研究国内叶赫那拉氏族的分布、源流，并以此为例进而研究整个满族家族史有着很高的学术价值。

（三）有助于对其家族的评价

喀山一支及其亲伯万托欢后裔直系子孙在清朝世代官居高位，其他族人多有功名，在《德贺讷世管佐领接袭家谱》中均有明确记载，慈禧太后的祖先喀山、那海（亦写作纳海）、那亲（亦写作纳亲、那钦）、穆尔泰（亦写作穆理台）、歧山（亦写作启山、奇善、奇山）、喀英阿历任清朝官员，后代子孙多有任职且地位显赫，包括慈禧太后的曾祖父吉郎阿、祖父景瑞、父亲惠征以及弟弟桂祥和侄女隆裕太后等，其中世袭佐领之职的有 30 人，雍正十三年前，喀山家族中有爵位的有 26 人, 其中授予男爵以上的 4 人, 二品以上大员 8 人, 三品以下各级文武官员 140 多人, 见表 5 - 2:

表 5 - 2　《德贺讷世管佐领接袭家谱》所载喀山一支历任清朝官吏一览

任官姓名	与慈禧关系	历任官职
喀山	九世祖	称骑都尉、三等轻车都尉, 佐领, 授三等男, 加至二等子、一品大臣
纳海	八世祖	云骑尉, 加至三等轻车都尉, 佐领, 二等伯
歧山(奇善)	五世祖	一等阿思哈尼哈番兼副护军参领, 佐领
吉郎阿	曾祖父	内阁中书、军机章京、内阁侍读、户部银库员外郎、刑部员外郎
景瑞	祖父	笔帖式、盛京刑部主事、刑部清档房主事、山东司员外郎、杀虎口税务监督、律例馆提调、河南司郎中
惠春	叔父	三等侍卫
惠征	父亲	笔帖式、吏部文选司主事、验封司员外郎、郎中、工部宝源局监督、山西省绥道道员、安徽宁池太广道道员, 三等承恩公
照祥	兄妹	护军统领, 三等承恩公
桂祥	兄妹	头等侍卫、护军统领、右翼前锋统领、副都统、都统、崇文门副监督、内大臣
佛佑	兄妹	头等侍卫、正红旗蒙古副都统署正白旗满洲副都统
德奎	侄子	员外郎
载湉	外甥	德宗光绪皇帝
静芬	侄女	光绪皇后

另外, 喀山家族除了任各级文武官员外, 《德贺讷世管佐领接袭家谱》中还记载了 46 人, 分别在镶蓝旗、镶黄旗中担任领催、前锋、护军、技勇兵、马甲、养育兵等职务。这些内容显示其家族"国初来

归"后，被编入八旗中，跟随努尔哈赤、皇太极征战四方，其子孙战功卓著，顺治元年（1644）大部分入关，定居北京并派遣到各地驻防。不仅在清的统一战争中功勋赫赫，而且在清政权的巩固与发展中作用突出。特别是慈禧太后掌握大权之后重用汉人，巩固了清王朝的统治；在不危及自己权力的同时使"西法"在一定程度上得以实行等，对中国近代社会的发展产生了重要影响，可见，这一家族是清代地位显赫、影响较大的一个满族家族。

总之，《德贺讷世管佐领接袭家谱》的发现及相关研究具有重要意义。首先，它澄清了有关慈禧太后的历史疑案，厘清了喀山家族的世系源流。其次，它填补了传统叶赫那拉氏家族史料的空白，对国内叶赫那拉氏家族源流、分布的研究很有帮助。最后，《德贺讷世管佐领接袭家谱》所记喀山家族人物有关官职、勋绩等内容有助于对其家族人物特别是对慈禧太后的评价，从而丰富了叶赫那拉氏家族史的内容及研究领域，是叶赫那拉氏家族史料的重要发现。

第二节　简论慈禧太后

叶赫那拉氏家族在中国历史上最重要的人物便是西太后慈禧这个晚清政治舞台上赫赫有名的铁腕人物，也是我国近代史上统治阶级中一个极为突出的重要代表。她从咸丰十一年（1861）同东太后慈安联合恭亲王奕䜣发动北京政变（史称"辛酉政变"），实行垂帘听政，执掌朝政大权，直到光绪三十四年（1908）患病死去，统治中国长达48年之久，对中国近代社会的发展产生了重要影响。因此，慈禧这个人物，自然成为研究我国近代史的一个重要对象和课题。

一　慈禧家世

从慈禧的谱系（见本书第二编第三章第一节"慈禧太后谱系"）

中可以看到，其祖先是祖居叶赫苏完①地方的喀山，而喀山在天命四年（1619）叶赫部灭亡之前，即携家投附后金国，隶镶蓝旗满洲。自清末以来，关于慈禧生平事迹的评论和传记国内外已刊行不少。一些私人笔记中有关慈禧的趣闻轶事那就更多。关于慈禧的家世，过去人们论述最多的是慈禧的父亲惠征，主要谈的是他最后混迹官场的遭遇。惠征是满洲旗人，这一点以往许多著作的记述都是一致的，但具体到他究竟属于满洲八旗中的哪一旗，说法就有所不同。《清史稿·外戚表》的记载是，惠征"隶满洲镶黄旗"，濮兰德和白克好司合著的《慈禧外纪》说是"镶蓝旗人"，《清朝野史大观》则说是"正黄旗"人。从我们已经掌握的档案史料来看，证明惠征原是镶蓝旗人。中国第一历史档案馆所藏道光二十九年《上谕档》夏季档（闰四月）明确地记载：京察一等记名惠征，是"镶蓝旗满洲"人。清军机处《上谕档》是军机处最重要的档案，应当说具有极大的权威性。咸丰二年安徽巡抚蒋文庆向咸丰皇帝上报的年终考核所属藩臬二司及道府官员的密折中，也说惠征是"镶蓝旗满洲"人。此外，像官书道光二十六年的《大清缙绅全书》、道光二十九年《爵秩全览·吏部》以及重修《安徽通志》，也都明白地记述惠征是"镶蓝旗"人。道光二十二年慈禧祖父景瑞的履历单《宫中·履历单》和咸丰五年挑选秀女时关于慈禧妹妹即醇亲王福晋的材料中国历史第一档案馆"宫中杂件"更具体地指出惠征家先后属镶蓝旗的惠隆佐领和恩祥佐领。由此可见，惠征确是镶蓝旗人。原来按照清朝的制度，满洲八旗有上三旗

① 关于苏完地区今天的具体地点，颇有争议，多数人认为在今吉林双阳境内，还有人认为在黑龙江呼兰地区。《明太宗实录》载：永乐四年（1406）"女真野人头目打叶等70人来朝，命置塔鲁木、苏温河、阿速江、速平江等4卫"。《钦定满洲源流考》记载："苏完河卫，旧讹苏温，今改正。"《明实录》载："永乐四年置，考国初有苏完部…其故地在吉林，惟无此河名或古今有异称也。"按满语"苏温"可直读为"苏完""苏瓦延"和"苏斡延"。《钦定盛京通志》记载："太祖高皇帝癸丑年征叶赫部，抚降之，详见叶赫城注。城南曰乌尔古辰路讷殷路北即古苏完地。"据此，本人认为苏完地区今天的具体地点应在双阳河流域紧邻伊通河流域。

和下五旗之分。所谓上三旗，指的是镶黄旗、正黄旗和正白旗。其余的镶白、正红、镶红、正蓝和镶蓝等旗，则属于下五旗。上三旗由皇帝亲自统率，故其政治地位高于下五旗。惠征既是镶蓝旗人，当然属于下五旗之列。但是按照制度的规定，旗籍在一定条件下是可以变更的，即可以由下五旗升入上三旗，当时称之为"抬旗"。其条件一种是出于皇帝的特旨，就是皇帝对于建有功勋和较为宠爱的大臣，如果他们属于下五旗的，有时就下令抬入上三旗，以示奖赏和恩眷；另一种是皇太后和皇后的娘家，在下五旗的就予以抬旗。惠征家旗籍的变化，就发生在慈禧正式被封为圣母皇太后之后，其娘家照例予以抬旗。咸丰十一年（1861）十二月十八日有一道上谕明白宣布："慈禧皇太后母家著抬入镶黄旗满洲。①"从此慈禧娘家的旗籍就由镶蓝旗改成镶黄旗。所以，《清史稿》及另一些著作说惠征"隶镶黄旗"，那是讲的抬旗以后的旗籍。

惠征一生的经历大致可以概述如下：

惠征，生于嘉庆十年（1805）九月，原系镶蓝旗满洲人，咸丰十一年（1861）十二月改隶镶黄旗。监生出身，道光八年（1828）至道光十九年（1839）或稍后几年，长期任笔帖式之职。道光二十六年（1846）前补授吏部文选司主事，二十八年（1848）调升吏部验封司员外郎。二十九年（1849）二月列为京察一等，军机处记名，以道府用；闰四月升任郎中，兼工部保源局监督，同月外任山西归绥道。咸丰二年（1852）二月调任安徽宁池太广道。咸丰三年（1853）三月以"携带饷银印信避至镇江"而被开缺，六月初三日病死在江苏镇江府，终年49岁。同治元年（1862）八月追封为三等承恩公，赐谥端恪。

关于慈禧祖父景瑞和曾祖父吉郎阿，《清史稿·外戚表》仅有一个极为简单的记载：同治元年八月戊辰（十八日）"追封惠征祖户部

---

① 《清穆宗毅皇帝实录》卷13，中华书局1986年影印本。

员外郎吉郎阿三等承恩公，谥端勤；父刑部员外郎景瑞三等承恩公，
谥壮勤"。这就是说，吉郎阿生前最后的官职是户部员外郎，景瑞则
是刑部员外郎。其生年当在乾隆四十五年（1780）。景瑞也是监生出
身，结业后，由其父吉郎阿花钱捐一个笔帖式。开始在太仆寺学习行
走，嘉庆十一年（1806）正式补授笔帖式。嘉庆十八年（1813）升
授盛京刑部主事。二十一年（1816）调回京城，在刑部充任清档房
主事，负责草拟题奏文书和管理文书档案事务。二十三年（1818）
兼任秋审处行走，任务是每年八月参与复核各省报刑部的死刑案件。
道光元年（1821）提升山东司员外郎，派掌广西司印。道光十一年
（1831）进一步提拔为河南司郎中（正五品），具体主持审核河南省
的刑名案件。十六年（1837）派充秋审处坐办。十七年京察保列一
等引见，奉旨准其一等加一级。是年十一月简放杀虎口税务监督，十
八年差满回京。二十年京察保列一等引见，又奉旨准其一等加一级。
是年七月复带引见，奉旨交军机处记名，以道府用。二十一年八月派
充律例馆提调。二十二年四月二十三日奉旨：往江苏以知府差遣使
用。① 可是二十五日由部引见时，道光帝对景瑞的印象颇为不佳。当
天他发出旨意说："本日召见拣发江苏知府景瑞、钱相，察其才具平
庸，俱不胜知府之任，著回原衙门行走，该员等京察一等及钱相截取
繁缺知府记名，均著注销。"② 因此，景瑞不但官没升上，江苏没去
成，反而先前已定的京察一等也被取消了，只得仍回刑部郎中原任。
景瑞复官之时，正值京察。因他年已超过 65 岁，吏部提出是否应予
休致，请道光帝定夺，但道光帝没有圈定。到咸丰二年又值京察之
年，吏部提出的年龄超过 65 岁以上休致官员名单中不见景瑞的名字，
可见他在道光三十年或咸丰元年就已休致了。③ 景瑞的卒年应在咸丰

---

① 《道光朝上谕档》道光二十三年，广西师范大学出版社 2009 年版。
② 《道光朝上谕档》道光二十二年四月，广西师范大学出版社 2009 年版。
③ 《咸丰朝上谕档》咸丰二年二月，广西师范大学出版社 2008 年版。

六年（1856）至十一年（1861）之间，活了将近八十岁。

慈禧的曾祖父吉郎阿，字蔼堂。其生年、出身以及入仕的时间和途径，均不详明。现在可以确定下来且较为可靠的材料证明，吉郎阿在乾隆五十一年（1786）任内阁中书，并被列为京察三等，说他"操守谨、政事平、才具平、年力壮"，考语是"供职"。京察是三年一次，由此知道，吉郎阿在乾隆五十年前已任中书之职。到嘉庆六年（1801）已升至六品中书，并被列为京察二等，说他"操守谨、政事勤、才具长、年力壮"，得到的考语是"勤职"。同年十一月二十一日又考取了军机章京，奉旨在军机处记名。嘉庆九年（1804）四月奉命入军机处充当军机章京，主要从事草拟皇帝的谕旨，同时还兼理一些文书档案等事务。在道光二十三年（1843）的三月，京城揭露了一宗户部银库大量亏空的巨案，这个案件直接牵连了慈禧的曾祖父吉郎阿，并且由此给慈禧的祖父景瑞以致慈禧全家带来了极其严重的后果和影响。

总之，慈禧祖上三代为官，虽不是达官显宦，但也是四、五品官员，可算是一个中等官僚家庭。其父惠征自道光八年入仕至咸丰三年三月开缺，中间始终担任实缺，而且稳步升官加级，从未候补过。慈禧的母亲也是名门闺秀，外祖父惠显在道光年间历任安徽按察使，驻藏大臣，工部左侍郎，并兼京营右翼总兵，最后调任归化城副都统，是地方的封疆大吏，位居二品的高级官员，这就是历史上慈禧家庭的真实情况。

二　慈禧执政简述

慈禧太后生于 1835 年，逝于 1908 年，活了 74 岁，经历了咸丰、同治、光绪三朝，立过同治帝载淳、光绪帝载湉和宣统帝溥仪三个小皇帝，在同光两朝，她又三次垂帘听政，在位 48 年，实际统治中国几达半个世纪，经历了无数次惊涛骇浪，却能稳固自己的权势与地位，堪称中国的大政治家与权术家，其弄权术与政治手腕令人叹为观止。在第二次鸦片战争中，慈禧担心病魔缠身的咸丰帝的身体状况，考虑到他一旦"龙驭上宾"，丢下的只是她们孤儿寡母。因此，便试探着涉足政坛，插手政务，既磨炼自己，又培植势力。这样，即便有风吹草动，她也会处惊不乱，镇静以待。这个时候，她的机敏、沉着、果断甚至狠鸷与狡诈便开始显露出来。

1861 年，26 岁的慈禧太后在 25 岁的慈安太后的密切配合下，在 30 岁的奕䜣及其集团的支持下，经缜密准备，以闪电般的行动，发动了辛酉政变。由于此次政变，使她握取了中国最高的皇权，成就了第一次"垂帘听政"。两宫太后在奕䜣集团的紧密配合下，一举击败了肃顺集团，掌握了国家的最高统治权力，之后便开始稳定人心，控制大局。

控制大局的第一步是尽快组成新的领导班子，以免造成权力真空。新的领导班子的组成和奖励有功之臣是结合在一起的。首先要奖励的是恭亲王奕䜣。奕䜣在这次政变中，运筹帷幄，张弛有度，上下联络，左右周旋，是个掌握政变进程的核心人物。而慈禧初涉政坛，缺乏经验，但她慧眼识人，胆略兼备，对奕䜣，她用而不疑，付予重托，使他放开手脚，终致成功。这次政变，慈禧设谋在先，慈安听命于后。慈禧果断地授予奕䜣为议政王，凌驾于其他王爷之上。政变之所以获得成功，关键在于肃顺集团的所作所为早已得罪了统治集团内部的大多数人，失去了人心。而奕䜣、慈禧在政变中，又极力处处争取人心，特别是肃顺排斥的达官要员、耆宿硕儒的拥护和支持，为此他们做了一系列的努力。

首先，他们极力否认肃顺等人遗命辅政的合法性，力图给政变披上合法的外衣。这项工作先由李慈铭发难，在新皇帝即位问题上，攻击肃顺等八大臣不遵守严格的礼制。其次，是极力缩小打击面。除载垣、端华、肃顺三人被处死，景寿、穆荫、杜翰、匡源、焦瀛五人被革职（景寿仍保留公爵及额驸品级），以及陈孚恩、黄宗汉等极少数党羽受到革职处分，其余一律"宽大为怀，既往不咎"。为了显示慈禧"宽厚和平，礼待臣工至意"，对查抄肃顺家产时所搜出的内外大小臣工写给肃顺的信函，一律拿到军机处共同监视焚毁，毋庸呈览。①慈禧这种做法，大大收买了人心，"遂得仁慈圣母之名，京中人民，尤称颂不已"②。与此同时，奕䜣、慈禧对肃顺生前所倚重的曾国藩等湘军将领又极力加以安抚，政变后，仅半月时间，即命曾国藩督办江、浙、皖、赣四省军务，巡抚、提、镇以下文武官员皆归节制，使政变后一直感到惊恐不安的曾国藩喜出望外，对慈禧、奕䜣大为叹服，盛赞慈禧之"英断"，"为自古帝王所仅见"③，并称："今朝政清明，三奸破碎，人心思治，自是中兴气象。"④ 表明了以曾国藩为首的湘军将领脱离肃顺集团，效忠慈禧的决心。奕䜣、慈禧的上述做法，最大限度地孤立、分化了政敌，争取和团结了原肃顺集团的大多数成员，减少了政变的阻力，并在政变后迅速稳定了局势。再次，大量起用受肃顺排斥的文武官员。肃顺当政时屡兴大狱，使朝中一些重臣或不安于位离职而去，或以种种理由被强行休致。政变后奕䜣、慈禧先后把祁俊藻、翁心存、李棠阶、刘绎、倭仁等请回朝中，予以重用。这些人或因久居高位，多次在乡试殿试中充任考官，往往门生故吏遍天下，在官僚队伍中极有影响；或以理学大师、学界泰斗闻名士林，起用他们，便带动其盈门桃李甚至整个士大夫阶层倾向奕䜣、慈禧。最后，广为示恩，收揽人心。历代新帝即位，大都以大赦天下等恩政收揽人心。如同李慈铭所说："人君即位之初，例存谦抑，况为少主；尤宜降节为恭，卑躬修敬，礼大臣以资师道，崇方镇以宠成劳，亲王之长隆以不名不拜之仪，文学之儒简为侍读讲之职，庶使耳

----

① 佚名：《清代档案史料丛编》，第1辑，中华书局1979年版，第139页。
② ［英］濮兰德、［英］白克好司：《慈禧外纪》，陈冷汰译，辽沈书社1994年版，第38页。
③ 曾国藩：《曾文正公手书日记》，咸丰十一年十一月十七日，凤凰出版社2010年版。
④ 曾国藩：《曾文正公书札》第十九，中国书店出版社2011年版。

目改观，中外属望。"

肃顺等八大臣辅政，却毫无示恩之举，更无新政可言，一切仍因循旧制，墨守成法，依然照咸丰帝在位时的做法，政尚严厉，擅权施威，文武百官动辄得咎。其中仅各地督抚及各路统兵人员用黄折向太后请安一事，交部议处即达十一人之多，真是所谓"入告之辞稍戆则云非所宜言，表进之式稍殊则云有乖体制"①，因而丧失人心，愈形孤立。奕䜣、慈禧鉴于肃顺等人之失，政变后"一切之政以得人心为本"，十分注意优礼元老重臣，极为隆重地把咸丰帝生前御服珍玩颁发赏赐给宗室亲贵、元老重臣、督抚要员及前方统兵大将，借以笼络人心。如曾国藩拜受咸丰帝遗物后，受宠若惊，感激涕零地发出"鼎湖龙去，遗剑依然"的慨叹，②从此对奕䜣、慈禧忠贞不渝。此外又连颁诏旨，责令中外臣工推贤让能，于用人行政各抒所见；又决定同治元年举行乡试恩科，三年举行会试恩科等。凡此种种，都收揽了人心，扩大了慈禧、奕䜣的统治基础。

对于政变之后如何掌握政权，慈禧早已胸有筹划。慈禧对辅政形式十分不满，还有她的切身体会。咸丰帝遗命八位大臣代行皇权，使她处于无权无势的地步。八大臣完全剥夺了皇权。为此，她既不赞成代行皇权的摄政，也不赞成辅佐君主的辅政，而坚持要大权独揽的听政，让恭亲王具有的只是参与政权的议政。当然，奕䜣所想象的大权独占只能是一厢情愿，慈禧太后是不能答应的。《剑桥中国晚清史》说："叶赫那拉氏设法保持了皇太后对诏书和钦命的最后决定权。她不但掌握御玺，而且还在幼帝面前召集所有文武大员听政，也就是行使摄政权。"③慈禧取得了代替皇帝执政的权力。《晚清宫廷实纪》

① 李慈铭：《越缦堂国事日记》第594辑，文海出版社1977年版。
② 曾国藩：《曾文正公手书日记》，咸丰十一年十一月二十五日，凤凰出版社2010年版。
③ ［美］费正清：《剑桥中国晚清史》，杨品泉译，中国社会出版社1985年版，第461页。

说："若谓辛酉政变之结果，为慈禧太后独握政权，固无不可也。"①
这是实情。自此以后，慈禧便开始长达48年的统治。当时谁也没有
想到，她会成为牢牢控握中国最高统治大权的女人。

慈禧大权的独揽，也是与其高超的驭人术与弄权术分不开的，其
中的经典事例便是"玩（恭）亲王于股掌"。慈禧利用汉族地主中的
杰出人物如曾国藩、李鸿章等镇压太平军，开展洋务运动。但这些汉
族地主人物以武功出任督抚之后，手握地方军政财大权，使清王朝渐
渐形成内轻外重的局面。太平军未打败之前，慈禧对"曾、左、李等
人不得已而用之"，"自洪杨事平，而疑忌汉族之心转甚"②，唯恐这
些统兵在外的汉族大员"握权割据"。后来曾国藩入京，慈禧对这位
劳苦功高，远道入觐的中兴统帅，见面不仅无任何慰劳之语，劈头第
一句即问："你此次带了多少兵来？"③足见其对曾国藩猜忌之甚。对
慈禧来说，更令她忧虑的是，这些汉族大员与奕䜣关系密切，奕䜣颇
得曾、左、李等人的感戴，互相过从甚密。为此慈禧决计擒贼先擒
王，打击奕䜣，使文武百官知道，只有她才是这个王朝的最高主宰，
其他的人包括奕䜣在内，都不过是供她驱使的臣仆，都必须只向她效
忠。于是慈禧便精心策划了蔡寿祺上疏的事件，利用蔡寿祺的奏疏，
折辱奕䜣，抬高自己，等蔡的弹章上毕，她便下诏革去奕䜣一切差
使。慈禧给奕䜣如此严厉的谴责和处分，诏书发布后，许多人对"新
贤重寄，决裂至斯"，毫无思想准备，"朝野骇愕"，不知所措；同时
对慈禧仅凭小小的编修一道暧昧不明、"难以悬揣"的奏折，便给奕
䜣定下罪状，毫无根据地指责恭亲王"妄自尊大""目无君上""暗
使离间"，很不理解，多有"实属深文"之感。④因此，不论宗室亲
贵，还是部院大臣、外省督抚，都对慈禧的做法表示反对，纷纷上书

① 吴相湘：《晚清宫廷实纪》，中国大百科全书出版社2010年版，第93页。
② 枝巢子（夏仁虎）：《旧京琐记·时变》卷7，辽宁教育出版社1998年版。
③ 叶恭绰：《遐庵遗稿》，《文史资料选辑》第96辑，第135页。
④ 李棠阶：《李文清公日记》，同治四年三月初五、六、七日，岳麓书社2010年版。

抗争。迫使慈禧不得不予以考虑，遂照奕䜣所请，令王公大臣次日在内阁会议同时将诏书及蔡寿祺原疏一并发给大臣阅视。

　　然而在初九日正式会议之前，慈禧先单独召见了倭仁、周祖培、瑞常、朱凤标、吴廷栋等九人。这些爱唱道德高调又未掌握清王朝决策权的元老重臣，同大权在握、讲求实用、主张兴办洋务的奕䜣颇有嫌隙，对奕䜣极为不满慈禧亦表示赞同。与此同时在另外召见同奕䜣关系极为密切的文祥等三位军机大臣时，慈禧则摆出另一副面孔，"朝廷用言，一秉大公，从谏如流，固所不吝，但使诸臣为之力请，亦可俯从"。结果当这两方面人初九日一起集议，各自叙述从慈禧那儿所收到的谕旨，竟大相径庭，互相矛盾，双方争执不下，当日王公大臣的会议，就这样硬是被慈禧采用两面手法搅黄了。① 慈禧就这样通过蔡寿祺的奏疏，轻而易举地罢免了奕䜣议政王的尊称，使其名位较前大为削减，不能再同慈禧处于"准平等"地位。奕䜣经此打击，认识了"他在国家中的地位"之后，才像管家一样小心翼翼地服侍慈禧。② 慈禧制服了奕䜣，见他"事无巨细，愈加寅畏之心，深自敛抑"，则又故示怀柔，特颁谕旨，命将本年三月七日所降严谴奕䜣的谕旨，"勿庸编入起居注，以示眷念勋劳，保全令名至意"，免使"后人不知原委，莫定是非，转为白圭之玷，殊无以释群疑而彰忠悃"③。

　　这场打击之后，奕䜣从此对慈禧便"愈形谨饬"④，变得小心谨慎起来；而慈禧在这场风波中，却极尽其翻手为云、覆手为雨之能事，使王公大臣对其敬畏有加，进一步树立了她的权威。慈禧利用蔡寿祺的奏折掀起这场风波，原有两个目的：一是通过打击和罢免奕

---

　　① 李慈铭：《越缦堂国事日记》第595辑，文海出版社1977年版，第160页。

　　② ［美］马士：《中华帝国对外关系史》，张汇文等译，第2卷，上海书店出版社2006年版，第68页。

　　③ 吴相湘：《晚清宫庭实纪》，第1辑，正中书局1969年版，第112页。

　　④ 刘禺生：《王湘绮之遗迹零墨》，转引自刘禺生《世载堂杂忆》，辽宁教育出版社1997年版，第74页。

诉，对满朝王公大臣进行一次政治示威，让他们了解一下慈禧太后本人的威严和厉害；二是对王公大臣进行一次政治测验，看看他们对她和奕䜣的争斗究竟持什么立场，抱什么态度。慈禧还纵容清流派以牵制奕䜣和打击以李鸿章为首的地方实力派。湘军攻陷天京之后，曾国藩自剪羽翼，缓和了湘系与清廷之间的矛盾，继而李鸿章淮系继湘军之势迅速崛起。1870 年，李鸿章接替曾国藩任直隶总督兼北洋通商事务大臣。淮系势力的急剧膨胀，引起了以慈禧为首的满族亲贵势力的忧虑，于是清流人物便把李鸿章视为大奸臣，加以攻讦，背后慈禧操控，有力地限制了奕䜣、李鸿章等官僚势力的增长。

　　如何利用政敌的矛盾，既把奕䜣赶下台，又驱散已无用处的清流派，不使他们在其耳边聒噪，这便是慈禧在中法战争时期所力求解决的问题。慈禧这一目的终于借清军在北宁、太原等地失守而引起舆论大哗实现了，这就是光绪甲申朝局之变。实际上，此时奕䜣无论如何迎合慈禧，慈禧都已决计借山西、北宁失守事件，把战败责任全都推给奕䜣，从而彻底罢黜奕䜣，把奕䜣集团从清廷的权力中枢中完全清除出去，以便自己真正独握大权，畅行无阻地达到生杀予夺一任其意的目的。于是慈禧在召见军机大臣时，指责军机大臣因循失职，为罢免军机大臣，改组军机处制造舆论。凑巧的是祭酒盛昱恰好在这一天为山西、北宁等地失守上了一道奏折，岂料慈禧正在酝酿罢免奕䜣、改组军机处的阴谋，只等着机会下手，盛昱不知内情，贸然参劾了军机，恰为慈禧所用，[①] 于是她发动了光绪甲申朝局之变。

　　甲申朝局政变是辛酉政变之后慈禧同奕䜣之间二十余年明争暗斗的一次决战，结果奕䜣被彻底击败，被强迫"家居养疾"，从此整整赋闲十年，慈禧同治四年（1865）欲罢斥奕䜣而未能实现，这次终于如愿以偿了。她利用清流派盛昱的奏折，削掉了奕䜣的一切权力，

————————

　　① 　如惜阴：《光绪甲申朝局之变更》，《人文月刊》1931 年第 2 卷第 5 期。

达到了独裁的目的。此后，她又反过来抑制并瓦解清流派了。因为清流派的某些做法触犯了她的权益，"久为西朝所不满"①。清流派宝廷以礼部右侍郎、内阁学士的身份典试福建，路过浙江，见一船妓俏丽多姿，便买为妾，还朝上奏"自劾"②。慈禧借机罢了他的官。清流派陈宝琛以内阁学士被命会办南洋军务。这是慈禧故意刁难他，"欲入以罪"③。恰逢陈宝琛回籍丁艰，暂时躲过此难，但终因保荐徐延续、唐炯被降五级。清流派张佩纶以书生典兵，会办福建军务。中法马尾一战，清福建海军全军覆没，他"身败名裂"。就这样，清流派也就瓦解了。有人说："清流毁于甲申。"这是事实。清流派是一帮书生，慈禧让他们去带兵打仗，不能说不是别有用心。有人认为这是慈禧耍弄的一个权术，即"美珠箝口"④，这是有道理的。甲申年，慈禧终于成了一个不受任何约束的拥有绝对权力的太上女皇。这是她梦寐以求的。

慈禧的确是个权力中心主义者，弄权手段高超，一旦大权在握，顺我者昌，逆我者亡，为了满足个人的虚荣，显示她的权势，不惜大肆挥霍，使晚清财力枯竭，人民生活愈加艰辛。这些是事实，但是我们应当注意慈禧所处的历史环境：清政府统治已走下坡路，又值疆土屡遭外敌入侵，太平天国极大地动摇了清的统治，内外交困。而中国社会闭关锁国几千年，对世界大势一无所知，处在长期的小农生产国度的封建统治者自然难以跟上世界的脚步。所以不能把清王朝的衰亡及中国近代社会的苦难完全归咎于慈禧一人。

慈禧的历史过错相信每个人都能举出若干件来，笔者无意为历史翻案，但慈禧也做了一些有益于社会进步的事。19世纪60年代洋务运动兴起后，在中国大地上出现了一批属于近代意义上的新生事物：

---

① 黄浚：《花随人圣庵摭忆》，中华书局2008年版，第57页。

② 费行简：《近代名人小传》，中国书店出版社1988年版，第467页。

③ 黄浚：《花随人圣庵摭忆》，中华书局2008年版，第57页。

④ 何刚德：《春明梦录》，北京古籍出版社1995年版，第8页。

1861 年第一座军火工厂安庆内军械所成立；1862 年第一支近代陆军在天津编练；1862 年第一所翻译学校北京同文馆设立；1863 年第一次购买外国军舰，旋又遣散；1865 年第一座大型综合兵工厂江南制造总局成立；1866 年第一座造船厂福州船政局创办；① 1866 年第一个政府考察团游历欧洲十余国；1867 年第一所近代海军学校福州船政学堂成立；② 1868 年第一个巡回大使团出国。

　　慈禧是清帝国的乾纲独揽的最高决策者。没有她的支持，一切关系国家的重大举措都是不能实行的。上述洋务事业得以开展，除中央有奕䜣、文祥等人的支持，以及地方曾国藩、李鸿章、左宗棠的促进外，慈禧亦在其中起到了一定的作用，这是人们长期忽略了的。当年慈禧 32 岁，春秋正盛，是想干一番事业的，为此，她对新的事物比较感兴趣是不足怪的。

三　慈禧评价

（一）重用汉人，巩固了清王朝的统治

　　《述庵秘录》中《慈禧于汉族及内侍》条下，对慈禧重用汉人评论道："清朝自开国，重用满人而轻视汉人，不曰汉儿庸懦喜名誉，即曰语满勿沾染汉人习气。洪金田起，曾、胡、左、李次第荡平之……慈禧秉政，封疆重寄，治兵提镇，汉员所擅位置约十分之九，满员惟占海关监督织造等，以多包供宫中而已。"该书所评不无根据。同治初年统兵要员莫过于曾国藩，慈禧将曾国藩由两江总督升授协办大学士，给了他"凡天下军谋、吏治及总督、巡抚之黜陟，事无不咨，言无不用"的特殊优待，开大清重用汉人旷古未有之典例。以至于李慈铭为此而感叹："万国瞻，亲政垂衣，二后贤，病看元岁历，梦想中兴年。哀痛求言切；忧危命相专，乡邦劳，圣虑稽首戴皇天。"

①　徐彻：《中国近代第一座造船厂的创办》，《辽宁大学学报》1985 年第 3 期。

②　徐彻：《中国第一所近代海军学校》，《社会科学辑刊》1990 年第 6 期。

同治三年（1864），又任命湘军水师提督杨载福为陕甘总督，被曾国藩称为"特恩旷典，近世所罕见"。其他如左宗棠、胡林翼、沈桂芬等人，也都是在慈禧当政时入居要职的。这说明慈禧确实推行了重用汉人的政策。其实，慈禧重用汉人并非从垂帘才开始，她得宠于咸丰代批奏章之时，就已提出重用汉人的政策。《慈禧外纪》对此有记载："先是慈禧入宫，时时批览各省章奏，通晓大势。至是进言，劝咸丰帝任用曾国藩，节制各师，供给湘军粮饷无有缺乏。曾国藩得以平定粤匪，慈禧功也。"由此可知重用汉人之策始于咸丰，而广泛推行则是在同治年间。难怪有人评论太平天国之所以被平定，其原因在于"太后之信任曾国藩，为平乱之本"。甚至把慈禧成功之道归于重用汉人。"太后用人，不甚好满汉之见。太后政权所以深固不摇，而得国人之爱戴者，实用人公平有以致之。此其成功之秘密也。"

　　我们不否认慈禧之所以重用汉人，是因为"欲保存满人之权势，必须先得汉人之心"。但在当时的情况下，能够"深知汉人之聪明才力，实在满人之上"，并据此采取"凡内外官吏、无论满汉，太后皆一律视之，不偏用满人"的政策，也是难能可贵的。慈禧重用信任曾国藩及一批汉臣，对挽救摇摇欲坠的封建地主阶级统治起了关键性作用。《清鉴》说："听政之初，军事方亟。两宫仍师用肃顺等专任汉人策。内则以文祥、倭仁、沈桂芬等为相，外则以曾国藩、左宗棠、李鸿章等为将。自军政吏治，黜陟赏罚，无不咨询。故卒能削平大乱，开一代中兴之局。"[1] 这话是有道理的。《慈禧外纪》说："曾国藩之名，妇孺皆知而称之。然其所以能成此事业者，实慈禧知人善任，明于赏罚而有拔识之。当无事之时，盈廷济济，而独赏鉴于言行之表，尤非具卓识者不能。曾国藩之才能及其忠诚，太后信任极深，故卒能成其功也。除荣禄外，中外大官，无若曾国藩得圣眷之隆者。"

----

① 印鸾章：《清鉴》下册，岳麓书社 1987 年版，第 654 页。

这段分析也是比较中肯的。①

人们对慈禧时期的垂帘听政评价并不多，即或有之，贬斥之言也充塞于字里行间，台湾学者陈致平则别有其说，他是这样评论的："西太后做事，有时表现得很明快而有魄力，也有她一套驾驭人才的本领。她垂帘之初，就命曾国藩为两省节制，赋予征伐全权，以后削平天国，平定捻乱、回乱，重用曾、左、沈、李诸人，以建设中兴之业，都在她垂帘当政之时，当时满汉大臣间的矛盾重重，她也能加以调协与操纵，对于一个三十岁左右的深宫妇人来说，有些才能并不简单。"陈氏之论，较之一概否定者已大有可取之处，所评也不为过。

（二）在不危及自己权力的同时使"西法"在一定程度上得以实行

我们知道，慈禧并不反对采用"西法"。中日甲午战争失败后的割地赔款对她也是一个刺激。如果实行新政能使中国富强，使她的江山更加稳固，她对新政也是不会排斥的。慈禧是一个纵横捭阖的统治者，却不是一个眼光敏锐的思想家。她的文化有限，读书不多，对西方知之甚少。但是，她对西方的新法并不是一开始就拒绝的。她有引进来试一试的想法。从以下的事实可以看出。在同治初年，是她同意曾国藩派遣留学、建造轮船、制造西式武器的建议的，虽然她同时警告不可仿效日本的维新路线而冒犯祖先。多年以后，她也再度提醒光绪帝不要操之过急，只有在稳健情形之下，光绪才能放手继续从事变法。所有这些，说明慈禧与"自强运动"诸领袖以及主张温和改革诸臣工的立场相近。她跟他们一致同意："西法"必须采用，而清朝本身的文化传统也必须保持。换句话说，慈禧服膺"中学为体，西学为用"的改革理论。她之所以反对戊戌变法，是因为变法派的做法有把她打入政治冷宫的危险。说到清廷统治集团对变法维新的态度，自

———————

① ［英］濮兰德、［英］白克好司：《慈禧外纪》，陈冷汰译，辽沈书社1994年版，第46页。

然不能抛开慈禧，而且应该特别指出的是，以往人们总是认为慈禧自始至终顽固反对变法维新，其实这并不完全符合历史实际。慈禧发动政变，扼杀百日维新，这是事实，但慈禧并不是一开始就反对变法维新的。在戊戌政变之前，她对变法至少是采取了容忍和默认态度，对此我们不妨做番考察。

甲午战争后维新思潮激荡，作为清王朝实际最高统治者慈禧，她本人对此不可能是毫无察觉的，事实上慈禧也很早就接触了康有为的变法思想，并基本表示同意。关于这一点我们可以康有为第三次上书为例。1895 年 5 月，康有为的第三次上书终于到达光绪帝手中，在这封上书中，康有为向光绪帝提出了以富国、养民、教士、练兵为内容的自强雪耻之策，并备陈变法下手之方和先后缓急之序，告诫光绪："当以开创之势治天下，不当以守成之势治天下，当以列国之势治天下，不当以一统垂裳之势治天下。"① 光绪帝阅后受到很大启迪，当即命另外誊抄三份，分送慈禧、军机处和乾清宫存档，原稿则留于勤政殿供作备览。② 送给慈禧的那一份，5 月 16 日就抄就，呈上之后，"留览十日，二十六乃发下"③。可见慈禧对康有为的这封上书看得很细，是经过反复审阅并表示同意才发下的，否则慈禧完全可以留中不发。正是由于取得慈禧的同意，光绪帝才于闰五月将康有为的上书"发各省督抚会议奏复"，并据以颁布了《举人才诏》，以及被维新派誉为"三百年之特诏"的关于筹饷、练兵、恤商、惠工等内容的上谕。④

百日维新之前，慈禧不但不反对变法维新，而且还主动告诉光绪帝："变法乃素志，同治初即纳曾国藩议，派子弟出洋留学，造船制

①　康有为：《上清帝第三书》，《戊戌变法》，资料丛刊本，第 2 册，上海人民出版社 1957 年版，第 168 页。

②　梁启超：《戊戌政变记》，岳麓书社 2011 年版，第 1 页。

③　汤志钧：《戊戌变法史》，上海社会科学院出版社 2003 年版，第 122 页。

④　朱寿朋：《光绪朝东华录》四，中华书局 2016 年版，总第 3625—3626、3631 页。

械，凡以图富强也。若师日人之更衣冠、易正朔，则是得罪祖宗，断不可行。"当时光绪帝"颇浏览新书，见刘瑞芬《英法政概》、宋育仁《采风记》，颇举西制，而黄遵宪之《日本国志》记日人变制尤详，遂为后言，徒练兵制械，不足以图强，治国之道，宜重根本。乃以冯桂芬《校邠庐抗议》进后览。后亦称其剀切，第戒帝毋操之过蹙而已。"由此可见，慈禧并不反对变法，她所反对的，只是不要学日本"更衣冠，易正朔"，只是变法不要"操之过蹙"。正是基于慈禧的这种态度，光绪帝对变法事业才有了某种决心和信心，并把这个底交给了翁同龢，翁退而兴奋地转告其弟子说："今而后法必变矣！①"

更能说明问题的是慈禧对康有为《上清帝第五书》的态度。德国强占胶州湾，引起帝国主义列强瓜分中国的危机之后，康有为急忙赶回北京，向光绪帝上了第五书。书中开头讲一番国际形势及中国所处的危险局面之后，提出了三点建议：一是采法俄、日以定国是；二是大集群才而谋变政；三是听行疆臣各自变法图强，"恐自尔之后，皇上与诸臣虽欲苟安旦夕，歌舞湖山而不可得矣！且恐皇上与诸臣，求为长安布衣而不可得矣！"②康有为的这道上书送到工部之后，工部尚书淞荄"读至'恐偏安而不可得'之语，大怒，不肯代递"③。

光绪帝在阅过康有为的第五书之后，并未因其内容激烈、言辞狂妄而责怪，而且又将其"上呈于太后"。慈禧阅后也同样并未因书中康的言辞不敬而震怒，相反，"太后亦为之动，命总署八大臣详询补救之方，变法条理"，为此还发了一道懿旨，并特意在当天召见奕劻、荣禄及总管内务府王大臣等人，命他们"详询"康有为，"否则王大臣未见，未虚心下问也"④。

---

① 费行简：《慈禧传信录》，《戊戌变法》，资料丛刊本，第 1 册，第 464 页。
② 康有为：《上清帝第五书》，《戊戌变法》，资料丛刊本，第 2 册，第 188—197 页。
③ 康有为：《康南海自编年谱》，《戊戌变法》，资料丛刊本，第 4 册，第 137 页。
④ 苏继祖：《清廷戊戌朝变记》，《戊戌变法》，资料丛刊本，第 1 册，第 331 页。

以上这些事实说明，在百日维新之前，慈禧并无反对变法维新之举，相反，对变法倒是颇为关注并表示赞赏的。就是百日维新，光绪帝所发的"定国是诏"，也是经慈禧同意后才颁发的，慈禧还向光绪帝表示："苟可致富强者，儿自为之，吾不内制也。"① 于是光绪帝所领导的百日维新运动才颇有声势地开展起来。后来慈禧之所以发动政变，囚禁光绪，捕杀谭嗣同等人，主要原因也并不是对百日维新期间的变法内容不以为然，而是不满于光绪帝"操之过蹙"，骤然裁撤了京师闲散衙门，使"连带关系因之失职、失业者，将及万人。朝野震骇，颇有民不聊生之戚"②，以及因王照上书事件礼部六堂官统统被革职，触犯了慈禧亲信的利益，慈禧"方憎帝操切"③，帝后之间的关系才开始紧张起来。后来康有为谋围颐和园，捕杀西太后的计划被袁世凯泄露，④ 慈禧闻讯怒不可遏，才促使了戊戌政变的发生。

上述事实表明，光绪帝在变法中，只要不触动慈禧的切身利益，慈禧是不会发动政变反对变法的。因此事后王照评论说："戊戌之变，外人或误会为慈禧反对变法，其实慈禧但知权利，绝无政见，纯为家务之争。故以余个人之见，若奉之以主张变法之名，使得公然出头，则皇上之志可由屈得伸，久而顽固大臣皆无能为也。"⑤ 陈夔龙也说："光绪戊戌政变，言人人殊，实则孝钦并无仇视新法之意，徒以利害切身，一闻警告，即刻由淀园还京。"⑥ 王照属维新派，陈夔龙则属荣禄党羽，新旧两派对此居然见解一致，看来这些论断并不是毫无根据的。关于慈禧的新政，早在逃往西安的路上，慈禧就感到国事日非，再不振作必然成为外国人的阶下囚了，因此表示要行新政。回到

① 费行简：《慈禧传信录》，《戊戌变法》，资料丛刊本，第 1 册，第 464 页。
② 陈夔龙：《梦蕉亭杂记》，《戊戌变法》，资料丛刊本，第 1 册，第 435 页。
③ 费行简：《慈禧传信录》，《戊戌变法》，资料丛刊本，第 1 册，第 465 页。
④ 袁世凯：《戊戌日记》，《戊戌变法》，资料丛刊本，第 1 册，第 550—551 页。
⑤ 王照：《方家园杂咏二十首并记事》，《戊戌变法》，资料丛刊本，第 4 册，第 259 页。
⑥ 陈夔龙：《梦蕉亭杂记》，《戊戌变法》，资料丛刊本，第 1 册，第 481 页。

北京后，颁布新政诏书，开始是这样写的：

> 世有万祀不易之常经，无一成不变之治法，穷变通久，见于大易，损益可知，著于《论语》。盖不易者，三纲五常，昭然如日星照世。而可变者，令甲令乙，不妨如琴瑟之改弦，伊古以来，代有兴革。当我朝列祖列宗因时立制，屡有异同，入关以后，已殊沈阳之时，嘉庆道光以来，渐变雍正乾隆之旧，大抵法积则弊，法弊则更，惟归于强国利民而已。自播迁以后，皇太后宵旰焦劳，朕尤痛自刻责，深念近数十年积弊相仍，因循纷饰，以致酿成大衅。现正议和，一切政事，尤须切实整顿，以期渐致富强。懿训以为取外国之长，乃可去中国之短，惩前事之失，乃可作后事之师。

此段文字足可见慈禧志于新政的心迹。新政的内容包括很多，从光绪二十七年（1901 年 4 月）成立督办政务处起，到光绪三十一年十一日（1905 年 12 月）成立学部止，5 年间慈禧发布了一系列除旧布新的政令，重要的大约有 25 项，包括行政制度的改革、军事制度的改革、教育制度的改革和法律制度的改革。其中"改革官制、练兵筹饷、兴办商务、振兴实业、废科举、兴学堂"是新政的亮点。

《慈禧外记》中是这样说慈禧施行新政的情况：

> 太后乃一极有主见，极有权力之女主，从不肯示弱于人，使美名归于戊戌之新党。太后此时所拟行之新政，大半即康有为等戊戌年之所主张。惟欲顾全体面，故使国人知太后此时之变法维新，实根本不同于前日，且更胜于前日也。太后宣布新政，凡带有戊戌年之形迹者，皆不言之，以戊戌年之新政，太后曾以猛辣之手段扑灭之者也。凡此等等，皆欲使愚民谓太后今日之所为，非如康有为等乱徒之所为。然太后所提议施行之新政，实无异于

康有为等之所行，且有时过之。所真不同者，惟此次变法，太后为其主动者，前次则为反对者而已。观太后回銮后六年之中，所施之政治，其为诚心改革，固无可疑，即有稍涉疑似之点，亦极微末。但其对于外人之感情，则不能信其较前佳善也。太后于拳匪起灭，及北京之破，所深印于心而不忘者，即国力脆薄，国家危殆也。太后此时深知西方之物质文明，其力甚巨，中国之经学，不足以当之。苟欲自立于地球之上，必须慕效日本变法自强，整饬军队，非取法西方不可。太后既深知之，即欲见之于事实。满洲亲贵，方昏迷自弃而不悟，但听气数之自然，而不知自振。太后则不知便已，及其知之，必奋勉而行，此太后性质之不同于亲贵者也。

可见不管新政是出于什么目的，新政有什么实质作用，慈禧毕竟实施了新政，总比那些顽固到底的封建统治者死抱"祖宗之法"要强上百倍，在客观上符合社会发展的潮流与趋势，有利于社会进步。这一点也是不容忽视的。正如沈渭滨先生在其专著《政治女强人——慈禧》（华东师范大学出版社2016年版）中评价的那样："新政的这些内容，从本质上说，在一定程度上把新的资本主义因素移植到封建专制政体中去，这就使得新东西得以在旧事物中发酵膨胀。当条件成熟以后，它成为破坏旧体制的力量。"

（三）勤于政务，事必躬亲

慈禧的临终遗诰这样写道：

予以薄德，只承文宗显皇帝册命，备位宫闱。迨穆宗毅皇帝冲年嗣统，适当寇乱未平，讨伐方殷之际。时则发捻交讧，回苗俶扰，海疆多故，民生凋敝，满目疮痍。予与孝贞显皇后同心抚训，夙夜忧劳。秉承文宗显皇帝遗谟，策励内外臣工暨各路统兵大臣，指授机宜，勤求治理，任贤纳谏，救灾恤民。遂得仰承天麻，削平大难，转为安。及穆宗皇帝即世，今大行皇帝入嗣大统，时事愈艰，民生愈困；内忧外患，纷至沓来，不得不再行训政。前年宣布预备立宪诏书，本年颁示预备立宪年限，万几待理，心力俱殚。幸予体气素强，尚可支拄。不期本年夏秋以来，时有不适。政务殷繁，无从静摄。眠食失宜，迁延日久，精力渐惫，犹未敢一日暇逸。本月二十一日，复遭大行皇帝之丧，悲从中来，不能自克，以致病势增剧，遂至弥留。回念五十年来，忧患叠经，兢业之心，无时或释，今举行新政，渐有端倪。嗣皇帝方在冲龄，正资启迪。摄政王及内外诸臣，尚其协力翊赞，固我邦基。嗣皇帝以国事为重，尤宜勉节哀思，孜孜典学。他日光大前谟，有厚望焉。丧服二十七日而除，布告天下，咸使闻知。①

这篇遗诰虽然有多处粉饰夸大之辞，甚至是言不由衷之语，但我们至少可以看出她是一个勤政与能干的女人。在清朝的历史上，曾出现过两位铁腕女人，她们有类似的出身和际遇，但是却走过不同的人生旅途。一是受人尊敬，清心寡欲，辅佐儿孙成就帝业，使国家走向繁荣富强的孝庄皇太后；二是骄奢淫逸，视权如命，性格复杂的叶赫那拉氏慈禧。历史十分复杂，简单的类比可能招来种种非议，但似乎结论是慈禧在中国历史上算不得暴君、昏君，她是一个非亡国之主而当亡国之运的人物。与众多的亡国之君昏庸无能、荒淫无耻、残暴多疑、不理朝政等相比，慈禧还算得上一个比较有才能，不那么荒淫、残暴而又勤理朝政的人。她对于朝廷大事都是自己处理，甚至抱病在身，她还临朝听政。德龄曾亲眼目睹，"太后稍有不豫，且苦头痛。……但每晨太后仍起床，视朝如恒"。甚至在临终之前仍然御朝听政。"十一月十四日（即阴历十月二十一日），太后终日料理大事，至晚乃获休息。虽极辛苦，而体气反较佳。翌日，仍于六钟起召见军

---

① 《清宣统政纪实录》，第1册，台湾华文书局1964年版，第14页。

机与皇后、临国摄政及其福晋即荣禄之女。……至午时，太后方饭，忽然晕去，为时甚久"①。这段记载说明，慈禧在死前数小时还在料理政务，她是死于光绪三十四年十月二十二日未时（即1908年11月15日下午2时左右），其勤政由此可见一斑。在这一点上，她与崇祯是相同的；崇祯是当亡国之运而不愿做亡国之君的人。他在煤山自缢时胸前还挂着"朕非亡国主，诸臣尽为亡国臣"的遗书。他虽励精图治，然明王朝自万历、天启以后大势已去，诸政已成痼疾。慈禧也是一个非亡国之主而当亡国之运的人。大清王朝自鸦片战争以来，日趋衰落，特别是咸丰的荒淫，使朝政无法收拾，加之外国侵略者的侵略与渗透，大清根基已动，亡国已成定局。在当时的情况下，即使慈禧把权力交给同治与光绪，清朝也难以挽回灭亡的命运。

近年来一些专家的看法也很有道理，如阎崇年认为，"慈禧的一生当然有她积极的一面"，"她重用了几个对江山社稷举足轻重的汉人，为国家积聚新的政治力量。她还在一定程度上平衡了满汉之间的矛盾。中国历史上第一批出国留学的幼童，也是在慈禧的支持下促成的"。人们对慈禧"祸国殃民"的印象自然不是无缘无故的，"慈禧从26岁发动政变掌权到74岁去世，统治中国48年，从咸丰到宣统，清王朝是每况愈下的，她自然要对半个世纪的中国历史负责。不管这当中有多少客观原因，作为执政者，慈禧首先负有不可推卸的责任"。阎崇年还认为，清朝最终覆亡，可以说是多因一果，责任并不完全归咎于慈禧，如果当时让同治或光绪来执政，也未必就能改变清王朝的状况，也许中国衰落得会更厉害。毕竟慈禧还是善于用人的，也能笼络一批人才，维持国家机器的基本运转。"清太祖努尔哈赤当年既播下了康乾盛世的种子，也埋下了光（绪）宣（统）衰世的基因。那

---

① ［英］濮兰德、［英］白克好司：《慈禧外纪》，陈冷汰译，辽沈书社1994年版，第239页。

些基因不停变化发展，最后导致的结果就是清朝灭亡。"①

沈渭滨教授的《晚清女主——细说慈禧》（上海人民出版社 2007 年版），提出了许多新见。比如：其一，关于慈禧对帝国主义的态度。鸦片战争以降，慈禧在清政府与帝国主义签订《马关条约》《辛丑条约》等不平等条约中，其决策的确难辞丧权辱国之责，乃至发出妄图以彻底卖国，换取帝国主义宽谅的"量中华之物力，结与国之欢心"。但是，慈禧并非对入侵者一味妥协。比如，在近代中国第一次取得胜利的中法战争中，她不仅暗助"黑旗军"援越抗法，而且在清流派主战言论的鼓动下，逐渐趋向于主战，直到清军与法军正面对抗；最后，她又巧妙地采取以战促和，"乘胜即收"的策略。其二，关于慈禧是否顽固保守的问题。慈禧一生最为人诟病的是其对戊戌维新的扼杀，因此被钉在"顽固派"的耻辱柱上。其实，纵观慈禧一生，其在改革与守旧之间呈现多重心理，然而她对改革的贡献却大于对变法的镇压。在慈禧执政的 48 年间，她既支持洋务派睁开双眼看世界，在学习西方、开展洋务中办起了同文馆，派出了近代中国第一批留学生，派遣洋务大臣考察西方；又支持李鸿章、沈葆桢等创建新式海军，启动了晚清近代化国防建设的重大决策；更于 1901 年 1 月下诏推行新政。这一系列措施，"不论主观动机如何，客观上有利于社会进步，也符合潮流所趋"。这段评论高度概括了慈禧一生历过的多重性。其三，关于垂帘听政。慈禧的垂帘听政之所以被后人斥骂，一是她的这番作为违背了清代祖制。著名清史学家萧一山先生在《清代通史》中说："清代家法不许母后专政，凡冲主御极，若顺治之摄政王，康熙时之辅政大臣，均未有垂帘之事。"二是中国数千年来崇拜皇权，蔑视女权的观念使然。然而，清末，由慈禧导演，中国古代的垂帘听政制度发展到了鼎盛时期，形成一套严密、系统、完善的政治体制。

---

① 阎崇年、向斯：《谈慈禧》，《中华读书报》2006 年 4 月 10 日。

　　总之，我们要客观公正地、历史地看待历史人物。笔者最后认为，慈禧毕竟是一个满族封建统治者，有很强的历史局限性，但终其一生，她对满汉文化的融合特别是对中国近代化的进程，还是有一定的推动作用的。

第六章

中央民族大学图书馆藏正白旗
《叶赫呐喇氏宗谱》研究

满、汉文合璧《叶赫呐喇氏宗谱》现珍藏于中央民族大学图书馆，此谱是由清同治年间崇秀、裕彬、乌尔棍岱三人续修，这部谱书上一次续修谱时间是嘉庆年间，由永禄撰写。谱书形制是线装本，长约 40 厘米，宽约 28 厘米，内页是黄色宣纸，文字由毛笔小楷手抄而成，有满汉文对照谱序，谱中世系亦是满汉文对照，在一些族人名字下分别贴以小黄、红长条纸签，签上注明其人官职、驻地、学名，谱书后还附有"叶赫呐喇氏八旗各处分驻地方"表、徐乾学《叶赫国贝勒家乘》、"正白旗满洲二甲喇叶赫呐喇氏历任佐领表"等史料。全谱记载了叶赫那拉氏六世祖雅巴兰一支的世系、袭爵、袭职、佐领、驻防、居地等情况，十六世，共记 552 名男丁，是一部重要的满族家族文化史料，承载了正白旗叶赫那拉氏近 300 年的历史记忆。

第一节　世系源流

一　族源与佐领世袭

《叶赫呐喇氏宗谱·谱序》及其文末附带的徐乾学《叶赫国贝勒家乘》载："叶赫地方贝勒始祖原系蒙古人氏，姓土默特氏。初自明永乐年间带兵入扈伦国招赘，遂有其地，因取姓曰纳喇氏。后明宣德二年迁于叶赫利河涯建城，故号曰'叶赫国'，其地在开原之东北，即明所谓之北关者是也……始祖贝勒星根达尔汉传子席尔格明噶图，席尔格明噶图传子棲尔哈那，棲尔哈那传子诸孔额……"谱序之后列表注明自己这一支的世系："始祖星根达尔汉，二世祖席尔格明噶图，三世祖棲尔哈那，四世祖诸孔额，五世祖尼牙堪，六世祖雅巴兰，由此分为正白旗满洲固山。"

上述资料清楚地说明这一家族的族源居地：始祖为叶赫那拉氏星根达尔汉，原居"叶赫利河涯"，其地在开原之东北，自其六世祖雅巴兰开始归附努尔哈赤，分在满洲正白旗。但雅巴兰后人归附努尔哈赤的时间略有不同，《八旗满洲氏族通谱》卷二十二记载了雅巴兰后人额森、瑚沙拉、爱敏台吉（济）等支族人物的归附努尔哈赤的时间："额森，正白旗人，金台石同族，世居叶赫地方，国初来归……瑚沙拉，正白旗人，金台石同族，世居叶赫地方，国初来归……爱敏台吉（济）正白旗人，金台石同族，世居叶赫地方，国初来归。"①《清史列传·阿什达尔汉》载："阿什达尔汉，纳喇氏，与叶赫贝勒金台石同族，为兄弟，太宗诸舅也。太祖灭叶赫，阿什达尔汉率所属来归，授牛录额真，隶满洲正白旗。"可见雅巴兰的七个儿子中额森、瑚沙拉、爱敏台吉（济）等支族人物是"隶正白旗，世居叶赫地方，国初来归"，而阿什达尔汉于努尔哈赤灭叶赫后，即天命四年（1619），率族属投归后金，其族众被编入满洲正白旗中，后"从龙入关"，以上这些族众在清朝对全国的统一与政权的巩固与发展中立下了赫赫功勋。

对这一家族的佐领世袭，《叶赫呐喇氏宗谱》附带的"正白旗满洲二甲喇叶赫那拉氏历任佐领表"记载得十分清楚，而且延续了《八旗通志·旗分志》所载的正白旗佐领世系。《八旗通志·旗分志》

---

① 弘昼、鄂尔泰等：《八旗满洲氏族通谱》卷二十二，辽海出版社 2002 年影印本。

显示原叶赫部人丁及其子孙组编的满洲佐领共计45个，其中隶满洲正白旗佐领8个，占了近五分之一，这些佐领军兵对于以军事立国的清王朝来说，无疑是不可忽视的力量。具体情况在《八旗通志·旗分志五·正白旗满洲都统第二参领所属第十七佐领》中载：

> 第一佐领，系以第四佐领内滋生人丁编立，始令前锋统领硕代管理。硕代缘事革退，以偏图之伯前锋统领德尔德管理。德尔德故，以其子三等侍卫硕赍管理。硕赍缘事革退，以其弟三等侍卫大嘴管理。大嘴故，以其子他汉管理。他汉故，以其子西尔哈管理……第四佐领，系天聪九年以叶赫地方人丁编立。始以承政兼三等阿思哈尼哈番舅舅阿锡达尔汗管理。阿锡达尔汗故，以其子太子太保侍郎兼一等阿达哈哈番西达理管理，西达理故，以其子一等侍卫兼一等阿达哈哈番吴尔巴管理，吴尔巴缘事革退，以都统马哈达管理，后复以吴尔巴之子二等侍卫偏图管理。偏图因病辞退，以其子二等侍卫管理上驷院事物兼一等阿达哈哈番纳起泰管理，纳起泰缘事革退，以其弟三等侍卫纳汉泰管理……第五佐领，即第一、第四两佐领滋生人丁。偏图、德尔德管理佐领时，分编一佐领，以德尔德之子多奇纳管理，多奇纳因病辞退，以偏图次子三等侍卫兼三等阿达哈哈番纳颜泰管理。[①]

从上述记载可知原叶赫部人丁及其子孙组编的满洲正白旗第一佐领在《八旗通志》中截至希拉哈（西尔哈），第四佐领在《八旗通志》中截至那罕泰（纳汉泰），第四佐领在《八旗通志》中截至那彦泰（纳颜泰），这与《叶赫呐喇氏宗谱（正白旗）》附带的"正白旗满洲二甲喇叶赫那拉氏历任佐领表"记载相同，不同的是第一佐领增补到常玉，续了六代，第四佐领增补到锡龄，续了四代，第五佐领增补到柏道，

---

① 鄂尔泰等：《八旗通志》，东北师范大学出版社1985年版，第72页。

续了七代。概其整体，即第一佐领：硕贷（硕代）→德勒德依（德尔德）→硕来（硕赉）→大嘴→达罕（他汉）→希拉哈（西尔哈）→那敏→白格→敏舒→庆廉→诺木欢→常玉；第四佐领：巴当阿→阿什达尔罕（阿锡达尔汗）→希达理（西达理）→乌拉巴（吴尔巴）→玛哈达（马哈达）→偏图→那齐泰（纳起泰）→那罕泰（纳汉泰）→那贤→那拉春→岱纶→锡龄；第五佐领：多齐纳（多奇纳）→那彦泰（纳颜泰）→那成→那林→富安泰→常秀→双寿→承荫→柏道，这使整个《八旗通志》中原叶赫部人丁及其子孙组编的满洲正白旗佐领之职人数增加到 33 人，在时间上延续到清同治年间，对于研究清中后期八旗佐领世袭制度有一定的参考价值。

二 驻防情况

驻防八旗是被清政府派驻到全国各地的卫戍军队，这些军队为维护清朝统治发挥了重要的作用。《叶赫呐喇氏宗谱》记载了雅巴兰后人在全国的驻防情况，见表 6 - 1：

表 6 - 1　　　　　**雅巴兰后人在全国的驻防情况一览**

驻防地区	数量	驻防地区	数量	驻防地区	数量	驻防地区	数量
佛德礼地方	3	叶赫勒地方	1	旧山地方	1	额勒敏地方	1
掌呢地方	7	乌克敦地方	1	社里地方	1	噶哈立地方	1
吉林地方	9	托昂、武地方	1	呢玛产地方	2	西安地方	5
沈阳地方	3	女汪雅哈地方	1	易州地方	4	河南地方	2
旧边地方	6	辽阳地方	2	纳木都噜地方	1	广东地方	1
白山地方	10	雅尔呼地方	1	黑山地方	1	归化城地方	2
苏斡尼地方	4	察哈尔地方	1	扎库木地方	2	凉州地方	2
科尔沁地方	2	嘉穆呼地方	1	博索地方	2	拉林地方	1
嵩山地方	1	特库地方	1	连道地方	1	古城地方	2
糜山地方	1	苏尔呼地方	1	额勒敏地方	1	密云县地方	1

续表

驻防地区	数量	驻防地区	数量	驻防地区	数量	驻防地区	数量
清州地方	4	福建地方	1	沧州地方	1	伊犁地方	8
布尔噶图城	2						

上表资料据中央民族大学馆藏《叶赫呐喇氏宗谱》统计而成。

从表6-1中可见，雅巴兰后人共有107个家族驻防在全国45个地区，北到吉林、黑龙江地区，南到福建、广东地区，西到西安、伊犁地区，东到河北沧州、北京密云地区，遍布大江南北，其中被派到东北地区驻防的人数最多，像吉林、沈阳、旧边、白山等东北各地派驻家族40多个；而西北边疆地区较少，像西安等地仅派驻家族5个，伊犁等地派驻家族8个，这从一个侧面反映了清政府极为重视东北地区的防卫，毕竟东北是满族的发祥地。雅巴兰家族中有很多人曾到东北驻防，这些情况历来不清楚，通过《叶赫呐喇氏宗谱》所记载的驻防资料，可以从一个侧面了解叶赫那拉氏家族随清朝入主中原前后的流向、在全国的分布等情况，作为一个个案，对研究与清代边疆驻防有关的课题有较大价值。

第二节　历史评价

一　人物事迹考

雅巴兰家族在清朝的统一与政权的巩固和发展中功勋卓著，其中的重要人物在《叶赫呐喇氏宗谱》中均有记载，还存录了珍贵的人物史料——徐乾学《叶赫国贝勒家乘》，这在《清史稿》《八旗通志》《八旗满洲氏族通谱》等传统史料也得到了佐证，如谱中所记"都统尚书议政大臣"阿什达尔汉是叶赫东城主金台石的近支同族兄弟，在清朝的统一中战功赫赫，《清史列传·阿什达尔汉》载，叶赫部灭亡后他率所属投靠后金国，被授为佐领，隶属于正白旗。在征明的战争中立下了赫赫战功，被授予一等轻车都尉世职。因他与皇太极生母孝慈高皇后同辈，赐称“国舅”。天聪九年（1635），招抚林丹汗的继承人额尔克孔果尔及苏泰太后，史载“……额哲遂从其母举部来降。当我军未至，有鄂尔多斯济农图巴者招额哲，与盟而去。阿什达尔汉侦知之，追及图巴，令悉归额哲之馈。又率兵入明边，略宣府、大同，入山西境，多所俘获。师还，上亲迎劳之”。为后金立下大功，第二年被授为都察院承政，授三等男爵世职。阿什达尔汉在清对朝鲜的战争中表现更为出色：“十二月，从伐朝鲜，国王李淏走保南汉山城，豫亲王多铎帅师追之，围城。朝鲜诸道援兵合万八千人，树二栅城外，悉众出战，阿什达尔汉及贝子硕托率精骑锐进，大破其军。朝鲜别将以五千人屯山麓为声援，复分兵百，循河而南，阿什达尔汉驰击尽歼之。攻破其垒，余众皆溃”。崇德五年（1640）与参政祖可法疏奏时事，得到皇太极的赞赏，“受心膂寄，常随侍左右”[①]。后虽与明军在松山战斗中以保皇太极不力获罪降职，但仍名列世职大臣。死后，由其长子席达理承世职。席达理初任佐领，屡从征战，特别是在攻大凌河城（今辽宁省锦县大凌河镇）、围锦州诸战役中，以少胜多，建立功勋。顺治四年（1647）命为理藩院侍郎，仍管佐领事。后世职晋至一等轻车都尉，并加衔太子少保。

再如谱中所记载的十四世、十五世那清安、全庆父子，他们的勋绩在《清史稿》中有详细记载：

那清安……嘉庆十年进士，授户部主事，迁翰林院侍讲。累迁内阁学士。二十四年，授礼部侍郎，历刑部、工部。道光元年，命赴直隶谳狱，擢左都御史，管光禄寺事，兼都统。寻迁兵部尚书，调刑部。四年，出为热河都统，偕左都御史松筠等赴土默特谳狱，事竣……六年，召授左都御史。逾年，复任热河都

① 赵尔巽等：《清史稿》，中华书局1987年版。

统，召对，询知其母年老，命仍还左都御史任。十一年，复授兵部尚书，典顺天乡试及会试。十四年，以疾乞解职，允之。寻卒，赠太子太保，谥恭勤……先是那清安为监射大臣，曾以庆廉残疾扣除，上追念其持正，予其子全庆加二级。

全庆，字小汀，叶赫纳喇氏，满洲正白旗人，尚书那清安子。道光九年进士，选庶吉士，授编修，累迁侍讲。大考二等，擢侍读学士。历少詹事、詹事、大理寺卿。以误班镌级。二十一年，予头等侍卫，充古城领队大臣，调喀喇沙尔办事大臣，召还，未行，会回疆兴垦……全庆疏陈喀喇沙尔环城荒地，及库尔勒、北山根，可垦田万余亩，命办事大臣常清筹办。至是复偕则徐详勘……自是回疆南路凡垦田六十余万亩。回京，擢内阁学士，兼正红旗汉军副都统。历刑部、吏部、户部、仓场侍郎。咸丰四年，擢工部尚书，兼正红旗汉军都统。七年，调兵部。九年，命赴天津验收漕粮。时英兵犯大沽，僧格林沁击却之。全庆疏陈兵事……疏入，被嘉纳。调吏部尚书。十年，授内大臣，兼翰林院掌院学士。十一年，充总管内务府大臣。同治元年，追论大学士柏群科场之狱原谳未允，全庆坐附和定谳，镌四级，降授大理寺卿。历内阁学士、工部侍郎、左都御史。五年，授礼部尚书，调刑部。十一年，协办大学士，兼翰林院掌院学士。十二年，典顺天乡试。以中式举人徐景春试卷疵谬，镌二级去职。全庆扬历清要，累掌文衡，更阅四朝，虽屡黜，寻即录用。光绪元年，授内阁学士。复历礼部侍郎、左都御史、刑部尚书、协办大学士。五年，乡举重逢，加太子少保。六年，拜体仁阁大学士。七年，致仕，食全俸。八年，卒，晋赠太子太保，祀贤良祠，谥文恪。

上文可见那清安是一位持正勤勉的官员，那清安的儿子全庆历任清朝高官，领导回疆南路垦田六十余万亩，筹划抵御侵犯天津大沽的英兵等，父子二人为清朝政权的巩固和发展做出了贡献。

谱中所记载的额森、瑚沙拉、爱敏台吉（济）等支族人物的勋绩、任官等在《八旗满洲氏族通谱》也有明确记载：

额森，正白旗人，金台石同族，世居叶赫地方，国初来归。其子额尔德，原任护军参领，孙德尔德原任前锋统领兼佐领，曾孙达最、硕赖俱原任佐领，多启纳由七品官从征察哈尔、布尔尼与大卢地方，奋勇破贼有功，授云骑尉，任护军参领，因病告退。其孙黑格袭职，现任冠军使。又额森之元孙达汉原任佐领，四世孙锡尔哈现任佐领。又额森亲兄巴雅尔图之子布当奇理由护军参领围锦州，击败松山、杏山马步兵，过北京，征山东，击败三河县马兵，破流贼，灭福王，平定河南、江南等处，屡败贼兵，叙功，优授骑都尉，卒，其子董吉袭职，任护军参领，缘事革退，其亲弟之子赫色袭职，缘事革退，其子图理现袭职。又额森亲兄巴当阿之孙福达理原任骁骑校，曾孙卓伦原任署正，元孙白格现任狱官……

瑚沙拉，正白旗人，金台石同族，世居叶赫地方，国初来归。其孙黄楚，原任三等护卫，色赫由护军校从征山东，击败贼首吕思渠等兵数万余众，征察哈尔、布尔尼与大卢地方，奋勇破贼有功，授云骑尉。后征云南，击败贼伪将胡国秉等兵二万余众，叙功，授为骑都尉，卒，其子音岱袭职，卒，其子关柱袭现职。又瑚沙拉之曾孙库理原任员外郎，满丕原任步军校，迈图原任骁骑校，元孙扬阿布、奇尔格德俱原任笔帖式，赫达色现任骁骑校……

爱敏台吉（济）正白旗人，金台石同族，世居叶赫地方，国初来归。其子奇努浑原任内阁侍读，孙查库原任户部侍郎，曾孙成文原任编修，果尔敏现任员外郎，元孙清德原任主事，亮揆现任狱官。[①]

---

① 弘昼、鄂尔泰等：《八旗满洲氏族通谱》卷22，辽海出版社2002年影印本。

总之，雅巴兰家族额森、瑚沙拉等支族在清朝的统一与政权的巩固和发展中人才辈出、功勋卓著、政绩堪佳。另外《叶赫呐喇氏宗谱》在世系表中还记载了雅巴兰后人的总体任官情况，见表 6 - 2：

表 6 - 2　　　　雅巴兰后人任官情况一览

官职	品级	数量	官职	品级	数量
都统尚书议政大臣	三等男爵一品	1	宗人府副理事官	五品	1
侍郎太子太保轻车都尉骑都尉	一品	1	辽阳州知州	五品	1
青州将军	一品	1	长史	五品	1
户部左侍郎	一品	1	营器大内 蓝翎长	六品	4
理藩院侍郎	一品	1	骁骑校	六品	6
河道总督	二品	1	知县	七品	1
寿春镇总兵	二品	1	中书	七品	4
护军统领	二品	7	八品官	八品	1
头等侍卫轻车都尉	三品	1	工部主事	九品	1
轻车都尉	三品	6	护军		40
江苏兵备道	三品	1	前锋		10
游击	三品	1	马甲		27
福建参将	三品	1	领催		15
佐领	四品	33	亲军		6
骑都尉	四品	2	牛吏		1
二等侍卫	四品	4	编修		1
掌印给事中	四品	1	内务府笔帖式		1
三等侍卫	五品	7	举人		5
刑部郎中	五品	1	兼治仪正		1
礼部员外郎	五品	1	印务统领		1
盛京兵部员外郎	五品	1	皇戚吏		1

上表资料据中央民族大学馆藏《叶赫呐喇氏宗谱》统计而成。

上表可见，清同治年之前，该氏族有爵位者 4 人，任职二品以上大员 14 人，三品以下各级文武官员 70 余人，他们的子孙分别驻防全国，隶属于满洲正白旗，除了任各级文武官员外，《叶赫呐喇氏宗谱》中还记载了99人，分别在正白旗中为护军、前锋、马甲、领催、亲军、养育兵，另外还有十余人担任文职，如编修、内务府笔帖式、印务统领、皇庶吏等。

综上所述，叶赫那拉氏雅巴兰一支是满族家族中地位显赫、功勋卓著、影响较大的群体代表之一。

二　《叶赫呐喇氏宗谱》的价值

《叶赫呐喇氏宗谱》是一部重要的满族家族文化史料之一，对满族家族史、满族历史人物、满族人口迁徙、满族语言等的研究具有重要的参考价值。

首先，《叶赫呐喇氏宗谱》谱序、谱中世系是满汉文合璧而成，对于研究满语，尤其是满汉名字转译来说，是十分有价值的原始资料，其中所体现的满人姓名的汉化，是满族汉化进程的一个方面，反映出汉文化对满族的影响以及民族文化的进一步融合，因此具有历史学与语言学双重价值。

其次，《叶赫呐喇氏宗谱》对《八旗通志》《八旗满洲氏族通谱》《叶赫纳兰氏八旗族谱》《清史稿》等史料多有补充，如《叶赫纳兰氏八旗族谱》所记叶赫那拉氏雅巴兰一支家族大约440名男丁，共记13世到15世，而《叶赫呐喇氏宗谱》记载叶赫那拉氏雅巴兰一支扩展到17世，552名男丁，从时间上延续到同治年间。再如《叶赫呐喇氏宗谱》对该家族世袭佐领的承袭以及原编佐领和续编佐领情况，做了详细记载，补充了《八旗通志》所载的不足，这对叶赫那拉氏家族史的研究极有价值，更是研究清代八旗制度和世袭制度的可贵资料。

最后，《叶赫呐喇氏宗谱》所记载的该家族的世职承袭、人物、驻防迁徙等情况，是研究满族人口史的重要资料，对东北地方史的研究也有重要的参考价值。

第七章

民间藏叶赫那拉氏族谱研究

第一节 辽宁《叶赫那拉宗族谱》研究

笔者在 2004 年 4 月对叶赫古城遗址的考古调查中有幸得到了由叶赫那拉氏后人、现为辽宁本溪退休干部那世垣先生（现居沈阳市）撰修的《叶赫那拉宗族谱》，并与那先生就《宗谱》（下文仅注为《宗谱》）有关问题进行了探讨，2014 年，那世垣先生重修此谱。下面仅就笔者所研究的两个《宗谱》的内容、价值等方面做一评述。

一 《宗谱》主要内容

（一）修谱缘由与经过

与许多满族族谱的修撰一样，其修撰均有"追本溯源，光宗耀祖，以谕后人；正人伦，明孝悌"的目的，《宗谱》也不例外，亦是为了让叶赫后人了解其祖先的业绩，在谱中弘扬正气、孝悌人伦，以教育警示后人。正如那先生在族谱中所写的那样："国有史，县有志，家有谱，无先祖则无子孙，无族谱则无从追溯先祖……盖谓我叶赫那拉氏，著于上京，封国叶赫，望载图史，代产英隽……今天重修《叶赫那拉宗族谱》是对先祖的缅怀，是让后人知道，叶赫那拉氏在历史上也曾有过光辉灿烂的一页。"与以往不同的是，《宗谱》言明修谱目的"绝无家族特权之意，更无封建意识之嫌，只是承先以启后，继往开来而已亦"。

《宗谱》的修撰也经历了一段系统扎实的基础性工作，那世垣先生历经五个寒暑，自费沿着叶赫先祖五百年前走过的足迹，从松花江畔的依兰到吉林省的叶赫古城追踪考察，又在长春、沈阳、北京等地的图书馆查阅了大量古籍资料，其中包括《抚安东夷记》《万历武功录》《东夷考略》《殊域周咨录》《辽广实录》《建州私志》《剿奴议撮》《燃藜室记述》（朝鲜）、《满州实录》《圣武记》《东华录》《清史稿》等。并在同族人那震（世范）《续那氏族谱》（撰修人为那寿山之子）与那世毅等人的帮助下于2001年秋修撰而成，时隔十三年的2014年，74岁的那世垣先生又重修此谱，填补了大量的有关资料。

（二）《宗谱》的主要特点及内容

1. 2001年《宗谱》对其他支系多有添补

2001年《宗谱》虽参考选用了许多叶赫史料及谱书中的内容，如康熙年间刑部尚书徐乾学撰写的《叶赫国贝勒家乘》，雍正五年鄂尔泰撰写的《八旗通志》，雍正乾隆年间弘昼、鄂尔泰等人撰写的《八旗满洲氏族通谱》以及道光三年额腾额撰写的《叶赫那兰氏八旗族谱》。但主要内容是依据1943年那寿山撰写的《那氏族谱》及1996年那寿山之子那震的《续那氏族谱》为蓝本撰修而成，即奇玛瑚九子羊山一支，亦是作者所在支系。但作者并未局限于此，对整个叶赫那拉氏族谱系亦有涉及，对各支系谱作了衔接和补增，并注以旗属和官位，囊括了自明永乐初年（1406）至明万历四十七年（1619）叶赫那拉氏古族谱的大部分内容，对于作者本支系则续写至今天，比那寿山谱增加了300多人，并保留了《那氏族谱》中的叙言、序言、世系、羊公墓表、那氏老坟茔图及相关的文字部分，《宗谱》中还将"吾云"一支系收入。

2. 2001 年、2014 年《宗谱》中陆续加入了有关叶赫家族史的考述

《宗谱》并不局限于谱系支派的记载，还特别注重对叶赫那拉氏家族史的研究。2001 年《宗谱》中加入了有关叶赫家族史的考述，如其中的"叶赫那拉史考略""清室叶赫那拉皇后妃表""清代叶赫那拉官位榜（部分）""清代叶赫那拉有顶戴列祖讳""在其他那拉氏里的叶赫那拉人""叶赫那拉氏终结了大清王朝""那氏姓氏考""满族""孟固""纳兰性德"等内容，全面地梳理了叶赫先祖在清代为官的情况，评述介绍了纳兰性德的代表作品及文学成就，但有些内容尚待进一步探讨，如"叶赫那拉氏终结了大清王朝"等问题。2014 年《宗谱》中加入了有关始祖星根达尔汉来自北元遗族的考述，还把本支族那寿山《那氏族谱》、那世范《续那氏族谱》、额腾额《叶赫那兰氏八旗族谱》附此谱之后作为参照。

3. 2014 年《宗谱》强化了伦理道德教育

2014 年《宗谱》中还加入了叶赫家族的祭祀及有关家规，保留了原谱中"托力"的神话传说及一些族人的奇闻轶事，还据现代的伦理道德规范编写了本族族训，亦很可贵。另外，《宗谱》前面还加入了很多有关叶赫史事的照片及图片，如叶赫古城遗址照片、"托力"的图片，与以往的族谱是不一样的。

二　《宗谱》价值述要

（一）《宗谱》对本宗族源流的考证填补了《那氏族谱》的空白，使这一支系在谱中的记载延续至今

第一，1943 年那寿山撰写的《那氏族谱》及 1996 年那寿山之子那震的《续那氏族谱》有很多局限，正如他在《宗谱》序中说的"由于当时山村闭塞，信息不灵，交通不便，加之文化落后……虽不完备，却也是我《那氏族谱》的开端……"《宗谱》的修撰便克服了上述种种局限，有大量一手资料，经过考证与实地调查，订正了不少

讹误之处，对其他支系谱也作了一些衔接和增补，并创造性地注以旗属和官位。值得一提的是，在《宗谱》中将原《那氏族谱》中遗失的一支，现住辽宁凤城市兰旗镇新发村那家沟（俗称西那家沟）的那姓，系叶赫那拉氏十二世祖"吾云"一支系收入，补充了原族谱中的缺陷。尤其是对本宗族源流的考证至为详尽，他认为："叶赫部被建州吞灭后，那拉氏族人被分散到满洲各旗属下。爱敏台吉及其长子齐纳尔图，三子齐努浑被拨到满洲正白旗。其次子奇玛瑚（《叶赫那拉宗族谱》八世祖）拨到满洲正蓝旗，在吉林乌拉地方驻防。公元1644年，奇玛瑚部分子孙从龙入关。奇玛瑚第九子羊山（那世垣先生本支祖），在公元1644年拨到凤凰城满洲正蓝旗，在泰响佐领属下当差。顺治四年（1647）题准垦荒兴屯之令。圈荒地给满洲为庄屯，选盛京旗丁携眷属住，官方出资，驻防旗兵、立田庄于所在地，授荒地为永业。羊山全家的地给在石柱子，石柱子即为羊山之庄屯。康熙初年，从满洲八旗子弟中招募一批青年进京当侍卫。羊山长子彦图力进京任上驷院侍卫，次子那郎阿在泰响佐下任骁骑校（正六品）。同年，为巩固龙兴之地，戍边屯垦，将京城多余的八旗人员撤回东北。此时，彦图力携子黑色及眷属回石柱子与家人团聚。黑色同叔那郎阿南迁六十里，于老虎洞西五里曲柳木房驻防屯垦，那郎阿此时迁任正蓝旗防御（正五品）。后来人们逐将曲柳木房改称蓝旗堡（满人将居民点称堡，汉人则称屯），即今日之蓝旗镇。自十世那郎阿迁徙到蓝旗镇，至今已有三百多年，族人多以农耕为主，虽无大显大贵，人才也是绵延不绝。"就整体而言，这些考述较为系统而又简明地介绍了这段历史，使后人都能很快从这些记述中了解这段尘封已久的家族历史。对于这些成绩，那世毅先生在《宗谱》序中这样赞道："该族谱囊括了整个叶赫那拉氏族发展演变的历史和庞大的世系谱表，为后人寻根追源提供了极其方便的条件……"

第二，印证了始祖奇玛瑚与其支系的源流关系，考证了齐达木、齐玛库、奇玛瑚为同一人，破译了《那氏族谱》悬而未解的疑难问题，将《那氏族谱》与《叶赫那兰氏八旗族谱》作了较好的衔接。那世毅先生在《宗谱》序言中认为："谱表（《那氏族谱》）记载仅限于二世祖羊山一支，而始祖奇玛瑚，据传声威显赫，在史书上又无处可考，为此，族史考究者常为原书微瑕而叹惋……"那世垣先生自1997年始查阅了大量的馆藏古籍资料，经过辨析与探讨，厘清了始祖奇玛瑚其人其事，认为《八旗满洲氏族通谱》把奇玛瑚记载于乌拉那拉氏是错误的。因满语译成汉语时只取其音，不取其意，齐玛库即奇玛瑚，故《八旗满洲氏族通谱》里记载的齐玛库就是《那氏族谱》里记载的奇玛瑚。① 这一发现使《那氏族谱》的许多问题迎刃而解，也是叶赫家族史研究中的一个重要发现。那世范先生在《宗谱》序中特意申明了这一成绩："这次撰修族谱，还把叶赫那拉的历史做了考证，破译了原族谱中悬而未解的疑难……为后人认宗追源提供了可靠的依据。"

（二）《宗谱》首开叶赫那拉族谱中谱史结合之例，使谱书更具史料价值与可读性

那世垣先生从大量的馆藏古籍资料中节取了有关的叶赫史事，并"史志结合，以史为主"，加以缩写，尤为可贵的是在写史中注意引用权威的史料，强化了其科学性。如在"叶赫那拉史考略"中引用了《金史》《清太祖武皇帝实录》《满州源流考》，金毓绂《东北通史》、徐乾学《叶赫国贝勒家乘》等近十部信史，"将五百年前叶赫家族兴衰史呈现在你眼前"，丰富了谱书内容，保存了有关本族的史料，正如作者说的那样："与以往单纯世系模式有所不同，在保持历

---

① 那世垣先生在谱中这样写道：在查阅历史资料中，没有发现有"奇玛瑚"这个名字，只有齐玛库的记载。因为在满语翻译成汉语时，只取其音，不取其意，这样在人名中就出现音同字不同或近似音字。为了证明奇玛瑚与齐玛库为同一人，笔者做了大量的考证、破译，最终发现，这两个名字的后代子孙都是一样的，这些后代子孙，也足以证明奇玛瑚与齐玛库这两个名字为同一个人。因为人们已习惯"奇玛瑚"这个名字，在《叶赫那拉宗族谱》中，未予改动。

史原貌的同时，力求内容更加丰富，使之成为一部具有传统性和可读性的史书。"虽然在一定程度上该书未能达到这一水平，但这种谱史结合的尝试却是极有推广意义的。

作者梳理了女真族的有关姓氏来源，从海西女真入手，进而到清代叶赫族人，最后到本支系那姓（即从道光年间第十六代"文"字辈改为那姓）。虽然有些说法尚待商榷，如"叶赫""那拉"是否是蒙古语等。值得一提的是，2014 年《宗谱》提出："始祖星根达尔汉来自北元东部阿岱汗和阿鲁台留在嫩江一族中的土默特人，为避难投靠到女真塔鲁木卫纳喇氏家族中，改姓纳喇，招为赘婿。"① 这种溯源，的确是叶赫家族史研究的一个重要尝试，具有一定的史料价值。

（三）《宗谱》中的家族祭祀内容及宗教神话传说，对研究满族宗教文化有较大帮助

《宗谱》记载了有关叶赫家族的祭祀内容，与其他满族家族的祭祀有很多不同之处，如"凡祭祀之全礼皆是五日"，先一日筹备，首日榆树祭；次日锁头妈妈、佛爷、祖宗、背灯祭，第三日，梭龙杆子祭，最后是孤柳树祭。为了祭祀的规范，《宗谱》还配有相关祭品、用具的图示，十分丰富、形象。这种祭祀方式根植于满族的渔猎生活，带有鲜明的野祭特色，同时把野祭的程序融入宗族祭祀程序之中，这在满族家祭中是非常有特色的。另外，《宗谱》中还记载了叶赫家族"托力"② 的宗教神话传说，这在以往的叶赫传说中并未见到。作为家族宗教祭祀的神灵之器，"托力"承载着叶赫后人对美好

① 那世垣先生认为："公元 1434 年，北元东部阿贷汗与太师阿鲁台在姆纳山（今内蒙古阿拉善盟）被瓦喇部杀害，留在东北嫩江驻地的老弱病残妇女儿童就成了遗族，为了躲避瓦喇部的杀戮，他们到女真部纳喇氏家族中改姓纳喇，融入纳喇氏家族之中。改姓氏是为了挽救这些遗族的生命。明洪武元年二月，朱元璋下旨令，凡滞留在中原的蒙古人'禁胡服、胡语、胡姓'，尤其是禁胡姓引起了蒙古人强烈的不满。可见蒙古人对姓氏看得多么重要。土默特氏改姓纳喇氏不是因为纳喇姓高贵，更不是攀高枝。"

② 满族打击乐器、法器所用的铜镜。满语称"托力"，满族萨满在跳神时往往在神帽上或在身上配有大小不等、数量不一的"托力"。

生活的希望及对国家的祝福。上述记载真实再现了满族宗教文化生活，这对研究满族宗教文化有一定帮助。

（四）《宗谱》中内容，对研究满族道德生活史有较大帮助

《宗谱》据现代的伦理道德规范编写了本族族训：

> 叶赫那拉，源远流长。白山黑水，是其故乡。渔猎为生，勤劳善良。满洲归一，驰骋疆场。
>
> 统一祖国，功勋辉煌。先贤创业，后辈发扬。少当树立，远大理想。胸怀祖国，志在四方。
>
> 科技时代，读书为尚。业精于勤，学毁于荒。锐意进取，宁折不枉。建功立业，为国争光。
>
> 立身之本，修德为纲。德才兼备，展翅高翔。遵纪守法，身家安康。夫妇相处，贵互礼让。
>
> 一人为主，大事共商。赡养父母，理所应当。父慈子孝，天伦和详。家庭和睦，百业兴旺。
>
> 培育子女，勤谨莫忘。宗族嗣续，中华希望。因材施教，助其成长。溺爱生娇，弛则放荡。
>
> 关爱严饬，方成栋梁。择邻交友，察考端详。误交匪类，家破人亡。发财致富，人人向往。
>
> 财不惧多，富不厌广。进财合道，他人赞赏。取之不义，群诽众谤。乐善好施，千古流芳。
>
> 美色悦人，情理之常。正常交游，共勉互帮。越轨行事，必酿祸殃。善有善报，恶有恶戕。
>
> 遇事远虑，无忧无伤。那拉子孙，铭记心上，倘能如教，锦程无量。

《宗谱》表彰了孝义代表：

查我族内之先人不知者不记外，今将所知见的男女亦有孝顺可取得特略记之，以备后世学法改善稍补不足云尔。男子纯孝：那殿明待母至孝，劳而无怨，喜形如色，舍己从人，志向坚固，和睦邻里，天性诚实，长幼有序，中正不移，幼未读书不通文字，此我族中不可多得之人耳。女子贤德：景春之妻包氏天性贤淑，四德俱全，治家有道，内外不紊，助夫成德，长幼可亲，夫妇相敬，家务更新，教导儿女，不出恶音，族中妇道莫与此伦。

《宗谱》在行辈名字中嵌入了道德规范等内容：

今将本族世代取字列下以备排行：
文殿庆世守　贵国德泽长
春明安万载　彦志运永康

上述族训、孝义代表等内容彰显了这一家族优秀的道德规范，包括忠孝节义、勤劳善良、建功立业、为国争光、德才兼备、遵纪守法等伦理道德内容，体现了爱国情怀，为研究满族道德生活史提供了有力的素材。

第二节　辽宁《那氏谱书续集》述评

《那氏谱书续集》是笔者得自辽宁省瓦房店退休干部那宝范先生处，修谱完成时间为2013年8月，此谱修撰源于那锡恩《那氏谱书重订本》（清光绪三十三年）、那文章《那氏谱书续修本》（1957）、那宝琛《那氏谱书》（2002）及黑龙江双城《双城古谱》。《那氏谱书续集》主要由"古谱书序""序""远祖略考""先祖史略""庄河那氏族人""双城古谱和现代族人""风范人生（家族群芳录）""文化族人""高寿""那氏谱书版本和作者""行辈命名用字""祖茔和墓碑""那氏祖茔遗产录""世系表"等部分构成。此谱那氏族人在辽宁南部地区主要分布在瓦房店、庄河、大古井、虎头山、洪家沟、复州城、伊屯、季屯、潘大、大河沿、碾信沟、三台、杨家、吕屯、老虎屯、雅化、磊子山、大四川等地，在黑龙江地区主要分布在双城。所载世系总人数达到4839人。整部谱书反映了东北叶赫那拉氏家族之一"从龙入关"后，再因调防或其他原因回到东北的历史迁徙过程，对东北满族史的研究有重要的参考价值。

一 修谱宗旨

《那氏谱书续集》开篇即明确谱书宗旨："怀祖德，晓支脉，互促进，增凝聚。承前启后，继往开来。百善孝为先。尊敬长辈，孝道父母，那氏族人世代相传。"这实则就是中国传统文化中的"追本溯源，光宗耀祖，正人伦，明孝悌"等思想。

那氏十世族人那文山的《古谱书序》详尽地体现了"怀祖德、晓支脉、承先泽、启后昆"之意："盖以一族之人，聚散无常，世久年深，将必蔓延各地。使无谱书以为之据，一旦相逢，何以相识？虽系周亲，竟如吴越。尚安望其协衷共济，以谋生存耶？……本族之人，于披书、阅表、览图、诵言之余，绳其祖武之思，贻厥孙谋之志，油然而兴，相离无不相合，相会更能和睦，道德知识，相关而相善；生计财产，相经而相营，情谊既洽，种族自繁。庶几乎水源木本，永承先泽；春露秋霜，长启后昆……虽至代远年湮，竞争剧烈之世界，欲占优胜地位，当不难作此予订立谱书之本本心也。"其中的"相离无不相合，相会更能和睦，道德知识，相关而相善；生计财产，相经而相营"等修谱目的在历来所见那氏谱书中是高人一筹的。

《那氏谱书续集》还有新的认识，如谱书的编后语中写道："我们感悟到文化是族人的灵魂。人才的基础是文化、智慧和情操。期待这些内容能给族人以良好的影响和新的启迪。"这实际上是怀祖德、启后昆的现代阐释，反映了当代那氏族人所代表的满族人民的爱国敬宗的文化情怀。

二　族源与迁徙

《那氏谱书续集》认为：他们这一支的始祖为叶赫那拉氏的始祖星根达尔汉，"从龙入关"后，自其十世祖调防古复州以来逐渐形成该家族。叶赫那拉氏远祖始于明初，海西女真扈伦四部中的叶赫部始祖星根达尔汉，就是其本支族先祖图哈连之上的始祖。

笔者认同这个观点，因为从叶赫那拉氏远祖星根达尔汉到"图哈连"，跨越了很长时间，辽宁复州那氏历代族谱记载的先祖为图哈连，属正蓝旗。而对于图哈连之上的远祖的信息不甚明了，清道光三年叶赫那拉氏第十四代额腾额编撰的《叶赫那兰氏八旗族谱》是所有叶赫那拉氏族谱中比较权威的，此谱中哲赫纳一支的后人有"图哈连"这一名字，"图哈连"同辈的三个支系均是空白，而且《叶赫那兰氏八旗族谱》所载截至道光年间，"图哈连"时代应早于道光年间，可见这三支族人一定是由于某种原因而失于记载。另外，大量的谱牒资料显示现居辽南的那姓满族人多数为叶赫那拉氏的后人，至少是明代扈伦四部的人，有些家族还是属正蓝旗，如现居辽宁凤城蓝旗堡的那氏家族，所以把此"图哈连"认定是《那氏谱书》的先祖图哈连是符合逻辑的，至于图哈连之后失于记载，正像《那氏谱书续集》的撰修者推测的那样："只不过从其四世祖哲赫纳起，这一支叶赫那拉氏就逐渐远离叶赫权力中心，不属叶赫贵族直系，只是叶赫那拉氏大家族中普通一员而已，到图哈连时因迁徙与始祖支脉断了联系。"《那氏谱书续集》认为此次迁徙地点是长白山五道沟，其中迁徙地点"长白山五道沟"的说法还有待证实，但这恰恰反映了满族人的"长白山情结"，因为清代以来，满族人视祖辈发祥之地长白山为圣山，每当问起其祖居地，很多人都会说"居于长白山几几道沟"，但不一定就住在那里。所以据上述资料可以清楚地梳理这一家族的族源居

地，即《那氏谱书续集》族源世系为：星根达尔汉→席尔克明噶图
→齐尔哈尼→哲赫纳→巴萨克→萨拜→壮阿岱→图哈练（连）。此支
叶赫那拉氏，原居"叶赫利河涯"，其地在开原之东北，大约清初从
龙入关，居北京草帽胡同，接护军，领侍卫，服役于圆明园，康熙二
十六年其先祖温大力率领一部分人奉调回东北，辗转至复州、庄河、
双城等地，护边屯垦，繁衍发展，一直至今天。

《那氏谱书续集》体现了三次家族主体迁徙，若干次分支迁徙。
其中三次主体迁徙，一是在明末清初分布吉林叶赫地区，后迁徙归入
建州女真，即清史中所讲的"国初来归"，具体应是《叶赫那兰氏八
旗族谱》中所记载的先祖图哈连时期；二是在 1644 年从龙入关，作
为圆明园护军居于京师草帽胡同；三是康熙二十六年（1687）奉命
到辽宁复州城驻防。

若干次分支迁徙是在康熙二十六年（1687）其先祖温大力率领一
部分人奉命调防至辽宁复州城，到了道光年间，族人老各等几位八世
祖后代因为生计等原因北迁至黑龙江双城，分布在今天双城地区五家
镇、幸福乡、希勤乡及双城市内。其他在复州城的族人以复州城为中
心分布，其中一支族人向东迁至庄河，分布在今天庄河桂云花乡、蓉
花山镇、光明山镇等地，详细情况见表 7 - 1：

表 7 - 1　　　　　　　　《那氏谱书续集》家族迁徙情况

迁移时间	迁移支族	迁出地点	迁入地点	现代分布
明末清初	图哈连	吉林叶赫地区	长白山五道沟	吉林临江地区
1644 年	图哈连	长白山五道沟	北京草帽胡同	北京西草市东街
康熙二十六年	温大力	北京草帽胡同	辽宁复州城	辽宁瓦房店、大古井、虎头山、洪家沟、复州城、伊屯、季屯、潘大、大河沿、碾信沟、三台、杨家、吕屯、老虎屯、雅化、磊子山、大四川等地

迁移时间	迁移支族	迁出地点	迁入地点	现代分布
康熙年间	黄保住	辽宁复州城	庄河那家堡子	辽宁庄河桂云花乡、蓉花山镇、光明山镇
嘉道年间	来祥、吉奎、吉元、吉宁	大古井屯	虎头山屯	辽宁虎头山屯
道光年间	老各	辽宁复州城	黑龙江双城	双城地区五家镇、幸福乡、希勤乡及双城市内
道光年间	素尔通阿	辽宁复州城	洪家沟	辽宁洪家沟

三 谱书特点

《那氏谱书续集》继那锡恩《那氏谱书重订本》（清光绪三十三年）、那文章《那氏谱书续修本》（1957）、那宝琛《那氏谱书》（2002）及黑龙江双城《双城古谱》之后，注意与时俱进，时代气息较浓，归结起来有以下特点：

（一）在世系内容上比历代《那氏谱书》有很大的扩充

首先，《那氏谱书续集》对叶赫那拉氏起源及远祖进行了探讨，查阅了明清时期大量历史资料，特别是《满洲八旗氏族通谱》《满洲通志》《明实录》以及今人薛柏成著《叶赫那拉氏家族史研究》等文献资料，发现了先祖图哈连以上七代远祖329人，整理出始祖星根达尔汉到先祖图哈连八代先人的世系表，使这一支的世系历史扩展了近600年。其次，扩增了辽宁庄河那氏族人1397位宗亲，与同祖同宗的庄河那氏族人恢复了联系。最后，根据黑龙江省双城《双城古谱》找到了黑龙江省双城502位那氏宗亲。这样，《那氏谱书续集》新增远祖329人，新增庄河宗亲1397人，双城宗亲502人，总人数达到4839人，比《那氏谱书》增加了2777人，为历代《那氏谱书》之最。

（二）在编撰形式上更为多样

《那氏谱书续集》采用现代印刷技术（铜版纸彩印，精装订），编有 130 余幅彩色家族人物照片、彩色建筑图片，还绘有多幅族人分布彩色地图。同时《那氏谱书续集》把家族史分为远祖略考、先祖史略，并增加了"风范人生（家族群芳录）""文化族人"等内容，使谱书记载更为精准、翔实，写史更为直观、丰富，对后代教育意义更大，同时现代印刷技术使谱书更加美观，且更易于保存。

（三）在世系表中增加了相当部分女性人物

《那氏谱书续集》在世系表中增加了相当部分女性人物，其中的"世系表""领导小组""倡导筹备组""联络编辑组人员""奉献者名单""续谱人"记载了大量的女性成员，而且配有照片说明，充分体现了那氏族人男女平等的现代观念。

四 人物事迹

《那氏谱书续集》显示其远祖为星根达尔汉，来自蒙古氏族，本姓土默特。明初星根达尔汉入赘原居住在扈伦地区（松花江流域）的纳喇氏，改姓纳喇，使用女真语，逐渐融入当地女真人中，以后被推为部落首领。星根达尔汉被明朝任命为塔鲁木卫指挥金事，即军事指挥官，历代世袭。明宣德二年（1427），星根达尔汉率众南迁到开原东北，叶赫河流域（今吉林省四平市铁东区叶赫镇），称为叶赫部。星根达尔汉四世孙哲赫纳起，这一支叶赫那拉氏就逐渐远离叶赫权力中心，到第八代孙图哈连时迁出了叶赫地区，追随清帝入关，南征北战，由于资料缺乏，其具体人物事迹多数不可考。康熙二十六年其先祖温大力率领一部分人奉调回东北，辗转至复州、庄河、双城等地，有记载的是（复州正蓝旗庆恩佐领下）庆生为敕授武略郎、扎郎阿为领催、那恩泉为复州笔帖式，他们与所有这一支那氏族人世世代代在辽南地区护边屯垦，繁衍发展，一直至今天。

《那氏谱书续集》在"文化族人"部分用大量的篇幅汇集了 250 多位现当代文化族人的简历与简介，旨在鼓励族人文化水平的提升。在"高寿"部分介绍了 20 多位族中高寿者，并总结道"这些长寿者的共同特点是子女孝顺，有个和谐的家庭；心地善良，有个乐观的心情；饮食起居，有个正常的生活规律"，旨在教育族人要注重道德品质的养成。另外，《那氏谱书续集》还特别在"风范人生"部分重点介绍了 19 位为社会或家族做出突出贡献的风范人物，每个人物不仅有介绍还配以彩色照片，见表 7 - 2：

表 7 - 2　　　　《那氏谱书续集》"风范人生"部分人物情况

姓名	性别	世系	职业	社会或家族贡献
那文桂	男	11 代	医生	精医术、懂经营、重教育，医德医术远近闻名，是当地发展多种经营的先驱
那运良	男	11 代	运动员	多次在全国运动会获奖，富有民族气节，主持正义
那宝琛	男	12 代	干部	支持并参加了地方史志的编写，为《那氏谱书》的编撰者
那宝琏	男	12 代	军人	1947 年参军，曾参加过辽沈战役，50 年代被评为全国英模，80 年代享受副师级待遇
那宝玥	男	12 代	矿工	由于为中国有色金属矿山凿岩技术的发展做出了突出贡献，多次被国家评为先进工作者、全国劳动模范，50 年代受到党和国家领导人的接见，是那氏族人的一面旗帜
那宝钧	男	12 代	军人	黄埔军校毕业
那宝鼎	男	12 代	干部	曾任辽宁宽甸农业局局长，被评为辽宁省劳动模范
那宝吉	男	12 代	工程师	1981 年被评为海军院校实验室先进工作者，1985 年研制 691 指挥仪，其自导鱼雷射击诸元解算方案等项目荣获国家科学进步三等奖
那权增	男	12 代	干部	大连文化达人，为《那氏谱书续集》的编撰做出了巨大贡献
那成贵	男	13 代	干部	曾参加抗美援朝立功，为《那氏谱书》的编撰做出了巨大贡献

姓名	性别	世系	职业	社会或家族贡献
那　涛	男	13 代	艺术家	国家一级作曲家、著名辽剧作曲家,所创作的 30 多部音乐作品在全国及省市评比中多次获大奖,为我国地方戏剧的继承创新做出了巨大贡献
孙敏玲	女	13 代	教师	(那成录之妻)多次被省市评为教书育人、为人师表标兵,1989 年被国家评为全国优秀教师
那振海	男	13 代	企业家	多次被评为省市先进工作者、劳动模范,获大连市五一劳动奖章,为《那氏谱书续集》的编撰做出了巨大贡献
那成泰	男	13 代	干部	大连市劳动模范,为《那氏谱书续集》的编撰做出了巨大贡献
那成蛟	男	13 代	教师	多次被评为省市先进工作者、劳动模范,其主持的教学科研课题获国家二等奖,被评为全国德育科研先进工作者
那晓天	男	13 代	干部	被评为省劳动模范、外商投资十佳优秀企业家,2004 年被选为第四届新世纪中国改革百名优秀人物,被国家人事部录入全国企业人才库
那铁山	男	13 代	干部	多次被评为省市先进工作者,为《那氏谱书续集》的编撰做出了巨大贡献
那成豪	男	13 代	干部	为《那氏谱书续集》的编撰做出了巨大贡献
那宁馨	女	14 代	教师	发表多篇有价值的科研论文,2002 年当选为国家花卉咨询专家,为《那氏谱书续集》的编撰做出了巨大贡献

　　从上表可见《那氏谱书续集》重点推介的风范人物记载时间范围从 20 世纪 40 年代到今天,职业涉及各行各业,但他们均为社会或家族做出突出贡献。他们分别是国家与地方各行各业的优秀人物,或是名扬乡里的仁人志士,或是在祖国的革命与建设中立下功勋的军人,

或是国家、省市的劳模与先进工作者。对此《那氏谱书续集》深情地写道："《续集》写了古人，写他们在那个时代为那氏家族所能作的努力。《续集》也写了今人，写他们为追随前人，为当代社会所能作的奉献…… 他们是那氏族人的楷模，也是社会的楷模。"这种大规模在族谱中弘扬正气，褒奖爱国奉献，倡导个人道德修养的行为，无疑为当代续谱修谱活动注入了极大的正能量，它不仅是那氏族人引以为豪的榜样，还是教育后人最好的德育教材，更是中华民族大家庭中的和谐之音。

五　谱书价值

《那氏谱书续集》显示了辽宁南部地区叶赫那拉氏后人的现状，其中所体现的社会史、民族迁徙等问题，对满族家族史、满族人口迁徙等的研究具有重要的参考价值。

第一，按照《那氏谱书续集》的观点，其中最有价值的发现是始祖为星根达尔汉，从而使叶赫那拉氏这一支族人的历史连续起来达600 年之久，展现了叶赫那拉氏家族一般成员的历史生活画面，丰富了叶赫那拉氏家族史的研究内容。

第二，《那氏谱书续集》中体现的三次家族主体迁徙，若干次分支迁徙对研究满族的人口迁徙问题有重要的参考价值。东北叶赫那拉氏族在明清时期大多分布吉林一省，后在东北流动，直至"从龙入关"，而部分人再因调防或其他原因回到东北，这从一个侧面反映了清政府重视其发祥地东北地区的防卫。通过《那氏谱书续集》所记载的资料，可以了解叶赫那拉氏家族随清朝贵族入主中原前后的流向，在全国的分布等情况，对研究与清代边疆驻防有关及满族人口的迁徙的课题很有价值。

第三，《那氏谱书续集》中的人物事迹显示了这一支那氏族人从古至今的社会生活，其中显示的正能量对民族道德生活的建构有较大的积极意义。

总之，《那氏谱书续集》是东北叶赫那拉氏族谱中很有代表性的民间历史文化遗产，有着重要的价值，随着东北三省满族家族修谱之风的盛行，它必将对东北地方经济文化建设提供有益的借鉴。

第三节　吉林满汉合璧《叶赫那拉氏谱单》及神本研究

一　《叶赫那拉氏谱单》研究

（一）《叶赫那拉氏谱单》（以下称《那氏谱单》）及神本的主要内容

现今由吉林市退伍干部那雅夫先生持有的《那氏谱单》及神本是由两张牛皮纸谱单及几段神辞组成，其中新一点的牛皮纸谱单记录了八代人名，都附记官职。旧牛皮纸谱单与上一件谱单重复，但仅记录了第一代至第六代，且没有记载官职。且第五代与第六代所记人名不全。个别名字的拼写也略有不同，推断此件应为最早的蓝本。是由第四代人卧和讷在乾隆三十七年二月由开始修撰，经道光十年四月十九日绘谱、咸丰元年四月二十一日续谱、光绪二年七月十八日续谱几个时段而成。与许多满族族谱的修撰一样，其修撰均有"追本溯源，光宗耀祖，正人伦，明孝悌"等目的。正如《那氏谱单》所写的那样："自古以来本没有家谱，敬谨详查始祖，依次序列各辈名字。谨思，家谱之传续至关重要，子孙日繁，唯恐疏漏，故世代续谱。自此以后，详查名字加于谱上，毋须违背。"

《那氏谱单》及神本有以下主要特点：第一，《那氏谱单》及神本均为满文，时代较为久远。第二，《那氏谱单》所记人名多附有官职与身份。第三，《那氏谱单》所记始祖虽也姓叶赫那拉氏，但非星根达尔汗一支。第四，《那氏谱单》所附神辞描绘的是那拉氏野神祭的情况。

（二）《那氏谱单》及神本价值述要

1. 满文《那氏谱单》及神本远比汉文谱价值要高

现存满文本《叶赫那拉氏族谱》寥寥无几，《那氏谱单》及神本均为满文，时代较为久远。据谱单记载，《那氏谱单》的修撰也经历了一段较长时间的积累，是由第四代人卧和讷在乾隆三十七年二月开始修撰，经道光十年四月十九日绘谱、咸丰元年四月二十一日续谱、光绪二年七月十八日续谱几个时段而成。在这么长的时段里，如果用汉文续谱，肯定会因为时代久远，出现传抄的错误、音译的讹变而失去原貌，《那氏谱单》及神本忠实地再现了乾隆至光绪年间这一支叶赫那拉氏的情况，远比汉文谱的价值要高。

2. 《那氏谱单》对研究叶赫那拉氏的组成及族源问题有较大帮助

史料记载，叶赫部始祖为星根达尔汗，星根达尔汉家族凭优越的地理环境和自然条件，逐渐发展强大，一举消灭居住在呼伦河流域的女真纳姓部落，移居其地，改姓那拉。后来族众繁衍，人多势盛，逐渐南迁，移居叶赫河流域（今吉林省梨树县境），称为叶赫部。星根达尔汉家族便被称为叶赫那拉氏。而《那氏谱单》所记始祖"最早从白山木排沟来，落户叶赫山地方。哈思虎贝勒（意译为：左贝勒）叶赫那拉氏，陈满洲，正蓝旗，五牛录人"。"最早从白山木排沟来"是说这支先世的原始居住地是爱新觉罗家族的发源之地长白山，后经举族迁移落户叶赫地方，并由于某种原因改姓那拉，称叶赫那拉氏，在这之前并不是叶赫那拉氏。"新满洲"原是散布于黑龙江、松花江沿岸诸部落的人，清朝建立前后被陆续收编入旗。康熙十七年（1678），曾将新满洲副都统衔布克头、扎努喀三十一佐领管下人丁，连眷属共一万余口，俱发往盛京，各随牛录管理当差，为盛京新满洲的主要组成部分。而陈满洲，则大多是康熙二十六年（1687）前后为充实根本，从北京调遣回东北的八旗官兵。"正蓝旗，五牛录人"是说其归属的满洲社会和军事系统。努尔哈赤在万历四十三年（1615）建立八旗（八固山）制度，以300丁为一牛录，五牛录为一甲喇，五甲喇为一固山，即一旗，实际上，八旗人数时有增减。牛录（满语，意即大箭）最初是每10丁为一牛录，首领称牛录额真，额真是满语，汉语称佐领。无论出战还是打猎，则都以牛录为单位，这就为满洲社会和军事系统初步奠定了基础。万历二十九年（1601）努尔哈赤鉴于各部族人数多寡不一，人员素质也不同，因此对牛录制度进行了第一次整编。他将每牛录扩充到300人，因此佐领下又设两个副手，满语称"代子"。同时每牛录分为四个达旦，每达旦由一个章京（满语，意即书记官）和一个拨什库（满语，意即领催）管理，这时，满洲军队的编制就基本成形了。

这样我们就可以把这一支叶赫那拉氏的族源弄清楚了：他们的祖先来于满族的发源地之一长白山木排沟，举族迁移落户叶赫山地方，改姓叶赫那拉氏，1619年叶赫灭亡后投降了努尔哈赤，与叶赫部的臣民一起被迫跟随努尔哈赤的军队迁徙到建州，入籍编旗，旗属正蓝第五牛录，并辗转到了北京，大约在康熙年间又从北京调遣回东北吉林口前以"充实根本"，一直到今天。这就纠正了叶赫那拉氏均为星根达尔汗一支的错误认识，说明叶赫那拉氏的组成及族源是多元的。

3.《那氏谱单》对研究叶赫家族普通成员在乾嘉以后的活动有一定帮助

《那氏谱单》所记人名多附有官职与身份，有领催1人与披甲、闲散之身份68人。旗丁中按照身份地位，分为阿哈、披甲人和旗丁三种。阿哈即奴隶，多是汉人、朝鲜人；披甲人是降人，民族不一，地位高于阿哈；旗丁是女真人。星根达尔汗后裔金台石一支由于和努尔哈赤、皇太极的特殊关系，是贵族，掌管了众多的佐领军兵，又和满洲以至蒙古的不少佐领有着历史渊源关系，无论从血缘还是从地缘来讲，都是清王朝统治下满族的重要组成部分，多属于统治阶级，一直在清王朝中占据着重要地位，如明珠、纳兰性德等。而《那氏谱单》所记这一支叶赫那拉氏在康熙以后被作为披甲（降人）看待，在满洲社会地位较低，仅高于阿哈（奴隶），是叶赫那拉氏家族中的普通成员，故在康熙年间从北京调遣回东北吉林口前以"充实根本"。研究叶赫家族普通成员在乾嘉以后的活动历史有助于把握整个叶赫那拉氏家族在有清一代的历史作用，完善叶赫那拉氏家族史的研究。

二 《那氏谱单》所附神本中的叶赫那拉氏萨满野神祭研究

（一）《那氏谱单》所附神本神辞的主要内容

现存满文本《叶赫那拉氏族谱》寥寥无几，而《那氏谱单》及神本神辞均为满文，时代久远。《那氏谱单》所附神本神辞忠实地再现了东北萨满野神祭的情况，神本附记云"道光十八年腊月，那拉姓野神铺"，说明《那氏谱单》所附神辞描绘的主要是那拉氏野神祭的情况。这种祭祀方式源于早期氏族的渔猎生活，就是祭祀大自然中存在的各种各样的事物。满族崇尚自然，并把自然界中的许多事物都视为"神"。中国社会科学院萨满文化研究员宋和平女士介绍说："野神祭的原则是单神单祭，就是一个神一个神的祭。但是萨满在请神的时可以统一请，哪一个神来了以后，再祭祀。野神祭的最大特点是神灵要附萨满的体。"这里所说的神灵附体，就是萨满跳神的动作要模仿那种神的特点。比如虎神附体，就要模仿老虎跳跃、扑食的动作以及老虎的叫声；鹰神附体，就要模仿老鹰展翅飞翔的动作。野神祭祀的"神"可谓多种多样。有一些是自然神：如日神、月神、风神、火神等；还有动植物神：如虎神、鹰神、树神、花神等；另外还有农神、猎神、织布神等。这些形态各异的神灵，都会被萨满以各式舞蹈动作表现出来。神辞充溢着对这些神的敬畏："腰铃响彻，大神二神就位……在门上、窗子吉祥地供放神位，祭祀中杀猪献牲，洁净的供品依次都摆上，等待神的启程，并到神启程的地方再次虔诚地呼唤邀请……从天而降的睿智神那拉瞒尼端坐于圣山长白山高高山峰中的第六个山峰，有七个台阶，第六个台阶第六个黄色的坐褥上，还有德高位尊、风采奕奕的虎神、有搏击长空金黄色的鹰神，四个神位恩都贝子，太爷、太奶沿着金梯子依次下来，沿着银梯子俯身下来，放下索绳梯子，从天而降，此时绕着太阳盘旋的睿智大仙出来了，还有恩都贝子，萨都姓氏的女儿、儿子神灵。"这些萨满跳神中的野神祭表现出了满族人最早的对自然的敬畏。他们希望通过对各种神灵的祭祀，祈求一年的风调雨顺，无病无灾，庄稼有好的收成。《那氏谱单》所附神辞再次描绘了萨满跳神中的野神祭过程，对研究满族萨满宗教活动有一定的参考价值。

（二）《那氏谱单》所附神本神辞的特点及价值

神本开篇明确了祝辞时间与性质，即"道光十八年腊月，那拉姓野神铺（祭）"，野祭更接近萨满教的原始形态，尤其在祭祀中有萨满"神灵附体"的表现。清朝入关以后，大批满族人口迁徙至全国各地，他们的生存环境发生了巨大改变，在萨满宗教祭祀上，民间家祭逐渐代替了野祭。但由于在黑龙江和吉林地区，具有维持野祭存续的特殊条件，如清代东北的客观历史及地域条件、家族特殊的主观因素等，所以，野祭形态得以延续。因此，野祭的存在范围，仅为清代黑龙江、吉林地区的个别家族。《那氏谱单》除了具备所有萨满教野祭的内容外，还有以下特色。

首先，祭祀的是祖先神那拉瞒尼，寄托了祖先崇拜的满族萨满信仰。

"瞒尼"满语，汉意是英雄的意思。祭祀瞒尼神的神辞是指歌颂祖先的英雄赞歌，而瞒尼神的原型则是祖先中的英雄实体，他们均为本氏族的发展做出过特殊的奉献。所以祭祀瞒尼神成为现在萨满文化的重要组成部分。那拉瞒尼是《那氏谱单》家谱的祖先神，祖先崇拜在清代是满族萨满信仰的核心。萨满教所反映的原始初民时期的认识规律，是与人类社会的递进同步的，即依次为自然崇拜、图腾崇拜，最后是祖先崇拜。但是进入封建社会后，满族的萨满信仰起了很大变化，祖先崇拜被提到首位。神辞中显示瞒尼神都是居住在长白山。但是神灵也是分等级的，根据神通大小及武艺高低划分，分别居住在长白山的九层山峰中，"按巴瞒尼"为大瞒尼，所以居住在长白山的顶端，而"胡牙乞瞒尼"和"朱禄瞒尼"分别居住在长白山的第九层和第五层。满族诸姓神灵的产生及崇祀皆与其氏族历史上的某些经历密切相关。祭祀仪式是对祖先经历的重演，历代以此作为荣耀的标记，或是对苦难经历的铭记，或是对光辉业绩的颂扬，而神谕、神话等口传资料，则是对祖先崇拜的反映。

其次，祭祀之神多元化，寄托了图腾崇拜的满族萨满信仰。

《那氏谱单》所附神本神辞野祭的神灵数量众多，内涵丰富，接近于原始形态的信仰内容。首先，野祭的神灵以动物神和氏族英雄神居多。正如吉林省九台市胡家乡小韩屯满族正黄旗萨满石清民老人用满语演唱的萨满神辞所言明的那样：

> ……
>
> 头位太爷神舒崇阿，率领围绕日夜相转的大瞒尼神……居长白山峰之上，是为七位神祖呵。长白山上，有大飞虎神、鸟神、大雕，展开巨大的翅膀在天上翱翔……安春鹰神从长白山峰而降，……舒禄瞒尼与荒野鸟神，鹊鸰鸟相迎……飞虎神，费诛玛法迎请。居九峰金鳌，还有母卧虎神呵。公虎神，离花虎神，大黑虎神，金虎神相迎请。……各自在所居的山峰。……

上面引用的这段萨满神辞，使我们了解到《那氏谱单》还鲜明地保存着古朴的万物有灵、多神崇拜的原始信仰。

最后，祭祀中崇尚长白山文化，寄托了满族人及其先民慎终追远的族源信仰。

《那氏谱单》所记始祖"最早从白山木排沟来，落户叶赫山地方。哈思虎贝勒（意译为：左贝勒）叶赫那拉氏，陈满洲，正蓝旗，五牛录人"。"最早从白山木排沟来"是说这支先世的原始居住地是爱新觉罗家族的祖先发源之地长白山。

清代统治者奉祭长白山，有其深刻的社会和文化背景，与广大满族一向崇祀祖先和萨满信仰密不可分。长白山崇拜，是通古斯语族等北方民族山神崇拜的集中体现。满族先人聚居于长白山地区至少已经有4000多年的历史，牡丹江地区的莺哥岭肃慎人遗存说明了这一点。这片广袤的森林，为肃慎族及生活于此的北方渔猎民族提供了生活所需的一切物资，他们在这里狩猎捕鱼，他们在这里繁衍生息，创造了丰富多彩的地域文明。在这些北方先民的思维中是长白山的山神在福佑着他们，在恩赐着他们，故而形成了萨满教自然质朴的山神崇拜。这种原始的山神崇拜，渗入东北各族人民生活的方方面面，它真实地反映了满族先民对长白山真挚的情感。长白山祖先祭，是满族家祭、祖祭的首神之祭，是他们慎终追远民族情怀的一种外在表现。

第四节 黑龙江那氏谱书研究

《叶赫拉氏宗谱源流考》《拉林那氏古谱谱单》《黑龙江地区那氏谱单》《双城古谱》《那氏谱书续集·双城支系族谱》所载世系从清初一直到今天，总人数达1200多人，主要分布在黑龙江地区近20个市县区，反映了叶赫那拉氏家族"从龙入关"后，再因调防或其他原因到黑龙江地区的历史迁徙过程，对东北满族史的研究有重要的参考价值。

一 《拉林那氏古谱谱单》

《拉林那氏古谱谱单》是《德贺讷世管佐领接袭家谱》中记载的万托欢一支，所载世系总人数有15人，余者不详。据《德贺讷世管佐领接袭家谱》记载，德贺讷为始祖，其子万托欢为二世，世居叶赫苏完地区，也是叶赫那拉氏，但不属于星根达尔汉一支。天命年间，喀山叔伯万托欢随喀山家族及部属归附努尔哈赤，这与《八旗通志·喀山传》《八旗满洲氏族通谱》《清史稿》的记载是一致的。《八旗通志·喀山传》载："喀山，满洲镶蓝旗人，世居叶赫苏完地方。天命四年，于叶赫未灭之先，即率族属来归。"《八旗满洲氏族通谱·叶赫地方人氏》记载："喀山，镶蓝旗人，世居叶赫苏完地方，国初来归，授骑都尉。"《清史稿》载："喀山，纳喇氏，世居苏完。当叶赫未灭，挈家归太祖，隶满洲镶蓝旗，授牛录额真。"《拉林那氏古谱谱单》记载万托欢、喀山家族的族源是"世居叶赫苏完地方""当叶赫未灭，挈家归太祖"的一支叶赫那拉氏家族，"苏完地方"当在叶赫东、西二城之东北方向，同为叶赫部属地。①

万托欢、喀山家族原隶满洲正黄旗，后改入满洲镶蓝旗，又由于军功及慈禧太后的原因，家族中部分支系抬入满洲镶黄旗。对此《德贺讷世管佐领接袭家谱》做了明确记载：此家族投归清太祖努尔哈赤后，隶属正黄旗，约在顺治八年（1651）改隶镶蓝旗，咸丰年间，喀山那钦长子、三子两支因功被抬入镶黄旗满洲，其余各支子孙包括万托欢一支仍隶属镶蓝旗。《德贺讷世管佐领接袭家谱》亦明确记载了这一家族随清朝入主中原后的流向及驻防等情况：天命年间投归后金，居住在赫图阿拉城（新宾老城），继而居辽阳，后随着迁都盛京而移居沈阳。清军入关后，家族由沈阳迁往北京。之后万托欢一支，由北京派往拉林（今黑龙江省五常市拉林镇）驻防，仍隶属于镶蓝旗。从这则资料可知，万托欢家族在国内的主要居住地为盛京、北京、拉林等地。

《拉林那氏古谱谱单》反映了叶赫那拉氏万托欢一支随着清初的统一与巩固迁徙到黑龙江地区的历史轨迹。

二 黑龙江地区《那氏谱单》

黑龙江地区《那氏谱单》是笔者根据《叶赫那拉宗族谱》《续修

---

① 《八旗满洲氏族通谱》记载：纳喇氏"为满洲著姓，其氏族散处于叶赫、乌拉、哈达、辉发及各地方，虽系一姓，各自为族"。

叶赫那拉宗族谱》的相关资料辑录而成。黑龙江地区《那氏谱单》所载世系总人数约有 370 人，其族源为叶赫那拉氏始祖星根达尔汉，①这一部分人在不同的历史时期，因不同的原因经过几次迁徙，最终到了黑龙江地区。

1619 年，叶赫部被努尔哈赤灭亡后，叶赫那拉氏族分散到满洲八旗属下，星根达尔汉六世孙爱敏台吉次子奇玛瑚（黑龙江地区的本支叶赫那拉氏八世祖）被拨到满洲正蓝旗，在吉林乌拉地方驻防。1644 年，奇玛瑚部分子孙从龙入关。奇玛瑚因年老仍然留在乌拉地方驻防，奇玛瑚第九子羊山，在 1644 年被拨到凤凰城满洲正蓝旗，族人多以农耕为主。羊山五世孙永明阿、永青阿、永昌阿、果青阿、果兴阿几支后人自 19 世纪开始一直到 20 世纪 50 年代，不断有家族成员向黑龙江地区迁徙。黑龙江地区这一支系是属于奇玛瑚后人的满洲正蓝旗羊山家族。

可见这一支叶赫那拉氏在 1644 年从龙入关，大约在康熙中叶，为巩固龙兴之地，京城多余的本支正蓝旗人员回到东北戍边屯垦，并在道光年间，部分族人因为生计等原因北迁至黑龙江地区。大致在 20 世纪 50 年代，又有部分族人北迁至黑龙江地区。迁徙的原因应是中华人民共和国成立以后，我国计划经济体制逐步建立，在优先发展重工业原则的指导下，东北成为中华人民共和国成立初期重点投资建设的地区。同时，东北地区人口相对较少，特别是资源丰富的黑龙江省。所以这部分族人北迁至黑龙江地区，其谱单中"世字辈"之下的"守字辈"人员基本是在黑龙江地区出生的。这一时期北迁黑龙江地区的叶赫那拉氏族分布在黑龙江地区勃利、鸡西等十个县市区。分布详细情况见表 7 - 3：

---

① 其族人迁徙具体情况参见清道光三年叶赫那拉氏第十四代额腾额编撰的《叶赫那兰氏八旗族谱》《叶赫那拉宗族谱》《续修叶赫那拉宗族谱》，可以清楚地梳理黑龙江地区《那氏谱单》族源世系为：星根达尔汉→席尔克明噶图→齐尔哈尼→祝孔革→尼雅尼雅喀→雅巴兰→爱敏台吉→羊山→那郎阿→那力善。

表7-3　黑龙江地区《那氏谱单》中家族人员在黑龙江地区分布情况

黑龙江地区分布地点	庆字辈及以上辈人数	世字辈人数	世字辈以下辈人数	总计
勃利县	那庆玉等2人	那世栋等6人	那守宽等12人	20
鸡西市	那庆玉、那增山等2人	那世福等7人	那守道等5人	14
鸡东县	那庆权1人	那跃文1人		2
哈尔滨	那庆纯1人	那世臣等2人		3
汤原县		那世隆1人	那守玉等4人	5
宝清县	那庆英1人	那世禄1人	那守信1人	3
依兰县		那世英1人	那世连等2人	3
拜泉县	那庆惠1人	那世文等3人	那守海1人	5
依安县	那庆宽1人	那玉昊1人		2
黑河市			那守信等7人	7
林口县	那庆丰1人	那世和1人		2
虎林市	那殿昌、那庆生等3人	那世铭等6人		9

此表据《那氏谱单》与《叶赫那拉宗族谱》有关资料统计而成。

三　《双城古谱》和《那氏谱书续集·双城支系族谱》

《双城古谱》持有人为黑龙江省双城市公正乡公正村正蓝旗头屯那成举先生，所载世系总人数有420人。《那氏谱书续集·双城族谱》是根据《双城古谱》加以扩充而成，是在《双城古谱》的基础上加入了当代家族人员，所载世系总人数有502人，比《双城古谱》增加了82人。《那氏谱书续集·双城族谱》认为：他们这一支那姓氏的始祖为叶赫那拉氏始祖星根达尔汉，从四世祖哲赫纳起，这一支叶赫那拉氏就逐渐远离叶赫权力中心，不属叶赫贵族直系，只是叶赫那拉氏大家族中普通一员而已，到八世祖图哈连时迁至长白山五道沟，其具体族源世系为：星根达尔汉→席尔克明噶图→齐尔哈尼→哲赫纳→巴萨克→萨拜→壮阿岱→图哈练（连）。《那氏谱书续集·双城族谱》认为图哈连时期整个家族迁出了叶赫地区，此次迁徙地点是长白山五道沟，在 1644 年从龙入关，作为圆明园护军居于京师草帽胡同，康熙二十六年（1687）其先祖温大力率领一部分人奉命调防至辽宁复州城，护边屯垦，繁衍发展，到了道光年间，族人老各等几位八世祖后代因为生计等原因北迁至黑龙江双城，分布在今天双城地区五家镇、幸福乡、希勤乡、乐群乡、同心乡、联兴乡、青岭乡及双城市内。

表 7 - 4 　　　　《那氏谱书续集·双城族谱》家族迁徙情况

迁移时间	迁移支族	迁出地点	迁入地点	现代分布
明末清初	图哈连	吉林叶赫地区	长白山五道沟	吉林临江地区
1644 年	图哈连	长白山五道沟	北京草帽胡同	北京西草市东街
康熙二十六年	温大力	北京草帽胡同	辽宁复州城	辽宁瓦房店、大古井、虎头山、洪家沟、复州城、伊屯、季屯、潘大、大河沿、碾信沟、三台、杨家、吕屯、老虎屯、雅化、磊子山、大四川等地
道光年间	老各	辽宁复州城	黑龙江双城	黑龙江省双城地区五家镇、幸福乡、希勤乡及双城市内

《那氏谱书续集·双城族谱》整部谱书反映了东北叶赫那拉氏家族之一"从龙入关"后，再因调防或其他原因回到东北的历史迁徙过程，对东北满族史的研究有重要的参考价值。

四 《叶赫拉氏宗谱源流考》

黑龙江地区《叶赫拉氏宗谱源流考》，全谱仅由文字组成，1700 字左右，是叶赫族人叶志超、叶凌云于 1943 年根据相关资料辑录而成。其谱原文为满文，后译成汉文，总计 13 代，"翻译满文谱底，入于正白旗档册内。按代查录，上自始祖名萨勒太，下至业字辈共十三代"，始祖苏勒泰→曾祖依朗阿→祖父英禄→父德魁→庆云、祥云、瑞云、凌云。《叶赫拉氏宗谱源流考》详细记载了这一支族从龙入关后，由京旗迁移黑龙江宁古塔，并在黑龙江发展的历史。其中有家族重大历史活动、重要人物简介、谱书形成过程以及道德生活理念等，内容资料丰富，极具史料价值。

《叶赫拉氏宗谱源流考》描述了这一支叶赫那拉氏的迁徙与从事农业的生活经历："吾族以叶赫国名为姓氏，拨属京旗正白旗牛录，于康熙初年由吾始祖苏勒太迁移宁古塔，初居旧街（今黑龙江省海林市长汀镇古城村）①，后来转移至罗城，数代以农耕为业，鲜有当官显赫者，盖因国家限制所致也"。在 1644 年从龙入关，大约在康熙初年，为巩固龙兴之地，族人北迁至黑龙江宁古塔地区。

《叶赫拉氏宗谱源流考》还记载了家族重要人物史迹，首先，记载了家族在巩固西北边疆中的贡献："吾祖英公（讳）禄兄弟二人，幼读满汉经书，娴熟弓马，壮年随从希公爵②大臣出征伊犁，以文案笔帖式助军幕十余载，乱定凯旋，补骁骑校缺，拨回宁古塔副都统衙门当差，嗣因希公爵大臣奉旨署理吉林将军，到任后念系幕僚旧谊，格外关情，升补防御，晋升公中佐领，赏戴花翎，尽先协领。数年之间，迭次分掌兵户司，官防左翼喀喇达，以及仓司监督，官浸局、税课局、总办、练队营总、街道厅总理各差。"

其次，记载了家族优秀的道德生活模范："吾父居长，幼习汉文，二十八岁弃耕种业来城习学满文，又长，与大清律例，曾充兵户司、

---

① 《清史稿》志三十一载："宁安府：省东八百里。即宁古塔副都统城。其旧城，西北五十里旧街镇。康熙五年徙之。古肃慎国都。明，奴儿干都指挥使司。"

② 希公爵疑为额勒登，额勒登是满洲正红旗人，乾隆二十年至二十二年任吉林将军。又《清史稿》列传一百三十一载："八月，上幸盛京，额勒登保以病不克从，谒陵礼成，特诏加恩晋三等公爵。是月，卒于京师，年五十八。上闻震悼，回銮亲奠，御制述悲诗一章。于地安门外建专祠，曰褒忠，谥忠毅，命吉林将军修其祖墓立碑焉。"又《清实录乾隆朝实录》卷 489 载："定边右副将军萨喇勒等奏、臣等带领官兵。分为两路进渡伊犁河。于五月初三日抵河岸适副都统额勒登额，带领索伦兵一千亦至。"

按政印房笔帖式、税课司、官浸局、章京、提调等差，五十四岁病故于家。生平好读阴骘文、感应篇、劝善等书，诫家人不得杀牲，毁弃物品，天性孝友，持家廉洁，故两代宦囊所蓄，家道仅致温饱，一向主持不为儿孙置产主义，但遇族中贫乏者，历年济助以敦宗族。""吾兄弟姊妹六人：长名庆云，字汉章，又字叙怡，幼读满汉文，嗜习骑射，体魄魁梧，弱冠入旗充差，曾佐营务佐官多年，官五品，军功翎前锋，晚年偕家乔迁任总商会坐办，病故于双庙，为人磊落大方，不拘小节，笃爱兄弟，好友重义，生平常顾兄弟，同居组织大家庭，故晰分产业，向不斤斤计较，兄弟晰居数年，寂寞寡欢，卒使荆树重荣。置产合居，故起乐荆堂号，以表示怀抱也。"

最后，记载了家族人员在地方教育事业上的成就："祥云，字度山，吉林省戊戌科文庠生，经学颇有根基，书法在宁郡亦负盛名，为人沉默寡言，拘谨好礼，交游很稀，最重信义，弟侄辈惮忌如师，保出学后于庚子前后，曾任官学汉习教，变法后改任宁安县内各等学校教师校长，得列门墙，受业之男女弟子，诚不可以数目计。晚年佐理地方自治法团，曾选任城议长及文案各职。治家以俭，克总先人未竟之志。"

总之，前述几个那氏族谱显示了从古至今黑龙江地区叶赫那拉氏族人的历史与现状。他们不属于同一支，在明清时期多分布于吉林省叶赫地区。后从龙入关，一部分留在北京，其余调防全国各地，其中不少人回到黑龙江地区驻防。还有一些人是道光年间或20世纪50年代自辽宁地区分几次迁入黑龙江的，大部分人从事农耕。黑龙江地区叶赫那拉氏的历史连续起来达600年之久，展现了叶赫那拉氏家族一般成员的历史生活画面，丰富了叶赫那拉氏家族史的研究内容。这些谱书是东北叶赫那拉氏族谱中且有代表性的民间历史文化遗产，其中所体现的社会史、民族迁徙等问题，对满族家族史、满族人口迁徙等的研究都具有重要的参考价值。

第五节　京津地区《那桐谱单》研究

《那桐谱单》[1] 上承《叶赫那拉氏族谱》，反映了京津地区张氏族人的族源与迁徙，其中相关资料反映了满族贵族生活中的礼仪文化及近代满族贵族的门第观念。《那桐谱单》及所附家世资料是一部重要的满族家族文化人类学材料，对满族家族史、满族人口史、满族民俗及近现代北京满族贵族的生活变迁等问题都具有重要的参考价值。

一　《那桐谱单》主要内容及特点

《那桐谱单》上承清乾隆三十九年常英编辑《叶赫那拉氏族谱》，世系自八世浦安起到十三世共记载六代，总计 87 人，其中重要家族成员还注明了生卒年、婚姻状况等内容，十分详细。

（一）《那桐谱单》为清初满族共同体的形成提供了家族史料佐证

《那桐谱单》上承清乾隆三十九年常英编辑的《叶赫那拉氏族谱》。常英在《叶赫那拉氏族谱》序中说道："我高祖讳章嘉，本朝鲜人，世为名阀。天命年间迁于辽，隶满洲职居厩长，住叶赫氏那拉。既我曾祖讳羓吉，顺治元年从龙入都，本枝乃居叶赫族属，甚繁势难备载。故谱中止叙进京之一派。查乾隆初纂修八旗姓氏通谱，本族编入厢黄旗满洲内，所载叶赫那拉氏章嘉，原任厩长，其孙法尔萨原任牧长，元孙常英现系文生员……"这就很清楚地交代了《那桐谱单》所记族人的族源与迁徙，是在天命年间迁入叶赫地区的朝鲜族人，后融入满族，且仅限于"从龙入关"的驻北京的一支，到今天

---

① 《那桐谱单》是笔者 2009 年得自天津书画家张之澍先生处，属满族叶赫那拉氏的近代外交家那桐一支的族谱，那桐是张之澍先生的曾祖父，张之澍先生随谱又给笔者提供了大量有关的家世资料与珍贵照片，反映了这一支叶赫那拉氏家族望门在近代的历史活动轨迹。

经历了 500 多年。

关于姓氏变迁,《那桐谱单》第十一世族人张寿崇先生道出了其中原因:"我家的老姓是叶赫那拉,老家谱上说是从朝鲜那边过来的。我们说姓那,是因为我祖父的名字是那琴轩那桐,到我父亲就姓绍了。实际到我们这辈儿应该用'寿',我家不论男女都按寿字排。姓张是民国以后改的,其实应该姓章,因为在《八旗满洲氏族通谱》里边,叶赫那拉氏第一个出名的叫章嘉,我们家谱里是章嘉,后来民国时期排满,汉人里姓张的不是比姓章的普遍么,就用了这个张。"①这反映了在满族形成、发展的过程中,东北地区其他民族(包括朝鲜族)也不断加入、融合,也反映了民族融合情况。张氏族人的先祖就是在努尔哈赤、皇太极时期主动归顺而来的一支朝鲜族,而满族在入主中原之后与汉族的融合就更加密切,《那桐谱单》体现的姓氏变迁就充分说明了这一点。

(二)《那桐谱单》反映了近代满族贵族的文化认同

《那桐谱单》中的主要人物那桐在清末政坛上是炙手可热的人物,是内务府满洲镶黄旗、清末军机大臣,京城百姓称其为"那中堂"。内务府是清朝专管皇室内部事务的内廷机构,与皇帝的关系比外廷朝臣更亲近、更特殊,门第高贵。他们之间凭借通婚建立起极其复杂紧密的社会关系,这是统治集团内部结构组合的重要方式。关于具体形成时间,我们认同定宜庄先生的观点:"随着皇室与内务府旗人之间地位的此消彼长,内务府旗人与王府之间的婚姻关系网,是在清朝中期以后才开始形成,到清朝末年才愈加紧密起来的。"②

《那桐谱单》世系表中注明的男女家族成员婚姻情况是:那桐的两个女儿和一个孙女嫁给了庆亲王载振的两个儿子和一个孙子,同时他的五女儿张荷卿和三孙女张寿蓉嫁的还是父子,姑侄变成了

① 定宜庄:《老北京人的口述历史》,中国社会科学出版社 2009 年版,第 189 页。
② 同上。

婆媳。那桐之孙张寿崇的夫人是军机大臣世续的后人，张寿崟的夫人是大银行家岳乾斋的女儿。那桐子孙的婚配对象都是王公贵族。这在《那桐日记》中有明确记载："光绪十七年十月二十四日，余定内务府正白旗汉军原任六库郎中祥霭亭先生之孙女、继三老爷之女为继室。新妇年命甲子丙子乙卯己卯，有母有兄嫂，闻人甚贤能。"此次所娶即那桐继妻邓氏。"二十三年十月初二日，大女许字内务府镶黄旗完颜氏崇地山尚书之次孙、衡阶生观察之次子，名希贤，号少阶，行三，现年廿岁。家有母在，胞兄弟四人，次者出继。少阶行三，下有一弟也。系候补员外郎，读书笔下尚好。""宣统二年八月十六日，城玉如妻兄为五女作伐庆亲王之长孙、振贝子之长子溥钟，年十五岁，二月二十八日辰时生，今日换年庚帖，大吉。"① 那桐的孙女张寿蓉也曾口述过那府的婚配情况："我大姐嫁给了袁世凯的十三公子袁守安，袁是燕京大学的学生，后来他们离婚了。二姐夫是内务府大臣增崇的后人。我大嫂是卓王的后裔，姐夫的哥哥叫贺西伊尔图墨尔根，就住在什锦花园，已经没什么蒙古人样儿了。二嫂是杨儒的重孙女。我姑姑嫁的那个是庶出的，杨四老爷之子杨朗之……反正那时候门第是太要紧了，先要尽可能找满族，然后就是门第。那时候汉人不愿嫁满族，嫌旗门儿规矩多，应酬多，受不了，旗人又嫌汉人贫。"可见那桐的亲家，都是晚清民初政坛风云人物，包括载振、铁良、杨儒、袁世凯等。在由婚姻缔结的关系网中，这是近代满族贵族之间的一种文化认同，正如定宜庄说的那样："当这个官僚集团已经倾覆并且势力不再的时候，婚姻网的仍然延续，既表现了他们这个家族与社会圈子相对于政治的变迁要较为滞后和紧密，也表明了他们虽屡经政治风浪互相间却经久不变的认同。"②

---

① 北京档案馆编：《那桐日记》光绪十七年十月二十四日，新华出版社2006年版。
② 定宜庄：《老北京人的口述历史》，中国社会科学出版社2009年版，第189页。

（三）《那桐谱单》相关资料反映了近代满族贵族的道德生活

满族的礼仪文化很丰富，虽然接受了儒家思想，带有汉族伦理道德的印记，但也保留了很多具有满族民族特色的礼仪文化。《那桐谱单》相关的祝寿资料反映了近代满族贵族生活中的请安礼、叩"鞑儿头"、拉拉礼等满族礼节。① 如张之澍先生随谱单提供的其曾祖母寿宴资料中就有如下记述："回事之后，如果亲戚是男客，就由门房人直接引进去，到上屋院大声回：'某某老爷（爷或格）。'这时男女主人闻声下阶相迎，请安道谢，请入上屋……祖母带着我的母亲（自然也是旗装）在台阶下右边迎接，并走上前去在院子中间与大家见礼，连请两个安。如果客人是晚辈儿，祖母自然就接两个安（以上是满族请安礼）。来的如果是亲家太太，两位亲家太太相见总是先互握双手，略向上提一提，拉着双手蹲下连请两个安，然后拉着手走进上屋，以表示特别亲热。拜寿也是拉着双手对请安的。其他平辈都是说一声：'给您拜寿'，与我祖母对请安（以上是满族拉拉礼）。如果是晚辈儿，客人就示意我家妈妈，给她铺上红拜垫，给我祖母拜寿……像这般旗装打扮，就要行旗礼，叩'鞑儿头'……女客人都披着大毛斗篷，扶着随身的妈妈或太监的腕子，款款而行，进入乐真堂的西门，上了木台阶就到了女席，本家主人迎过来请安道谢，如果来宾在女客中看见熟人，还要过去请安问好。"②

（四）《那桐谱单》详细记录了直系女性家族成员的情况

《那桐谱单》与以往的叶赫那拉氏谱书中不同的是，此谱单世系还详细记录了直系女性家族成员，其中重要家族成员还注明了婚姻及子女状况等内容，十分详细。如对那桐两任夫人赵氏、邓氏所生的八个女儿的情况就记载得很详细："……次女嫁严家；三女嫁钟家，钟寿民之前任母亲；四女嫁关伯平家；五女张荷卿嫁庆王府金伯勒，生

---

① 于今：《满族》，辽宁民族出版社 2012 年版，第 120 页。
② 张之澍：《那桐谱单·那家花园寿宴》，未刊，2000 年。

金敬轩、金瑾如等兄妹三人；六女张兰卿嫁庆王府金仲英，生金婉茹、金珍如、金寿茹、金敬涵姐弟四人；七女张荟卿嫁铁英家穆叔愚，生一女穆学珍；八女张芸卿嫁豆腐池杨家，生杨泓、杨涵、杨滇等姐弟三人……"又如对那桐之子绍曾三个女儿的婚嫁情况的记载："长女张寿芬嫁袁守安早故无后；次女张寿英嫁秦老胡同曾家奎垣（又名贺燕），育四子一女；三女张寿蓉（五姑张荷卿之儿媳）嫁庆王府金敬轩，育二子二女……"①《那桐谱单》的十二世（张之澍先生这一代）以及十三世已与当代接轨，对直系女性家族成员的记载就更为直接。如果说对那桐女儿、孙女婚姻及其子女状况的记载是家族尊贵的炫耀，那么对十二世、十三世直系女性家族成员的记载就是时代使张氏家族冲破封建思想的禁锢。这些记载，不仅为我们展示了近代叶赫那拉氏贵族与皇族等权贵的密集的婚姻网，也使我们看到了当代叶赫那拉氏家族与时俱进的文化情怀。

二　《那桐谱单》主要人物事迹考

《那桐谱单》中的主要人物那桐（1857—1925）先后在清末担任过户部、外务部尚书，总理衙门大臣，军机大臣，内阁协理大臣等职务，并兼任过京师步军统领和管理工巡局事务，是中国近代史上一位重要的人物。八国联军攻占北京以后，他曾任留京办事大臣，随奕劻、李鸿章与联军议和，转年东渡日本。1902年作为观博览会大臣又赴日本。在日期间，他注意考察日本的警政、路政，回国后借鉴日本的经验，创办警务，开辟新式马路，兴办东安市场等。为查办津浦铁路北段总局的贪污案件，曾任直隶总督。1903年那桐赴国外考察银行、税务之事。1905年晋升为大学士，任外务省会办大臣。转年授体仁阁大学士。1909年任军机大臣。1911年任"皇族内阁"协理大臣。同年任袁世凯内阁弼德院顾问大臣，不久即因中风而辞官引

---

① 张之澍：《那桐谱单·世系表》，未刊，2000年。

退。民国后，退隐天津。那桐在津期间还奏请拨部款修治凤河，捐银修建凤河桥梁，为当地百姓做了一些好事，还曾为清华大学题名"清华园"。

那桐留下 80 万字的《那桐日记》，自 1890 年记起，止于 1925 年。那桐历经了甲午战争、戊戌政变、八国联军入京、辛亥革命、溥仪退位等历史事件，其日记提供了内务府特定人群中满族贵族生活场景的资料，真切鲜活地反映了清末民初北京地区满族文化、民俗和社会生活。其日记不仅对于研究中国近代的政治、外交、军事等都很有价值，同时也为研究满族的风俗文化提供了丰富的史料。清史专家阎崇年、房德龄等人都对《那桐日记》给予了高度评价。黄兴涛教授认为："那桐很会做官，从他日记记载与各色官员的往来就可以看出。从中，我们可以看出晚清官场的风俗和游戏规则，以及君臣关系等。"学者定宜庄亦称："内务府的资料非常少，《那桐日记》所记载的内容很丰富，除了政治以外，还有生活。"[1]

这套日记已由张氏家族于 2006 年捐献给了国家，同日记一起捐赠的还有《那桐亲书履历本》《那桐奏折存稿》和《那桐挽联》等珍贵资料，而且《那桐日记》已由北京档案馆编辑、新华出版社公开出版发行。

对那桐的评价历来褒贬不一，王学斌认为那桐之流的清末官员的颟顸无能、贪腐逸乐是清朝亡国的一个要因；[2] 陆其国认为，"那桐具有两面性，称之为'那桐现象'，即虽在其任内为百姓做了一些好事，但决不能因此掩饰甚至遮盖其曾有的罪错"[3]。我们认为：评价历史人物不能超越历史局限，那桐毕竟是封建官僚，且处于晚清风雨飘摇的没落官场，难免追求享乐、讲求排场、逐名争利，我们不能苛

---

① 张弘：《那桐日记揭秘晚清官俗》，《新京报》2006 年 4 月 13 日。
② 王学斌：《那桐：庸臣岂知亡国痛》，《书摘》2011 年第 9 期。
③ 陆其国：《臧否"那桐现象"》，《解放日报》2011 年 7 月 30 日。

求古人，应主要看他在近代历史中是否发挥了积极作用。那桐是晚清政坛中的军机处重臣，是这一时期清廷的重要决策者之一。那桐在外交上以及开办近代实业等方面做了大量工作，为官任上为民做主，平反冤狱，这些史迹在《清史稿·那桐列传》中均有记载：

> 　　那桐，字琴轩，叶赫那拉氏，内务府满洲镶黄旗人。光绪十一年举人，由户部主事历保四品京堂，授鸿胪寺卿，迁内阁学士。二十六年，兼直总理各国事务衙门，晋理藩院侍郎。拳匪肇衅，各国联兵来犯，令赴丰台御之。外兵入京，误以东坝为匪窟，欲屠之，力解乃免。两宫西巡，命充留京办事大臣，随李鸿章议和。约成，专使日本谢罪，又派赴日观博览会。二十九年，擢户部尚书，调外务部，兼步军统领，管工巡局事，创警务，缮路政。平反王维勤冤狱，商民颂之。三十一年，晋大学士，仍充外务部会办大臣。历兼釐订官制、参预政务、变通旗制，署民政部尚书。宣统元年，命为军机大臣。丁母忧，请终制，不许。出署直隶总督，请拨部款修凤河。寻还直。三年，改官制，授内阁协理大臣，旋辞，充弼德院顾问大臣。国变后，久卧病。卒，年六十有九。"①

其中记载的"外兵入京，误以东坝为匪窟，欲屠之，力解乃免……""管工巡局事，创警务，缮路政……""平反王维勤冤狱，商民颂之……""充外务部会办大臣。历兼釐订官制、参预政务、变通旗制，署民政部尚书……出署直隶总督，请拨部款修凤河"等语真实地反映了那桐在近代历史中所发挥的积极作用，从这些层面上看，不能轻易否定那桐。

那桐的父亲普安，亦称浦安，官至翰林，咸丰九年二月十三日因

---

①　赵尔巽等：《清史稿·那桐列传》，中华书局 1977 年版。

"戊午科场案"获罪，被肃顺、载垣、端华等人斩杀，那桐的叔父铭安，曾任奉天将军，光绪九年（1883）在吉林设翻译官学，兴办官学。那桐的父亲去世之后，家庭开始败落。后来直到那桐任职后才恢复了元气，民国后那桐家人在银行入股，还经营了三个规模相当大的当铺。那桐的儿子绍曾，曾在大清银行（后改名中国银行）工作，中年病逝。

那桐的孙子张寿崇（1921—2002）20 世纪 40 年代毕业于北大国文系，曾任北京市政协常务委员、北京市民委副主任，北京市民族古籍整理工作领导小组负责人。他在任期间，努力工作，积极倡导保护北京古文物，整理满族民族古籍，整理出版了《子弟书珍本百种》《清蒙古车王府子弟书》等九部民族古籍。最值得一提的是他还点校、注释了《那桐日记》，为《那桐日记》的出版做出了重要贡献。①那桐的另一个孙子张寿嵩 20 世纪 60 年代在天津市中学教书，多才多艺，爱好广泛。

那桐的曾孙张之澍（1945—　）20 世纪 60 年代在空军某部参军，后来在天津无线电厂工作，现已退休。现为中国美术家协会天津分会会员、中国国画家协会会员、中国画家协会会员，一级画师，擅写意花鸟等，作品多次获奖并被诸多海内外人士收藏。

现在这一家族成员主要分布在京津等地，在各行各业中发挥着自己应有的作用。

三　《那桐谱单》价值

《那桐谱单》是一部重要的满族家族文化人类学资料，对满族家族史、满族历史人物、满族人口史等的研究具有重要的参考价值。

首先，《那桐谱单》续写了《叶赫那拉氏族谱》古谱，使对这一支族的记载延续至今，对研究近代满族家族史很有价值。《那桐谱

---

① 张媛：《我的父亲张寿崇》，北京东城区政协学习和文史委员会内部资料，2010 年。

单》实际是清乾隆三十九年常英编辑《叶赫那拉氏族谱》的近代续谱，《叶赫纳兰氏族谱》自始祖章嘉至末代那桐凡十代，共76人，《那桐谱单》上承《叶赫那拉氏族谱》，续编了六代，总计87人，加上直系女性家族成员，使这一支族所记人员增加至163人，即《那桐谱单》把始祖章嘉与北京、天津的那桐后人张寿崇、张之澍一支串联起来，其世系为：章嘉→概吉→黑塞（黑色或黑子）→堆齐→常英（《叶赫纳兰氏族谱》修谱人）→德敏→彭年→兴泰→浦（普）安→那桐→邵（绍）曾→张寿嵩→张之澍（《那桐谱单》拥有者之一）→张檀。这样，自清初到今天其世系完整无缺，家族的姓氏从叶赫那拉章姓到那姓、绍姓张姓，经历了500多年的历史，记载了从清初到当代的很多历史变迁，浓缩了整个满族家族的发展演变史，是一部珍贵的满族家族史料。

其次，《那桐谱单》中所体现的朝鲜族族源与迁徙以及满人姓名的逐步汉化过程，是满汉文化融合的一个方面，反映出汉文化对满族的影响，是研究满族形成、发展不可多得的资料。

再次，《那桐谱单》中所记载的门第婚姻关系资料是不可多得的满族家族制度研究资料。那桐世家的婚姻网络并涉及清政府内廷与外廷的关系，是近代满族政治史研究中不可忽略的内容。《那桐谱单》为我们研究近代满族家族在社会中的地位、作用、组织形式、管理方法等提供了丰富的资料。

最后，《那桐谱单》记录了许多民俗内容，尤其是家礼中的满族的礼仪风俗都有相当的体现，为我们研究近代满族家族生活史提供了不可替代的第一手材料。

第二编　叶赫那拉氏族谱
文本整理

第一章

清乾隆官修《八旗满洲氏族通谱·叶赫地方纳喇氏》①

目 录

---

① 本编内容是在原谱牒基础上经笔者整理或重新编列而成，包括世系表的重列、文字的简化、标点和订正等处理，以下便不一一注明。另，本章内容是据辽海出版社《八旗满洲氏族通谱》影印本标点整理。

以上俱有传（44人）

萨穆哈图	堪锡	阿哈硕色	台楚
荪布禄	吴达哈	昂阿喇	萨克达理
佛罗	穆尔善	岱察	尼雅汉
堪楚瑚	巴满岱	舒蕃	巴当阿
巴雅里	布彦图	德肯	準（zhǔn）布
鄂博诺	喀尔喀玛	阿苏理	库魁
雅尔布	福松额	噶什贤	谟络
嘉浑	格布库	格尼	拜锡
多络	福尔丹	额尔济	布拉克图
星额理	拉穆泰	亨泰	塔绥
格巴库	雅郎阿	克尔苏	堪泰
苏崇阿	岱敏	新达尔汉	尼堪硕色
额能额	穆汉	纳穆占	温布禄
占	占布禄	和托	阿那布
商吉努	济穆图	哈达鼐	苏巴纳林
巴尔喀	喀喇	萨哈达	和济海
浑岱	葛肯	尼雅哈	叶赫齐
额尔讷	颜珠瑚	瑚尔禅	敦岱
阿萧	纳兰泰	佛尔赫	夏瑚达
成泰	翁果图	纳绥	三达色
阿纳布	纳郎阿	阿纳达	穆达禅
陶泰	费扬古	章嘉	迈图浑
格勒布	约和理	索凌阿	阿本岱
本布理	纳进	恒格	巴岱

永蔼	彻尔博赫	班积喇	伸豸
爱锡喀	温泰	图巴海	勒锡泰
罗多理	满窦	额赫岱精阿	

以上俱附议（107 人）

《八旗满洲氏族通谱·叶赫地方纳喇氏》

正文

纳喇氏

纳喇，为满洲著姓，其氏族散处于叶赫、乌喇、哈达、辉发及各地方，虽系一姓，各自为族。

叶赫地方纳喇氏

先有蒙古人星根达尔汉者，原姓土默特，初灭扈伦国所居张地之纳喇姓部，据其地，因姓纳喇氏。后迁于叶赫河岸，遂号叶赫国。星根达尔汉生席尔克明噶图，席尔克明噶图生齐尔噶尼，齐尔噶尼生褚孔格，褚孔格生太杵，太杵生子二，长曰清佳砮，次曰杨吉砮，兄弟二人绥服叶赫诸部，各居一城，国人皆称为贝勒。明万历十二年为宁远伯李成梁所诱被害，清佳砮子布寨，杨吉砮子纳林布禄，各继其父为贝勒，后复与明和好。及纳林布禄弟金台石，布寨子布扬古嗣为贝勒。太祖高皇帝统师征讨，取之，其族最盛。

金台石

正黄旗人，原系叶赫东城贝勒，太祖高皇帝征服叶赫时授其子德尔格尔为三等男。卒，其子南楚袭职，缘事革退，其弟索尔和袭职，三遇恩诏，加至一等男兼一云骑尉，历任吏部侍郎兼佐领，缘事降为二等男，卒，其弟鄂色袭职，任内大臣，卒，其亲弟之子噶纳海袭职，卒，其亲伯之子巴什袭职。巴什之父武丹由佐领历任建威将军，征厄鲁特噶尔丹，奋勇击贼阵亡，赠云骑尉。其子巴什袭职合并前袭之二等男，授为一等男，任郎中、参领兼佐领，卒，其亲伯之曾孙穆尔泰袭职时，削去恩诏所加之一云骑尉，承袭二等男，现任前锋参领。

又金台石之子尼雅哈，由佐领定鼎燕京时著有劳绩，授骑都尉，任郎中，卒，其子郑库袭职，三遇恩诏加至二等轻车都尉，卒，其子堪泰袭职，卒，其子郑兴祖袭职时，削去恩诏所加之职，承袭骑都尉，卒，其子达纯现袭职。

又金台石之孙：苗色，原任护军统领；锡扬，原任头等侍卫；明珠，原任保和殿大学士、内大臣。曾孙：穆占，原任征南将军；音都，原任协领；岳索，原任内阁侍读学士；诺谟浑，原任护军参领兼佐领；瓦尔达，原任佐领；星德，原任头等侍卫兼佐领；揆叙，原任都察院左都御史；揆芳，系和硕额驸。元孙：辉色、栢色、常舒、勒德俱原任佐领；礼柱，原任六品官；世禄，原任三等侍卫；达鼐，原任郎中；尼喀里，原任员外郎；巴雅图，原任骁骑校；永绥，原任兵部侍郎、副都统；永福，原任头等侍卫；福尔敦，原任七品官；雅图，现任陵寝翼长。四世孙：白起、德敏俱原任佐领；瞻岱，原任甘肃提督；宁秀，原任副都统兼佐领；延宁，现任六品官；佛保，现任三等侍卫兼佐领；文岱，现任笔帖式；岱清阿，现任三等侍卫；根泰，现任主事。五世孙：巴彦布，现任佐领；纳丹珠，现任六品官；达洪阿，现系荫生。

又金台石亲弟赛碧图之子硕色，原任五品官。孙：福拉塔，原任三等侍卫；岱通，原任冠军使；岱穆，由二等侍卫从征福建，击海寇于厦门阵亡，赠云骑尉，其子三丹袭职任二等侍卫，卒，其子雅图现袭职。赛碧图之曾孙：僧格，原任护军参领兼佐领；佟昌，原任头等侍卫；达赖，原任员外郎；苏都浑，原任七品官；苏克敦，原任佐领。元孙：登都，原任主事；恩都，现任副参领兼佐领；索柱，现任治仪正。四世孙：德礼慎，现任员外郎；能都，现任蓝翎侍卫。

又金台石亲弟阿山之孙保色，原任上驷院侍卫、侍卫班领。曾孙留住，原任郎中兼佐领。

布扬古

正红旗人，金台石兄布寨之子也，原系叶赫西城贝勒。

太祖高皇帝征服叶赫时授其弟布尔杭武为三等男，初编佐领使统之，卒，其子葛巴库袭职，两遇恩诏加至一等男，后葛巴库止袭本身恩诏所得之骑都尉，伊弟诸孔额承袭伊父之三等男，任副都统、议政大臣，因病告休，其子音图袭职，任吉林乌喇将军，缘事削革未袭。葛巴库卒，其子察克图袭职，任佐领，卒，无嗣，其亲叔之子禅岱袭职，历任吏部侍郎兼佐领。卒，其子察尔琦袭职，从征厄鲁特噶尔丹，奋勇破贼有功，优授为三等轻车都尉，任参领兼佐领。卒，其子拉特纳袭职时削去恩诏所加之职，承袭云骑尉，任委署防军参领。

布尔杭武之子硕色，原任散骑郎。孙：富拉塔，原任刑部尚书；索柱，原任护军参领兼佐领；晋保住，原任头等护卫兼佐领。曾孙：赫腾额、双全俱原任护军参领兼佐领；额伊图，原任佐领；阿穆瑚朗、众神保俱原任员外郎；齐格、德得俱原任笔帖式。元孙：世芳、富珠立俱原任佐领；葛伦泰，原任护军参领兼佐领；玉柱，原任三等护卫；察德、性泰、福森布俱现任佐领。四世孙：特克慎，现任主事；金柱，现任笔帖式；恩特赫，现任副防军参领兼佐领。

又布扬古亲弟达尔汉之子德尔苏，原任四品典仪。孙：西柱，原任刑部侍郎兼佐领。曾孙：舍尔图，原任委署护军参领兼佐领；舍林，原任副参领兼佐领。元孙：赫顺，原任佐领；舍图肯，现任长史。四世孙舒隆阿，现任佐领。

苏纳额驸

正白旗人，金台石同族，世居叶赫地方，国初来归，尚公主，封为额驸，编佐领使统之。

初征叶赫时于广宁等处屡著军功，又以任事有能，不违指使，授参将，奉旨免死罪四次，寻擢副将。从征锦州，率八旗蒙古兵丁星夜往截塔山西路，遇明兵二千，击败之。又征察哈尔，俘获二千八百余人，缘事革去副将，寻授护军统领。初设六部尚书时授为兵部尚书，取大凌河，城内兵出战，击败之。征锦州，屡败敌兵，得纛二杆，授骑都尉，寻以考绩称职，授为三等轻车都尉，缘事削去世职，授蒙古都统。征北京，于雕窝城、长安岭、昌平州等处败敌五十六次。征朝鲜，击败宁边城李元帅弁兵二千，生擒李元帅，后缘事削革。其子苏克萨哈由佐领三围锦州，屡败松山兵，叙功，授骑都尉，遇恩诏，优授为三等轻车都尉，后以伊父苏纳额驸效力有年，复其三等轻车都尉，亦令苏克萨哈承袭并为三等男，又两遇恩诏，优晋一等男兼一云骑尉。征湖广时，伪王刘文秀率伪将卢明臣、伪侯冯双礼等，统贼众六万、船千余艘，由常德分兵攻岳州、武昌，苏克萨哈伏兵游击，焚获船只，大败贼众。明臣赴水死，双礼被重创，降其伪副将等四十余员。叙功，优晋二等子，历任领侍卫内大臣，加太子太保。顺治十八年授为辅政大臣，缘事获罪，康熙八年圣祖仁皇帝特恩，赏还世职，令其子苏常绶承袭，卒，其亲兄苏永祚袭职，历任散秩大臣、护军统领兼佐领，缘事革退。其亲兄之子众神保袭职时削去恩诏所加之职，承袭三等男，卒，其亲叔之子阿林袭职，任员外郎兼佐领，缘事革退，其亲弟苏尔鼐袭职，历任护军统领，后革去护军统领，授乾清门三等侍卫，现看守陵寝。

又苏纳额驸之子：孔固济，系多罗额驸；苏玛拉，原任头等侍卫；迈色，原任二等侍卫。孙：札克丹，原任领侍卫内大臣兼佐领；绥赫，原任头等侍卫兼佐领；塞赫理，原任头等侍卫；纳赛，原任郎中；塞克精额，候补主事；图尔泰，原任三等侍卫。曾孙：阿山，原任六品官；阿柱，现任佐领。元孙：宗实，现任笔帖式；苏德，现任署正。

又苏纳额驸亲弟翁阿理、农阿理俱原任三等侍卫。

又苏纳额驸亲叔拜思瑚之子阿玉锡，由员外郎考绩称职授云骑尉，遇恩诏加授骑都尉。从征锦州，击败洪承畴兵，从征江西，屡败贼首金声桓等兵，叙功，加一云骑尉，又两遇恩诏加至二等轻车都尉，缘事降为三等轻车都尉，历任副都统，卒，其子张保住袭职，卒，其子都理库袭职，从征厄鲁特噶尔丹，奋勇破贼有功，授为二等轻车都尉，任参领，卒，其子巴喀袭职时削去恩诏所加之职，承袭骑都尉兼一云骑尉，卒，其亲弟巴泰袭职，任协领，缘事革退，削去袭次已完之云骑尉，其子正武保，现袭骑都尉。拜思瑚之孙：索咨温，原任头等侍卫，噶达浑，原任护军校。曾孙：索尔碧，原任员外郎；拉喇，原任三等侍卫；萨楚库，原任参领兼佐领；雅图，原任骁骑校；萨喜，原任笔帖式。元孙：玛思汉，现任蓝翎侍卫。

又苏纳额驸亲叔拜珠瑚之子巴达纳，系额驸。孙：巴兰，原任二等侍卫。曾孙：邦经吉，原任头等侍卫兼佐领；巴尔图，原任员外郎。元孙：二格，前议政大臣、工部侍郎，现任都察院左副都御史兼佐领。

舅舅阿什达尔汉

正白旗人，金台石同族，世居叶赫地方，国初率同里来归，编佐领使统之。攻辽东城，先登有功，复以任事有能，不违指使，授一等轻车都尉，历任理藩院尚书，天聪六年太宗文皇帝以阿什达尔汉系孝慈高皇后之弟，赐号舅舅。平定朝鲜时，指麾官军，斩杀甚众，叙功，授为三等男，后缘事降为骑都尉。其子席达理袭职，从征大凌河，屡败敌兵；征察哈尔，率二十人败贼伏兵三百；初过北京，征山东，击败太监冯永盛兵，加一云骑尉，寻任理藩院侍郎，蒙恩授为三等轻车都尉，遇恩诏授为二等轻车都尉，缘事降为三等轻车都尉，又两遇恩诏加至一等轻车都尉，卒，赐祭葬如典礼，赠太子少保，立碑纪焉。其子吴尔巴袭职，任头等侍卫、侍卫班领兼佐领，缘事获罪，后知其冤抑，给还世职。其子偏图承袭，任二等侍卫兼佐领，因病告退。其子纳奇泰袭职，历任上驷院大臣，缘事革退。其亲弟纳延泰袭职时削去恩诏所加之职，承袭三等轻车都尉，现任头等侍卫、侍卫班领兼佐领。

又舅舅阿什达尔汉之元孙纳汉泰，现任乾清门二等侍卫兼佐领。四世孙纳敏，现任蓝翎侍卫。

又舅舅阿什达尔汉亲弟安达尔汉，原任七品官，其子索密达，原任防御。孙：栢晶，原系副护军校；达最，现任护军校。

柏尔赫图

正白旗人，金台石同族，世居叶赫地方，国初来归，由前锋参领围锦州，击败松山、杏山马步兵，征宁远，城内兵出战，击败之。定鼎燕京时，追击流寇至安肃、庆都等县，斩杀甚众，叙功，授骑都尉。后破流贼，灭福王，平定河南、江南等处，俱有军功，加一云骑尉，三遇恩诏，加至一等轻车都尉。征福建，路经金华府，遇贼蔡副将兵五百，步战败之。征湖广，败贼兵千余于湘潭县，攻宝庆府，克其城。贼伪杨总兵率马步兵来取武冈州，击败其众，斩杨总兵，又两败贼首一只虎等兵。征山东土贼，斩贼首杨三元等六人，破其步兵五千余众。续征云南贼首祁三省，率兵二万余守鸡公背，奋勇进剿，斩伪将一员，生擒十九人。贼伪巩昌王，拥众在玉龙关拒战，奋击大败之，获其金印一颗。又入缅国，至阿洼城，获伪桂王有功，优授为一等男。历任前锋统领兼佐领，缘事获罪。后察其冤抑，给还世职，赐谥忠勇。其第三子栢尔肯袭职。旋又追叙伊父从前军功，优授为三等子，任散秩大臣兼佐领，卒，其子栢清额袭职，现任副都统。又栢尔赫图之长子色赫，由护军参领，从征湖广，在岩山岭击败贼伪将马宝兵阵亡，赠云骑尉。其子采宝袭职，缘事革退。其亲兄之子彭泰袭职，现任二等侍卫，委署侍卫班领，兼佐领。又栢尔赫图之次子阿尔赛，原任御史兼佐领。孙：台保，原任佐领。曾孙：栢福，现任佐领；栢宁，现任员外郎。元孙：恒柱，原任五品官。

瑚锡布

镶蓝旗人，金台石同族，世居叶赫地方，国初来归，设佐领使统之。复恩赐骑都尉，三遇恩诏，加至二等轻车都尉，历任都统，卒，其子岱库袭职，卒，其弟达尔扎袭职，任协领，卒，其子纳颜袭职时，削去恩诏所加之职，现袭骑都尉。又瑚锡布之子穆彻讷，由防军参领，两遇恩诏，授骑都尉，追滕吉思，击败土谢图汗及硕罗汗等兵。征山西，于宁武关屡败贼众。征广东，击败贼李定国步兵四万于新会县。叙功，优授为三等轻车都尉，卒，其子萨尔图袭职，任参领，卒，其子谈巴袭职，历任副都统，卒，其子谈柱袭职时，削去恩诏所加之职，现袭骑都尉。又瑚锡布之子瓦尔达，原任护军参领。孙：穆图，原任三等侍卫；穆赫讷、巴萨理，俱原任佐领。曾孙：达绥、巴龄，俱原任佐领。元孙：格尔古朗，原任佐领；谈德，现系荫生。四世孙佛保，现任佐领。

克锡讷

镶白旗人，金台石同族，世居叶赫地方，国初来归。其孙博济理，原任陵寝翼长。纳穆泰、倭济赫由废员从征黑龙江有功，授骑都尉，任佐领，卒，其子色楞额袭职，三遇恩诏，加至二等轻车都尉，卒，其孙巴尔达袭职，卒，其子钮钮现袭职。又克锡讷之曾孙额赫尔图，原任头等侍卫；阿哈尼堪，原任防军参领；吴晋泰，原任步军校；爱松武，由员外郎，从征太原府，城内兵遁出，追击大败之。征流贼，于延安府连破其营。追滕吉思，击败土谢图汗兵。叙功，授云骑尉，遇恩诏，加授骑都尉，后驻防太原府。叛贼李杨色。率兵来犯，击败之。驻防代州，击败贼首刘傅、郎方马步兵，加一云骑。历任副都统兼佐领，卒，其孙常保袭职，卒，其子常鼐袭职，卒，其子纳隆阿现袭职。又克锡讷之元孙博尔赫，原任城门尉；阿林，原任员外郎；额能格，原任佐领；德尔逊，原任二等护卫；绰克推、纳尔图，俱原任笔帖式；巴克塔由主事从征四川，至陕西宁羌州，值王辅臣兵变阵亡，赠云骑尉。其子喀萨理、清泰，先后承袭。又克锡讷之四世孙四格色，原任户部侍郎；噶尔萨，原任佐领；色尔讷，原任骁骑校；阿什图，原任狱官；能德，现任佐领。五世孙苏尔东阿，原任郎中；海清，原任佐领；石介，现任翰林院侍讲学士；释伽保，现任三等护卫；苏翰，现系看守仓库官；敏德、法林、方蔼、方泰，俱现任笔帖式。六世孙古宁阿、舒芳，俱现任笔帖式。

固三泰

镶蓝旗人，金台石同族，世居叶赫地方，国初来归。设佐领使统之，历任都统。其子格尔图原任佐领。明阿图，由佐领定鼎燕京时以委署副都统留为后队，著有劳绩，授骑都尉，后于理事官任内，五载考察，以办事有能加一云骑尉，遇恩诏，授为三等轻车都尉。卒，其子兰珠袭职，任佐领，卒，其亲兄之子常绥袭职，任佐领，卒，其孙富德袭职时，削去恩诏所加之职，承袭骑都尉兼一云骑尉，缘事革退。其叔曾祖之孙明禄现袭职。

又固三泰之孙赛璧汉，原任佐领。曾孙：增舒，原任盛京工部侍郎；哈尔泰，原任翰林院侍读；常书，原任佐领；永舒，原任主事；伊僧额、保起，俱现任佐领。元孙：观音保，原任佐领；保海，现任佐领。

阿山

镶蓝旗人，金台石同族，世居叶赫地方，国初来归。其子爱赛由护军校征北京，斩爱塔，后取大凌河，在锦州击监军道张春兵阵亡，赠骑都尉。其孙和色袭职，遇恩诏，加一云骑尉，从征湖广，于茅麓山败贼三千余众。征江西，击败贼首李茂著等兵于钟鼓山。征广东，于韶州府等处击败伪将马宝兵万余众。续征云南，击败贼伪将何继祖兵于黄草坝。贼将胡国秉等率兵万余，出云南城拒战，并击败之，叙功，优授为二等轻车都尉，卒，其子武进泰现袭职。又阿山之曾孙郭礼，原任员外郎；哈尔吉，原任防御。

瑚钮

正白旗人，金台石同族，世居叶赫地方，国初来归。由护军校从征四川，于阳平关等处击败贼伪叶总兵等兵数万余众。后至泰州，击贼阵亡，优赠骑都尉。其子颜布袭职，从征云南，击败贼伪将何继祖等兵于石门坎、黄草坝地方，叙功，加一云骑尉，卒，其子雅郎阿袭职，卒，其子锡格现袭职。

额森

正白旗人，金台石同族，世居叶赫地方，国初来归。其子额尔德，原任护军参领。孙：德尔德，原任前锋统领兼佐领。曾孙：达最、硕赖俱原任佐领；多启纳，由七品官从征察哈尔布尔尼，于大卤地方，奋勇破贼有功，授云骑尉，任护军参领，因病告退，其孙黑格袭职，现任冠军使。又额森之元孙达汉，原任佐领。四世孙锡尔哈，现任佐领。

又额森亲兄巴雅尔图之子布当奇理，由护军参领围锦州，击败松山、杏山马步兵，过北京，征山东，击败三河县马兵。破流贼，灭福王，平定河南、江南等处，屡败贼众，叙功，优授骑都尉，卒，其子董吉袭职，任护军参领，缘事革退，其亲弟之子赫色袭职，缘事革退，其子图理现袭职。

又额森亲兄巴当阿之孙福达理，原任骁骑校。曾孙卓伦，原任署正。元孙白格，现任狱官。

哈尔松阿

正黄旗人，金台石同族，世居叶赫地方，国初来归。其子新塔锡，原任佐领。曾孙：桑保，原任骁骑校；哈雅尔图，原任理藩院尚书、议政大臣；颜珠瑚，原任参领；巴泰，原任员外郎。元孙：拜山，亦原任员外郎；满泰，原任护军统领；西兰泰，原任头等侍卫；纳郎阿，现任笔帖式；拜珠瑚，由委署骁骑校从征云南，击败贼伪将何继祖等兵于石门坎、黄草坝地方，卒，后叙功，赠云骑尉，其子碧三、孙六十相继承袭。

又哈尔松阿之四世孙：纳善，原任员外郎；德明，原任笔帖式；四达色、纳海俱现任笔帖式；七十四，现任主事；纳汉，现任员外郎；林柱，现任护军校；关柱，现任步军校。五世孙：伊什泰、纳典阿俱现任笔帖式；索柱，现任骁骑校；色尔图，现系荫生。

又哈尔松阿亲叔哲赫纳之四世孙：存柱，原任笔帖式；双保，由护军校部委夸兰大，取昭定藏，著有劳绩，授云骑尉，任佐领，因病告退，其子纳尔太现袭职。哲赫纳之五世孙：宝善，原任骁骑校；金山，现任开归道；松山，现任笔帖式。

瑚沙拉

正白旗人，金台石同族，世居叶赫地方，国初来归。其孙：黄楚，原任三等侍卫；色赫，由护军校从征山东，击败贼首吕思渠等兵数万余众，征察哈尔布尔尼，于大卤地，奋勇破贼有功，授云骑尉，后征云南，击败贼伪将胡国秉等兵二万余众，叙功，授为骑都尉，卒，其子音岱袭职，卒，其子关柱现袭职。又瑚沙拉之曾孙：库理，原任员外郎；满丕，原任步军校；迈图，原任骁骑校。元孙：扬阿布、奇尔格德，俱原任笔帖式；赫达色，现任骁骑校。

刚阿达

正白旗人，金台石同族，世居叶赫地方，国初来归。授为游击，征叶赫，攻克铁门，太祖高皇帝嘉其绩，以其兄弟族众，及来归之满洲等，编佐领使统之，卒，无嗣，其亲兄达岱承袭，卒，其子色尔图承袭，卒，其亲叔之孙舒书承袭，任头头侍卫，卒，其弟色克承袭，任三等侍卫，卒，其亲兄之子舒鲁承袭，任三等侍卫，卒，其弟常保承袭，任二等侍卫，卒，其亲兄之子敦柱现袭佐领。

又刚阿达亲兄拉岱之曾孙：舒鲁克，原任笔帖式；留德，现任骁骑校。

韶瞻

镶蓝旗人，金台石同族，世居叶赫地方，国初来归。由护军校从征湖广，在衡州府击贼阵亡，赠云骑尉。其子哈尔费颜、孙佛保相继承袭。又韶瞻之孙五十六，现任骁骑校。

哈尔萨

正白旗人，金台石同族，世居叶赫地方，国初来归。其子：明阿图，原任护军参领；克宜勒，原任护军校。孙：瓦尔达，原任都统；萨克萨哈，原任郎中。曾孙：奇臣，原任员外郎。元孙：桑格，现任委署护军参领。

苏霸海

镶蓝旗人，金台石同族，世居叶赫地方，国初来归。其子：莽武，原任三等侍卫；德尔德赫，原任护军统领；拉玛，原任都统兼佐领；倭赫纳，原任佐领。孙：马尔汉，原任护军统领；拉瑚，原任郎中；博勃尼，原任护军参领；罗济，原任二等护卫；额赫纳，原任都统兼佐领；倭伸，原任笔帖式。曾孙：齐式，原任护军参领；瑚巴，原任二等护卫；布岱，原任参领；色内，原任护军校；色克霸，原任二等护卫；色理、霞塔理俱原任佐领；赫雅图，原任笔帖式。元孙：观音保，原任骁骑校；宁古齐、色赫俱现任佐领。四世孙：翰札，原任佐领；哈准，现任佐领。

阿拜

正红旗人，金台石同族，世居叶赫地方，国初来归。其子：诺谟图，系多罗额驸；鄂迈，原任二等护卫。孙：郭思海，原任兵部尚书；安泰，原任副都统。曾孙：萨穆岱，原任郎中；明舒，原任佐领；吴善，原任参领兼佐领；星泰，现任三等护卫。元孙：赫什，原任员外郎；齐克慎，原任御史；德顺、德成，俱原任笔帖式；齐克腾，现任五品典仪；庆泰，现任佐领。四世孙：佛昌，现任笔帖式。

爱敏台吉

正白旗人，金台石同族，世居叶赫地方，国初来归。其子齐峇浑，原任内阁侍读。孙察库，原任户部侍郎。曾孙：成文，原任编修；果尔敏，现任员外郎。元孙：清德，原任主事；亮揆，现任狱官。

巴颜

镶白旗人，金台石同族，世居叶赫地方，天聪时来归。其子马尔泰，原任骁骑校。孙：马兰泰，原任笔帖式；马进泰，原任工部侍郎；骚达色，原任二等护卫。曾孙：富明，现任知府；富有，现任笔帖式，由正黄旗改隶。

喀山

镶蓝旗人，世居叶赫地方，国初来归，授骑都尉。从征辽东有功，授为三等轻车都尉。又击毛文龙兵，斩首备二员并歼其众，授为三等男。又以抚育公主勤劳，授为一等男，三遇恩诏，加之二等子，卒，赐谥敏壮，照一品大臣例立碑。其子纳海，由佐领，从征锦州，屡败松山、杏山马步兵，又击败洪承畴三营兵，叙功，授云骑尉，三遇恩诏，加至轻车都尉，后承袭伊父之二等子，并为二等伯，卒，无嗣，其亲弟纳亲袭职，年老告退，其子穆理台袭职，任长史兼佐领，因病告休，其子奇善袭职时，削去恩诏所加之职，承袭一等男，兼一云骑尉，现任副护军参领兼佐领。

又喀山之孙：赫尔图，原任佐领；六格，原任三等护卫；石柱，原任二等护卫。曾孙：关柱，现任佐领；额林，现任二等护卫；台敏，现任五品官；新泰，现系监生。元孙：喀尼，原任主事。

又喀山亲伯温托浑之子拜山，原任护军校。孙爱音图，原任委署护军参领。曾孙：赫雅图，原任步军校；希佛，原任三等侍卫；锡尔图，原任銮仪卫銮仪使兼佐领；新柱，由主事奉使云南被害，优赐骑都尉，其子桑格色袭职，卒，其子进朝现袭职。温托浑之元孙：哈达浑，原任三等侍卫；存保柱，原任佐领；五达色，现任护军校。四世：孙铁柱，原任三等护卫。五世孙：常清，原任笔帖式，由正黄旗改隶。

古鲁格楚瑚尔

正白旗人，世居叶赫地方，天聪时，察哈尔国掳掠归化城人民，往投唐古特国，古鲁格楚瑚尔收集其众来归。太宗文皇帝嘉奖，授一等男，将收集人民编为旗分佐领，使统之，即令居住归化城，定鼎燕京时，授为三等子，历任都统，卒，其子吴巴什岱袭职，卒，其子阿玉玺袭职，卒，其子多尔济袭职，缘事革退，其叔祖之孙丹津袭职，历任都统，卒，其伯祖之曾孙扎什泰袭职，现任三等侍卫兼佐领。

又古鲁格楚瑚尔之子：吴珠玛，原任佐领；锡喇普、阿尔纳俱原任都统。孙：古睦德，亦原任都统；达什、色楞俱原任参领兼佐领；策旺、朋素克俱原任佐领。曾孙：额林亲，原任佐领；斑住尔，现任佐领。元孙：达萧，原任副都统、散轶大臣；札普，现任参领兼佐领；扎尔，现任骁骑校；章嘉，现任佐领。四世孙傅勒赫，现系荫生。

鄂谟克图巴图鲁

正蓝旗人，世居叶赫地方，国初来归。由护军校，从征大同，攻保安城，先登克之，赐巴图鲁号，授三等轻车都尉；征黑龙江，斩获甚众；初过北京，征山东，击败太监冯永盛兵，围锦州，屡败松山、杏山马步兵，授为二等轻车都尉；定鼎燕京时，追流贼至安肃、庆都等县，屡败之，授为一等轻车都尉；从征四川，击败贼张献忠兵，加一云骑尉；三遇恩诏，加至一等男，历任副都统，兼佐领，卒，赐谥襄壮。其子绰世琦袭职，卒，其子瑚什屯袭职，现任护军参领。

又鄂谟克图巴图鲁之子春对，由佐领平定云南于黄草坝地方，破贼伪将王有功等兵二万余众，叙功，授云骑尉，任护军参领，兼佐领，卒，其子鄂索理现袭职。

又鄂谟克图巴图鲁之孙：兴常，原任护军参领；鄂尔弼图，原任护军参领，兼佐领。曾孙：常住，现任员外郎；明住、瑚图理，俱现系荫生。

又鄂谟克图巴图鲁亲伯阿海，原任游击。其子哲禄，原任步军校。孙：温保，原任陕西巡抚；翁果春，原任员外郎。曾孙：华喇，原任员外郎。元孙：伊三，原系举人；明善，现任主事。

吴达哈

镶红旗人，世居叶赫地方，国初来归，设佐领使统之。其子尼堪，原任佐领。孙：杨格，亦原任佐领。

又吴达哈亲弟和托，由护军校，初过北京，征山东，于丰润县击败敌兵；又攻深州、博平县，俱克其城，叙功，授云骑尉；后征黑龙江，获丁壮一百三十五名，授为骑都尉；围锦州，击败松山、杏山马步兵，又败洪承畴三营兵。定鼎燕京时，入山海关击败流贼马步兵二十万众，优授为二等轻车都尉。又于理事官任内，五载考察，办事有能，授为一等轻车都尉，遇恩诏，加一云骑尉，卒，其子科普索袭职，两遇恩诏，加至二等男。从征湖广，在茅麓山击贼阵亡，后赠为一等男，兼一云骑尉。其子华色，分袭一等轻车都尉，兼一云骑尉。其弟和伦，分袭三等轻车都尉，和伦缘事革退。其子黑色，现袭职。华色卒，其亲叔之子礼海袭职时，削去恩诏所加之职，现袭三等轻车都尉。又吴达哈亲叔三瞻，原任三等护卫。其子三达色，原任二等护卫。孙陶格，原任三等护卫。曾孙：吴达理，原系荫生。元孙：伊礼布，原任佐领。四世孙：石格，现任佐领。又吴达哈族弟岱哈拉、达色，俱原任佐领。族曾孙：西特库，亦原任佐领。族元孙：阿尔素，现任佐领。

博屯

正黄旗人，世居叶赫地方，国初来归，授扎尔固齐。其子满达理由佐领，从征辽东阵亡，赠骑都尉。其子舒书袭职，定鼎燕京时，如山海关击败流贼马步兵二十万众，叙功，加一云骑尉，三遇恩诏，加至一等轻车都尉。从征汉中府南头关地方，击败贼众，征广东，败贼李定国兵于新曾县，又加一云骑尉，卒，其子哲库讷袭职，卒，其子长明袭职，卒，其子纳兰泰袭职时，削去恩诏所加之职，承袭三等轻车都尉，缘事革退。其亲弟纳音库袭职时，削去诏后军功所得之职，现袭骑都尉，兼一云骑尉。又博屯之子博尔辉，原任佐领；索浑，原任骁骑校；孙福哈，原任三等侍卫。曾孙：苏保，原任防御；昂安巴，原任协领。元孙：福德，现任笔帖式。四世孙：赫深，原任主事。又博屯叔祖鼎琥封齐之曾孙：尼堪，原任五品官。元孙：尼玛拉，原任员外郎；二格、玛儿泰，俱原任步军校；洪科，原任协领。四世孙：二海，原任头等侍卫；定柱，现任八品官。又博屯族孙：迈图，原任启心郎；萨兰，原任二等侍卫。曾孙：迈音达，原任兵部侍郎；富尔丹，原任副都统；瑚图，原任步军校；萨尔泰，原任佐领；

三塔，原任参领；哈达，原任七品官。元孙：瑚伦，原任步军校；同苏，原任六品官；关东，原任中书；赫尔泰，现任骁骑校；穆克图库，现任七品官。四世孙：广德，原任中书；安缘，现任三等侍卫；石赫，现任护军校。五世孙：纳楞泰，现任二等护卫，侍卫什长。

安达理

正红旗人，世居叶赫地方，国初来归。由闲散驻防牛庄时，追杀蒙古逃人，攻永平，奋勇登城，取额哲时，同四十人入明边埋伏，遇敌兵二百余，击败之，叙功，授骑都尉。围锦州，击败松山、杏山马步兵。又破洪承畴三营兵，加一云骑尉，历任副都统，卒，其子阿济赉袭职。定鼎燕京时，入山海关，击败流寇；克太原府时，败流贼马步兵于黄河渡口；进兵湖广于武昌府连破流贼二营，叙功，授三等轻车都尉，三遇恩诏，加至一等轻车都尉，兼一云骑尉，历任副都统，卒，其子海都袭职，任防御，卒，其亲叔之子永绶袭职，卒，其子福长袭职时，削去恩诏所加之职，承袭三等轻车都尉，卒，其伯祖之孙常春保现袭职。又安达理之子多内，原任护军参领；瑚锡布，由协领，从征厄鲁特噶尔丹，奋勇破贼有功，授云骑尉，卒，亦令长春保承袭，并为二等轻车都尉。又安达理之孙：班第，原任协领；鄂密善，现任佐领。

阿布泰

正白旗人，世居叶赫地方，国初先众来归，授骑都尉，任佐领，卒，其曾孙莽吉禄袭职，三遇恩诏，加至二等轻车都尉，从征广东，于新会县屡败贼李定国兵数万余众，叙功，授为一等轻车都尉，历任荆州将军，卒，其子色尔敏袭职时，削去恩诏所加之职，承袭骑都尉，兼一云骑尉，卒，其亲弟色特袭职，缘事革退。其亲兄之子僧保袭职，僧保前蒙特恩，已授为云骑尉，合并色特之职，授为三等轻车都尉，任三等侍卫，卒，其亲叔之子德保袭职时，削去诏后军功所得之职，现袭骑都尉，兼一云骑尉。又阿布泰之子阿山，原任头等侍卫。孙：楞柱，原任都统。元孙：色克图，现任护军参领。

星格理

镶黄旗人,世居叶赫地方,天聪时来归。由闲散过北京,征山东,梯攻平县,第二登城克之,授云骑尉,三遇恩诏,加至三等轻车都尉,卒,其子舒书袭职,从征浙江,在衢州府击贼阵亡,赠为二等轻车都尉。其子索柱袭职,历任副都统,卒,其子索保袭职时,削去恩诏所加之职,现袭骑都尉。又星格理之子永爱,原任户部侍郎;岳拜,原任陵寝总管。孙:希佛,原任鸿胪寺卿;汉琦,原任笔帖式;绥山,原系副护军校;瑚仆塔,原任二等侍卫。曾孙:萨木哈现任笔帖式。

额塞

镶白旗人,世居叶赫地方,天聪时来归。由闲散过北京,征山东,梯攻吴桥县,第二登城克之,授云骑尉,两遇恩诏,加至骑都尉,兼一云骑尉。围锦州,击败松山马步兵。平定淮安,破流贼兵四万余众。征江西,贼首王得仁率马步兵七千来犯,击败之,叙功,授为三等轻车都尉,又遇恩诏,授为二等轻车都尉,寻升护军参领。从征湖广,在衢州府击贼阵亡。其子满色袭职,卒,其子马成额袭职时,削去恩诏所加之职,承袭骑都尉,兼一云骑尉,卒,其子德绥现袭职。

苏巴海

正黄旗人,世居叶赫地方,国初来归。其孙吴尔佳齐,由闲散过北京,征山东,梯攻滕县,第二登城克之,授云骑尉,三遇恩诏,加至三等轻车都尉,历任光禄寺卿,卒,其孙锡山袭职,卒,其子常明袭职时,削去恩诏所加之职,承袭云骑尉,卒,其亲叔七达色现袭职。又苏巴海之孙穆成额,原任副都统。曾孙:海伦,原任御史;海图,原任员外郎;哈锡屯,原任二等侍卫;桑格,原任内阁学士兼礼部侍郎;赫雅,原任笔帖式。

萨海

镶白旗人,世居叶赫地方,国初来归。由闲散从征大同,以攻克小石城有功，授云骑尉，卒，其子硕色袭职，卒，其子硕礼袭职，卒，其子纳秦现袭职。

赖都

镶黄旗人，世居叶赫地方，天聪时来归。其子常喀，原任上驷院大臣；布颜，原任佐领。孙：文察，原任步军校；浩善、布尔桑阿，俱原任笔帖式；布雅穆，原任八品官。曾孙：布达理，亦原任八品官。绰鼐由护军校从征云南、贵州，于凉水井地方，击败贼伪侯李成蛟等兵九千余众。又两败贼李定国兵于双河口、磨盘山。征陕西，击败逆贼王辅臣兵于平凉府，任护军参领，卒，后叙功，赠云骑尉。其子桑安保袭职，任郎中，卒，其子托清额现袭职。又赖都之元孙：赫成额，原任户部侍郎；留住，原任主事；额尔备，原任笔帖式。四世孙：盛德，原任六品官；成德，现任员外郎；德尔弼，现任光禄寺少卿，兼佐领。五世孙：纳占，现任大使；纳林，现任笔帖式。

图尔坤

正蓝旗人，世居叶赫地方，国初来归。其孙额普特，原任员外郎；钟贵，由通政使司参议，从征湖广，在衡州府击贼阵亡，赠云骑尉。其子费扬古、孙：纳泰，相继承袭。又图尔坤之曾孙：绥鼐，原任都察院副都御史；萨弼，原任郎中；南泰、萨穆鲁，俱原任笔帖式。元孙：常明，原任郎中；纳颜，原任主事；常德，原任三等护卫；纳琳、常安，俱原任护军校；哈锡、常锡，俱原任笔帖。四世孙：兆吉，原任中书；兆鉴，现任笔帖式；兆成，现系贡生。

按：图尔坤，与本旗同里纳穆占、镶红旗伊巴丹地方巴奇兰、镶蓝旗辉发地方通贵等同族。

巴禧

正蓝旗人，图尔坤同族，世居叶赫地方。国初率子孙来归，授云骑尉。寻奉命驻守四间房，将叶赫逃来之人陆续收集五十六名，编佐领使统之，卒，其子绥哈袭职，兼佐领，三遇恩诏，加至三等轻车都尉，卒，其子常绥袭职，卒，其亲兄之曾孙常古理袭职时，削去恩诏所加之职，承袭云骑尉，卒，其叔曾孙之子成德现袭职。又巴禧之孙多迈、赫硕色，俱原任佐领；赍都，现任佐领。曾孙：萨哈连、苏楞额，俱原任护军校；成柱，现任亲军校。又巴禧之弟巴扎尔，原任防御。弟之子敬古尔岱，原任员外郎。孙：宗神保、纳定，俱原任护军校。

福哈禅

镶黄旗人，世居叶赫地方。国初来归，任护军校。其子哈玛海，由护军校从征湖广，在茅麓山击贼阵亡，赠云骑尉，无嗣。其亲弟色尔特袭职，卒，其子吉赛袭职，任员外郎。又福哈禅之孙吉尔德，原任护军参领；吉尔斋，现任骁骑校。

苏赫

镶白旗人，世居叶赫地方，国初来归。其子华色由委署护军校从征云南，击败贼伪将何继祖等兵于石门坎、黄草坝地方。叙功，授云骑尉，任佐领，卒，其子常在袭职。

尼喀达

镶蓝旗人，世居叶赫地方，国初来归，任城门尉。其子托三泰，原任郎中。孙：安布，原任员外郎。又尼喀达亲兄之子苏尔达，由笔帖式从征湖广，在湘阴县飘凤山击贼阵亡，赠云骑尉。因无嗣，其亲叔之孙盛布袭职，任头等护卫，卒，其子佟保柱现袭职。

武泰

镶黄旗包衣人。世居叶赫地方。国初征服。其曾孙汉楚哈，原任上驷院侍卫；锡纳尔图，原任茶房总领；党恺，由二等侍卫围锦州，击松山兵两手被伤，于归化城地方追斩逃亡之蒙古毕里客，获其妻子牲畜以归。虽不及叙功，念其累世效力，授云骑尉，卒，其子噶达浑袭职，任郎中。又武泰之元孙都尔海，原任佐领；鄂尔浑，原任员外郎；穆楚，原任笔帖式。四世孙：鄂伦泰、鄂罗逊，俱原任员外郎。五世孙：纳俊，现任笔帖式。

巴班

正白旗人，世居叶赫地方，国初来归。其孙忠魁，原任主事。曾孙：华齐哈，原任骁骑校；西图，原任防御；岱清，原任护军校；元孙：苗色，原任参领；张保住，由委署护军参领从征准噶尔，在乌逊珠儿地方，击贼阵亡，赠云骑尉。其子张仙保现袭职。

按：巴班，与本旗同里德肯同族。

肯济克

正白旗人，世居叶赫地方，国初来归。其孙六十由委署护军校从征浙江，于郭塘山等处屡败贼伪将刘国轩兵。续征云南，击败贼伪将何继祖等兵于石门坎、黄草坝地方，叙功，授云骑尉，卒，其子富受袭职，卒，其子凌德现袭职。

瑚席布

镶红旗人，世居叶赫地方，来归年分无考，任骁骑校。其子蒙古尔岱，原任郎中；华色，原任副都统。孙：兴保，原任头等护卫；四保，原任长史；钮勒，原任二等护卫；苏尔巴，原任骁骑校；曾孙：塞克，原任佐领；常安，现任浙江巡抚。常钧，现任知府。元孙：常敏，现系荫生。

托普齐

正蓝旗人，世居叶赫地方，国初来归，任游击。其子昂霭，原任护军校。孙：祝山，原任盛京户部侍郎，兼佐领；鄂岱，原任甘肃布政使；托岱，原任笔帖式；托格，原任八品官。曾孙：卓泰，原任助教；福嵩，现任员外郎；刚灵，现任骁骑校。元孙：明福，现任笔帖式；托岱，原任笔帖式；托格，原任八品官。

楞僧吉

正黄旗包衣人，世居叶赫地方，天聪时来归，原任内务府总管。其子佛保，原任内管领。孙：和诚，现任员外郎；云升，现任内管领。

拜窦

镶白旗人，世居叶赫地方，国初来归。其子哈锡玛原任銮仪卫銮仪使。孙：哈拉，原任七品官；海林，现任骁骑校，由镶黄旗改隶。

以上俱系应立传之人。其余无事迹可立传者，附载于后。

　　镶黄旗萨穆哈图，其子吴讷赫，原任牛羊群总管。曾孙：图克善，原任佐领；老格，现任城守卫。元孙：徐前柱，现任主事。

　　包衣堪锡，原任协领。其子占泰，原任护军校；八格，原任员外郎。孙：常绥，原任郎中；珠旒，原任护军参领；伊尔泰，现任侍卫署参领。曾孙：华色，原任员外郎。

　　阿哈硕色，其子雅尔泰，原任佐领。

　　台楚，其元孙多起，原任郎中，参领兼佐领。四世孙：杨格，现任护军校。五世孙：六达色，亦现任护军校。

　　苏布禄，原任牧长。其曾孙鄂多理，原任笔帖式；齐什，现任骁骑校。

　　吴达哈，其子萨哈廉，原任骁骑校。

　　昂阿喇，其曾孙赫旒，原任护军校。

　　萨克达理，其子哈锡泰，原任牧长。

　　佛罗，原任铁匠协领。

　　正黄旗穆尔善，其孙叶臣，原任郎中。曾孙：赫尔图，原任笔帖式；纳存，现任六品官。

　　岱察，其曾孙金保柱，现任副护军参领。元孙：岱清阿，原任护军校；扎隆阿，现任蓝翎侍卫。

　　尼雅汉，其曾孙效顺阿、吴察理，俱原任护军校，元孙：鄂尔岱，亦原任护军校；舒书，原任步军校；密思翰，现任佐领。四世孙：噶尔珠，原任笔帖式。

　　堪楚瑚，其子巴都瑚，原任护军校。曾孙：索柱，原任骁骑校。

　　巴满岱，其孙图们德，现任护军校。

　　包衣舒蕃，原任八品催总。

正白旗巴当阿，金台石同族，其子额尔吉善，原任三等侍卫。孙：拉穆哈，原任二等侍卫；喀尔楚浑，原任三等侍卫。曾孙：雅尔纳，现任护军校；六格，现任防御；七格，现任亲军校。

巴雅礼，金台石同族，其子托尔馨，原任前锋校。孙：噶尔哈图，原任员外郎；噶赖，原任七品官。

布彦图，金台石同族，其子德尔德赫，原任步军副尉。孙：珠满、佛保、白起，俱原任三等侍卫。

德肯，其孙双鼎，原任郎中；耀礼，原任防御。赫雅图、七格，俱原任笔帖式。曾孙：南保，原任七品官；按德肯，与本旗同里巴孙同族。

犟布，其孙杨保，原任御史。

鄂博诺，原任步军校。其子鄂和岱，原任骁骑校。

喀尔喀玛，其曾孙四格，原任骁骑校。

阿苏理，其子费扬古，原任骁骑校。

库魁，原任护军校。其孙铁柱，现任骁骑校。

包衣雅尔布，其孙绰内，原任司库。曾孙：舒色，原任郎中、参领兼佐领；二格，原任膳房总领；海雅尔图，原任司库；浩善，原任参领。元孙：珠赫德，原任蓝翎侍卫；特克慎，现任护军参领。四世孙：五十九，现任都司。

正红旗福松额，其孙蒙阿，原任中允。曾孙：穆齐哈，现任防御。

噶什贤，其曾孙克英格，原任护军参领。

谟络，其四世孙穆尔泰，原任主事；米桑阿，原任协领；春岱，原任护军校。五世孙：和伦泰，原任防御；刚爱，原任员外郎；雅尔吉，原任护军校。

嘉浑，其孙舒伦，原任步军校。元孙：新德，现任员外郎。

格布库，其子塔齐布，原任二等护卫。孙：阿锡坦，原任七品典仪。

格尼，其孙布尔赛，原任五品官，曾孙：绥哈达、雷成、俱原任护军校。元孙：黑达色，原任中书。

拜锡，其曾孙瓦克善。现任步军校。按拜锡，与本旗张地方多博诺同族。

多络，其元孙鄂理尼，原任骁骑校；费扬古，原任防御。

福尔丹，其孙达兰泰，原任护军校。

包衣额尔济，其子西特库，原任六品官；孙翰扎，原任参领。曾孙：纳兰泰，现任六品官。

布拉克图，原任典仪，其子穆尔萨，原任三等护卫。孙：玛色、常武，俱原任护军校。

星额理，原任护军校，其子常禄，原任司库。

镶白旗拉穆泰，其子永贵，原任参领。孙：赫雅图，原任七品官；阿哈、瓦汉，俱原任佐领。

亨泰，其曾孙衮泰，原任护军参领；金泰，现任护军校，由正白旗改隶。

塔绥，其元孙纳汉岱，原任员外郎。四世孙：章索柱，原任防御；章福绥，原任佐领；玛色，原任骁骑校，由正白旗改隶。

格巴库，原任佐领。其孙存柱，原任主事。

雅郎阿，其孙武格，原任骁骑校。

镶红旗克尔苏，原任骁骑校，其子克德穆，亦原任骁骑校；克音布，原任护军校。孙：吴达纳，原任委属参领；鄂拜，原任中书。曾孙：偏图，原任员外郎；米色纳，原任头等护卫。元孙：赫成额，现任三等护卫；长生，现任护军校；三保，现任骁骑校。

堪泰，其子柏齐，原任协领。孙巳克三，原任五品典仪，又堪泰亲弟葛霸库之孙苏瑚素，原任护军校。

苏崇阿，其孙鲁岱，原任佐领。曾孙：胡西布，原任骁骑校；吴云保，现任护军校。四世孙：佟泰，原任典仪；岱林，原任举人。

岱敏，原任骁骑校。其曾孙莽吉图，亦原任骁骑校；岱达，原任步军校。元孙：长旒、石构，俱原任护军校；阿晋泰，现任护军校。四世孙：赫善，原任护军校；来升，现任骁骑校。

新达尔汉，其孙宪特赫，原任三等护卫；丹巴，现任骁骑校。元孙：德楞额，原任护军校；扎兰泰，现任护军校；由本包衣改隶。

尼堪硕色，其子松果拖，原任骁骑校。孙：吴兰泰，原任前锋校。长保，现任防御。曾孙：翁爱，现任骁骑校。

额能额，其子阿尔纳，原任骁骑校。

正蓝旗穆汉，其曾孙罗徹，现任前锋侍卫。

纳穆占，其元孙萨哈禅，原任五品官；吴进泰、星额泰，俱原任护军校。四世孙：吴森图，原任三等护卫；石柱，现任骁骑校。

按：纳穆占，原本旗同里图尔坤，镶蓝旗辉发地方通贵等同族。

温布禄，纳穆占同族，其子达尔汉，原任步军校。

占，其元孙佛络科，现任委属主事；明保，现任笔帖式。

占布禄，其曾孙苏赫臣，原任笔帖式。

镶蓝旗和托，金台石同族，原任护军参领，其孙穆尼，原任翰林院侍读。曾孙：穆尔禅，现任亲军校。

阿那布，金台石同族，其孙硕罗，原任郎中。

商吉努，金台石同族，其子音图，原任笔帖式。孙：金保，现任护军校。

济穆图，金台石同族，原任笔帖式。

哈达萧，其四世孙穆成额，原任笔帖式。五世孙：赫达色，原任长史；隆科，原任城门尉；白存，原任五品典仪。六世孙：法都善，原任护军校；钟古尔岱，现任前锋校；兆赖，现任头等护卫。

苏巴纳林，其子乌理玛，原任翼长；和托，原任护军参领。孙：乌尔瑚慎、佛伦，俱原任护军校，曾孙：巴延布，亦原任护军校。

巴尔喀，其曾孙敦拜、章通保俱原任二等护卫；来达，原任护军参领。元孙：都纳，现任护军校。

喀喇，其孙南达尔汉，原任协领。元孙：乌尔泰，现任护军校。

萨哈达，其子拜和托，原任防御。孙：鄂密素，原任护军校。

包衣和济海，其孙楚班，原任五品典仪。曾孙：颇廉，现任护军校。

浑岱，其孙喀山，原任护军校。

葛肯，其曾孙拜殷岱，原任护军校。

以上俱世居叶赫地方。系国初来归之人。

镶黄旗尼雅哈，其孙图克善，原任员外郎。曾孙：达都色，原任骁骑校。元孙：噶林，现任蓝翎侍卫。

包衣叶赫齐，其四世孙保柱，原任牧长。

正黄旗额尔讷，其孙和尔屯，现任步军校。

颜珠瑚，其子和索理，原任骁骑校。

瑚尔禅，其孙常安，现任护军校。

敦岱，原任骁骑校。

阿萧，其元孙荆州，原任骁骑校。

包衣纳兰泰，原任牧长，其曾孙纳延泰，现任内管领。

按：纳兰泰与镶白旗包衣乌喇地方阿林同族。

佛尔赫，其曾孙王存，原任内副管领。元孙：瑚什塔，原任内管领。

夏瑚达，原任笔帖式。其子扎尔瑚，原任主事。孙：吴进泰，原任司库。

成泰，原任牧长。其孙众神保，原任笔帖式。

翁果图，其子瓦尔达，原任牧长。

纳绶，其曾孙达翰，现任牧副。

镶红旗三达色，其子常泰，原任护军校。

阿纳布，其孙穆成额，原任骁骑校。

纳郎阿，原任护军校。其孙科萨纳，原任护军校。

镶蓝旗阿纳达，原任骁骑校。其子吴达禅，原任护军校。

以上俱世居叶赫地方，系天聪时来归之人。

镶黄旗穆达禅，其子库尔库，原任护军校。孙：岱通，现任护军校。

包衣陶泰，其子陶迈，原任内管领。孙：关保，亦原任内管领；海安，亦原任膳房总领。元孙：八十六，现任护军校。

费扬古，其子麻色，原任厩长。曾孙：瑚锡泰，现任笔帖式。

章嘉，原任厩长。其孙法尔萨，原任牧长。元孙：常英，现系生员。

迈图浑，原任牧长。其子阿尔泰，原任厩长。

正白旗包衣格勒布，原任郎中。其子舒书，原任笔帖式。孙：偏图，原任郎中。

约和理，原任内管领。其子布尔起，亦原任内管领。孙：锡图库，原任牧长。曾孙：雅图，原任笔帖式。

索凌阿，其元孙穆特布，现任笔帖式。

阿本岱，其子伊图库，原任护军校。

本布理，原任厩长。

正红旗包衣纳进，其子苏拉泰，原任包衣大。

恒格，其曾孙荣武，现任骁骑校。元孙：二达色，原任护军校。

镶白旗巴岱，其孙伊理布，原任护军校。曾孙：伊奇那，原任内阁侍读学士；六十、巴赉，俱原任护军校。元孙：额尔登，现任笔帖式。

永蔼，其子吴纳哈，原任佐领。孙：吴达禅，原任二等护卫。

彻尔博赫，其孙福尔丹，原任主事。由正黄旗改隶。

班积喇，其孙拉克塔，原任护军校，由正黄旗改隶。

伸豸，其孙章保，原任护军校。

　　包衣爱锡喀，其曾孙罗密达，原任头等护军；穆哈连，原任六品官；赫硕色，原任笔帖式。元孙：存柱，原任护军校，由正黄旗改隶。

　　温泰，其孙觉和托，原任四品典仪；满当、昌明，俱原任八品官，由正黄旗包衣改隶。

　　图巴海，其孙商纳密，原任骁骑校。曾孙：积兰泰，原任八品官，由正白旗包衣改隶。

　　镶红旗勒锡泰，原任员外郎，其子广齐，原任郎中。孙：金达尔汉，亦原任郎中。曾孙：罗密，原任佐领。

　　罗多理，其曾孙金山，现任护军校；固楞泰，现系副骁骑校。

　　满窦，其曾孙德保，现任护军校。

　　正蓝旗额赫岱精阿，其孙尼堪，原任典仪；鄂屯，原任司库。曾孙伊玛，原任佐领；浩善，原任三等护卫；萨璧，原任头等护卫；托奇那、蒙古，俱原任包衣大；鄂索，原任八品官。元孙：和索理，原任护军校；色克图，原任司库；王保住，现任八品司匠；四世孙：鄂索理，原任护军校；色尔敏，原任包衣大。五世孙：富隆额，现任司库；纳三泰，现任八品官。

　　以上俱世居叶赫地方，系来归年份无考之人。

第二章

国家图书馆藏叶赫那拉氏
族谱文本整理

第一节 《叶赫那兰氏八旗族谱》[①]

《叶赫那兰氏八旗族谱》辑于清道光三年四月，为叶赫那拉氏第十四代玄孙额腾额编撰。谱首为额腾额所作谱序，次为世系表，尾记道光初年叶赫那拉氏后裔分布地方。世表自始祖星根达尔汉至额腾额族侄铭敦，共辑十五代，1522人。其中自祝孔革至叶赫东城贝勒金台石之孙南褚，凡六代，其人名、官职、支派、世系等多与明人冯瑗《开原图说》卷下《海西夷北关支派图》所记相符。自南褚之后，凡七代，所记人名，官职、支派世系及旗属等多与《清史稿》诸臣封爵世表和《八旗通志·旗分志》满洲八旗佐领世系相符。

一 《叶赫那兰氏八旗族谱》谱序

叶赫地方贝勒，始祖原系蒙古人，姓土默特氏。初自明永乐年间带兵入扈伦国招赘，遂有其地，因取姓曰纳兰氏。后明宣德二年，迁于叶赫利河涯建城，故号曰叶赫国。其地在开原之东北，即明所谓之北关者是也。与明交会于镇北关，与海西女真接壤。所属有十五部

① 据清道光三年钞本标点整理。

落，而人多勇猛善射者。所属地方人心悦服，俱以贝勒称之。

故始祖贝勒星根达尔汉传子席尔克明噶图，再传子齐尔哈那，三传子珠孔额，四传子太杵，生二子，长曰清佳奴，次曰杨佳奴，兄弟二人绥服叶赫诸部。各居一城，明万历十二年，为宁远伯李成梁所诱被害。清贝勒子布寨，杨贝勒子纳林布禄，各继其父，俱为贝勒。后与明交和，纳贝勒之弟金台石、布贝勒之子布扬武嗣贝勒。

在叶赫地方一百九十年，共八代，嗣贝勒十一辈，至天命三年明万历四十八年乃终。

以上俱由实录中抄出。

道光三年四月吉日敬修《叶赫那兰氏八旗族谱》，唯正白旗满州一族自始祖至现年，共十六辈，只续为十五代，幼丁系入，外族未入。

二　世系图

（一）明塔鲁木卫时期

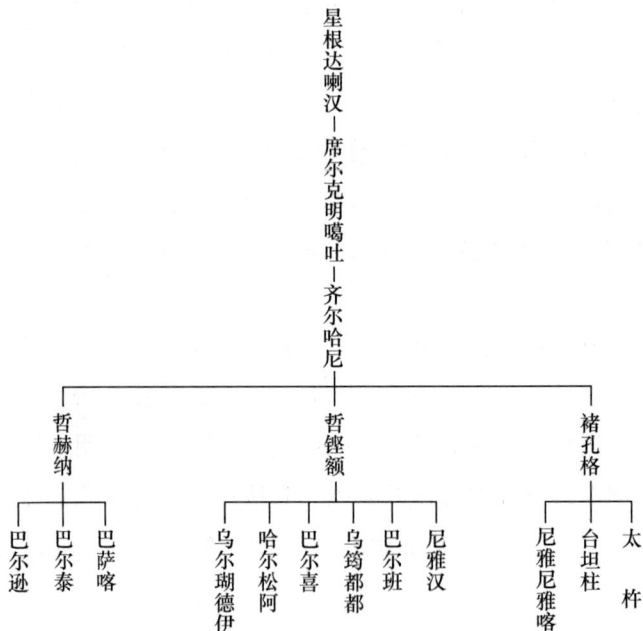

星根达喇汉－席尔克明噶吐－齐尔哈尼

哲赫纳
- 巴尔逊
- 巴尔泰
- 巴萨喀

哲铿额
- 乌尔瑚德伊
- 哈尔松阿
- 巴尔喜
- 乌筍都
- 巴尔班
- 尼雅汉

褚孔格
- 尼雅尼雅喀
- 台坦柱
- 太杵

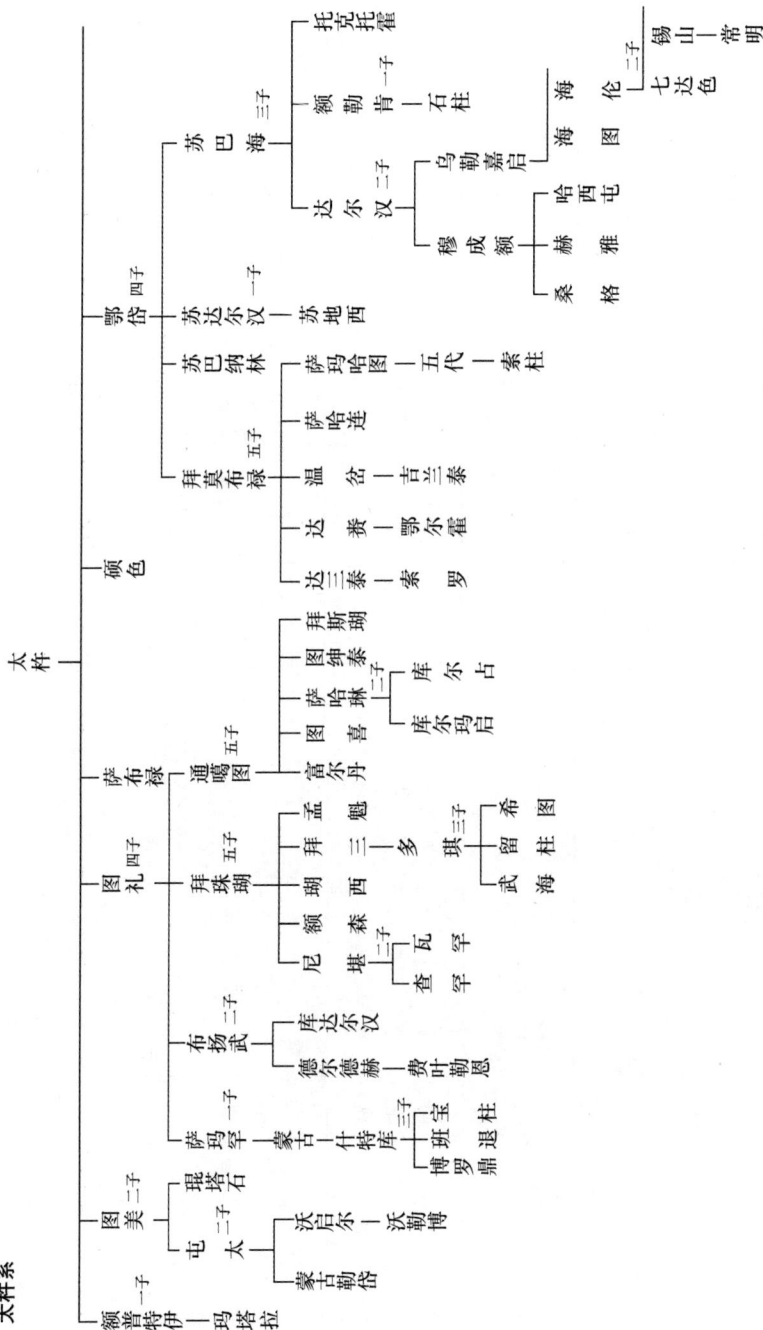

（二）鼎盛时期（即二奴时期）褚孔格格支派

大杵系

太杵

鄂岱 四子

硕色

萨布禄

图礼 四子

苏巴海 三子　托克托霍　额勒肯 一子 石柱　达尔汉 二子　乌勒嘉启　穆成额

苏达尔汉 一子　苏地西

苏巴纳林　萨玛哈图 五代 一索柱　萨哈连　拜莫布禄　温岔 一吉兰泰　达赛 一鄂尔霍　达三泰 索罗

海图　海　伦 二子　锡山 一常明　七达色　哈西屯　赫雅格　桑格

通噶图　富尔丹　拜斯瑚　图绅泰　萨哈琳 三子 库尔古　库尔玛启　图喜

拜珠瑚 五子　孟瑚　拜三魁多　额堪泰 二子 瓦　尼查罕 一罕罕　琪 三子 武海　留海　希柱图

布扬武 二子　库达尔汉　德尔德赫 一费叶勒恩

萨玛罕 一蒙古什特库　博罗班宝 三子 鼎退柱

图美 二子　琨塔石

屯 二子 太　蒙古勒岱

沃启尔 一沃勒博

额普特伊一玛塔拉

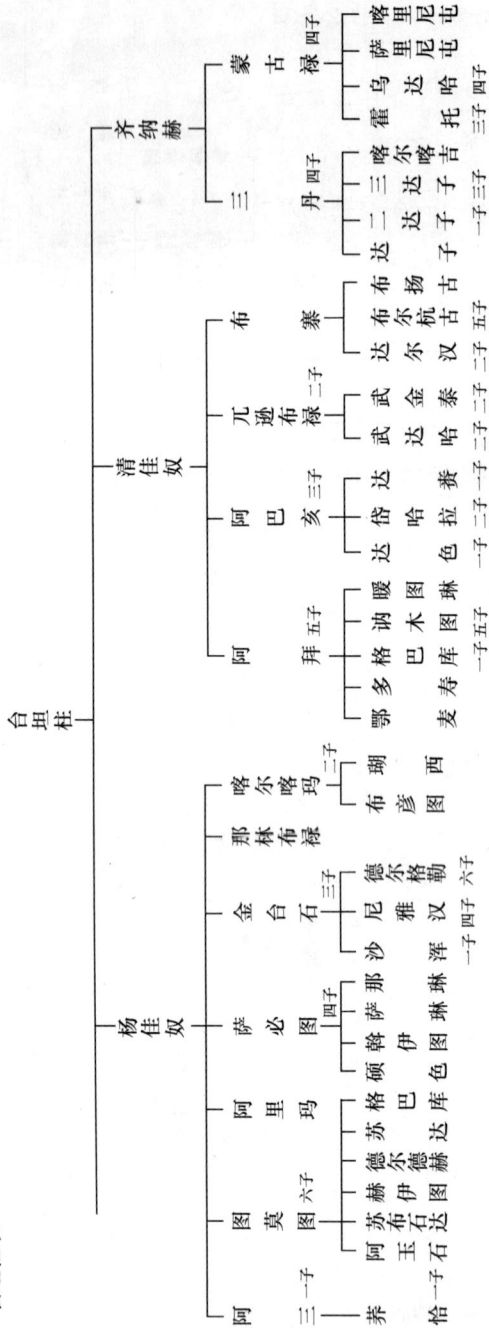

合坦柱系

合坦柱

齐纳赫

　蒙古禄　四子
　　　喀里尼屯
　　　萨里尼屯哈
　　　乌达哈　三子托
　　　霍

　三丹　四子
　　　三达　二达尔喀喀
　　　达　二子
　　　昔子　二子
　　　托　三子

清佳奴

　布
　　繁　达布尔杭古　二子　五子

　兀逊布禄　二子
　　武达　武金泰　哈　二子　二子

　阿巴亥　三子
　　达岱哈拉赛　色　二子　一子

　阿拜　五子
　　暖讷格　多巴木库图琳　麦寿　一子　五子
　　鄂多

杨佳奴

　喀尔喀玛　二子
　　布瑚　彦图西

　那林布禄
　　金台石　三子
　　　尼雅汉　德尔格勒　一子　四子　六子
　　　沙

　萨必图　四子
　　硕翰那　苏格巴伊库　色图琳浑　图琳　德尔德赫达　一子

阿图莫　六子
　　　图　阿里玛
　　苏赫伊布石达　一子
　　阿玉石　格石达赫　三子　一子

·200·

齐纳赫长子

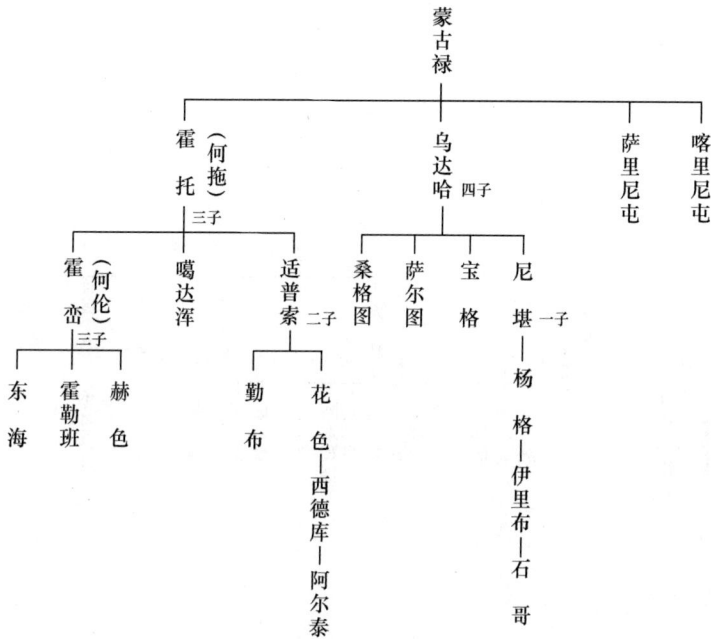

蒙古禄

霍托（何拖）三子　　乌达哈 四子　　萨里尼屯　　喀里尼屯

霍峦（何伦）三子　　噶达浑　　适普索 二子

桑格图　　萨尔图　　宝格　　尼堪 一子

东海　　霍勒班　　赫色

勤布　　花色—西德库—阿尔泰

杨格—伊里布—石哥

齐纳赫次子

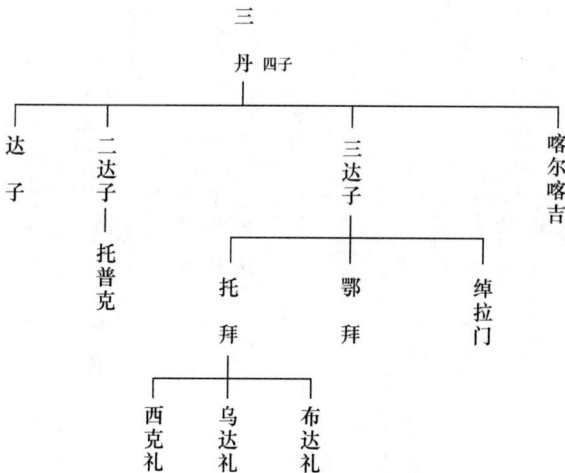

三丹 四子

达子　　二达子—托普克　　三达子　　喀尔喀吉

托拜　　鄂拜　　绰拉门

西克礼　　乌达礼　　布达礼

清佳奴长子

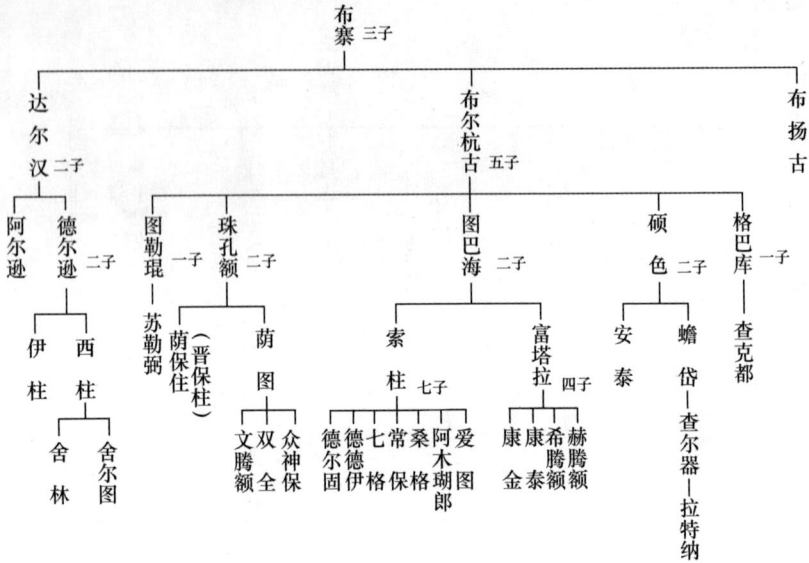

清佳奴次子

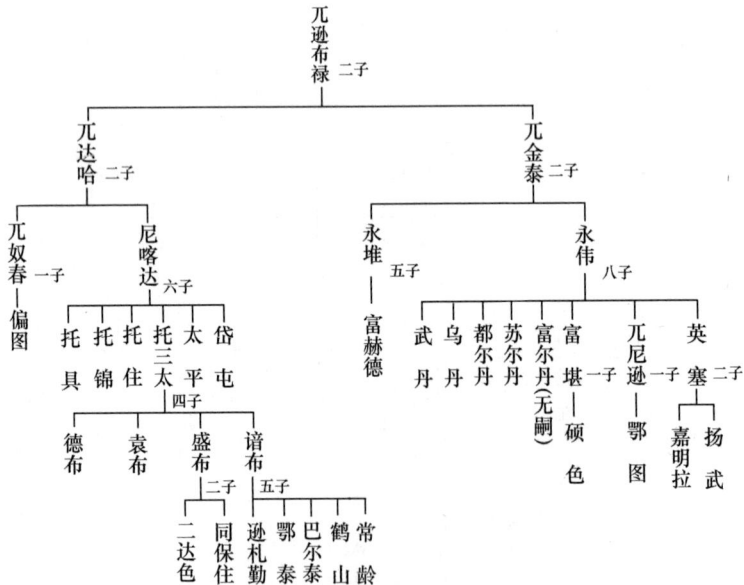

清佳奴三子

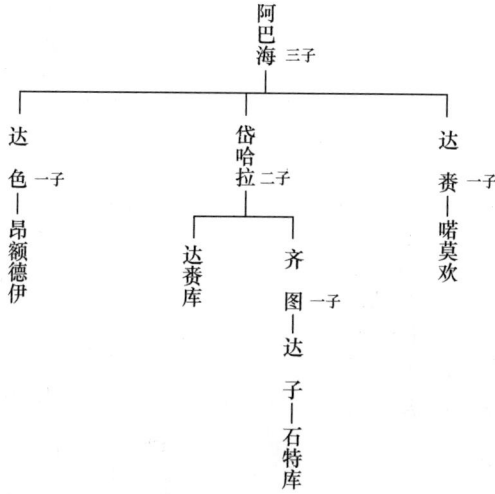

清佳奴四子

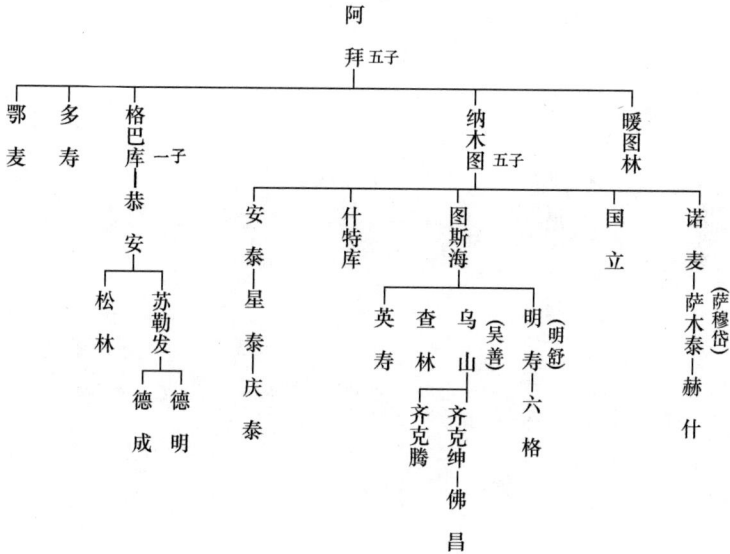

杨佳奴长子

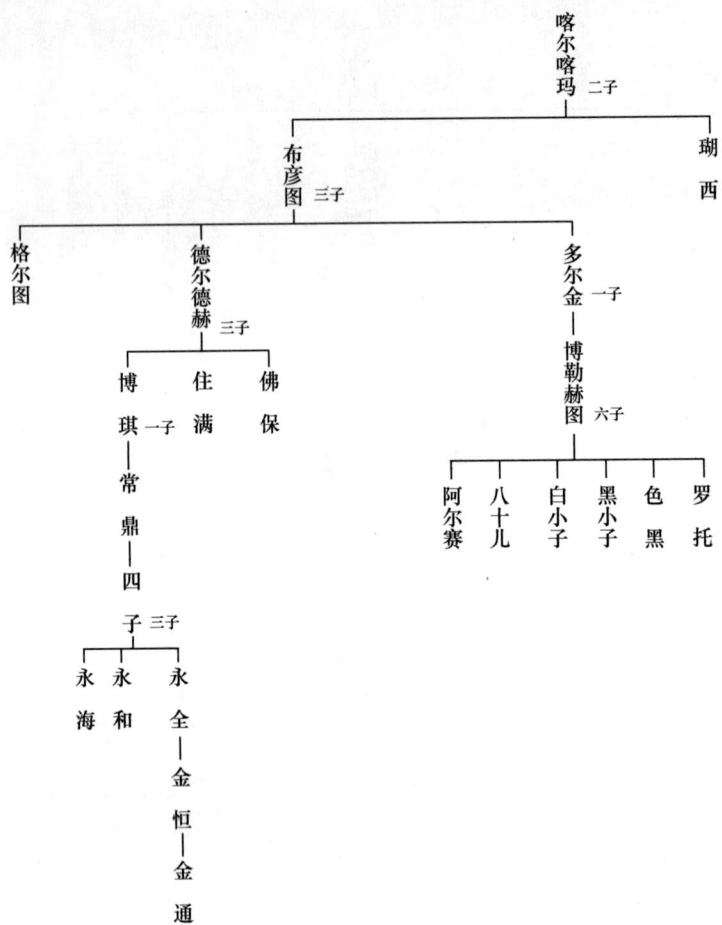

喀尔喀玛 二子

瑚西

布彦图 三子

格尔图

德尔德赫 三子

多尔金 一子——博勒赫图 六子

佛保 住满 博琪 一子——常鼎——四子 三子

阿尔赛 八十儿 白小子 黑小子 色黑 罗托

永全 永和 永海

金恒——金通

杨佳奴三子

叶赫东城主金台石后裔世系表

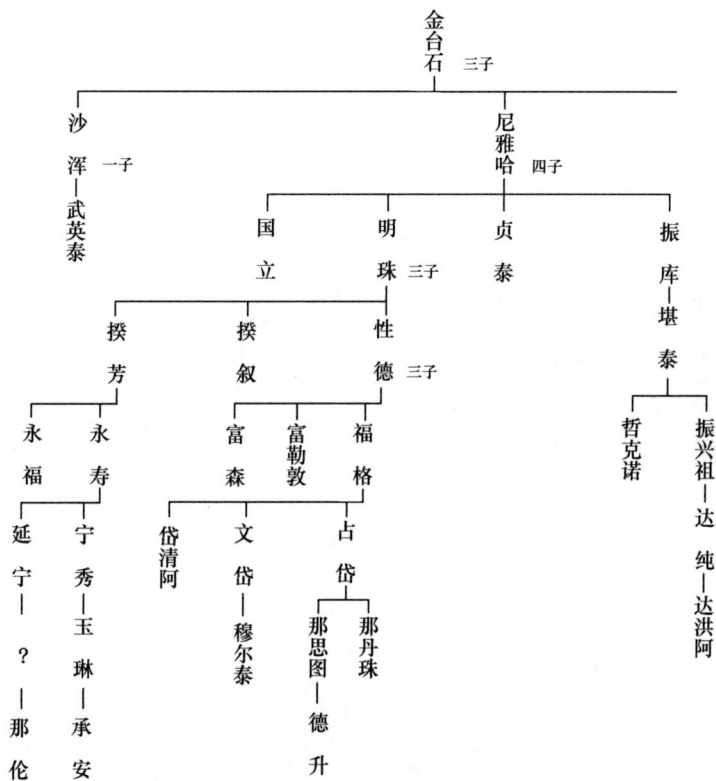

```
金台石 三子
├─ 沙浑 一子 ─ 武英泰
└─ 尼雅哈 四子
    ├─ 国立
    │   ├─ 揆芳
    │   │   ├─ 永福 ─ 延宁 ─ ？ ─ 那伦
    │   │   └─ 永寿 ─ 宁秀 ─ 玉琳 ─ 承安
    │   └─ 揆叙
    │       ├─ 富森 ─ 岱清阿
    │       └─ 富勒敦 ─ 文岱 ─ 穆尔泰
    ├─ 明珠 三子
    │   └─ 性德 三子 ─ 福格 ─ 占岱
    │       ├─ 那思图 ─ 德升
    │       └─ 那丹珠
    ├─ 贞泰
    └─ 振库 ─ 堪泰
        ├─ 哲克诺
        └─ 振兴祖 ─ 达　纯 ─ 达洪阿
```

续上页

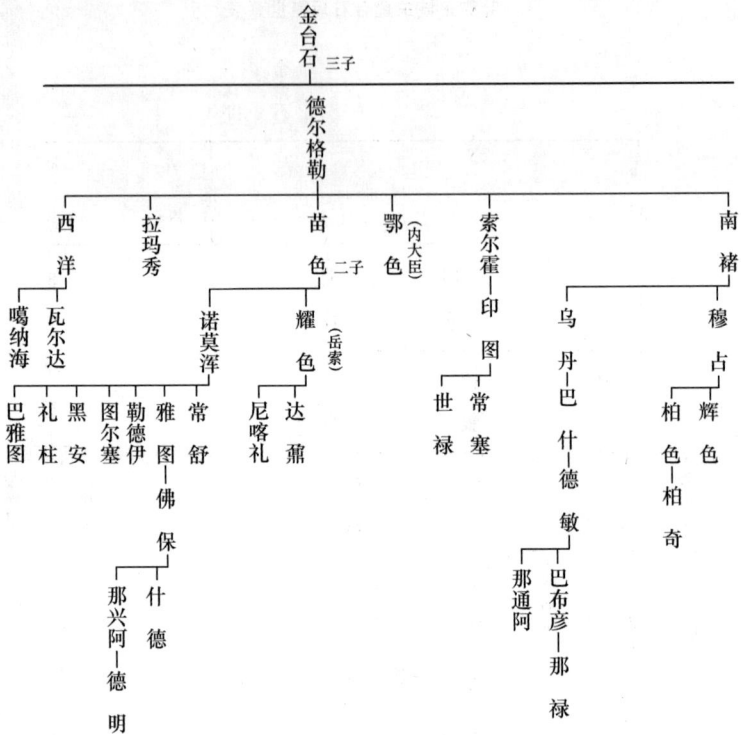

杨佳奴四子

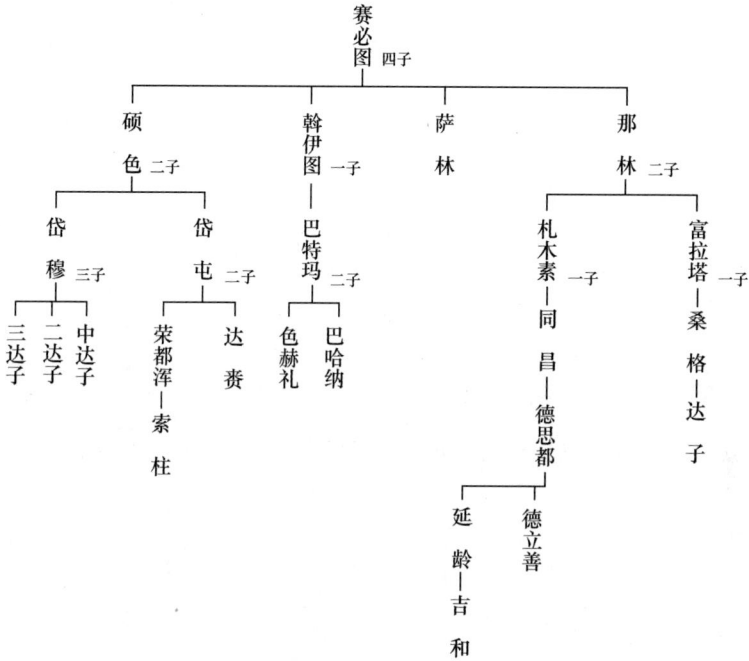

杨佳奴六子

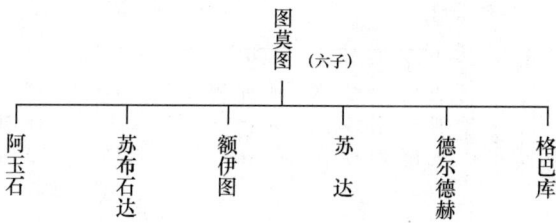

杨佳奴七子

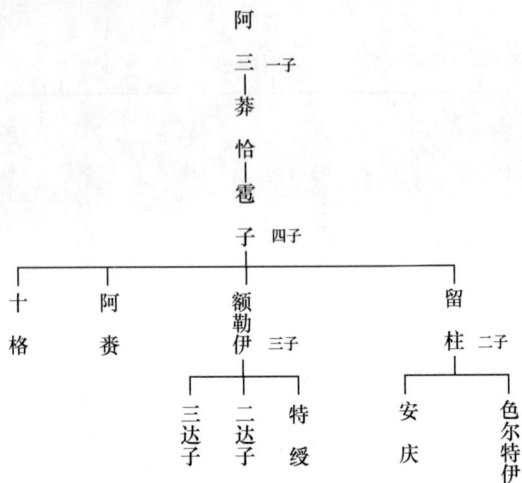

阿三莽恰电 一子

子 四子

十格 · 阿赟 · 额勒伊 三子 · 留柱 二子

额勒伊 三子：三达子 · 二达子 · 特绥

留柱 二子：安庆 · 色尔特伊

尼雅尼雅喀系

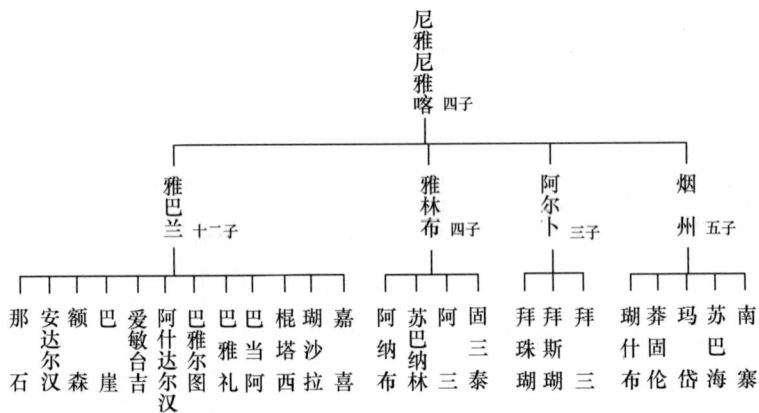

尼雅尼雅喀 四子

雅巴兰 十一子 · 雅林布 四子 · 阿尔卜 三子 · 烟州 五子

雅巴兰 十一子：那石 · 安达尔汉 · 额森 · 巴崖 · 爱敏台吉 · 阿什达尔汉 · 巴雅尔图 · 巴雅礼 · 巴当阿 · 棍塔西 · 瑚沙拉 · 嘉喜

雅林布 四子：阿纳布 · 苏巴纳林 · 阿三 · 固三泰

阿尔卜 三子：拜珠瑚 · 拜斯瑚 · 拜三

烟州 五子：瑚什布 · 莽固伦 · 玛巴岱 · 苏巴海 · 南寨

延住（烟州）

延住—瑚什布（户失卜）七子　台州　都统

瑚什布七子：

- 斡勒达（瓦尔达）三子 — 穆德赫纳禄柱／万
- 达尔札三子 — 农纳四敏彦格
- 达都
- 代库（泰库）五子 — 寿成格　桑格成　柳成　玉金成齐　武金　常苏宝
- 罕岱
- 克什图
- 穆启纳（穆撒纳）六子

穆启纳六子：

- 罗森泰
- 巴萨三子 — 巴全　巴善　巴龄
- 班第一子 — 巴尔瑚一子 — 巴禄
- 穆赫纳二子 — 达绥一子 — 格尔固楞 — 佛保；索勒碧一子 — 和尔固楞
- 萨尔图坦巴一子 — 坦柱
- 穆图一子 — 七十三子 — 昌音　立柱　佛柱二子 — 绥哈纳　佛保

延柱（烟州）

（为议政大臣之一）延住五子

- 莽固伦三子
- 玛岱一子 — 玛喀尔喀
- 南寨（南泰）

莽固伦三子：

- 尚伊奴一子 — 伊木图二子 — 金保保　关保一子 — 五雅图
- 吉纳达一子 — 霍托二子 — 富赉　拉占一子 — 穆尼 — 穆尔禅
- 瑚什塔一子 — 富清额 — 鄂图

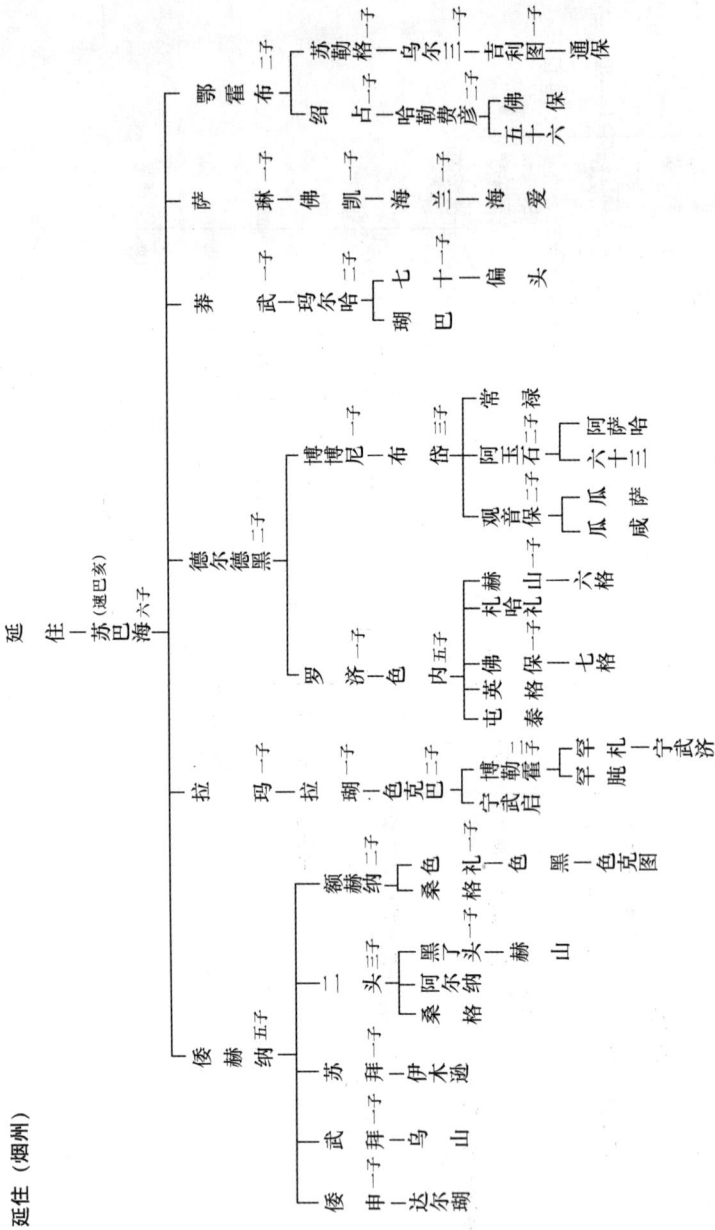

阿尔布（阿尔卜）

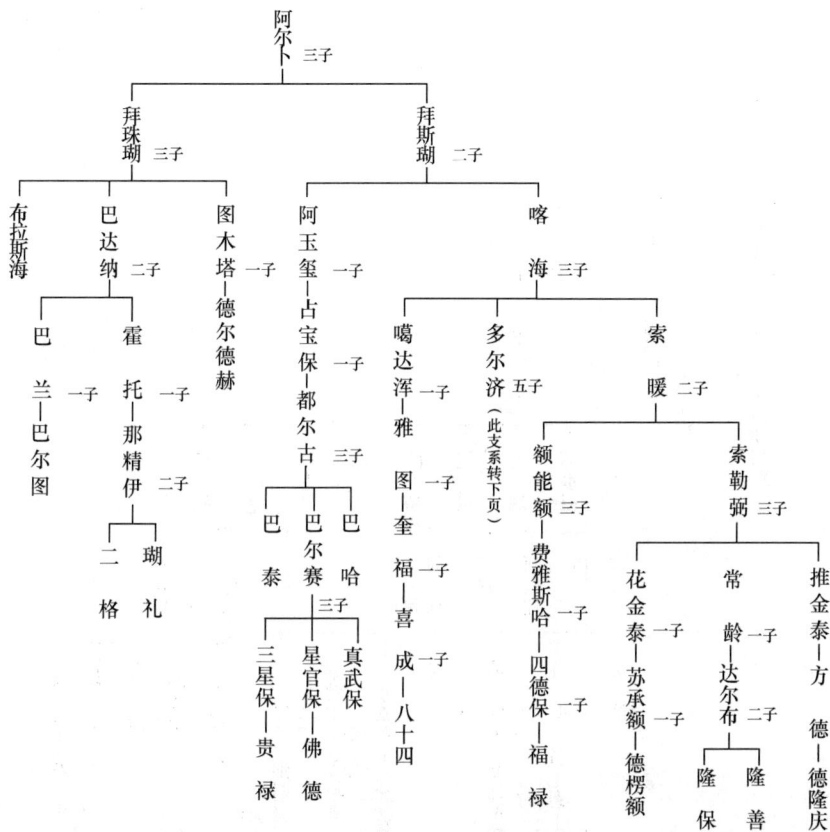

阿尔卜 三子

├ 拜珠瑚 三子
│ ├ 布拉斯海
│ ├ 巴达纳 二子
│ │ ├ 巴兰—巴尔图 一子
│ │ └ 霍托—那精伊 一子
│ │   └ 瑚礼 二子
│ │   └ 二格
│ └ 图木塔—德尔德赫 一子
│
└ 拜斯瑚 二子
　├ 阿玉玺—占宝保—都尔古 一子 三子
　│ ├ 巴泰
　│ ├ 巴尔赛 三子
　│ │ ├ 三星保—贵禄
　│ │ ├ 星官保—佛德
　│ │ └ 真武保
　│ └ 巴哈
　└ 喀海 三子
　　├ 噶达浑—雅图—奎福—喜成—八十四 一子 一子 一子 一子
　　├ 多尔济 五子（此支系转下页）
　　└ 索暖 二子
　　　├ 额能额 三子
　　　│ └ 费雅斯哈—四德保—福禄 一子 一子
　　　└ 索勒弼 三子
　　　　├ 花金泰—苏承额—德楞额 一子 一子
　　　　├ 常龄—达尔布 二子
　　　　│ 　├ 隆保
　　　　│ 　└ 隆善
　　　　└ 推金泰—方 德—德隆庆 一子

（续上页）阿尔布（阿尔卜）

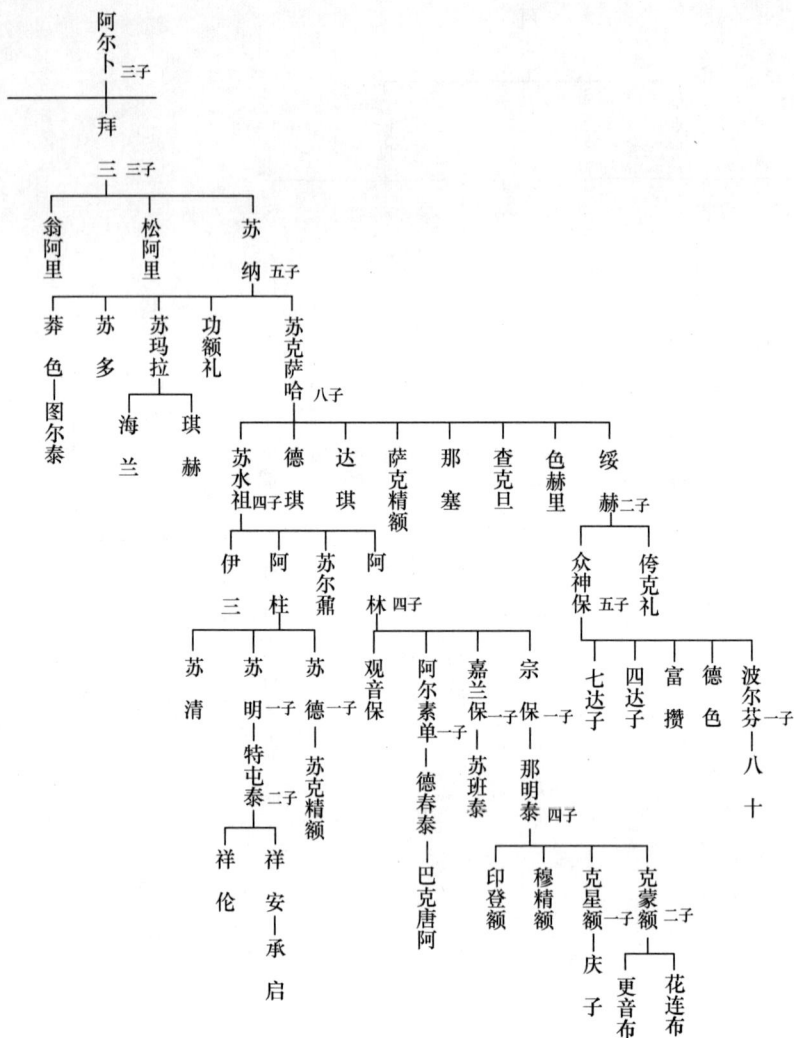

阿尔卜 三子

拜三 三子

翁阿里　松阿里　苏纳 五子

莽色—图尔泰　苏多　苏玛拉—海兰　琪赫　功额礼　苏克萨哈 八子

苏水祖 四子　德琪　达琪　萨克精额　那塞　查克旦　色赫里　绥赫 二子

伊三　阿柱　苏尔鼐　阿林 四子

众神保 五子　伥克礼

苏清　苏明 一子　苏德 一子　观音保　阿尔素单 一子—德春泰—巴克唐阿　嘉兰保 一子—苏班泰　宗保 一子　七达子　四达子　富攒　德色　波尔芬 一子—八十

特屯泰 二子　苏克精额

那明泰 四子

印登额　穆精额　克星额 一子—庆子　克蒙额 二子

祥伦　祥安—承启

更音布　花连布

· 212 ·

多尔济（阿尔卜元孙）

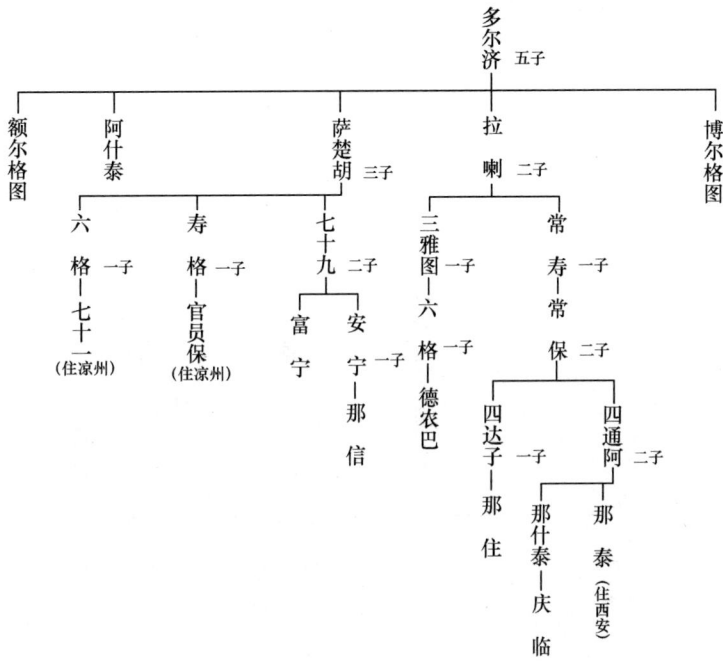

多尔济 五子

额尔格图

阿什泰

萨楚胡 三子

拉喇 二子

博尔格图

六格 一子

寿格 一子

七十九 二子

三雅图 一子

常 一子

六格—七十一（住凉州）

寿格—官员保（住凉州）

富宁

安宁 一子

雅图—六格 一子

常寿—常保 二子

安宁—那信

六格—德农巴

四达子 一子

四通阿 二子

四达子—那住

那什泰—庆临

那泰（住西安）

（续上页）多尔济（阿尔卜元孙）

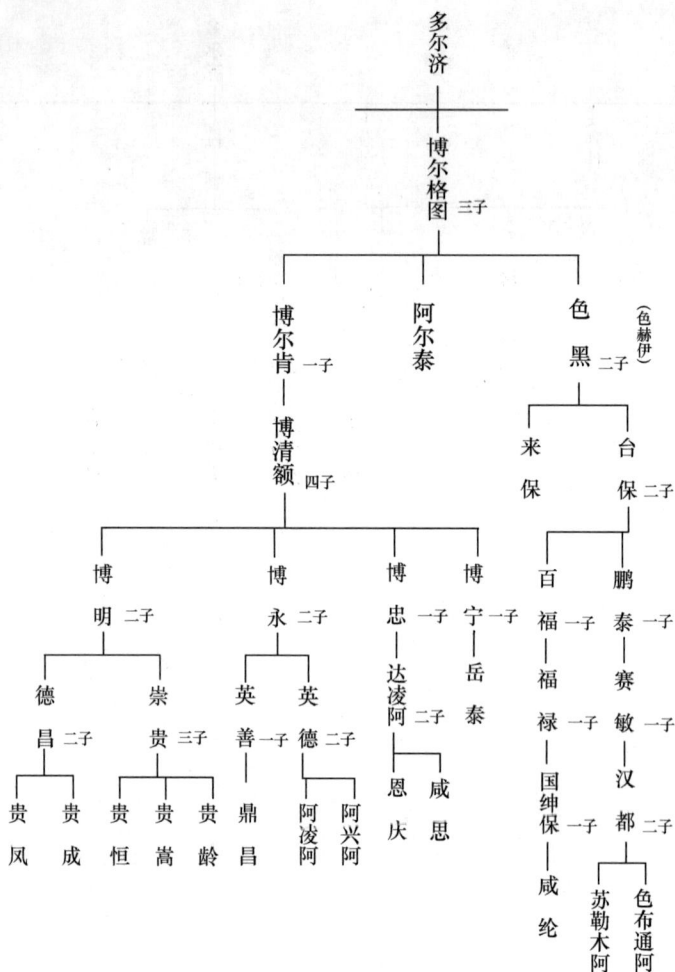

多尔济
└ 博尔格图 三子
  ├ 博尔肯 一子
  │ └ 博清额 四子
  │   ├ 博明 二子
  │   │ ├ 德昌 二子
  │   │ │ ├ 贵凤
  │   │ │ └ 贵成
  │   │ └ 崇贵 三子
  │   │   ├ 贵恒
  │   │   ├ 贵嵩
  │   │   └ 贵龄
  │   ├ 博永 二子
  │   │ ├ 英善 一子
  │   │ │ └ 鼎昌
  │   │ └ 英德 二子
  │   │   ├ 阿凌阿
  │   │   └ 阿兴阿
  │   ├ 博忠 一子
  │   │ └ 达凌阿 二子
  │   │   ├ 恩庆
  │   │   └ 咸思
  │   └ 博宁 一子
  │   └ 岳泰
  ├ 阿尔泰
  └ 色黑 二子（色赫伊）
    ├ 来保
    └ 台保 二子
      ├ 百福 一子
      │ └ 福禄 一子
      │   └ 国绅保 一子
      │   └ 咸纶
      └ 鹏泰 一子
        └ 赛敏 一子
          └ 汉都 二子
            ├ 苏勒木阿
            └ 色布通阿

雅林布（尼雅尼雅喀三子）

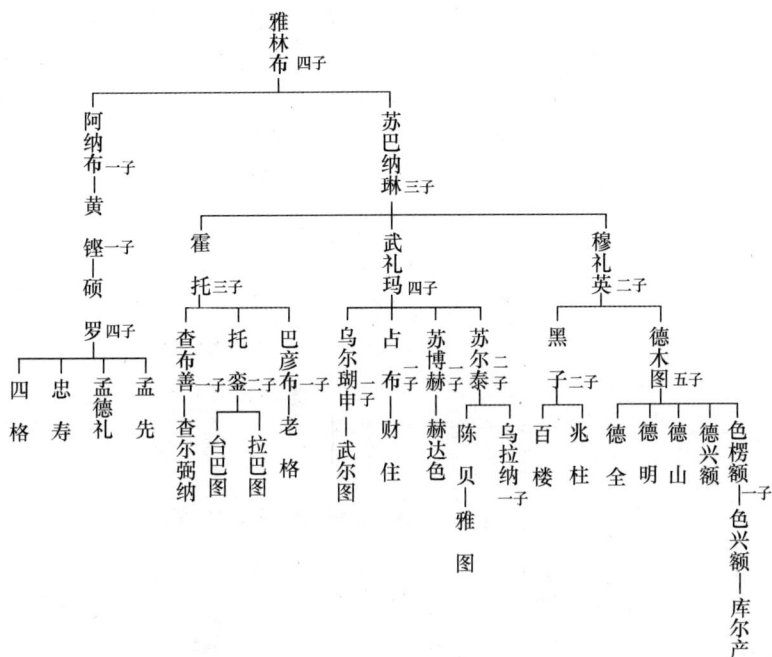

雅林布 四子

阿纳布 一子　　苏巴纳琳 三子

黄铿 一子　　霍托 三子　　武礼玛 四子　　穆礼英 二子

硕罗 四子

查布善 一子　托鑫 二子　巴彦布 一子　　乌尔瑚申 一子　占布 一子　苏博赫 一子　苏尔泰 二子　　黑子 二子　　德木图 五子

四格　忠寿　孟德礼　孟先　　查尔弼纳　台巴图　拉巴图　老格　　武尔图　　财住　　赫达色　陈贝　雅图　乌拉纳 一子　　百楼　兆柱　　德全　德明　德山　德兴额　色楞额 一子

色兴额 一子

库尔产

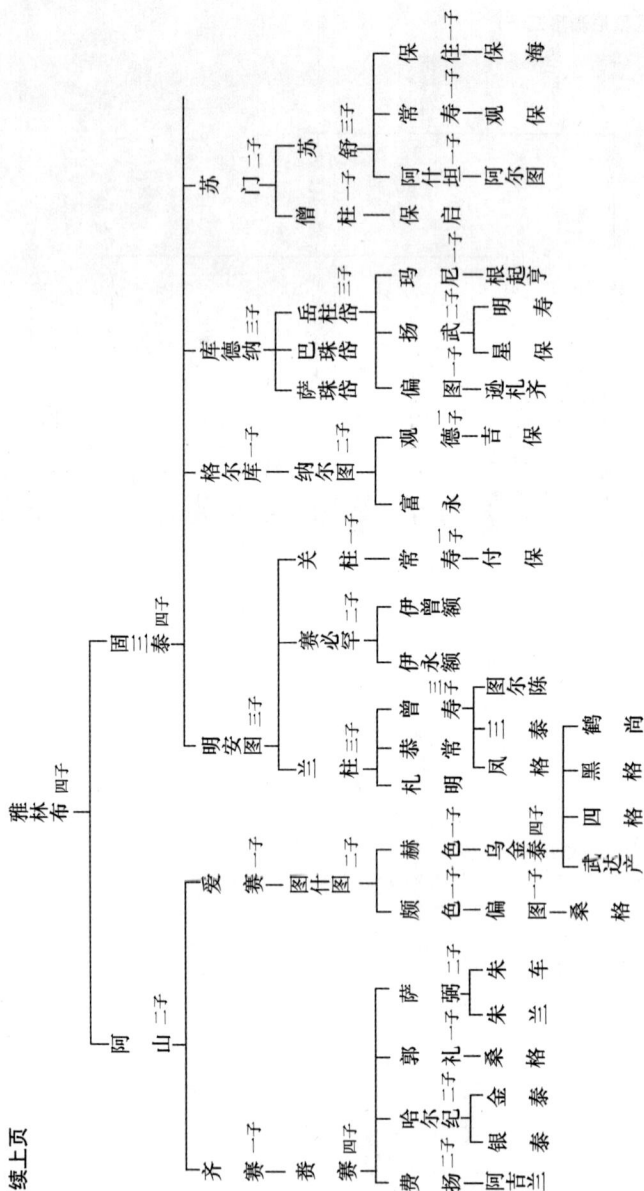

续上页

雅林布 四子

阿山 二子

固 三子

泰 四子

爱什图 赛图 一子

明安图 三子

赛必罕 二子

关柱 一子

格尔库 一子

纳尔图 二子

库德纳 三子

苏

齐赛 一子

费扬古 四子

赛图什图 二子

哈尔纪 二子

郭礼 二子

萨弼 二子

阿吉兰 三子

银金兰 泰

朱兰 格

朱车

颐赫 一子

色乌 一子

偏金泰 图 四子

条格尔

黑格

武产达格

礼恭 三子

曾常 寿 三子

图尔 陈泰

凤格

鹤尚

兰 三子

柱 二子

伊永额 一子

伊曾额 三子

常 寿 一子

付保

富永 一子

观 德吉 二子

保 齐

玛扬 偏

武图 一子

德礼

尼迟 三子

星保

根起寿

明

岳珠岱 二子

巴珠岱 三子

柱岱

萨珠岱

门 二子

苏

僧 一子

舒 三子

柱 一子

保启

常 寿 三子

阿什坦 二子

阿尔图

观保

保

住 一子

海

雅巴兰 十二子

那石 | 安达尔汉 一子 — 索密达 | 额森 一子 | 巴崖 一子 — 默尔欢 | 爱敏台吉 三子 | 阿什达尔汉 | 巴雅尔图 二子 | 巴雅礼 | 巴当阿 四子 | 棍塔西 | 瑚萨拉 三子 | 嘉喜 一子

雅巴兰次子

色 味四子

石头 二子 | 库里（下页） | 八子 迈图 二子 | 赍柱 二子

万福保 | 图尔哈 一子 — 扬德 二子 | 三格 — 伊昌阿 一子 — 那凌泰 | 麻子 一子 | 四十九 | 富三泰

七十五 二子 | 七十四

蒙温泰 三子 | 爱绅泰 一子 — 定

铁瑞 二子 | 金瑞 四子 | 立本 | 彬 二子

铭耀 | 铭盘 | 铭年 | 铭恩 | 铭岱 | 铭熏 | 庆杰 | 庆峻

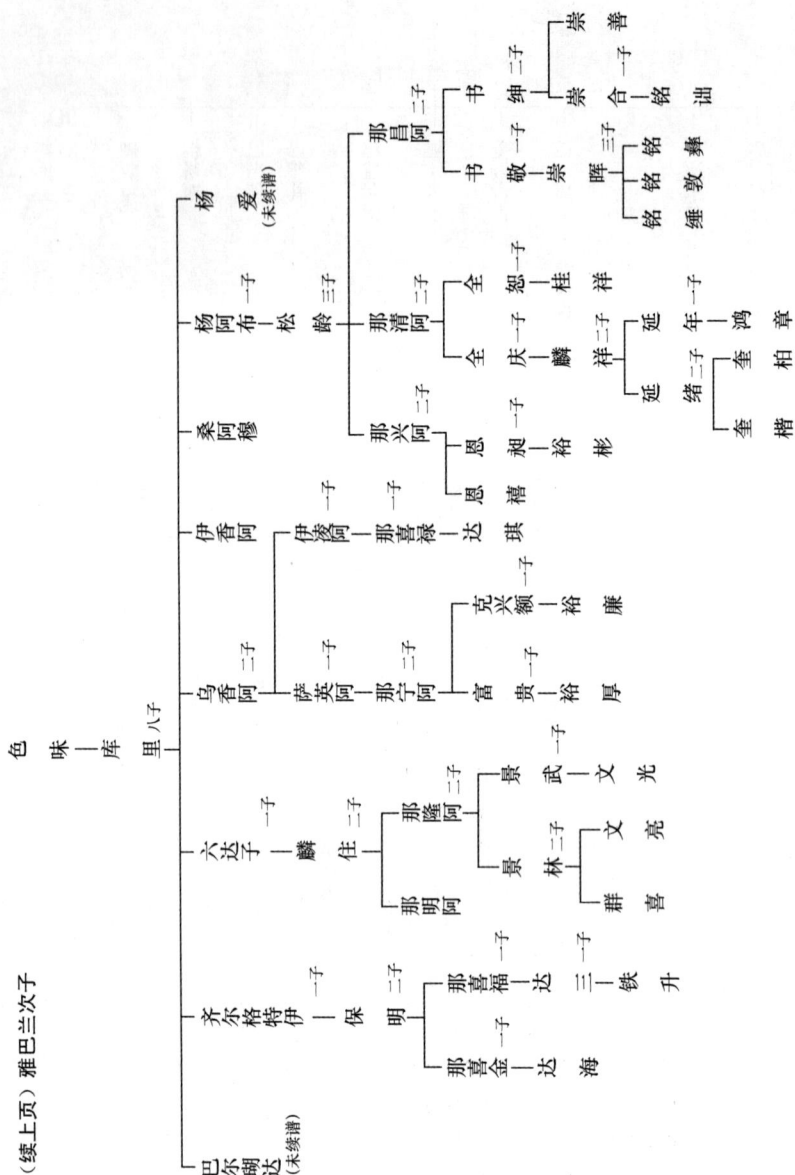

（续上页）雅巴兰次子

色味一库里八子

巴尔瑚达（未续谱）

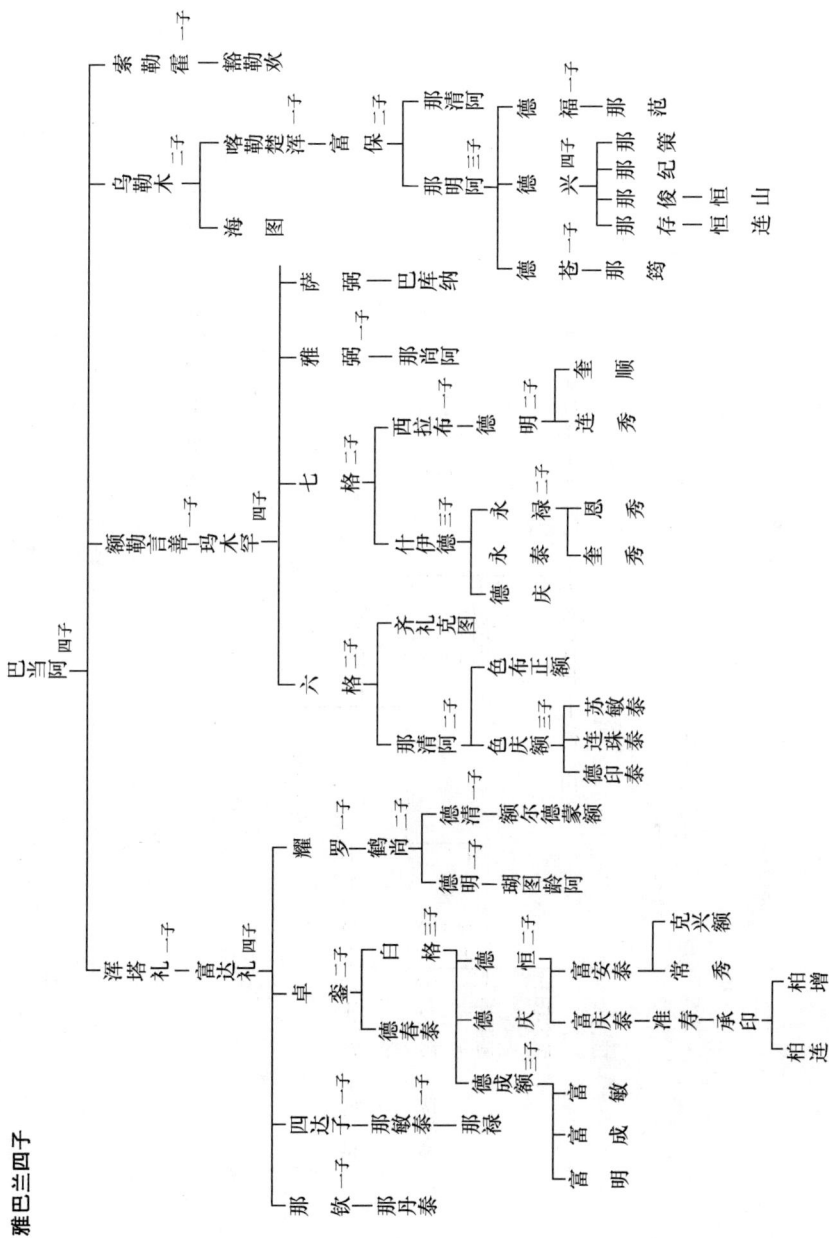

雅巴兰四子

雅巴兰五子

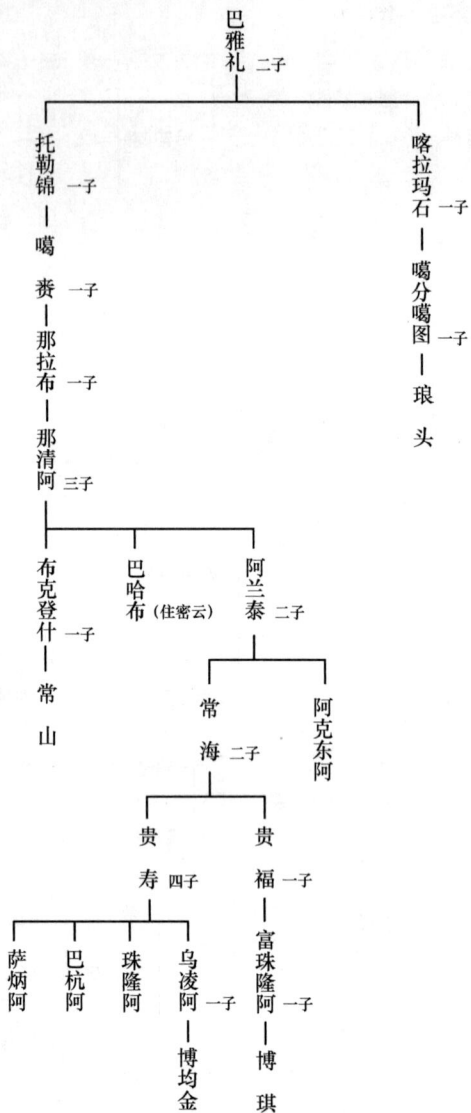

雅巴兰六子

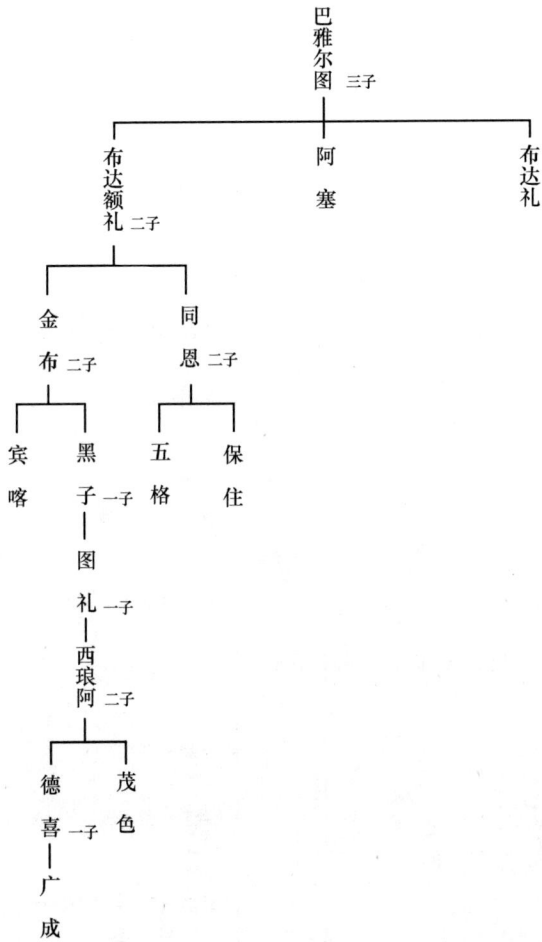

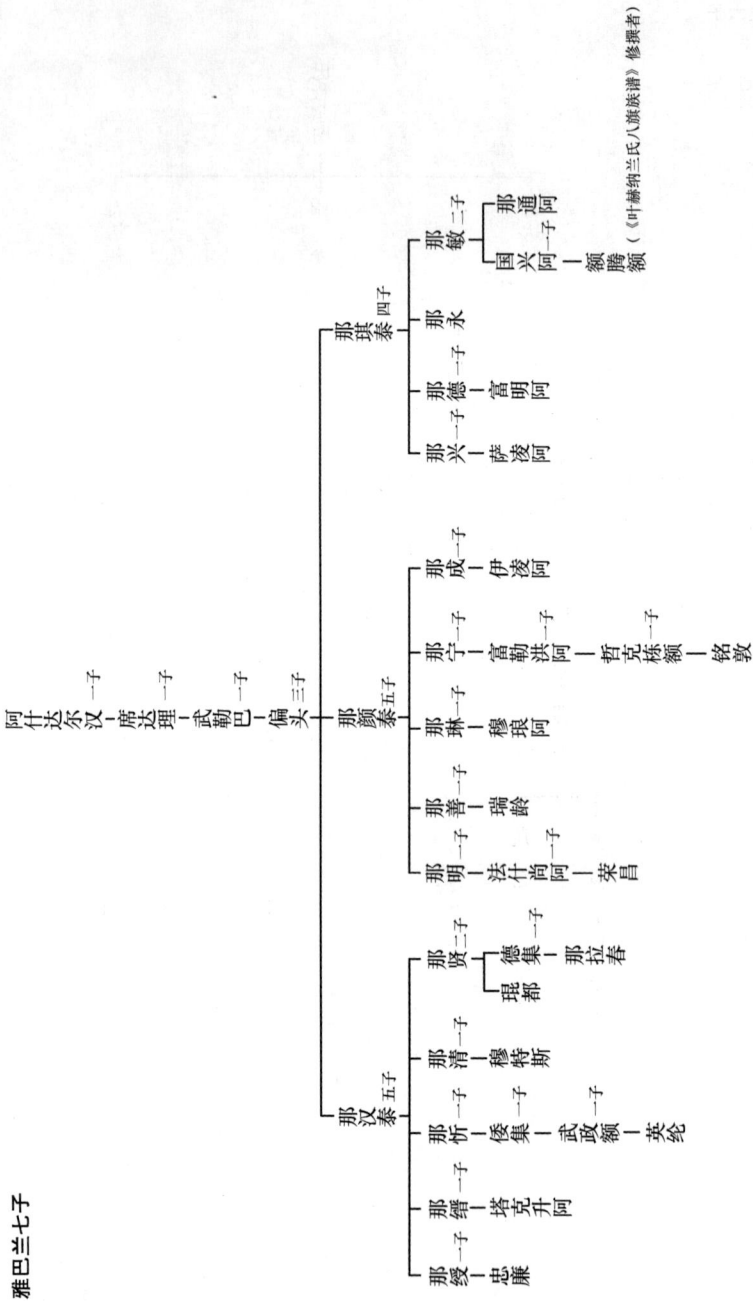

雅巴兰 七子

阿什达尔汉 一子　席达理 一子　武勒巴 一子　偏头 三子

《叶赫纳兰氏八旗族谱》修撰者

那琪泰 四子
那敏 二子　那通阿　国兴阿 一子　额腾额
那永
那德 一富明阿
那兴 一萨淩阿

那颜泰 五子
那成 一伊淩阿
那宁 一富勒洪阿 一哲克栋额 一铭敦
那琳 一穆琅阿
那善 一瑞龄
那明 一法什尚阿 一荣昌

那汉泰 五子
那贤 二子　德集 一那拉春　琨都
那清 一穆特斯
那忻 一倏集 一武政额 一英纶
那缙 一塔克开阿
那绥 一忠廉

雅巴兰八子

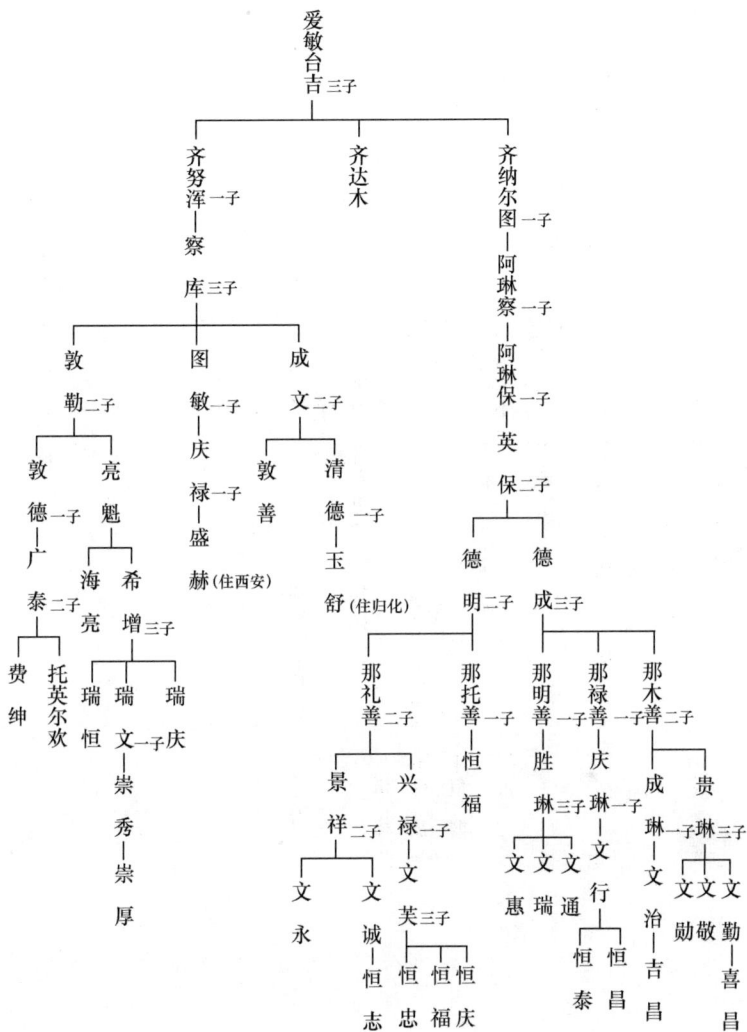

雅巴兰十子

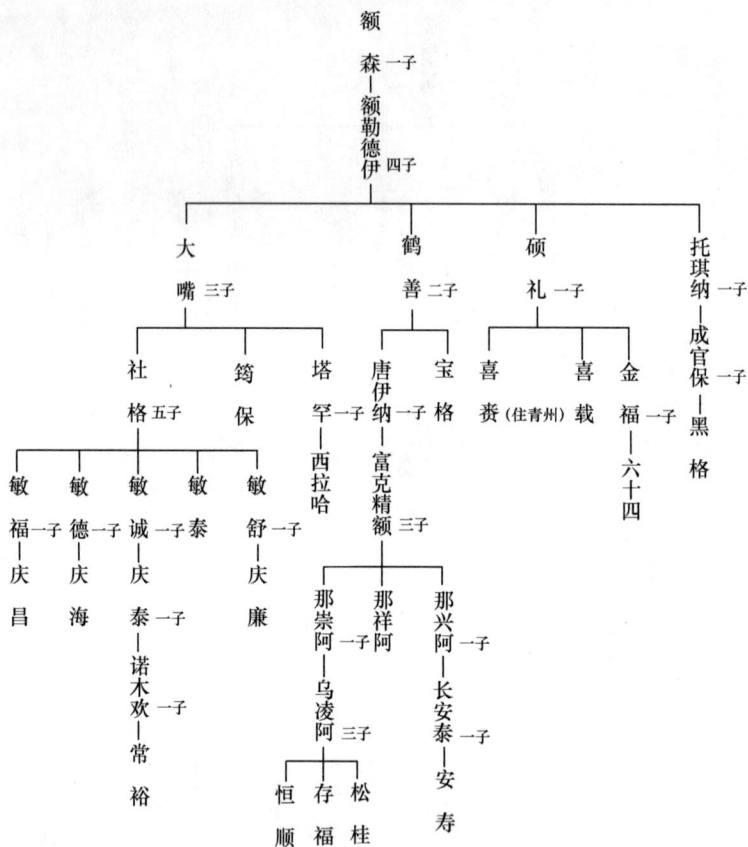

雅巴兰十一子

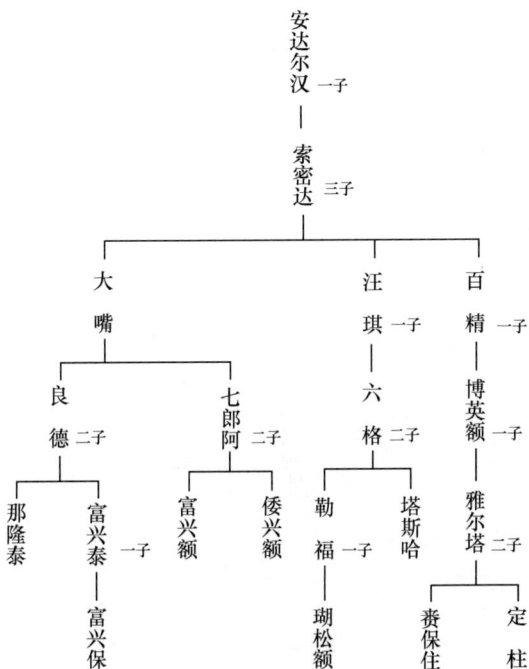

安达尔汉 一子 —— 索密达 三子

　大嘴　　　　　　　汪琪 一子　　百精 一子
　├ 良德 二子　　　　├ 六格 二子　├ 博英额 一子
　│ ├ 那隆泰　　　　│ ├ 勒福 一子　└ 雅尔塔 二子
　│ └ 富兴泰 一子　　│ │ └ 瑚松额　　├ 贲保住
　│ 　 └ 富兴保　　　│ └ 塔斯哈　　　└ 定柱
　└ 七郎阿 二子
　　├ 富兴额
　　└ 倭兴额

哲铿额（褚孔格二弟）支派

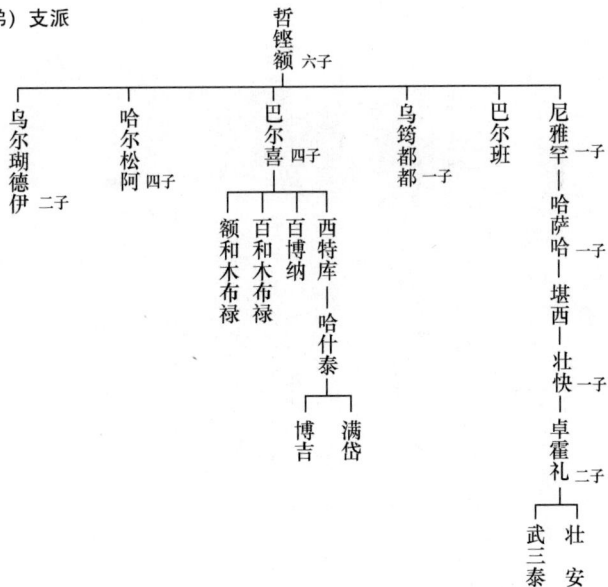

哲铿额 六子
├ 乌尔瑚德伊 二子
├ 哈尔松阿 四子
├ 巴尔喜 四子
│ ├ 额和木布禄
│ ├ 百和木布禄
│ ├ 百博纳
│ └ 西特库 —— 哈什泰
│ 　　 ├ 博吉
│ 　　 └ 满岱
├ 乌筲都都 一子
├ 巴尔班
└ 尼雅罕 一子 —— 哈萨哈 一子 —— 堪西 一子 —— 壮快 —— 卓霍礼 二子
　　　　　 ├ 武三泰
　　　　　 └ 壮安

乌筜都都

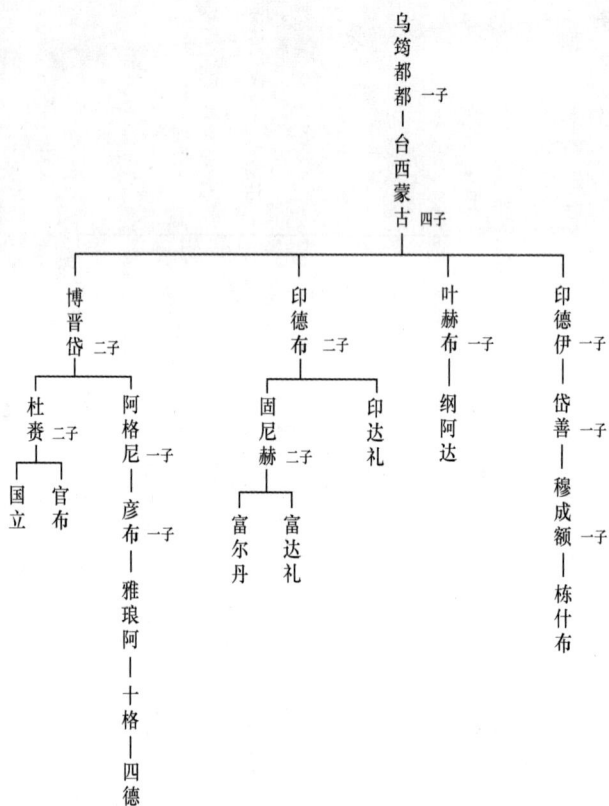

续上页

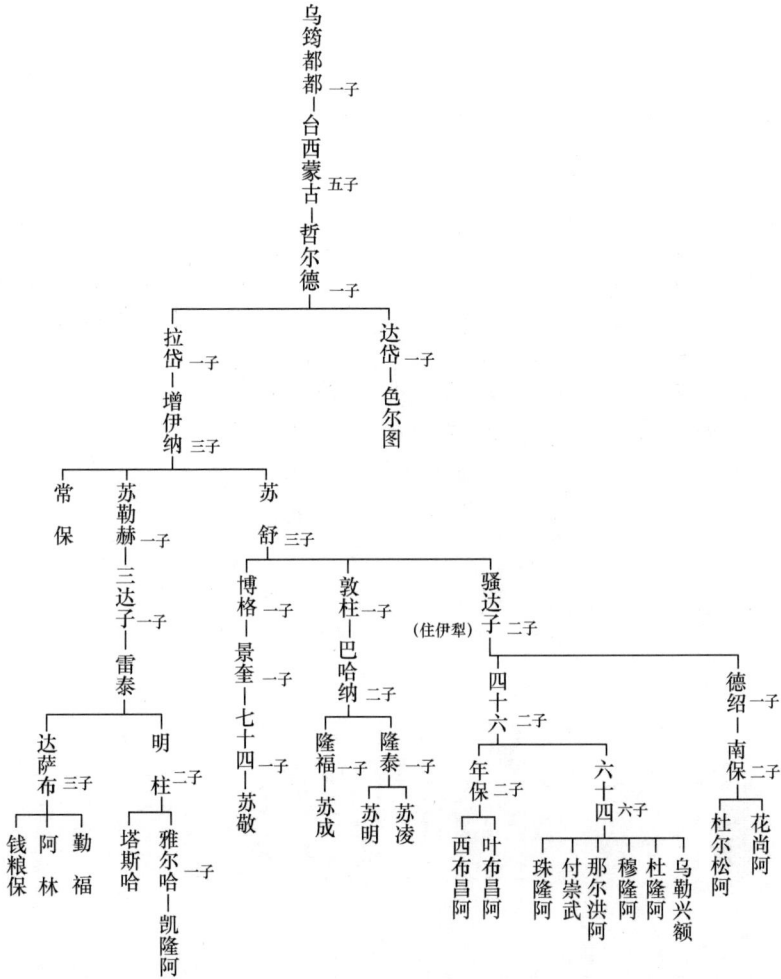

哈尔松阿（哲铿额五子）

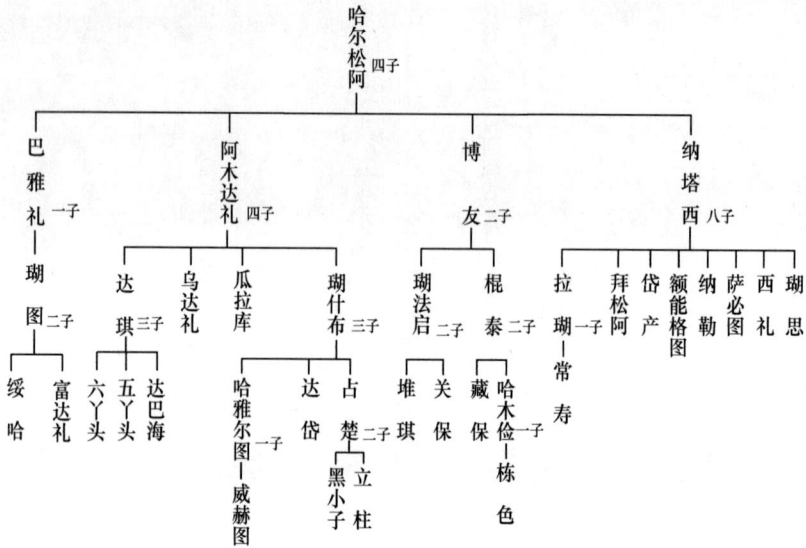

哈尔松阿 四子

- 巴雅礼 一子
  - 瑚图 二子
    - 绥哈
    - 富达礼
- 阿木达礼 四子
  - 达琪 三子
    - 达巴海
    - 五丫头
    - 六丫头
  - 乌达礼
    - 哈雅尔图 一子 — 威赫图
  - 瓜拉库
    - 达岱
  - 瑚什布 三子
    - 占楚 二子
      - 立柱
      - 黑小子
- 博友 二子
  - 瑚法启 二子
    - 堆琪
    - 关保
  - 棍泰 二子
    - 藏保
    - 哈木俭 一子 — 栋色
- 纳塔西 八子
  - 拉瑚 一子 — 常寿
  - 拜松阿
  - 岱产
  - 额能格图
  - 纳勒
  - 萨必图
  - 西礼
  - 瑚思

乌尔瑚德伊（哲铿额六子）

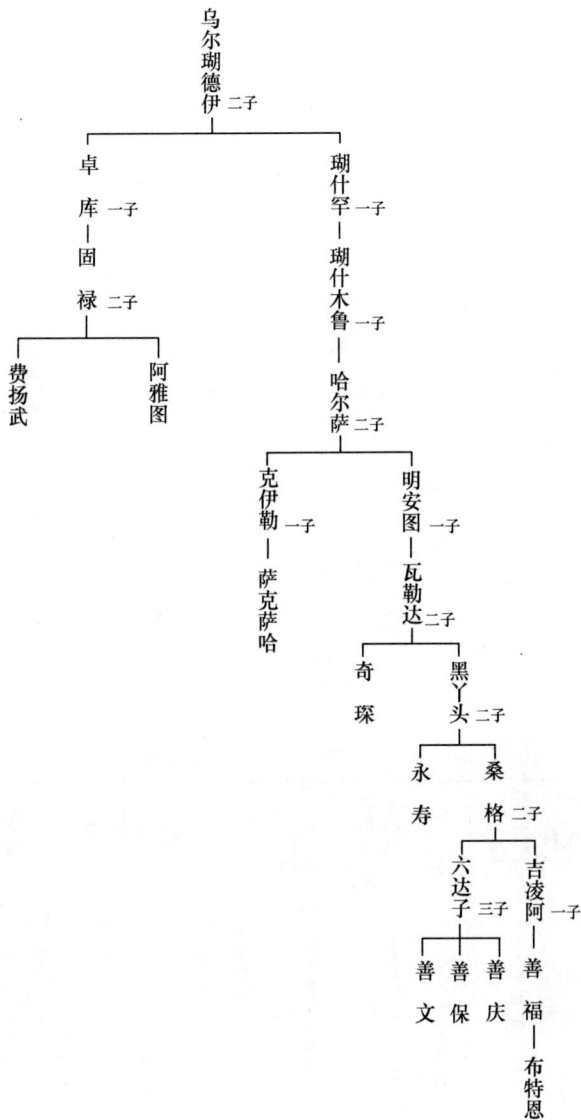

```
                    乌尔瑚德伊 二子
          ┌────────────────┴────────────────┐
        卓库 一子                        瑚什罕 一子
          │                                │
        固禄 二子                       瑚什木鲁 一子
    ┌─────┴─────┐                         │
  费扬武      阿雅图                     哈尔萨 二子
                              ┌──────────┴──────────┐
                           克伊勒 一子           明安图 一子
                              │                    │
                           萨克萨哈             瓦勒达 二子
                                          ┌────────┴────────┐
                                         奇琛             黑丫头 二子
                                                     ┌──────┴──────┐
                                                   永寿          桑格 二子
                                                         ┌────────┴────────┐
                                                       六达子 三子        吉凌阿 一子
                                                   ┌────┼────┐            │
                                                 善文 善保 善庆          善福
                                                                          │
                                                                        布特恩
```

哲赫纳支派（褚孔格三弟）

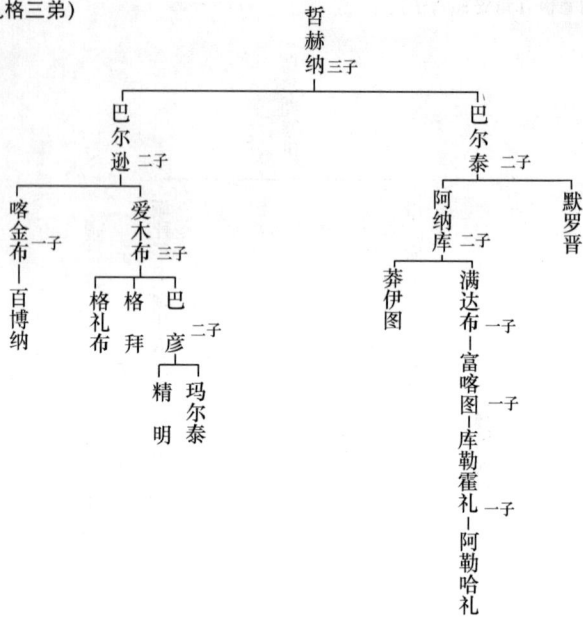

续上谱

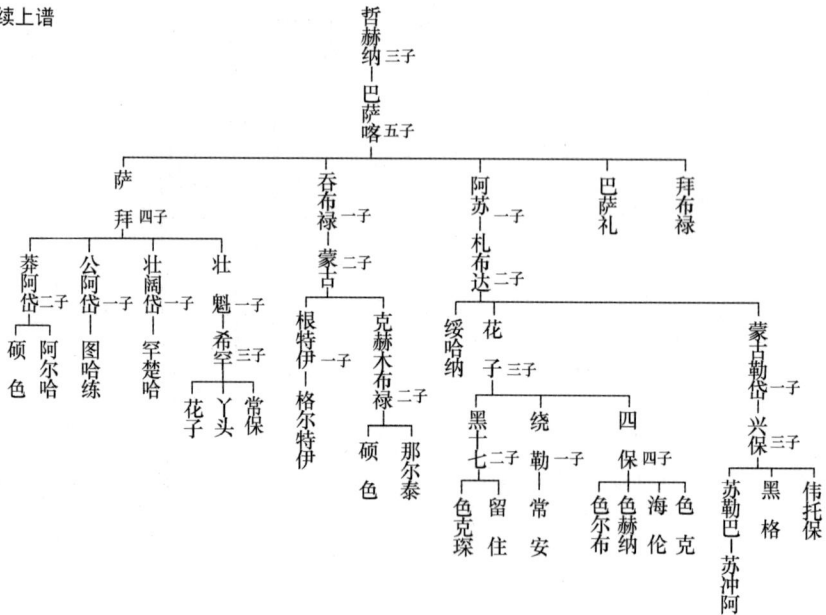

　　后有铿乌都都一枝，不晓尔那位太爷之嗣，但《八旗通谱》内载，本族老谱亦另书此派，故尊照旧制书于后。

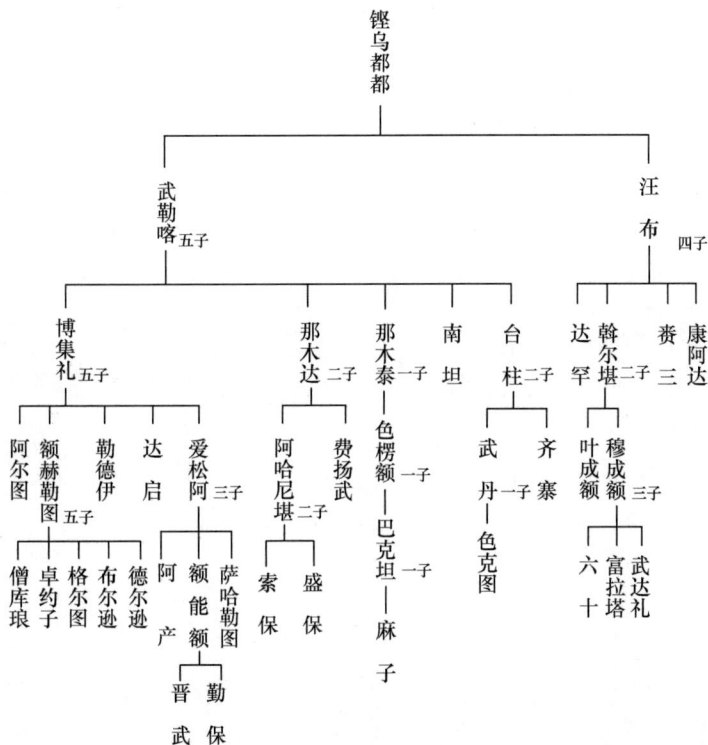

铿乌都都
├─ 武勒喀 五子
│　├─ 博集礼 五子
│　│　├─ 阿尔图
│　│　├─ 额赫勒图 五子
│　│　│　├─ 僧库琅
│　│　│　├─ 卓约子
│　│　│　├─ 格尔图
│　│　│　├─ 布尔逊
│　│　│　└─ 德尔逊
│　│　├─ 勒德伊
│　│　├─ 达启
│　│　└─ 爱松阿 三子
│　│　　　├─ 阿产
│　│　　　├─ 额能额 ── 晋武
│　│　　　└─ 萨哈勒图 ── 勤保
│　├─ 那木达 二子
│　│　├─ 阿哈尼堪 二子 ── 索保
│　│　└─ 费扬武 ── 盛保
│　├─ 那木泰 一子
│　│　└─ 色楞额 一子 ── 巴克坦 一子 ── 麻子
│　├─ 南坦
│　└─ 台柱 二子
│　　　├─ 武丹 一子 ── 色克图
│　　　└─ 齐寨
└─ 汪布 四子
　　├─ 达尔罕
　　├─ 斡尔堪 二子
　　│　├─ 穆成额 三子
　　│　│　├─ 武达礼
　　│　│　├─ 富拉塔
　　│　│　└─ 六十
　　│　└─ 叶成额
　　└─ 康阿达 三
　　　　（赍阿达）

续上页

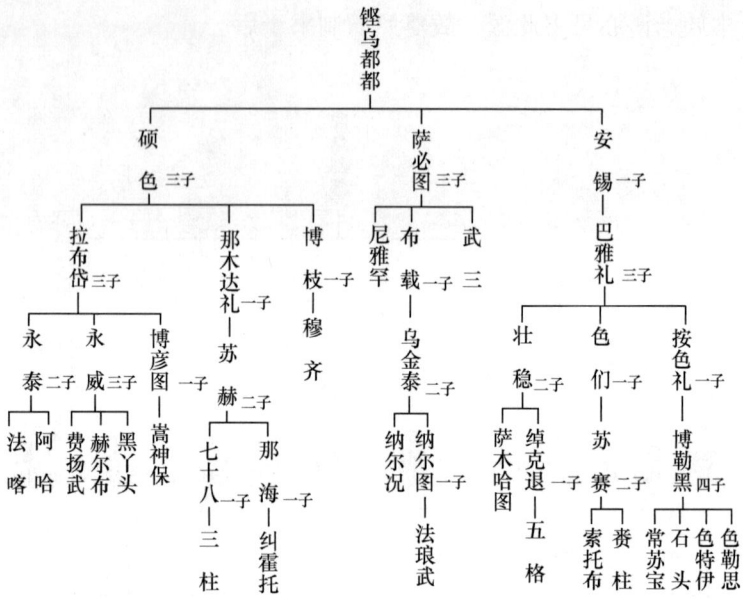

第二节　《布寨佐领世表》①

一　《布寨佐领世表》② 说明

辑者不详。谱本封面贴有黄签，上书："此佐领原系恩惠之胞伯高祖布尔杭武，太祖高皇帝承运时编为二个佐领，由此续编之佐领。"谱内布尔杭武条下注："此佐领原系太祖高皇帝辛未年取叶赫时以布尔杭武作为三等男爵与敬文王姊联姻。将叶赫壮丁编为二个佐领，由佐领下诺莫欢、武巴海各承管一佐领。至太宗文皇帝八年，分别论记起初各官功绩，布尔杭武之子格巴库虽然无功，念系异国贝勒之后，与定鼎功臣相等。免去壮丁为优异佐领。雍正九年，众大臣会议佐领时，此两个佐领虽系优异，但实录并无圈点，册籍上无拴参等处，故作为世管佐领，将此二佐领撤回，著布尔杭武之子格巴库、布尔杭武

---

① 据国家图书馆珍藏本标点整理。

② 此谱可与《叶赫纳兰氏八旗族谱》连用，即可连接使用。《叶赫纳兰氏八旗族谱》记布寨一支，自布寨向前溯至始祖星根达尔汉，凡七代。自布寨向后记至双全，又四代，计十一代。《世管佐领恩惠家谱》自布寨至双全，凡四代，自双全至麟武又十代，计十四代，二谱在布寨五世孙双全一代搭接重合，即星根达尔汉生席尔克明噶图，席尔克明噶图生栖尔哈那，栖尔哈那生诸孔厄，诸孔厄生台坦柱，台坦柱生清佳奴，清佳奴生布寨，布寨生布尔杭武，布尔杭武生武巴海，武巴海生富拉塔，富拉塔生开泰，开泰生富森布，富森布生皂王保，皂王保生庆昌，庆昌生平瑞，平瑞生广庆，广庆生桂林，桂林生文惠，文惠生福海，福海生麟武。如将二谱连用，不但记述世系辈数增加，在时间上可自明中叶（成化年间）至清末，顺延四百余年。这样，将是目前所掌握的有关叶赫那拉氏世系脉络最清楚，延续时间最长，记述内容最具体的一部珍贵史料。此佐领原系太祖高皇帝辛未年取叶赫时，以布尔杭武作为三等男爵与敬文王之姊联姻，将叶赫壮丁编为两个佐领，将所编两个佐领给予佐领下人诺莫欢、武巴海等各承管一佐领。太宗文皇帝八年，分别起初各官功绩，布尔杭武之子格巴库虽然无功，故念系异国贝勒定鼎功臣相等。免去壮丁为优异佐领。雍正九年，众大臣等会议佐领时，这二个佐领虽系优异，实录并无圆点，册籍上无拴参等处。故作为世管佐领。后将这二个佐领撤回，著布尔杭武之子格巴库、布尔杭武之孙荫图各承管一佐领，后又续编三个佐领，现五个佐领，这些史料对叶赫灭亡后其人民的归属给了一个具体的交代，很有价值。

之孙萌图（曾任吉林乌拉将军）各承一佐领。"从谱面黄签和谱内布尔杭武条下注文得知，此谱为叶赫西城主布斋（亦称布寨）之后裔。此谱自布寨记至麟武（辑谱时三岁），凡十四代，共 188 人。

此佐领原系恩惠之胞伯高祖布尔杭武，太祖高皇帝承运时编为两个佐领，由此佐领续编之佐领、世管佐领。此佐领系立佐领人之胞兄弟之子孙，承管佐领。查定例凡立佐领人之胞兄弟之子孙，承管佐领如出缺，若出缺人无嗣，仍将出缺之支派拣选拟上，将会经编此佐领有分次之支派拣选陪等语。

此佐领原系太祖高皇帝辛未年取叶赫时，以布尔杭武作为三等男爵与敬文王之姊联姻，将叶赫壮丁编为两个佐领，将所编两个佐领给予佐领下人诺莫欢、武巴海等各承管一佐领。太宗文皇帝八年，分别起初各官功绩，布尔杭武之子格巴库虽然无功，故念系异国贝勒定鼎功臣相等。免去壮丁为优异佐领。雍正九年，众大臣等会议佐领时，这两个佐领虽系优异，实录并无圆点，册籍上无拴参等处。故作为世管佐领。后将这二个佐领撤回，著布尔杭武之子格巴库、布尔杭武之孙萌图各承管一个佐领，后又续编三个佐领，现五个佐领。此五个佐领若缺出，布尔杭武之子孙俱有分。若福海、恩惠二佐领出缺，达尔汉之子孙有分。熙璋、那丹珠、松元此三个佐领若缺出，达尔汉子孙无分。

二　世系图

（一）布寨世系

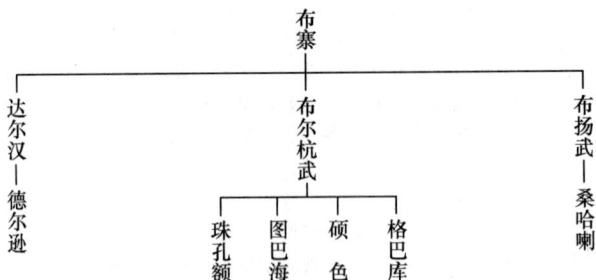

（二）布尔杭武

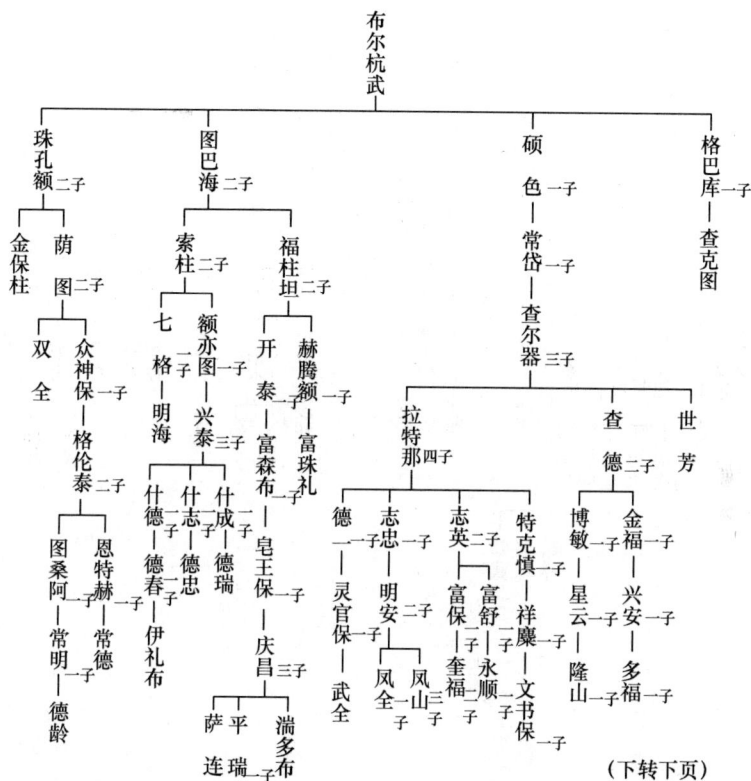

（下转下页）

接上页

萨平 — 连瑞一子 — 广庆二子 — 桂凤
- 桂凤 — 文喜 文铜 文珉一子 — 福煜一子
桂林 — 文通 文明 文兴一子 — 福亮 福永 福宽 福润 福海一子 — 麟武 麟趾 麟祥 ?

湍多布 — 海成二子

凤全一子 — 吉祥一子 — 景福一子 — 熙年
文惠一子

凤山三子 — 贞格一子 — 那通阿一子 — 耀彬
吉庆二子 — 那桑阿 — 那丹珠 — 全彬 彦彬
崇普三子 — 寿彬

奎 福二子 — 瑞升三子 — 达恩普 达德亮 达春 — 恩绪 — 凌柱
吉升一子

永顺一子 — 塔恩哈一子 — 松元一子 — 彬杰二子 — 治道 治平

文书保一子 — 景文一子 — 荣全一子 — 恩寿二子 — 穆杭阿

隆山一子 — 景亮二子 — 那元二子 — 福厚 福来
那新一子 — 吉禄

多福一子 — 敏书一子 — 那俊二子 — 椿年二子 松年 — 熙瑞 熙年

（三）达尔汉

达尔汉—一子—德尔逊—一子—西柱—一子

舍林　二子
- 开泰—一子—常云—一子—龄格—一子—全桓—一子—荣桂—五子
  - 成寿　成福　成宽　成厚　成来
- 金通阿—一子—那英阿—一子—德保—一子—庆明—一子—伊腾额—一子—成彬

舍尔图　三子
- 赫顺—一子—舒隆阿—一子—英显—一子—恒文—二子
  - 恩元　恩惠
- 赫尔根—一子—常寿—一子—胜保—一子—安山保—一子—阿勤精阿
- 赫善—一子—赫腾额—一子—赫苏—一子—金山保—四子
  - 广忠　三子
    - 常续　常敬　常顺　三子
      - 托多　托晋　托普
  - 广升　二子
    - 桂隆—德海—永林　桂永
  - 广庆
  - 广宽　二子
    - 桂禄—奎海—春明　桂连

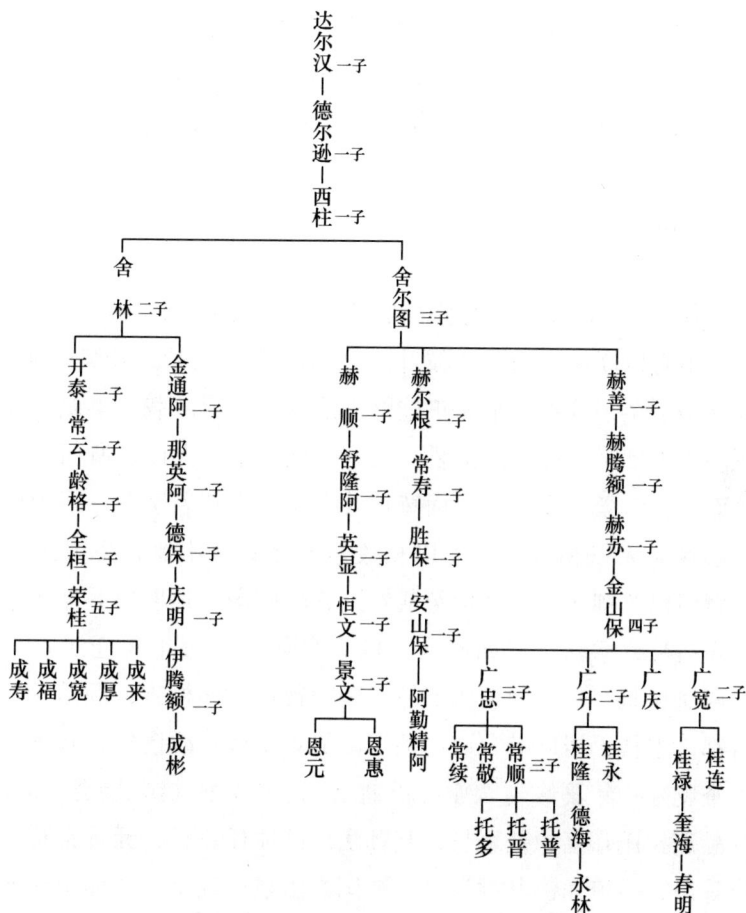

第三节　《叶赫那拉氏族谱》[①]

　　首为目录，次为原序。初修序至四修序，世系图、齿序图，始祖
扈吉、四世常英、四世叔祖六十三、六世叔祖柏年等墓图、墓志，文尾
为世系年表。有乾隆三十一年常英原序，嘉庆十七年兴泰初修序，道光

―――――――――

　　① 据清道光二十九年朱丝栏稿本标点整理。

二年兴泰二修序，道光十七年兴泰三修序，道光二十九年祥安四修序。

始祖羓吉，诰封儒林郎。顺治元年入京，职授亲军三年、康熙七年十月初八日卒，葬北京东直门外大亮马桥十方院。编至九世，此谱拟修四册，宗祠，二房、三房、四房各存一册（老大房和老五房无嗣）。

一　谱序

（一）原序

记有之尊祖故敬宗，敬宗故收族。原夫族也者，支分百世，派衍一宗，不有以联属之而欲广枝叶之庇，敦骨肉之爱，其势有所不能。昔苏季子散金于族中，范文正施财于同姓，简策所载，事诚尚焉。英自顾心忧力绌，不能步武前哲，第念一族之中，人以远所而分，情以亲疏而别，丁繁户众，有见面莫识其支派、辨其名字者，不为谱以记之，必致喜无以相庆，戚无以相关，迟之又久不流，为陌路者几希矣，将何以笃周亲，而敦伦纪哉？则纂辑族谱，其事顾不容已。

我高祖，章嘉，本朝鲜人，世为名阀，天命年间迁于辽，隶满洲，职居良厩，长住叶赫氏那拉。暨我曾祖，讳概吉，顺治元年，从龙入都，本枝仍居叶赫，族属甚繁，势难备载，故谱中止叙进京之一派。查乾隆初年纂修《八旗姓氏通谱》，本族编入镶黄族满洲内，所载叶赫那拉氏章嘉原任厩长，其孙法尔萨原任牧长，元孙常英现系文生员等语，沿流而溯其源远矣，顾国志由兹而载宗支，即由此而传迄今百有余年，世衍六代，生齿日渐繁盛，考查尤宜精祥，即如生男命名之。际恐干犯名讳，请问于族中老人，有知者亦有不知者，且有不待请问即命名者，将来代远年湮，必致茫然莫辨，干犯者在所不免。英用是怵然于心，思有以联合而系属焉，窃有志未逮也。乾隆丙寅岁任御史衙门笔帖式，政务清闲，进署当差，在家观书颇有余暇，遂于是年春遍邀族人，详询名下若子若孙年齿名字，一一记之，辑为世谱，其间恭遇覃恩诰命，所得封衔用黄签朱笔，现任职事用红签墨书，聘娶妻室、生育丁男排书各派之次，嗟乎，是谱也，校图知其世系，览序识其原委，分者合而离者属，井井然无参差遗漏之憾矣。由是名讳既知，趋避声称，亦免重复。凡吾族中齿序若何年庚，若何不已，彰明较著哉。是亦古者敬宗收族之一道也，爰率五世孙德敏、德毓敬谨纂纪，越数旬而告成，经始于清明之候，事竣于夏至之初，不避文劣字拙者，欲敬将其事不敢求人代作、代书也。凡我后嗣诚能以我之心为心，遵我之事行事，勤加修纂，勿忘勿怠，即传之百世千年，宗族谅无不盛，血属自必相亲，将见绵绵瓜瓞庭闱著聚，顺之休振，振螽斯宗族，庆熙和之乐矣。

四世孙常英。顿首百拜谨为之序，以弁其端。

乾隆三十一年丙寅夏至后二日敬书。

（二）初修序

恭阅我曾祖常英公著定族谱，敬宗之笃志，维殷收族之公心实切。展卷皆能洞悉条条备载而无遗，通编尽属精详代代相传以可久。始则追溯远世源流，继则推述都中支派书讳书名，叙分门之伦次，记庚记室续，承祧之繁振以及任职封衔，浮签依红黄而别，缮书恭录用笔以朱墨而分，斯心良多瘁也，其事不綦重哉！且有诚能以我之心为心，遵我之事行事，勤加修纂，勿忘勿怠，即传之百世千年，宗族谅无不盛，血属自必相亲等诚，云云。七世孙兴泰读之每惕然于中，念遗训谆谆不可委而忽之也。屈指于今相距四十六载之间，多有生育丁男、婚娶妻室、服官任职、追赠封衔未曾登录者，不急为修辑焉，不几有关漏者耶，惟恐独出己见，补录未工，复请命于益亭甲延年三叔父公同筹划，详加考覆所有款式，仍遵旧制，以昭我曾祖著谱之初心，且更启后人之克绍先志也。今拟十年汇修一次，照式增注，妥录珍藏，庶几绵绵百世，克存推源追本之心，奕奕千年，罔坠继志述事之意。

七世孙兴泰。顿首百拜恭绘世系齿序全图以联其次。

嘉庆十七年申重阳后四日敬书。

（三）二修序

自壬申迄壬午，转瞬已十年，是年秋，泰以归班进士充当会典馆纂修官，书成请于朝，以知县选用，仰蒙俞允，铨选有期矣。一日家大人进泰而命之曰："子臣之道，忠孝为先，汝诵读以来，敬事后食之，义闻之素矣，然非知之难而行之难也，吾备员内廷，兢兢自矢，数十年幸免陨越焉。汝今者一行作吏身。膺民社抑，知县令一官，事繁而任重乎，原夫一邑之内，封疆几百里，烟火数千家，其间若抚字、若催科，县官当其任宜兴利，宜除弊，县官司职其司，仓库为国储，所关乎出纳不可不慎，案牍为民命所系，判断不可不公。时而饥馑，见告当思调剂之方，忽焉盗贼交乘。宜讲抚绥之策。春秋二季之祀典，维虔敬鬼神，即以敦教化。科岁两考之关防必谨端士习，即以育人才。邑中恣肆之凶徒，劝惩须早；衙内奸猾之书吏，甄别维严。临于上者督抚大僚不患督责之过深，而患感孚之无本，统于下者佐杂末吏，不虑情意之不洽，而虑礼貌之多疏。居是官者不可以躁心尝之，求速效慕近功，惧其剽而悍也不可以怠心乘之。纵性情图安逸惧其废而驰也，能吏不可为而为。掊击甚则伤残必多，既非所以为，父母廉吏可为而不可为。矫激甚则刻薄不免，尤非所以语慈祥。若夫临机应变，因时制宜，运用存乎一心，固难凭虚而臆断也。故在位而夙夜靖共则息事安民，地方蒙其祚簠簋不伤则身败名裂，宗族惧其殃。尝闻循良之官福泽下贻于孙子，几见贪酷之吏炎祸不上及于祖宗也哉！汝其勉之，敬听勿忽。"泰悚惕闻命之余，永矢弗谖。时方躬率弟，兴讳、兴浚、兴诚修纂族谱，爰念廷训，居官善则为族人光宠，不善则贻祖考羞。其语不为宗族而发，而有关于宗族也大矣，因敬识于简端以自警，庶几民社在躬，仰图报效于君国，清白自励，默垂殷鉴于先型。

时道光二年壬午孟冬七世孙兴泰顿首百拜谨识。

（四）三修序

尝闻世之门第可观者一事，堕先训则无以启后昆，明乎子孙当绳其祖武，烝烝自立也。我族自从龙入都，世受国恩，懔懔以忠孝传家，尚已忆自壬午岁，泰纂修族谱后将膺民社，承先君诲以学古入官之道，亹亹数百言，泰敬而听之，弁于前序，以志弗谖也。曾几何时，言犹在耳，而音容不可复睹矣，呜呼，恸哉！当先君之寿终正寝也，在戊子之六月至庚寅秋，始得匍匐回旗擗踊苦次，非固缓也，以公累羁縻故不能急于奔丧也。至先慈之寿终官署也，在乙未之闰六月丙申春，始得扶榇归里，丁酉夏已卜吉合葬，非固缓也，亦以公务积遄故不能皇皇就道也。以一官鞄系大，故连遭其悲哀，急迫备萃一身，畴不知之，而畴不悯之，然泰历任两省，临民六邑，时以兢兢自矢，不暇为身家计者，何哉？亦以尔俸尔禄、民膏民脂，仰邀圣谕煌煌远念。先型赫赫，予何人斯其敢簠簋不饬，有负国家、祖父之明训也哉！夫古人读蓼莪之什至哀，哀父母生我劬劳之下，每潸然而出涕，况子孙之于先训乎。是年秋，泰居忧将次服阕恭，率诸弟兴伟等有事于谱，拟告成后又当投供赴补矣。嗟乎，昔年捧檄便为鹤返之期，今日披图遽应牛眠之忏。苍苍者天曷其有极，计惟有矢恭矢慎，克笃敬宗收族之心，惟允惟明，恪守息事安民之训，上无以贻祖考羞，下无以阶子孙历已耳。凡我后人尚其勖哉！

　　　　　　　　时道光丁酉秋八月也七世孙兴泰顿首百拜谨序。

道光十七年仲秋日七世孙兴泰辑续修，兴浚、兴讳敬谨汇校兴统、兴诚沐手录订。

（五）四修序

维我始祖概吉公，世居叶赫，近长白山边，受姓那拉隶镶黄旗，下经纶草昧从龙，立开国之勋，舄奕瓜绵翼，燕流承家之泽，传四世，而我高祖常英公始合族人，询其年齿、名字、官爵、婚娶、生育以次排书辑为谱，所以尊祖敬宗收族者规模甚宏，家君仰承前轨，续加考复仕、不仕、娶某氏、享年几、某日卒，咸登载之加详焉。并绘坟墓、山向树木、屋庐为图。自嘉庆壬申迄道光丁酉，凡三修三序之，盖将以上绳祖武存继志、述事之心下贻孙谋，知木本水源之自也。戊申冬，祥安侍家君于奉天承德京县任所，当趋庭之际，值退食之余，命祥安曰："予兄弟得搏一官，邀微禄者皆赖祖宗积德，累仁之所致，敢自菲薄与骨肉疏哉？予之前修族谱也，校录汇定，汝叔父实司之，迩来又十纪矣，予与汝叔父服官中外从事未遑，幸汝已成立其与汝叔兄斌安，偕敬谨纂修罔或有遗。"祥安载拜受命。

时叔兄斌安肄业京师，未与聆斯训，亟致书俾其协力相助，旧者仍缺者补。其有未当者悉禀承于庭训，既成谨为序，曰："唐柳比有言，门第高者一事，坠先训则无异他人，是以修已不得不至。宋苏洵亦有言，兄弟其初一人之身亲尽分为途人者，势也。幸其未至于途人，则使其无至于忽忘焉可也。呜呼，两贤之言其责人之自立，勉人之敦族者至深切矣，我始祖披荆棘冒锋镝以有尺寸之功，以受先王之赐茔，以延子孙世世之麻，以膺累朝显荣，衰大之锡命后之。读是谱者，忠孝之感其可谖哉！此我高祖所以辑谱于前，家君于族人所以三修谱于后者也。家君于族人喜必庆，忧必吊，长幼相接必以序，饮宴相欢必以情，教子弟必宽而严，侍人必仕而恕，祥安未能仰希于万一，亦惟兴叔兄斌安交相勖，恪守家法，期无忝所生已耳。时道光二十九年己酉仲夏之望八法世孙祥安顿首百拜谨序。

计纂修四册

宗祠　二房　三房　四房各存一册

道光二十九年仲夏日八世孙祥安纂辑续修

斌安、定安敬谨汇校

文安、升安沐手录订

二　世系图

《叶赫那拉氏族谱》（叶赫籍朝鲜人）

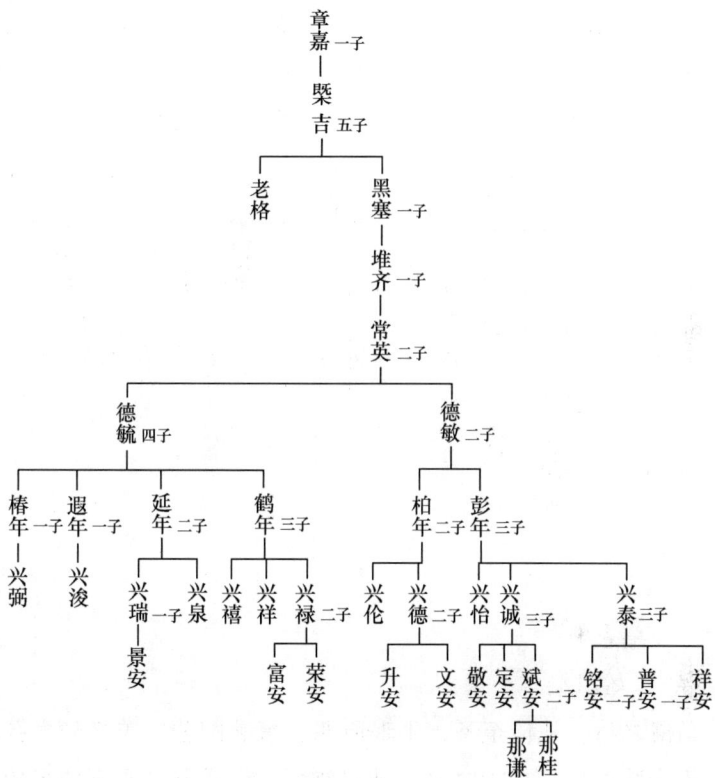

```
                          章嘉 一子
                            │
                          棐吉 五子
            ┌───────────────┴───────┐
          老格                    黑塞 一子
                                    │
                                  堆齐 一子
                                    │
                                  常英 二子
            ┌───────────────────────┴───────────────┐
          德毓 四子                               德敏 二子
   ┌────┬────┬────┬────┐                   ┌──────────┴──────────┐
 椿年  退年  延年  鹤年                    柏年 二子           彭年 三子
 一子  一子  二子  三子                 ┌────┴────┐      ┌────┬────────┐
  │     │   ┌─┴─┐ ┌─┬─┐            兴伦  兴德 二子  兴怡 兴诚      兴泰 三子
 兴弼  兴浚 兴瑞 兴泉 兴禧 兴祥 兴禄       │     │          三子    ┌───┬───┐
            一子      │   二子         升安  文安   敬安 定安 斌安 铭安 普安 祥安
             │     富安 荣安                      │       二子 一子 一子
            景安                               ┌──┴──┐
                                             那谦  那桂
```

续上页

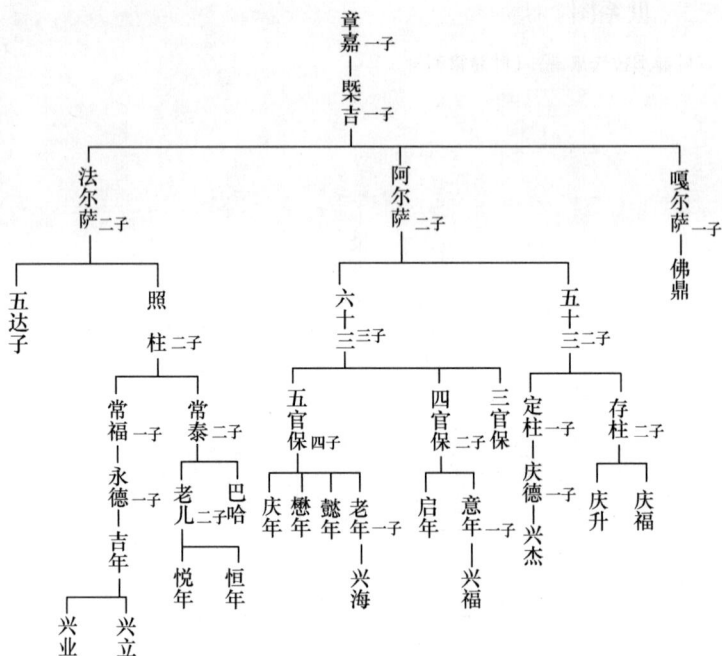

三　墓志

（一）始祖概吉公墓志

马鬣之封，礼传至圣，牛眠所兆，事著陶公。盖必藏身孔固，庶几土不亲肤而后，在天之灵，神泯怨恫，亦后嗣之心克伸妥侑矣。吾族自始祖概吉公叨蒙上赐地亩，奠安宅于十方院之东，凡属后裔皆得循序而葬，骨肉相依，魂魄相守，谊美恩明，无逾于此。每年以清明中元下元三次展墓，不疏不数，遵礼制也。独是白杨古矣，而墓碣犹虚。泰于尊酿之余，有隐憾焉，窃念代愈远，则记忆为难，族中人丁繁衍，得无有睹，崇封在望而莫辨其某祖、某宗、某支、某派者乎？敬绘全图使其次序昭穆灿然以著。嗟乎，四尺虽封，音容若睹，一杯再奠，霜露增悲。凡我同族于拜扫之下，当仰止景行而思明德之远焉。于是并其坐落方位以及地亩房屋皆连类而详书之，纪实也。七世孙兴泰顿首百拜谨志。

坐落：东直门外大亮马桥东五里许十方院；方位：丙山壬向；地亩：南至北三十、大东至西九丈；树林：共计　　株房屋共计四间

（二）四世祖常英公墓志

恩赐祖茔越百有余年，至高祖堆齐公封兆已盈，乾隆二十年间，曾冡常英公欲觅新阡，命祖德敏公极力寻访，未获善地。会有祖同僚瓜尔佳氏言余有地，地师云佳，如适用即以奉送，何寻焉？及往勘果佳，受之。但其地狭窄，四谤尽属他姓，地后有李姓地二十亩，欲购之以广其边幅，托人浼说，坚执不允，故虽得地而竟不能用。嗣后别为寻觅不就，至乾隆三十六年冬，地师萧鑑如先生言有佳地，何往观乎？同至东直门外东壩楼子庄西指而言，曰："即在此。"我祖慨然曰："此即十数年前故友相送，经理未果者。"萧先生闻之目瞠然，然同往者掌仪司郎中赵公长史、杨公皆曰："此佳城也。"公得之足酬数十年寻访之苦心，勿庸更事周章矣。因复托人向原地主李姓多方讲说，始得其地十四亩。地师云："元穴后太促，再得数亩即成全璧，无何有人将地六亩为求售，在元穴后，形势长亘方直，购而联合之而局始成。"噫，我祖奉命十数年之经营，踏勘至是，始竣此事，岂易易耶？迄今簪缨屡世，书香永传，未必非坟茔之安吉有以庇荫之也。书之所以志，吾祖缔造之艰辛，且为后来者告。

七世孙兴泰顿首百拜谨志其略绘图于左（图略）

坐落：东直门外东霸楼子庄西北；方位：癸山丁向

道光二年壬午孟冬望日恭绘

（三）四世叔祖六十三公墓志

我曾祖常英公定新阡于东霸楼子庄，辨方位以妥佳，城洵安宅也。五世叔祖三官保公昆玉亦极力改卜，更获善地于楼子庄西艮山坤向，遂安奉六十三公之柩于此，其配魏太君由十方院移而合葬之。主穴奠矣，下则公与其后裔分昭穆以为配。嗟乎，至今三十余年，高塚岿然，林木

葱蔚，其地距曾祖之墓仅半里许，生而形影则相依，没而魂魄更相守，亲亲之道隆焉，后之人每遇祭祀，相携拜扫，勿庸别事周章，且使守墓者就近伺应，得免疏防之虞，可想见筹划之善焉，爰图而志。

坐落：东直门外东霸楼子庄西；方位：艮山坤向（图略）

道光二年壬午孟冬望日恭绘

（四）六世叔祖柏年公墓志

锦囊青鸟之术，金锁玉髓之书，皆秦汉唐宋以来形胜，家所传三代而上未尝闻也。然而异生竹策，神护湖镫，牛眠征百世之祥，龙耳致九重之问，则又班班可考，是知地有其穴则世有其人，苟非其人则地昧其穴。行仁而获吉，壤纯孝而梦佳城，福可致祥，数不离理至足信也。我叔祖柏年公吉穴原在东霸楼子庄常英公茔内，后以墓地逼仄，部葬维难，时值家业稍丰，因另觅新阡以营吉兆洎。道光十四年秋伯年公即下世，遂点穴卜葬焉。彼时祖母在堂且甚康健，叔父辈色养承欢十有二载，丙午春以疾逝世，旋即卜吉合葬，以妥先灵。据望者云，此地以土城为后帐，以京畿作前朝，左右相生，进退得位，沙回水转，隐藏财禄之形，虎抱龙环具有腾骧之势，生旺归库，代出相卿，自葬以后叔父辈果皆职位高骞，人丁蕃茂，因俱信为水聚风藏，地灵人杰，而不知柏年公积德累仁之所致也。闻柏年公生时宽厚，和平恭慈，俭约持躬，则砥节励廉，接物无疾言遽色，以义方教子，以孝友传家，一时姻娅亲邻无不称为长者焉。呜乎，是人也，是行也，即当日不获美地以卜窀穸犹将回贱作贵转，衰为盛发福于无穷，矧明明有连伞，却月之形以为寿域哉。其地在安定门外小黄庄北，距城五里许，春秋拜扫，易于往来，筹划可谓至善，计周围二十四亩，植树三百余株，建盖房屋四间，今祥承命续修族谱，绘是图并为之志。

八世孙祥安顿首百拜敬识。

道光二十九年己酉仲夏二十三日恭绘（图略）

四　世系及行述志

始祖　概吉　顺治元年从龙入京，职授亲军。三年恩赐东直门外大亮马桥十方院地亩建立坟茔，栽种树株，康熙七年十月初八日卒葬于丙山山壬向之主穴，诰封儒林郎　配王氏（顺治六年五月十六日卒）、继何氏（康熙十年八月十一日卒）诰封安人，（五子）嘎尔萨、阿尔萨、法尔萨、墨塞、老格。

二世　嘎尔萨　顺治八年五月廿二日生，康熙三十六年十一月初七日卒。例赠修职郎未仕。配史氏，顺治九年六月初十日生，康熙四十一年正月十四日卒。例赠孺人，（一子）佛鼎。

二世　阿尔萨　顺治十年十二月十一日生，康熙四十年五月廿二日卒。例赠修职郎，未仕。配孙氏，顺治九年十月初四日生，康熙四十五年七月十六日卒。例赠孺人，（一子）和让。

二世　法尔萨　顺治十五年七月十七日生，康熙四十二年十一月廿二日卒。例赠文林郎，原任牧长。配林氏，顺治十四年六月十九日生，康熙四十八年十二月廿二日卒。例赠孺人，（二子）照柱、五达子。

二世　黑塞　康熙二年五月初八日生，康熙二十八年九月十四日卒。诰封儒林郎，未仕。配张氏，康熙四年六月十三日生，乾隆八年十一月初三日卒。诰封安人，（一子）堆齐。

二世　老格　康熙五年十一月十四日生，康熙二十六年十一月廿二日卒。例赠文林郎，原护军。

三世　佛鼎　康熙二十年十二月廿三日生，康熙四十六年五月十八日卒。诰封承德郎，原任慎刑司笔帖式。

三世　和让　康熙十五年十一月廿一日生，雍正四年九月廿八日卒。诰封奉直大夫，未仕。配富氏，康熙十八年四月十七日生，雍正二年十月十五日卒。诰封宜人，（二子）五十三、六十三。

三世　照柱　康熙二十八年十月初九日生，乾隆二十二年七月十四日卒。例赠修职郎，未仕。配李氏，康熙三十二年九月十三日生，乾隆三十一年四月廿二日卒。例赠孺人，（二子）常泰、常福。

三世　五达子　康熙三十二年十二月廿九日生，康熙五十一年九月廿三日卒。例赠文林郎，原备弓柏唐阿。

三世　堆齐　康熙二十八年八月十一日生，乾隆十八年八月初五日卒。诰封儒林郎，原任司匠，行述载后。配朱氏，康熙三十一年六月十二日生，乾隆十年六月初八日卒。诰封安人，（一子）常英。

皇清诰赠儒林郎堆齐公行述志

先君讳堆齐，幼而岐疑长而敦敏，八岁时祖父即去世，祖母张太安人年始二十五岁，矢冰玉，甘藜藿，抚养保护备极艰辛。先君以伶仃孤苦之身，无所倚赖而克底于成，皆祖母教养之力也。初习清文、汉文，因清文而贯通，故清汉稿文下笔立就，人皆赞为淹博，尝在军营粮饷处，一时奏折稿文俱经。先君一人之手而成，则好之，笃习之，精其苦心孤诣，亦可概见于康熙四十年间考取广储司银库库使，雍正三年缘看库护军校等。盗库一案议以看守不严将罹重咎，仰蒙天恩减等问罪于六年六月间。自备资斧前往厄尔昆屯田效力。斯时也，孑然一身，仓皇就道，亲老子幼，内无强近可依之亲，独步孤行，外无同心共济之友，伤何如也。其后复有贼匪抢夺台同，屯田一事杀伤蔽野，干戈满目，而先君以数月前调往西路军营，幸免于难。九年援例纳粮赎罪，始免屯田之役，即在察汉苏尔、乌里雅苏台二处军营粮饷笔帖式上行走。嗣蒙大将军顺承郡王议政大臣尚书依等保题给予马甲，钱粮所具，考语谨伤勤敏，详慎明悉，蒙世宗宪皇帝恩谕，堆齐系内务府人员，著赏给马甲，仍在粮饷处效力行走。十三年依都立埋弃军粮一案，钦命户部尚书海前往审理，即派先君随办事件兼写折奏，当其时先君以勤慎为各大人所倚重，于是有以贿赂托先君代为干者，有以势分逼先君代为钻刺者，先君悉屏绝之。事竣将军大人连名保奏，实授笔帖式，即于是年十月从军营押解粮饷、册档来京。次年五月二十日到家，骨肉欢聚，悲喜交集，一家之人疑为梦幻。时祖母在堂且甚康健，英已考中文生员，生长孙矣。忆自缘事离家历时十载八年。八月十九日京师地震，家无担石之蓄，人有覆压之惧，所有房屋地土除当日变价抵还官项外，仅余破屋数椽，以为栖身之所，及毕姻姊出嫁，历年京城军营两处之用度赎罪之粮价，虽有珠宝所积，早已告匮。此日家计之窘迫真有不堪言语形容者。幸先君到京数月即授为会计司催总，英选入咸安宫官学肄业，共得银米若干，可友糊口。乾隆六年堂郎中伊拉奇监督淮关保，题先君协理关务三年，期满授为广储司司匠，十六年皇太后万寿承办庆典，监督一任，赏大缎四端，貂皮四张，恩至渥也。于时稍有赢余，命英奠安祖祠，修理茔地、房屋，栽种树株，及家中一切服食器用少称完美。先君自军营回京得侍奉萱堂，一家团聚所愿已足，其视功名淡如也，故不图进取，终于司匠色养。祖母寿登七十八岁而逝，亲承大事尽礼尽哀，培植子授职，孙娶妻，女出嫁，享年六十有四，恸于乾隆十八年八月初五日寿终。英尝谓先君一生，功名际遇始则蹭蹬蹉跎，继则流离颠沛，当于库使被系时身家之拖累难堪也，后于屯田戍边时，日用之饔飧莫继也，卒也否极而泰，处困而亨。庚戌地震之变以守戍，免贼匪劫抢之难以奉调免，出九死而一生，皆逢凶而化吉，固邀天佑亦人之感格有以致之耳。

　　先君存心忠厚，持躬谨慎，待人接物一本至诚，于同祖之伯仲子侄亲若一体，罔不尽力周恤，有成其家室者，有助其读书者。亡故无力即多方借贷，代为殡殓者，毫无吝惜之容，推诿之意。教子以义，待下以宽，故虽遭遇事变，桁杨在前，棰楚在后，词气安详，夷然不动。当时司宪辈且有肃然起敬，深加叹服者，非中有操持置成败利害于度外而能若是乎？当随营办事时，任人多端，迷诱而严异，自持守正不阿，设稍有染指，特难膺保荐而获罪且莫知所止。观斯二者其平生气节梗概大略可睹，故虽命运蹇厄，职守卑微而经济人品已驰声内外矣，修德必获报，积厚自流光。英固知余庆之未艾也，光君之行谊如此而其配亦有可称者焉。先慈朱太君禀性慈惠、持家勤俭，闺门严肃，教子有方，自我先君缘事日始，凡朔望持斋，元旦日粒米水浆不入口，名为清斋，一生阅历艰辛，缕述莫罄，十余年苦况，上奉高堂，下抚儿女，俱系先慈一人之调护维持而家道赖以不坠，是先君非得先慈则家室有倾危之患，而内顾堪虞，先慈不因先君遇变则安常处顺，而才德弗著，两人者诚两美之必合，亦相得而益彰也。嗟乎，哀哀父母，生我劬劳，英未得稍申末报，忽于乾隆十年六月初八日倏然寿终，今欲承欢膝下已无及矣。悲夫，树欲静而风不息，子欲养而亲不逮，能不抱终天之恨之哉！独念一家之中，若英祖母之青年矢志抚孤，成立先君之持品端方。先慈之孝养有道皆卓卓照人，耳目声施，奕世增光，家乘者故因述先君之节概而并记之，使后世子孙知所则效焉，不肖男常英稽桑百拜谨志。

　　四世　五十三　康熙年月日生，乾隆年月日卒。诰封承德郎，原八品领催。配何氏，康熙年月日生，乾隆年月日卒。继王氏，康熙年月日生，乾隆年月日卒。张氏，康熙年月日生，乾隆年月日卒。诰封安人，（二子）存住、定住。

　　四世　六十三　康熙年月日生，乾隆三十四年六月日卒。诰封奉直大夫，原柏唐阿。配魏氏，康熙年月日生，乾隆年月日卒。继张氏，康熙六十一年六月廿六日生，乾隆六十一年润二月初七日卒。诰封宜人，（三子）三官保、四官保、五官保。

　　四世　常泰　康熙年月日生，乾隆年月日卒。例赠登仕郎，原披甲人。配谬氏，雍正年月日生，乾隆年月日卒。继杨氏，乾隆三年八月十一日生，嘉庆十二年八月十七日卒。例赠孺人，（二子）巴哈老儿。

　　四世　常福　雍正年月日生，乾隆年月日卒。例赠登仕郎，原披甲人。配孙氏，雍正年月日生，乾隆年月日卒。继苏氏，乾隆八年六月廿五日生，嘉庆十七年九月初十日卒。例赠孺人，（一子）永德。

　　四世　常英　康熙五十三年九月初四日生，乾隆三十九年四月廿八日卒。诰封武显将军，原任笔帖式，行述载后。配李氏，康熙五十一年八月初三日生，乾隆五十一年六月十一日卒。诰封夫人，（二子）德敏、德毓。

皇清诰封武显将军常英公行述志

先考公讳常英，幼而弱多疾，十三岁始就传读汉书，十五岁祖父即有军台之役，房屋产业悉变价以抵官项，居则破屋数椽，食仅薄粥两餐，家中替不能供读。先君发奋自励，不因贫而废业，夜读必三鼓，攒点时即起，寒暑不辍，无力延师，常袖诗文向先生长者以咨询，暇则兼习清文，如是五六年而清汉咸通。雍正十二年二十一岁考中文生员，学政兵部侍郎吴公应芬也；乾隆三年补廪，学政左都御史刘公吴龙也。六年春咸安宫官学期满，考列一等第四名，引见赏大缎二端、贡笔二十管、贡墨十锭；又考中翻译笔帖式第二名，主考现任江苏布政使永公泰、河东盐政郎中众公神保、长芦盐政关公住也。十四年出贡学政礼部侍郎吕公炽，名列入旗满洲第一，补授掌仪司笔帖式，转补御史衙门笔帖式。当年祖父缘事戍边，例准赎而家业荡然，无可惜置，先君欲振家声，得俸禄以赎罚，乃自进学后遇科岁考，定列高等，未尝出四名外。乡试则厄于遭际不获，一遇竟未能置身通显以展其才。

先君生平于此有遗憾焉，尝顾毓兄敏与毓而言曰："余自幼赢弱，六岁出痘后发斑，寒紧搐疯，濒死者数矣，幸而得生十一十二岁下血，形骸骨立，头脑生疮，复病伤寒，发尽落，故就学极迟尔。祖及余皆单传尔，祖因公获遭危险异常，幸邀恩得未灭，千里沙场迢迢独赴，当时知者始则惊骇，继则扼腕无不慨然而太息焉，其时之情景可知矣。余自行刻苦，大加惩创，祈化愚鲁以期上进，奈遭家多难，从学无资，赖官学肄业得入学，补廪出贡，授职思博一科第以光门闾，乃乡试六次，三荐而不售，虽福命所关，亦学力之未醇也，故尔辈读书文义稍通，余即命尔等改习翻译，学久而功专，故得售较捷，于余毓兄弟闻之，谨志弗忘。"

先君勤俭持家，锱铢积累，内供家庭菽水之奉，外供祖父军台之需，辛苦八载稍有赢余，输边以赎罪。而祖父归父母情睽已十年，骨肉欢生于一旦，散而聚，危而安皆先君之力也，后得俸禄奠安祖祠修理，坟墓整饬，家风门庭焕然。性慷慨好资助，义必为，不遗余力，宗族交游间以盛德称。体素弱后甚壮，行年六十余，目光炯炯，灯下可书小楷耳，不重听齿牙坚固，儿孙媳女罗列满前，于时毓兄职授内管领、毓职授堂主政，方庆承欢有藉，永享遐龄，讵意年逾花甲，毓兄毓忽染沉疴，医药罔交，旋即西殒。

先君以暮年而抱西河之痛，情怀感伤，遂亦致疾，恸于乾隆三十九年四月二十八日寿终，享年六十有一，斯时毓呼天抢地，罔知所措，父兄同逝，叔侄双孤，两宅丧事一力支持，幸承父兄余业，克竣厥事，养生之计亦资之实。

先君一生勤劬之所致也，谨书其概以示来，兹计遇覃恩已加五级，锡有许命，四十年四月二十四日安葬于东霸楼子庄癸山丁向新莹主穴。不肖男德毓稽首百拜谨志。嗣于道光二十五年十月恭遇覃恩曾孙兴浚遵例呈请诰封武显将军锡有诰命。

五世　存住　乾隆　年　月　日卒生。诰封承德郎，原任静宜园苑副。配周氏，乾隆八年　月　日生，嘉庆年月日卒。诰封安人，（二子）庆福、庆升。

五世　定住　嘉庆十三年八月十一日卒。诰封奉直大夫，原任奉宸苑苑丞。葬祖茔东癸山丁向。配葛氏，乾隆十年九月二十日生，道光二年正月十二日卒。诰封宜人，（一子）庆德。

五世　三官保　乾隆五年十月廿八日生，乾隆五十三年六月十五日卒。例赠大林郎，原任仓掌。配罗氏，乾隆九年十二月十六日生，道光五年正月十七日卒。例赠孺人。

五世　四官保　乾隆十六年五月初四日生，道光十九年十二月十三日卒。诰封中宪大夫，原任内管领，述络载后。配张氏，乾隆二十年月日生，乾隆四十五年三月十六日卒。继马氏，乾隆二十四年十二月初七日生，道光二十四年五月廿六日卒。诰封恭人，（二子）亿年、启年。

皇清诰封中宪大夫四官保公述略

由仓掌乾隆五十四年十月升授副内管领，嘉庆六年七月升授内管领，二十五年七月降补副内管领，是年八月扈从仁宗睿皇帝梓宫入京，得赏大缎四端，军功加一级，道光三年七月升授内管领，十一年二月告休，恩例诰封中宪大夫，锡有诰命。十九年十二月十三日寿终，享年八十有八。

五世　五官保　乾隆十八年十一月廿一日生，道光元年二月廿四日卒。例赠文林郎，原任都虞司椎长。配陈氏，乾隆二十三年十一月初九日生，道光十年三月十八日卒。例赠孺人，（四子）志年、懿年、懋年、庆年。

五世　巴哈　乾隆十四年月日生，乾隆四十四年月日卒。例赠修职郎，未仕，葬安家楼。配刘氏，乾隆十八年月日生，乾隆四十九年月日卒。例赠孺人。

五世　老儿　乾隆四十三年十一月廿一日生，道光二十六年润五月廿五日卒。例赠登仕序郎，原苏拉葬永德公昭。配张氏，乾隆五十五年十一月廿四日生，例赠孺人，（二子）恒年、悦年。

五世　永德　乾隆三十六年正月廿六日生，道光九年六月十三日卒。诰封奉直大夫，原披甲人。配高氏，乾隆四十四年十一月十四日生，嘉庆十八年十一月初八日卒。诰封宜人。继石氏，乾隆五十五年三月廿三日生，（一子）吉年。永德公另觅佳城于道光二十八年三月十八日男吉年由祖茔东敬移于祖茔西北地方甲山庚向主穴安葬。

五世　德敏　雍正十年正月初十日生，乾隆三十九年四月廿五日卒。诰封中宪大夫，原任内管领，述略载后。配梅氏，雍正八年二月十九日生，嘉庆三年九月三十日卒。诰封夫人，（二子）彭年、柏年。

皇清诰封中宪大夫德敏公述略

乾隆十四年考中缎库库使，京察一等加一级，二十八年六月升授副内管领，三十六年京察一等加一级。是年皇太后万寿加一级，三十七年八月升授内管领，恩例诰封中宪大夫，锡有诰命，三十九年四月二十五日寿终，享年四十有三。

五世 德毓 乾隆二年六月廿二日生，乾隆四十六年十月初一日卒。诰封武显将军，原任员外郎，述略载后。配梁氏，乾隆二年九月十一日生，嘉庆九十一月十八日卒。诰封夫人。（四子）鹤年、延年、违年、椿年。

皇清诰封武显将军德毓公述略

乾隆十九年考中翻译生员。二十三年考中翻译笔帖式，在堂行走，补广储司笔帖式转堂领班笔帖式，调掌稿笔帖式。三十年京察一等加一级。三十三年京察一等加一级。三十四年五月升授御药房委署主事，仍在堂行走。十一月转堂委署主事。三十六年冬将军王成衮扎布之妃薨，伊子额驸拉旺多尔济尚和静公主，游牧在西喀尔喀他密尔地方，海瀚砂碛之地，鬐发栗烈之时，六月尚然飘雪，四月始能融冰，是年十二月十六日旨命公主于次年正月初十日往奠，例派都统一员、总管内务府大臣一员、堂派郎中一员，旨派内阁学士署总管内务府大臣迈拉逊，堂派郎中某随往，因病告假，改派堂委署主事，德毓随往后改于三月二十四日起程，八月二十二日回京，在喀尔喀他密尔住十日，往返一万四千八百余里，回京在喀他一等加一级，十月升授堂主事，是年皇太后万寿加一级，三十七年五月升授掌仪司员外郎，三十九年京察一等加一级，四十年钦派查比三旗银两庄头、丁口，恩例诰封中宪大夫，锡有诰命，四十六年十月初一日寿终，享年四十有五，嗣于道光二十五年十月恭遇覃恩孙兴浚遵例呈请诰封武显将军锡有诰命。

六世 庆福 乾隆二十六年八月廿二日生，道光十四年二月十一日卒。例赠登仕郎，原披甲人，葬祖茔东有石碣。配海氏，乾隆二十八年十月十三日生，嘉庆五年正月初一日卒。

六世　庆升　乾隆三十年四月廿一日生，嘉庆十四年九月二十日卒。例赠修职郎，未仕，葬祖茔东有石碣。

六世　庆德　乾隆二十九年三月十一日生，嘉庆二十五年十一月十六日卒。例赠登仕郎，原披甲人，葬定住公昭。配王氏，乾隆年月日生，嘉庆年月日卒。例赠孺人，葬安家楼。继于氏，乾隆四十二年八月二十日生，嘉庆二十四年八月二十日卒。例赠孺人，合葬庆德公。（一子）兴杰。

六世　亿年　乾隆四十年十月十六日生，道光二十年六月廿六日卒。诰封奉直大夫，原任奉宸苑委署苑丞。配何氏，乾隆三十八年四月廿一日生，诰封宜人，一子（兴福）。

六世　启年　乾隆五十四年八月廿七日生，道光十九年十二月廿九日卒。例赠登仕郎，原披甲，葬祖茔东。

六世　志年　乾隆四十五年四月十一日生，道光五年三月十八日卒。例赠文林郎，原柏唐阿。配张氏，乾隆五十五年正月初二日生，例赠孺人，（一子）兴海。

六世　懿年　乾隆五十一年八月廿二日生，道光十五年正月二十日卒。例赠修职郎，未仕，葬茔东。

六世　懋年　乾隆五十七年十二月十四日生，道光七年三月十八日卒。例赠修职郎，未仕葬祖茔东。

六世　庆年　乾隆五十九年十月初七日生，道光十三年六月初三日卒。例赠文林郎，原护军。配刘氏，嘉庆八年十一月初六日生，道光十二年八月初七日卒。例赠孺人。

六世　恒年　嘉庆十九年六月十五日生，道光二十年五月初四日卒。例赠登仕郎，原披甲人，葬安家楼。

六世　悦年　道光八年九月初十日生。

六世　吉年　嘉庆十三年十月初四日生，道光二二年五月拣补武备院帐。配刘氏，诰封安人。房达二十三年四月升授六品副司鄓，二十五年十月皇太后万寿加一级。（二子）兴立、兴业。刘氏，嘉庆十八年九月二十日生，道光二十七年三月廿八日卒。

六世 彭年 乾隆二十五年九月初三日生，道光八年六月初六日卒。诰封中宪大夫，原任员外郎，述略载后。配李氏，乾隆二十二年五一月十一日生，乾隆四十五年十一月初四日卒。继瓜尔佳氏，乾隆三十年八月初九日生，道光十五年润六月十四日卒。诰封恭人。（三子）兴泰、兴诚、兴怡。

皇清诰封中宪大夫彭年公述略

禀生乾隆五十三年八月考中造办处笔帖式，嘉庆四年京察一等加一级，五年十月升授六品库掌，九年京察一等加一级，十六年九月升授宁寿宫员外郎兼管造办处事务，十八年四月授缎库员外郎，十九年三月钦命泰安香差，京察一等加一级，缎库三年期满转庆丰司员外郎兼管花爆作事务，二十三年七月授茶库员外郎兼管总理工程处事务，二十四年仁宗睿皇帝万寿加一级，二十五年八月扈从仁宗睿皇帝梓宫回京，得赏大缎四端，军功加一级，道光元年四月恭送仁宗睿皇帝安奉昌陵得赏大缎二端，军功加一级、茶库三年期满转营造司员外郎，二年七月授衣库员外郎，三年期满转营造司员外郎，六年九月奏调造办处员外郎，八年六月初六日寿终，享年六十有九，嗣于二十六年十月恭遇覃恩男兴泰遵例呈请诰封中宪大夫，锡有诰命。

六世 柏年 乾隆三十二年十月初三日生，道光十四年九月十四日卒。诰封中宪大夫，原任堂笔帖式。配梅氏，乾隆三十九年八月二十日生，道光二十六年二月初五日卒。诰封恭人。（二子）兴纯、兴纶。道光二十五年十月恭遇覃恩男兴纯由造办处六品库掌任内遵例呈请诰开封奉直大夫锡有诰命。

六世 鹤年 乾隆二十四年十二月初七日生，嘉庆二十二年十一月初五日卒。诰封承德郎，禀生，原任营造司笔帖式。配赵氏，乾隆二十四年正月初六日生，乾隆四十九年十一月十三日卒。继陈氏，乾隆三十五年六月廿三日生，道光二十五年八月廿二日卒。诰封安人，（三子）兴禄、兴伟、兴禧。

六世　延年　乾隆二十七年九月十八日生，嘉庆十九年四月十六日卒。例赠文林郎，原三旗银两庄头处催长。配董氏，乾隆二十六年七月初六日生，道光十七年五月初三日卒。例赠孺人，（二子）兴泉、兴瑞。

六世　遐年　乾隆二十九年十一月初八日生，嘉庆十四年四月廿七日卒。诰封武显将军，原任造办处八品催长。配张氏，乾隆三十五年二月廿九日生，道光十五年十二月廿六日卒。诰封夫人，（一子）兴浚。道光二十五年十月恭遇覃恩男兴浚由造办处总管郎中兼骁骑，领任内遵例呈请诰封武显将军锡有诰命

六世　椿年　乾隆三十六年五月初三日生，道光二十六年九月初三日卒。例赠登仕郎，原披甲人。配李氏，乾隆四十一年十月廿五日生，道光二十八年六月十五日卒。例赠孺人。（一子）兴弼。

七世　兴杰　嘉庆十年十月初四日生，配杜氏，嘉庆二十三年十二月初十日生。

七世　兴福　嘉庆十年二月廿三日生，道光六年十月补御书处柏唐，十一年十二月考取本处笔帖式。配张氏，嘉庆七年八月十三日生。

七世　兴海　嘉庆二十年六月初六日生，配宁氏，道光十一年六月初六日生。

七世　兴立　道光十四年四月十八日生。

七世　兴业　道光十八年四月廿七日生。

七世　兴泰　乾隆五十二年十一月廿九日生，景山官学生，嘉庆十二年三月捐纳监生，十八年癸酉科中式翻译举人，二十四年己卯恩科中式翻译贡士，应殿试赐进士出身，五月引见奉旨："兴泰著以知县用，钦此。"是年九月充会黄馆纂修官，道光二年七月钦定大清会典画一书成，奏请议叙经部，题覆以五甲二班后选用。四年殿本告成，咨部议叙加一级，纪录三次，是年十二月分选授江西抚州府乐安县知县。八年七月在任闻讣丁父忧，匍匐回旗。十一年

正月服满，三月本旗带领引见。奉旨："兴泰着在原衙门行走，钦此。"十月吏部查办带领引见，奉旨："兴泰著外用，钦此。"十二年四月拣发奉天。七月委署铁岭县事，十二月调署昌图厅事，十三年六月调署岫岩厅事，十一月题补广宁县知县，十四年三月兼摄义州事，十五年闰六月在任丁母忧扶榇回旗，十六年十月本旗带领引见，奉旨："兴泰著在原衙门行走，钦此。"是月吏部查办带领引见奉旨："兴泰著外用，钦此。"十七年十月服满，十二月拣发奉天，十八年三月委署广宁县事。十九年正月题补广宁县知县。二十一年正月奏署宁海县事，筹办军需，防堵夷务。二十二年十月题降承德县京县知县。二十五年十月恭遇覃恩，遵例呈请诰封奉直大夫，锡有诰命。二十七年十二月大计卓异，二十八年十月题升金州厅海防同知，二十九年九月兼署奉天府理事通判。二子（祥安、普安）。杨氏，乾隆五十四年六月廿二日生，嘉庆二十四年十二月廿五日卒。王氏，嘉庆五年润四月廿二日生。配杨氏，诰封宜人，继王氏。

七世　兴诚　嘉庆三年十一月廿三日生，景山官学生，嘉庆二十四年四月补造办处柏唐阿，道光二年四月捐纳监生，三年五月考中本处笔帖式，九年十一月补本处笔帖式，二十二年三月补掌稿笔帖式，二十五年十月皇太后万寿加一级，二十八年京察一等加一级。配李氏嘉庆二年四月初三日生。（三子）斌安、定安、敬安。

七世　兴怡　嘉庆八年十一月初一日生，例赠修职郎，未仕，葬祖茔东。

七世　兴纯　嘉庆十年正月十一日生，道光三年九月补造办处柏唐阿。四年三月补本处委署库掌。十八年五月升授八品催长。二十二年十一月升授六品库掌。二十五年十月皇太后万寿加一级，是年京察一等加一级，二十八年八月升授慎刑司员外郎。配吴氏，嘉庆十二年二月廿八日生，（二子）文安、昇安。

七世　兴纶　嘉庆十六年二月廿五日生，由景山官学生。道光八年捐纳笔帖式。十三年六月补授庆丰司笔帖式。二十二年七月转堂月官处笔帖式。二十五年十月皇太后万寿加一级，二十九年三月升授钱粮衙门委署主事。配董氏，嘉庆十四年八月初七日生。

　　七世　兴禄　乾隆四十九年十一月初九日生。配方氏，例赠孺人。继王氏，（二子）荣安、富安。方氏，乾隆五十一年月日生，嘉庆十八年正月十七日卒。王氏，乾隆五十一年十二月十八日生。

　　七世　兴伟　乾隆六十年九月初一日生，道光二年九月缮写宫中，则例告成，列为一等，补营造司柏唐阿，二十二年二月拣补本司库掌。配宋氏，嘉庆六年四月初十日生。

　　七世　兴禧　嘉庆四年五月初三日生，道光二十二年三月初八日卒。例赠修职郎，未仕葬祖茔东。

　　七世　兴泉　乾隆五十一年二月初十日生，道光三年六月十二日卒。例赠修职郎，原景山官学生，葬祖茔东。

　　七世　兴瑞　嘉庆六年三月十八日生，道光二十一年十月廿四日卒。例赠登仕郎，原披甲人。配纲氏，嘉庆十五年十月十一日生，例赠孺人，（一子）景安。

　　七世　兴浚　嘉庆三年七月十七日生，造办处柏唐阿。道光二年九月缮写宫中，则例告成，列为一等。三年五月考中本处笔帖式。十一月补本处笔帖式。六年补掌稿笔帖式。九年京察一等加一级。十二年十月升授六品库掌。十六年京察一等加一级。十八年十月升授员外郎。十九年十月升授总管郎中。是年京察一等加一级。二十一年十月兼骁骑参领。二十二年京察一等加一级，记名以钞关府道用。二十四年十二月简放淮关监督。二十五年十月，皇太后万寿加一级，是年京察一等加一级。二十六年九月因关征不足，经部议降调委署主事，在慎刑司行走。配李氏，嘉庆二年十二月初四日生。

　　七世　兴弼　嘉庆十七年七月初七日生，道光二十五年七月廿七日卒。例赠修职郎，本仕，葬祖茔东。

　　八世　祥安　道光四年九月初四日生，道光二十年五月考中文生员，大宗师潘公锡恩。二十三年五月岁考二等补增广生员，大宗师冯公芝。二十七年十月充玉牒馆誊录官。二十八年四月玉牒告成，奏请议叙列为二等经，本府题覆奉旨以八品笔帖式补用。配李氏，道光四年九月初八日生。

八世 普安 道光六年十月十七日生，道光二十三年六月考中文生员，大宗师冯公芝。二十九年四月科考一等，大宗师朱公尊。五月补禀膳生员。配李氏，道光五年十一月廿六日生。

八世 铭安 道光八年正月十九日生，道光二十三年十一月遵豫工事，例二卯，捐纳监生，加捐八品笔帖式。配佟佳氏，道光九年七月十四日生。

八世 斌安 道光三年五月初十日生，景山官学生，道光十九年五月考中文章笔帖式。二十年五月考中文生员，大宗师潘公锡恩。二十六年五月科考一等，大宗师王公广荫，十二月补禀膳生员。配王氏，道光四年八月初五日生。（二子）那桂、那谦。

八世 定安 道光五年四月初三日生，道光二十二年五月考中文生员，大宗师冯公芝。二十七年十月充玉牒馆誊录官，于二十八年四月玉牒告成，奏请议叙经，本府题覆，奉旨以八品笔帖式补用。二十九年四月科考一等，选拔贡生，大宗师朱公尊。是年十一月补咸安宫官学生。配卓佳氏，道光四年二月十五日生。

八世 敬安 道光七年十一月廿三日生，道光二十四年四月捐纳监生，二十八年十二月挑取上驷院牧丁，二十九年十二月转补造办处栢唐阿。配吴氏，道光九年十二月初七日生，道光二十九年三月廿三日卒。

八世 文安 道光十一年八月十八日生。

八世 升安 道光十八年七月十九日生。

八世 荣安 嘉庆十八年正月十一日生，道光十六年九月廿八日卒。诰封承德郎，原任笔帖式 葬祖茔东。

八世 富安 道光九年三月十一日生。

八世　**景安**　道光十二年八月初九日生。

九世　**那桂**　道光二十四年十一月初七日生。

九世　**那谦**　道光二十六年八月初七日生。

第四节　《叶赫那拉氏世系生辰谱》①

一　谱序

（以上缺失）……日远日疏，渐靡使之。然即今余又作宰，所以教子弟敦宗睦族之道，既难遍喻，且过耳易忘，因就近族及母氏源流并最近者概为叙入，共订一谱，次其齿岁，辰分其远近，寓亲疏于一本，别支派于以亲所亲广所爱。俾我兄弟子侄各执一卷，顾名思义，相期于敦宗睦族以无兴角弓胥远之。嗟夫，媲美古人，垂声后世何有于我？而亲亲之谊要不敢不俯焉。日有孳孳也，名之曰《世系生辰谱》，盖志同亲以补宗谱之所不逮云。

　　　　　　乾隆岁次丁酉嘉平月朔　叶赫那拉氏　那淳敬书

二　家族世系

一代　胡锡布（三子）：蒙固尔岱（陕西藩司）、华色（副都统）、绥和纳。

二代　蒙固尔岱（二子）：兴保、苏尔巴。

二代　华色（三子）：四保、钮勒、和什七。

二代　绥哈纳。

三代　兴保（三子）：韦驼保、二格、常钧。

三代　苏尔巴（二子）：巴尔通阿、巴尔松阿（福建）。

三代　四保（五子）：色克、舒伦、海伦、色和讷、色尔布。

三代　钮勒（一子）：常安。

---

① 清乾隆二年蓝丝栏钞本标点整理，那淳纂修。

三代 和什七（一子）：立柱。

四代 韦驼保（三子）：明阿萧、松年（山东青州府同知）、柏年（内阁中书）。

四代 二格。

四代 常钧（六子）：那霭、那淳、那澄、那衍、那淇、那湧。

四代 巴尔通阿。

四代 巴尔松阿。

四代 色克（二子）：长保住、九格。

四代 舒伦。

四代 海伦（一子）：释迦保。

四代 色和讷。

四代 色尔布（二子）：那福，那信。

四代 常安（三子）：常珉，常秀（户部贵州侍郎，终于辛亥，改名那德）、常琦（兵部笔帖式，改名那福那，终于庚戌四月）。

四代 立柱。

五代 明阿萧（一子）：七十六。

五代 松年。

五代 柏年。

五代 那霭（四子）：常楷、常杰、常桐、达槿。

五代 那淳（七子）：常林、常榅、常梁、常松、常枢、常检、常榆。

五代 那澄、达楫（庚年四月戌）。

五代 那衍（一子）：常桂。

五代 那淇（二子）：常枚、常奈。

五代 那湧（护军）。

五代 长保住（二子）：平福（骁骑校）、丰申泰（绵贝勒府六品典仪）。

五代 九格（护军）。

五代　释迦保（一子）：达冲阿。

五代　那福。

五代　那信。

五代　常珉（三子）：同福（原任笔帖式）、同禄（户部笔帖式）、同德（户部贵州郎中）。

五代　那德（一子）：敬杰（生员）。

五代　那福那（原任笔帖式）、荣书。

六代　七十六。

六代　达森（常俱改达，五子）：那熙、那勋、那焘、那辉、德燉。

六代　常楷（二子）：德耀、德炆。

六代　常杰。

六代　常桐。

六代　常盾（二子）：德赫、德汉。

六代　常楹。

六代　常梁。

六代　常松。

六代　常枢。

六代　常检。

六代　常榆。

六代　常桂。

六代　常枚。

六代　常奈。

六代　平福（一子）：富勋。

六代　丰申泰（三子）：富珊、富连、富明。

六代　达阿、索魁。

六代　同福。

六代　同林（一子）：图克萨。

六代　同德（一子）：图克善。

七代　那熙、敦坊。

七代　那勋。

七代　那焘。

七代　那辉、德耀、德焯、德燉、德炆。

七代　富勋。

七代　富霖。

七代　富湧。

七代　富明。

七代　图什默。

七代　图克善。

三　家族人物行述

高祖胡锡布，镶红旗满洲，从龙入都。原任骁骑参领，出仕未久旋以疾终。**高祖母**塔他里氏，顺治十八年诰赠通议大夫安人。

曾祖蒙固尔岱，由考取笔帖式历任工部，他齐哈哈番户部员外郎、郎中。钦差河东监院，差满回京，升授陕西布政司。**曾祖母**王佳氏，乾隆二十六年诰赠资政大夫夫人。

祖兴保，原任平郡王府头等护卫，总管包衣大臣事务，末年告病休致。生于康熙壬寅元年八月初八日卯时，终于雍正巳酉七年四月二十五日寅时。**祖母**鄂卓氏，正红旗满洲，原任甘肃巡抚伊图之女，生于康熙己酉八年六月二十九日亥时，终于雍正壬子十年十二月十四日辰时。乾隆二十六年诰赠资政大夫夫人。

父常钧，号和亭，字且平，别号可园之溪复翁，斋名清润堂，名敬义。由监生中式，雍正四年丙午科翻译举人，补授内阁票签中书，荐升陕西潼关同知、榆林府知府、甘肃安西道，缘事草职。特授兵部主事，军机处行走。随征西路，奏补工部员外郎，军功议叙。恩赏世袭云骑尉，升授江南淮徐海道，未及赴任旋授正白旗汉军副都统，兼公中佐领，刑部侍郎。调补仓场侍郎，未及到任升署江西安徽巡抚，实授河南、江西巡抚，特恩赏戴孔雀翎，调补甘肃、湖北、云南、湖南巡抚，缘事革任。钦差驻扎哈尔沙尔，掌大臣关防，办理回部事务。奉调回京，补授三等侍卫，调补本旗，管理红白银两事务章京五十年。恩赐千叟耆筵。终于乾隆巳酉五十四年十月二十四日卯时，享寿八十八岁。壬午年二月初六日寅时建生。**前母**瓜尔佳氏，正黄旗满洲，原任内务府员外郎哈什泰之女，壬午□年□月□时建生，生子那霱，终于雍正□年□月□日□时，乾隆二十六年诰赠夫人。**母**鄂卓氏，正红旗满洲，原任礼部郎中兼佐领五格之女。壬辰年四月二十六日丑时建生，生子那淳、长女、二女、三女、六女、七女。乾隆二十六年诰封夫人。终于乾隆五十二年七月初一日未时，享寿七十六岁。**庶母**李氏，山西人，乙未年九月十四日卯时建生，生子那澄、那衍、那淇、四女。终于乾隆二十五年四月二十九日寅时。**庶母**赵氏，本京人，丁卯年十一月二十七日戌时建生，生子那湧、九女、终于嘉庆甲戌年正月。**姨娘**韩氏，本京人，壬戌年二月二十日卯时建生，终于戊辰年十一月。**姨娘**徐氏，苏州人，丁卯年三月二十日午时建生。

　　长房那霱，号燮堂，字雨岑，堂名承燮。由监生中式，乾隆十五年庚午科翻译举人，考取笔帖式，补授工部题升本部主事员外即，郎中兼族长，缘事降级，荷蒙特恩赏给原衔，派往伊犁办事，五十三年二月回京，终于丙辰年十月初五日。辛丑年十一月初六日寅时建生。**妻**莫尔奇特氏，镶黄旗蒙古。原任步军校噶尔玛之女。乙巳年八月二十一日子时建生，生子常森，终于乾隆十一年□月□日□时。**妻**马佳氏，正黄旗满洲，原任吏部郎中广安之女，丁未年九月十五日子时建生，生子常楷、长女、四女、五女。终于乾隆五十八年四月初七日申时，享寿六十七岁。

　　二房那淳，号清若，字朴岑，别号意园、晏如、一字还我，堂名敦厚。由监生中式。乾隆十五年庚午科文举人，十六年辛未科翻译进士，简授奉天铁岭县知县，题升义州知州，捐纳同知，复以知州拣发河南，降补奉天锦县知县，降补兵部笔帖式，调任提督衙门，陕西巡抚衙门笔帖式草任。特恩以知县用调授贵州开泰县知县，题升普安州守。乾隆壬寅四十七年十月二十六日丑生，享寿五十三岁，终于贵州普安州署。**妻**周氏，镶红旗汉军，原任四川保宁府知府周岐之女。癸丑年七月初二日亥时建生，生子常林、常楹，终于癸亥年正月二十六日丑时。

四房那澄，号鑑堂，字渭川，别号漱谷，一字志清，堂名惇信。由监生考取笔帖式，初任理藩院，调任提督衙门，京察一等，选授安徽泾县知县，调任桐城县知县降调。特恩以主事用，奏补提督衙门主事。简发江南候补、直隶州知州，奏补江苏、直隶、通州知州，历署扬州。五十年卓异至京，因终善。留京员外郎用掣，入东陵员外郎。五十四年调任提督衙门，承袭云骑尉，升任浙江宁波道。终于丁巳年四月十六日卯时。丙辰年二月二十六日辰时建生。**妻**塔他里氏，正白旗满洲，原任湖南沅州府知府唐珠之女。丁巳年九月十二日亥时建生，生长女，终于乾隆三十五年正月二十六日未时。**妻**富察氏，镶黄旗满洲，原任湖南巡抚富勒浑之女，乙亥年十月二十六日巳时建生，生子达楫，终于丁丑年三月初九日寅时。长子达楫，庚戌年三月十八日卯时建生。

六房那衍，号益堂，字蕉石，堂名思益。由官学生考取内阁中书，升授奉天复州知州，降调，复授湖南武岗州知州，因公被议，蒙恩以主事卫发往新疆，办理粮饷。五十二年十二月回京，终于乙卯年三月二十八日寅时，辛酉年十一月初八日卯时建生。**妻**何氏，镶蓝旗汉军。原任贵州思南府知府何遂元之女，丙寅年十一月初十日丑时建生，生子常桂，终于乙卯年五月初四日巳时。

七房那淇，号瞻武，字斐章，别号竹川，一字芸轩，堂名绍德。由监生考取内阁中书补入票签处行走。五十一年升补侍读，历任安徽池州府、广西横州知州，终于辛未年八月初三日。乙丑年五月二十九日未时建生。**妻**卢氏，镶黄旗汉军。原任广西贵平县知县卢焜之女。

乙丑年十一月十一日丑时建生，终于乾隆三十二年七月初二日　时。
妻爱新觉罗氏，镶蓝旗满洲，宗室原任乾清门二等侍卫佛升之女。丁
卯年三月二十二日丑时建生，生长女、三女，终于庚午年六月二十二
日卯时。

　　九房那浚，号思文，字学山，由官学生考补工部库，堂名仰山
侠，历任直隶通判。壬辰年三月二十八日未时建生。**妻**伊琥尔氏，正
白旗蒙古，原任贵州东道四十七之女，壬辰年七月十一日未时建生，
生子达权、达枢、达桓、长女。**长女**，丁未年九月二十四日未时建
生，生子德昌、德进、德敏、德斌、长女、二女，终于嘉庆四年。**婿**
福盛阿，瓜尔佳姓氏，号霁堂，字尔基，镶黄旗满洲，由监生中式。
乾隆十八年癸酉科文举人，考取国子监助教，历任刑部主事员外郎。
丁未年十二月二十一日午时建生，终于乾隆三十八年正月二十一日丑
时。**二女**，壬子年十二月十八日卯时建生，生子业卜、充阿，终于丙
子年五月二十六日卯时。**婿**额腾额，东鄂娃氏，字一亭，正白旗满
洲，由监生考取笔帖式，历任兵部银库、工部笔帖式，拣发山西理
事、同知、通判，奏补朔平府萨拉齐通判，奏升大同府丰镇同知，终
于乾隆四十八年四月二十四日午时，庚戌年正月初六日寅时建生。**三
女**己未年二月十七日卯时建生，生子玉福、玉禄、玉德、长女，终于
辛酉年正月十八日。玉福，字润之，号璞园；玉禄，字瑶圃，号仲
辉。**婿**通恩，佟音娃氏，号荫霁，字不荒，正白旗满洲。由官学生考
取乌林内阁中书，升广东诏州府理猺、通判，升安徽颍州守，特调安
庆，官声卓异，升调江苏常镇通道、按察司、湖南布政司、光禄寺
卿，终于丙子年十二月初二日辰时，戊午年九月初十日卯时建生。**四
女**庚申年二月十六日辰时建生，生子善连，终于乾隆三十年八月初五
日未时。**婿**德铭，觉罗姓氏，号西斋，字新园，正蓝旗满洲觉罗。由
官学生考取翻译官，议叙笔帖式，初任兵部，调刑部，记名一等，以
同知升补山西清水河通判，终于嘉庆癸亥年，庚申年六月二十九日卯
时建生。**六女**，甲子年十二月二十八日丑时建生，生子麟昌、长女、

二女，终于戊午年六月二十三日巳时。**婿伊江安**，白都姓氏，号静亭，字乐邵，正白旗满洲。由监生考取笔帖式，特简户部，调任理藩院，改补内阁中书，奏升兵部主事，军机处行走，升任银库员外郎，仍世袭轻车都尉，五十三年，升任吐鲁番领队大臣、叶尔羌大臣、山东巡抚、古城领队大臣，终于辛酉年三月十九日，乙丑年四月十九日未时建生。**七女**丙寅年四月初十日巳时建生，生子双印、双瑞、双庆、长女、二女，终于戊酉年。**婿札拉芬**，乌雅姓氏，号仁山，字松寿，正黄旗满洲。挑补蓝翎侍卫，历升二等侍卫，终于乾隆丙午五十年七月三十日，丁卯年八月二十八日卯时建生。**九女**，丁亥年十二月初十日未时建生，生长女。**婿查清阿**，章佳姓氏，字一斋，正蓝旗满洲，由监生补授兵部笔帖式，戊子年七月十一日亥时建生。

长房子女

长子常森，号树堂，字樾千，由监生捐纳笔帖式，中式己亥科文举人，东陵笔帖式，终于乾隆四十八年三月二十五日子时，癸亥年八月十三日丑时建生。**媳章佳氏**，镶黄旗满洲，户部员外郎萨郎阿之女，丁卯年五月初九日子时建生，生子那熙、那勋、那焘、那辉、长女，终于丙午年。

二子常楷，号圣植，字元模，由官学生挑取方略馆行走，议叙以笔帖式用，初任兵部。升任甘肃平罗、阜康县知县，缘事革职，办理精河粮务章京事务。庚午年二月二十九日寅时建生。**妻洪鄂氏**，镶蓝旗满洲，文生员福总之女，辛未年八月二十八日寅时建生，终于乾隆三十九年六月二十三日。**妻鄂卓氏**，正红旗满洲，原任笔帖式务之女，戊寅年八月二十六日寅时建生，生子德耀、德炆、终于丁炆未年六月二十四日。**妻白氏**，正白旗汉军，四川重庆府知府皇屏之女，生长女，终于戊寅年五月十一日戊时。

三子常杰（马甲）甲午年七月初一午时建生。

四子常桐（护军）乙未年十月十七日卯时建生。妻正红旗蒙古人，戊午年十一月□日巳时。

五子达桂（前锋）壬寅年十二月二十四日丑时建生。**妻杜氏**，顺天人，己未年。**长女**，壬申年十一月初三日寅时建生，生子祥昌、口昌、口女，终于乾隆五十五年四月二十九日酉时。**婿伊崇安**，白都姓氏，号幔亭，正白旗满洲。由禀生中式，乾隆四十二年丁酉科文举人，四库全书馆行走，分管吏部，终于乙卯年二月十二日，辛未年十一月二十日寅时建生。**四女**，乙酉年四月初八日巳时建生，生子增龄，终于癸丑年十二月二十九日。**婿善琏**，字汝灵，觉罗姓氏，正蓝旗满洲，内阁中书。

二房子女

长子常林，字梅甫，号春臣，一字梅臣，又号二如。乾隆戊申科亚魁，己酉科进士，由翰林院庶吉士补授检讨，历任詹事府，替善户部主事，题缺员外郎、郎中、京察一等，道光三年癸未钦差杀虎口，监督税务，差满后带记名特用通政司参议，八年因腿疾告病，十一年八月初一日申刻终于正寝，享年七十二岁。庚辰年正月初一日寅时建生。**妻伊尔根觉罗氏**，镶黄旗满洲，现任陕西神木理事同知富升之女，甲申年四月二十四日卯时建生，生子德煜、德焕、德莹。终于戊寅年十一月十二日申时。

二子常奈，号丹臣，字有觉，禀生，由咸安宫官学生中式，缮本笔帖式，历任工部、刑部笔帖式，终于戊寅年六月初十日寅时。甲申年九月二十八日酉时建生。**妻段氏**，镶蓝旗汉军，现任内阁侍读段起祥之女，辛卯年五月十五日寅时建生，生子德焜、德煊、德熊。

三子常梁，号济川，字师谷，别号晋封、一字文舟。辛卯年十月十二日卯时建生。**生母张氏**，辛未年九月二十五日寅时建生。

四子常松，号茂如，字云甫，别号兑川、一字季青，由翻译生员考取清字经馆誊录官，香山教习。乙未年正月二十日午时。**妻佟佳氏**，正蓝旗汉军，参领明阿善之女，癸卯年十月十九日辰时生。

五子常枢，号含中，字运恒，别号春斋，丁酉年八月初八日戌时建生。

六子常检，号燦奎，字玉符，别号约斋。丁酉年九月十七日酉时建生。

七子常榆，号寿垣，字星斋，由官学生考取实录馆誊录官，补吏部笔帖式。丁酉年十二月十二日亥时建生。**妻黄氏**，镶红旗汉军，广东副都统三等忠勤伯黄文爆之女，丁未年五月十四日戌时生，生长女。**长女**，壬午年十二月十四日巳时建生，终于于戊申年二月二十一日巳时。**婿佛保**，达佳娃氏，号容斋，字时甫，镶黄旗满洲，世袭骑都尉四品，荐升二等侍卫。癸未年五月二十八日巳时建生。**二女**，戊子年二月初一日丑时建生，生子奉恩。**长女**，生子桂昌、继昌、景昌、长女、三女、六女。**婿周庆宁**，号敕功，字思文，正白旗包衣汉军，由监生捐笔帖式，补授内务府笔帖式，历任奉辰苑苑丞、膳房主事、慎刑司员外郎。甲申年十月初二日戌时建生。**三女**，壬辰年四月十七日戌时建生，生子承谦，终于己巳年六月二十日子时。**生母潘氏**，乙巳年十一月初六日生，终于庚戌年四月二十八日酉时。**婿额勒石**，正白族蒙古，直隶保定府副将福宁阿三子，甲午年七月初八日未时建生，由荫生历任户部主事员外郎。**四女**，癸卯年二月初五日未时生，生子克蒙、额克星额。**婿图尔炳阿**，正红旗满洲，索绰罗氏，广西象州知州，永恰布之子，由监生捐授孝陵笔帖式，终于丁卯年五月十二日。

四房子女

长女，庚寅年正月二十八日未时建生。**婿廉宝**，镶黄旗汉军，内务府由监生挑授蓝翎侍卫，终于乾隆五十七年二月。庚寅年十月十八日建生。

六房子女

长子达桂，号清府，字小山，由方略馆议叙笔帖式，补太常寺笔帖式，调任四川内院，终于戊辰年三月二十九日申时。戊子年二月二十八日申时建生。**妻**终于庚戌年三月二十三日子时。**继配王氏**，正红旗汉军，四川副将王楷之女，壬辰年三月二十四日辰时生，生子德忻、长女，终于丙子年七月初七日。

七房子女

长子常枚，号卜臣，由禀学生考授礼部笔帖式，历任江宁、山西理事同知，孝陵员外郎。己丑年五月十八日丑时建生。**妻觉罗氏**，正红旗满洲，奉天盖州孙德兴之女。

二子常奈，甲午年四月十八日酉时建生。**妻佟氏**，镶白旗汉军，安徽知州宁贵之女。**长女**，辛卯年三月初十日戌时建生。**婿宁祥**，镶红旗满洲，颍州府双保之子，工部主事。

长房长子常森子女

长子德熙，号伯明，方略馆候补笔帖式，终于丁壬年七月初三日申时。丙戌年六月初五日丑时建生。**妻鄂卓氏**，正红旗满洲，原任云南副将富舒长女，庚寅年十二月初五日寅时建生。

二子那勋，号仲功（马甲）丁亥年十月初四日辰时建生。

二子那焘，号长明，壬辰年七月初八日寅时建生。

四子那辉，号兆煌，丁酉年正月初七日子时建生。

长女，甲午年十二月二十八日子时建生。

德赫，乙巳年八月二十五日寅时建生。嘉庆十八年癸酉科文举人，候选知县。

德瑛，巳酉年五月二十二日寅时建生，恩监生。

德莹，道光十六年三十七岁，由生员拣选太常寺学习赞礼郎，十五年十月补授替礼部。

第五节　叶赫拉氏宗谱源流考[①]

征诸《东华录》暨《大清开国龙兴记》所载，叶赫系满洲四部之一，立国最早，当明季末叶，又称海西卫，与建州卫同受明廷封印，分掌满洲各部落之政权，兵力雄厚，物产丰饶，与清朝帝室缔结

---

① 据1934年叶凌云写本标点整理。

婚媾，善邻友好，国戚相关。嗣因互争消长，迭起兵衅，故清朝为进关定鼎之前，为剪除明廷羽翼，并去肘腋患，计先出师征服叶赫四部。叶赫国灭亡之后，所辖各部落民族均归服清朝，编入八大旗内。

　　我族以叶赫国名为姓氏，拨属京旗正白旗牛录，于康熙初年由吾始祖苏勒泰迁移宁古塔，初居旧街，后来转移罗城，流数代以农耕为业，鲜有当官显赫者，盖因国家限制所致也。厥后族人生殖不繁，数辈单传，至吾曾祖名依朗阿，繁衍两支人口仍不见多，但垦辟全流，荒山土地甚广，生产既多，家道殷实，渐知教育族中子弟习读汉书，俾求仕进。吾祖英公（讳）禄兄弟二人，幼读满汉经书，娴熟弓马，壮年随从希公爵大臣出征伊犁，以文案笔帖式助军幕十余载，乱定凯旋，补骁骑校缺，拨回宁古塔副都统衙门当差。嗣因希公爵大臣奉旨署理吉林将军，到任后念系幕僚旧谊，格外关情，升补防御，晋升公中佐领，赏戴花翎，尽先协领。数年之间，迭次分掌兵户司，官防左翼喀喇达，以及仓司监督，官浸局、税课局、总办、练队营总、街道厅总理各差。至六旬后，原品休致，告终养马。吾父德公（讳）魁字润丰，兄弟二人，吾父居长，幼习汉文，二十八岁弃耕种业来城习学满文，又长，与大清律例，曾充兵户司、按政印房、笔帖式、税课司、官浸局、章京、提调等差，五十四岁病故于家。生平好读阴骘文、感应篇、劝善等书，诫家人不得杀牲，毁弃物品，天性孝友，持家廉洁，故两代宦囊所蓄，家道仅致温饱，向主持不为儿孙置产主义，但遇族中贫乏者，历年济助以敦宗族，且生前留心家族宗支源流，掌笔政时际，即想抄写宗谱，惟缘族人贫困者伙，操办不易，只由旗佐档案中，抄录满文宗支底稿一份，世袭珍藏。庚子兵燹，家人避难，临行时家中衣褛及贵重物品均不置顾，惟宗谱底稿连同宅院房契，用黄绫包裹，交由吾长嫂宁氏携带身畔，虽涉水陷泽，始终未将谱底舍弃，今吾族宗谱得成，宁氏嫂实居大功焉。先父德公，第三次续配先母关氏，系城西七间房屯人，归来生吾兄弟姊妹六人：长名庆云，字汉章，又字叙怡，幼读满汉文，嗜习骑射，体魄魁梧，弱冠入旗充差，曾佐营务佐官多年，官五品，军功翎前锋，晚年偕家乔迁任总商会坐办，病故于双庙，为人磊落大方，不拘小节，笃爱兄弟，好友重义，生平常顾兄弟，同居组织大家庭，故晰分产业，向不斤斤计较，兄弟晰居数年，寂寞寡欢，卒使荆树重荣，置产合居，故起乐荆堂号，以表示怀抱也。次名祥云，字度山，吉林省戊戌科文庠生，经学颇有根基，书法在宁郡亦负盛名，为人沉默寡言，拘谨好礼，交游很稀，最重信义，弟侄辈惮忌如师，保出学后于庚子前后，曾任官学汉习教，变法后改任宁安县内各等学校教师校长，得列门墙，受业之男女弟子，诚不可以数计。晚年佐理地方自治法团，曾选任城议长及文案各职。治家以俭，克总先人未竟之志。当民国十三年间，修筑住宅竣工，召集族中祭祀之机，提出修谱之议，得全族赞同。遂于次年延聘传君海权翻译满文谱底，入于正白旗档册内。按代查录，上自始祖名萨勒太，下至业字辈共十三代，经一月时间，方完事焉，回思宗谱关系一族系统源流，倘年深日久，淹没无闻，后代子孙虽有追远之思，亦无可考证，兹幸经吾度山公提成修成，叶氏子孙从此观感兴起，能怀水源木本之思，皆吾兄祥公之绩也。三兄名瑞云，字佩五，幼年不喜读书，擅长经济，居乡经营小商，被匪绑票受伤逝世，正在青年，殊焉婉悼。余行次最末，双亲生前因系季子，钟爱异常，惜读书迟晚，未能成名，仅受中等教育，投身社会，滥竽仕宦途程，虽已三十，稔已不祸，庸碌无为，空耗岁月，负父兄之期望，忝叶氏之子孙。现逾五旬，晚境清贫，好在家运方兴，同居夥渡，每忆及宗谱立基，盖推三人焉，既首推吾父德公，抄留原底。次幸长嫂宁氏，保存未弃。终成于次兄祥云提倡抄缮余。复恐族人不明宗谱根基，及谱成之经过，爰将始末，简述于册，连同抄写底谱一并保存。今而后，更愿吾叶赫那拉氏子孙，继泽有人代代更续，俾先辈修谱苦心，永远昭垂焉，幸甚为。

康德十年端阳月朔日　志超　叶凌云

第三章

中国第一历史档案馆藏叶赫那拉氏族谱
《德贺讷世管佐领接袭家谱》①

　　《德贺讷世管佐领接袭家谱》系清朝宫中杂档，现藏于中国第一历史档案馆，《德贺讷世管佐领接袭家谱》是小楷手抄折册，没有编纂年款，主要记载慈禧太后父系家族世系、袭爵、旗籍、驻防等情况，全谱共记13世，216名男丁，展现了慈禧太后父系家族喀山兄弟的族源、迁徙、改旗抬旗、重要人物、世系支脉、亲族关系、世职承袭等情况。在佐领世袭上，《德贺讷世管佐领接袭家谱》载，喀山子孙在镶蓝旗中，拥有两个世管佐领，世代承袭佐领之职。第一个佐领世代承袭次序是：喀山—那海（亦写作纳海）—那亲（亦写作纳亲、那钦）—赫尔图—富柱（亦写作关柱）—托津泰—丰绅泰—胡图克—福禄—奎林—荣联；另一个佐领世代承袭次序是：希尔图—存保柱—穆尔泰（亦写作穆理台）—额林—歧山（亦写作启山、奇善、奇山）—阿克东阿—喀英阿—札郎阿—景文—惠隆—普祥—恩祥—德垣—恩广（光绪二十一年承袭）

第一节　《德贺讷世管佐领接袭家谱》中的慈禧太后世系①

德贺讷

鄂勒柏哩　　喀山　　那钦

万托欢

那海

穆尔泰　世卓　阿尔斌
启山　　额林
穆山

贺尔图
官柱
阿克东阿

吉郎阿　　景瑞　　景端
惠征
慈禧太后
敷泽福晋
奕𬱖嫡福晋
讷勒赫福晋
叶希贤
叶恩显
叶恩印

桂祥　　德祺　德钖　德善
静芬
德恩贤
叶元　叶华
德明明
根正
德迎迎

照祥　　恩祥　普祥　德臣　思广　德温温　德欣欣
叶德生

阿林禅　乌德　明德　官卓　托津泰　丰绅泰　胡克图　福禄　奎林　荣联

佛佑　宝祥　惠春　启祥　斌祥
叶文伯
叶恩铨
叶希魁　叶民　叶薇　叶力
龙仙　龙媛　龙媒　龙畔

————
① 此谱是在《德贺讷世管佐领接袭家谱》基础上增补了近现代家族后人而成。

第二节 《德贺讷世管佐领接袭家谱》中的
黑龙江五常一支世系

一 说明

此世系所记乃是《德贺讷世管佐领接袭家谱》中所载的黑龙江五常地区的叶赫那拉氏一支。属于喀山叔伯万托欢支族。这一支族与喀山支族投归努尔哈赤后，隶正黄旗，约在顺治八年（1651）改隶镶蓝旗，原居叶赫苏完地区（今吉林伊通县），后从龙入关，约在咸丰年间，万托欢支族由北京被派驻到拉林（今黑龙江省五常地区）驻防。

二 世系图

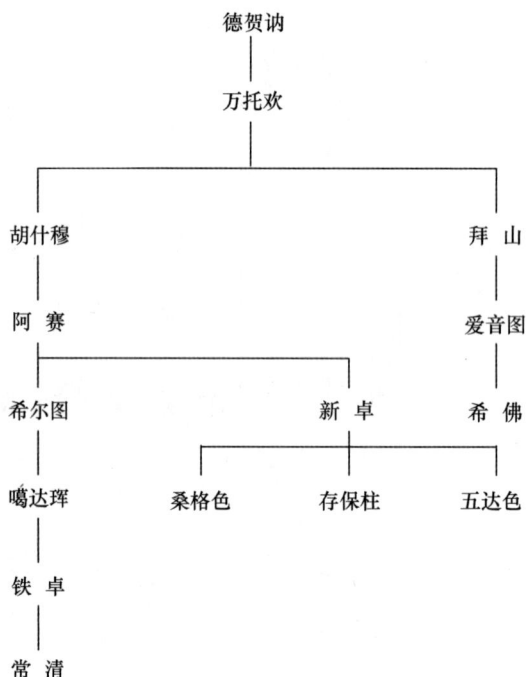

第四章

本书有关叶赫那拉氏
族谱资料精选

第一节　中央民族大学图书馆藏《叶赫呐喇氏宗谱》有关资料

满汉文合璧《叶赫呐喇氏宗谱》（正白旗，下简称为《宗谱》）现珍藏于中央民族大学图书馆，此《宗谱》是由清末同治年间崇秀、裕彬、乌尔棍岱三人续修，其谱上一次续修由嘉庆年间永禄撰写。此谱书系线装，内页是黄色宣纸，毛笔小楷手抄，长约 40 厘米，宽约 28 厘米，有满汉文对照谱序，谱中世系亦是满汉文对照，其中重要官职、驻地、学名分别在相应位置贴以小黄、红长条贴，并在其上注明，文末附有"叶赫呐喇氏八旗各处分驻地方"表、徐乾学《叶赫国贝勒家乘》、"正白旗满州二甲喇叶赫那拉氏历任佐领"表。此《宗谱》记载叶赫那拉氏雅巴兰一支家族世系、袭爵、袭职、旗籍、驻防、居地等情况，全谱共记十六世，五百五十二名男丁。

一　原谱序

叶赫地方贝勒始祖原系蒙古人氏，姓土默特氏，初自明永乐年间带兵入扈伦国招赘，遂有其地，因取姓曰纳喇氏。后明宣德二年迁于叶赫利河涯建城，故号曰叶赫国。其地在开原之东北，即明所谓之北关者是也。与明交会于镇北关，与海西女直接壤，所属有十五部落，而人多勇猛善骑射，所属地方人心悦服，俱以贝勒称之故。

始祖贝勒星根达尔汉传子席尔格明噶图，席尔格明噶图传子棲尔哈那，棲尔哈那传子诸孔额，诸孔额传子台杵，台杵传子清佳奴、仰加努。兄弟二人绥服叶赫诸部，各居一城，俱为贝勒。明万历十二年被宁远伯李成梁窃取谋害，时清佳奴之子布寨，仰加努之子那琳布禄各继父，俱为贝勒。在叶赫地方那琳布禄之弟金台石，布寨之弟布扬武，俱传为贝勒，在叶赫地方计壹百九十年共八代，嗣贝勒十一辈至天命三年、明万历四十八年乃终。

说明：

限于篇幅，中央民族大学图书馆藏《叶赫呐喇氏宗谱》世系表在此处略过，但其后附载的"叶赫呐喇氏八旗各处分驻地方""正白旗满洲二甲喇叶赫呐喇氏历任佐领"两份资料弥足珍贵，现附载于下，见本节第二、第三部分。

二　叶赫呐喇氏八旗各处分驻地方

驻防地	驻防人员名单	驻防地	驻防人员名单	驻防地	驻防人员名单	驻防地	驻防人员名单
佛德礼	启派达尔罕、弼启、兰青	科尔沁	托图、鄂鄂克图	雅尔呼	乌什		
掌呢	胡什布、所拉库、多博诺、萨木罕、安珠胡、喀克隆哈、英安	嵩山	布彦	察哈尔	确尔那		
吉林	东珠、百德讷、喀喀、齐玛库、叶洪鄂、勒岱、通什库、莫尔欢、翁鄂多	穈山	索尔逊	嘉穆呼	呢喀里		
沈阳	霍地、常海、胡什布	叶赫勒	岱达	特库	台布		
旧边	珲塔、海骟、金特依、棍善、德保、勒叶	乌克敦	乌胡纳	苏尔呼	察库		
白山	硕色、额尔格图、推喀纳、那林格、常五、彦西、阿克占、阿库密、来住、罕吾布吉	托昂、武	阿琅阿	旧山	珲塔		
苏斡尼	呢玛善、硕礼喀、胡岱、乌勒素	女汪雅哈	希拉珲	杜里	斡吉图		
布尔噶图城	南都理、元素	辽阳	阿胡尔什纳布、佟迈	呢玛产	奇努珲、霍木次		
易州	骟承仪、纳木都、嚕地方、莽俭	广东	茂色	密云县	清安素		

续表

驻防地	驻防人员名单	驻防地	驻防人员名单	驻防地	驻防人员名单
黑山	台立	归化城	玉舒、笃保	伊犁	花尚阿、都尔松阿、乌勒兴额、博崇武、穆隆阿、都尔洪阿、杜隆额、业普崇额
扎库木	达礼库、巴彦	凉州	傅格、六格	河南	杨爱、那扬阿
博索	阿琅阿、珲齐礼	拉林	迈格		
连道	富德哩	古城	鹤尚、德清		
额勒敏	赉色	清州	广泰、托莫尔欢、费绅、喜来		
噶哈立	乌尔齐海	福建	宝格		
西安	永和、那泰、那信、色普征额、盛和	沧州	凤常		

三　正白旗满洲二甲喇叶赫呐喇叶赫呐喇氏历任佐领

（始祖星根位达尔汉第六世孙雅巴兰一支下分三个佐领）

世管佐领1				世管佐领2				世管佐领3			
房辈	佐领名	房辈	佐领名	佐领名	房辈	佐领名	房辈	佐领名	房辈	佐领名	房辈
四房十五代	承荫	十房十代	多齐纳	白格	另姓	硕贷	七房十代	那罕泰	七房十代	巴当阿	四房七代
十六代	柏道	七房十一代	那彦泰	敏舒	十房九代	德勒德依	七房十代	那贤	七房十代	阿什达尔罕	七房七代
		七房十二代	那成	庆廉	十房十代	硕来	七房十四代	那拉春	七房十四代	希达理	七房八代
		七房十二代	那林	诺木次	十房十代	大嘴	七房十五代	岱纶	七房十五代	乌拉巴	七房九代
		四房十三代	富安泰	常玉	十房十代	达罕	十六代	锡龄	十六代	玛哈达	另姓
		四房十四代	常秀			希拉哈	十房十代			偏图	十房十代
		四房十四代	双寿			那敏	七房十代			那齐泰	十代七房

第二节　辽宁《叶赫那拉宗族谱》（辽宁 那世垣藏本）有关资料

一　谱序

（一）《叶赫那拉宗族谱》原序

盖谓我叶赫那拉氏，著于上京，封国叶赫，"望载图史，代产英隽"。有始祖星根达尔汉俾后世子孙据有叶赫之地一百九十年有奇。满洲归一，叶赫那拉氏列为满洲八大贵姓之一。御敕"教秉名宗、瑞钟华阀"正是对叶赫那拉氏家族在清朝的地位而言的。

国有史，县有志，家有谱。无先祖则无子孙，无族谱则无从追溯先祖。叶赫那拉氏自康熙年间已修家谱。道光三年，又由叶赫那拉十四世孙额腾额根据老谱撰修了《叶赫纳兰氏八旗族谱》。

随着历史的延伸，社会的发展，人口的衍繁，叶赫那拉氏族遍及全国，已无法考稽。各支脉都以本支系自修家谱。佛满洲正蓝旗叶赫那拉氏，在康熙中叶（1687）由乌拉拨到凤凰城戍边。其家谱是依叶赫那拉八世齐玛库（奇玛瑚）为先祖，现以传至二十三世。

余已是花甲之年，退休赋闲。为厘清叶赫那拉氏族渊源流派及支脉关系，自费往返于北京、天津、沈阳、长春、伊通、叶赫等地，考查叶赫史迹，查阅图书资料，搜集大量史据，历经五年，于二〇〇一年秋撰修《叶赫那拉宗族谱》一书，虽不能成为信史，只是承先以启后，继往开来而已矣。

（二）《叶赫那拉宗族谱》那震序

吾叶赫那拉氏，先祖系海西女真。满洲归一后被分散到满洲八旗各属下。公元 1644 年大部从龙入关，吾九世祖羊山公在满洲正蓝旗，随泰响佐领到奉天东边道凤凰城驻防。

先祖戍边农耕，很少读书，故无文字记载。鉴于年久失传，后代子孙不知先祖谓之何人。先父（那寿山）于民国初，经多年收集编成《那氏族谱》。由于当时山村闭塞，信息不灵，交通不便，加之文化落后，尚能编写成册实属不易。虽不完备，却也是我《那氏族谱》的开端。

吾宗弟世垣为完善那氏世系，长途跋涉，不辞辛苦。耗费巨资，在所不惜。沿着先祖迁徙的足迹追踪考察，夜以继日，煞费苦心，终将吾叶赫那拉氏源流厘清，将先祖功事彰显于后代子孙。先祖在天有灵，定会含笑九泉。

这次撰修族谱，还对叶赫那拉的历史做了考证，破译了原族谱中悬而未解的疑难。并将吾云这支收入谱中，为后人认宗追源提供了可靠的依据。

世垣弟历时五年，行程数千里，耗资万元，呕心沥血才编写成《叶赫那拉宗族谱》。望族人珍爱它，世代相传之。

（三）《叶赫那拉宗族谱》那世毅序

我国是个多民族的国家。满族是中华民族大家庭中重要成员之一，同其他兄弟民族一样，为祖国的完整统一、繁荣发展，做出了巨大的贡献。

叶赫那拉氏族，在满族成员中占据重要一席，对满族的成长壮大，曾起过举足轻重的作用，在中华民族的发展史上留下光彩夺目的一页。

无先祖则无子孙，无族谱则无从追溯先祖，族伯父寿山公，有感于族人日繁，支系众多，却无文字记载，堪忧年深月久，难免数典忘祖。于是，他费尽苦心，于1943年编纂了《那氏族谱》，时隔53年，世范兄（寿山之子）于1996年又续修了《那氏族谱》，二者同为那氏家族立下了不朽的功绩。美中不足者谱表记载仅限于二世祖羊山一支，而始祖奇玛瑚，据传声威显赫，在史书上又无处可考。为此，族史考究者，常为原书微瑕而叹惋。我堂弟世垣，为这一缺憾尤常耿耿于怀，立志要重修族谱。1997年，弟年近花甲，退休赋闲，于是壮志复萌，自费往返于北京、天津、沈阳、长春、叶赫等地，考察叶赫史迹，查阅图书资料，搜集大量史据。通过去伪存真，比较归纳，终于厘清了叶赫那拉氏族的渊源流派及支脉关系。印证了先祖奇玛瑚其人其事。于公元 2001 年秋，撰成《叶赫那拉宗族谱》一书。

该族谱囊括了整个叶赫那拉氏族发展演变的历史和庞大的世系谱表。为其后人寻根追源提供了极其方便的条件。此外，还记述了先贤之职位，巾帼之殊荣，以及他们的奇闻逸事。使其英姿风范跃然纸上，为后世子孙继承发扬，树立了楷模。

此《族谱》成书不易，史料搜集更难，望族人珍惜它、呵护它，世代遗存之。

二 《叶赫那拉宗族谱》附考

叶赫部被建州吞灭后，那拉氏族人被分散到满洲各旗属下。爱敏台吉及其长子齐纳尔图，三子齐努浑被拨到满洲正白旗。其次子奇玛瑚拨到满洲正蓝旗，在吉林乌拉地方驻防。

公元 1644 年，奇玛瑚部分子孙从龙入关。奇玛瑚因年老仍然留在乌拉地方驻防（见八旗通谱）。其长子卡波额从龙入关，卡波额之子巴尚阿任城门尉（正四品），卡波额孙尼瞒任副将（正三品），重孙七十七任御史（正四品），山神保任防御（正五品），索色任佐领（正四品），四世孙福力敦任二等侍卫后迁任佐领（正四品）。

奇玛瑚次子阿波额隶属满洲正蓝旗，孙波喜任护军校（六品），曾孙汪尔达任骁骑校，元孙索克吉哈任二等侍卫（正四品）。

奇玛瑚三子彦打力安从龙入关，曾孙巴喜在满洲正蓝旗都统第一参领任十六佐领（正四品）。《八旗通志》载："原系国初以叶赫地方来归人丁、编为半个牛录，始令巴喜管理。巴喜年老由叔父之孙鄂布特管理。鄂布特革职，由巴喜之子绥哈管理。绥哈病退由其兄之子多迈管理。康熙三年人丁足额编为整佐领，仍由多迈管理。多迈因事革职，其弟东什库任佐领。东什库故以绥哈之子赫索色任佐领。赫索色故由其弟禅塔海任佐领。禅塔海故其弟来都任佐领。"

奇玛瑚第八子麻拉哈入关后在鸿卢寺任鸣赞（从九品鸣赞类似司仪官、鸿卢寺归礼部管，皇帝来祭祀时当司仪）。孙那寿任副都统（三品），在满洲正黄旗改隶。

奇玛瑚第九子羊山，在公元 1644 年拨到凤凰城满洲正蓝旗，在泰晌佐领属下当差。八旗制度是军民合一，军即是民，民即是军，出则为兵、入则为民。

顺治四年（1647）题准"垦荒兴屯"之令。圈荒地给满洲为庄屯，选盛京旗丁携眷属住，官方出资给造房子和一切用具，每人给地六十亩，十丁为一屯，每六亩地给种子二斗，每庄给牛六头，口粮并给。驻防旗兵、立田庄于所在地，授荒地为永业。羊山全家的地给在石柱子，石柱子即为羊山之庄屯。

康熙初年，从满洲八旗子弟中招募一批青年进京当侍卫。羊山长子彦图力进京任上驷院侍卫，次子那郎阿在泰晌佐下任骁骑校（正六品）。

《右圣祖御制文集》载："康熙二十五年（1686）题准锦州、凤凰城等八处，荒地分给旗丁、民丁。给牛屯垦，每十六丁内二丁承种，余十四丁供给口粮农器。"同年，为巩固龙兴之地，戍边屯垦，将京城多余的八旗人员撤回东北。此时，彦图力携子黑色及眷属回石柱子与家人团聚。黑色同叔那郎阿南迁六十里，于老虎洞西五里曲柳木房驻防屯垦，那郎阿此时迁任正蓝旗防御（正五品）。后来人们逐将曲柳木房改称蓝旗堡（满人将居民点称堡，汉人则称屯），即今日之蓝旗镇。

自十世那郎阿迁徙到蓝旗镇，至今已有三百多年，族人多以农耕为主，虽无大显大贵，人才也是绵延不绝。羊山四世孙丰生额，为满洲正蓝旗包衣第四参领所属第三佐领五营领任第二佐领（从四品），在正黄旗改隶。

那郎阿任防御（正五品），彦图力任侍卫（五品），福勒珲任防御（正五品），果青阿任防御（正五品），额尔锦布任骁骑校（正六品），永昌阿任骁骑校（正六品）。

在"殿"字辈中，那景春、那景恩为领催。"庆"字辈中那廷栋（那庆芳）在张学良东北军任简任官。在"庆"字辈中寿山公更应该彰显于后代子孙，他为蓝旗那氏编写第一本谱书，为后人寻根追源有所考证做出了贡献。他在公元 1912 年创办了蓝旗村第一所学校（今日蓝旗镇小学的前身）。公元 1920 年凤城县费监督奖赐"热心教育"匾额一方。公元 1921 年，奉天教育厅赐二等奖章一枚，寿山公尽心于公益事业，兴办学校，为蓝旗村的教育事业奠定了基础。

中华人民共和国成立以后，蓝旗那姓（包括外埠）涌现出许多优秀人才，在市、县、乡各级政府及教育、卫生、科技、工商界任职，不乏业绩卓著者，因遍及全国无法考稽，故不一一赘述。

奇玛瑚其人。奇玛瑚大约生于公元 1587 年，是星根达尔汉第八代世孙。是爱敏台吉次子。在满洲归一后，爱敏台吉及其长子齐纳尔图，三子齐努浑被拨到满洲正白旗。其次子奇玛瑚被拨到满洲正蓝旗，在林乌拉地方驻防。

《八旗满洲氏族通谱》把奇玛瑚记载在乌拉那拉这一部分里，记为始居乌拉，这是一种误解。公元 1619 年，叶赫部就被建州吞灭，奇玛瑚被拨到吉林乌拉驻防。而《八旗满洲氏族通谱》始于雍正十三年（1735），完成于乾隆九年（1744），在弘昼等人撰写《通谱》时，奇玛瑚在吉林乌拉居住已是一百多年以前的事，作为一种追记性质的历史记录，他们误以为奇玛瑚是始居乌拉的那拉氏，也是可以理解的。

那拉氏为满洲著姓，有许多姓那拉的。其中扈伦四部的哈达、乌拉、辉发、叶赫都姓那拉，虽系一姓，各自为族，在道光三年，鄂腾鄂撰修《八旗那兰氏族谱》中载"其他那拉氏也有叶赫人，但《通谱》内并没有注明地方"，在列举人名中就有齐玛库之名。

奇玛瑚第三子彦打力安之重孙巴喜在《八旗通志》中均有记载："原系国初以叶赫地方来归人丁，编为半个牛录，始令巴喜管理……"

这进一步证明奇玛瑚是始居叶赫地方那拉氏人。

　　在查阅历史资料中，没有发现有"奇玛瑚"这个名字，只有齐玛库的记载。因为在满语翻译成汉语时，只取其音，不取其意，这样在人名中就出现音同字不同或近似音字。为了证明奇玛瑚与齐玛库为同一人，我做了大量的考证、破译，最终发现，这两个名字的后代子孙都是一样的，《八旗满洲氏族通谱》中载："正蓝旗齐玛库（奇玛瑚），其子拉哈（麻拉哈）原系鸣赞（类似司仪官）。孙壁尚阿（巴尚阿）原任城门尉。纳郎阿（那郎阿）原任骁骑校。曾孙章保住（章保住）、博喜（波喜）俱任护军校。元孙七十七（七十七）原任御史。三神保（山神保）任防御。瓦尔达（汪尔达）任骁骑校。四世孙福尔敦（福力敦）、索克济哈（索克吉哈）俱任二等侍卫。（括号里为那氏族谱中记名）。"

　　由于著书者所掌握资料的局限性，不可能把他们的子孙都一一列举出来。但是就以上这些后代子孙，也足以证明奇玛瑚与齐玛库这两个名字为一个人。因为人们已习惯"奇玛瑚"这个名字，在《叶赫那拉宗族谱》中，未予改动。

　　在历史资料中，对奇玛瑚本人没有详细的记载。能在《通谱》中写进他的名字，说明他当时还是有名望的人，他的官职应在武官四品以上，最低也是一位佐领职位吧。

　　经过进一步考证，证实《通谱》中里记载的齐玛库，就是《那氏族谱》记载的奇玛瑚。凤城市蓝旗镇那姓是正宗叶赫那拉氏嫡派后裔。

三　《叶赫那拉宗族谱》再附考

　　除正宗叶赫那拉氏，还有自称是叶赫那拉氏的。在道光二十九年由叶赫那拉祥安所撰写的家谱，是以朝鲜人为始祖的叶赫那拉氏，其始祖为朝鲜名阀章嘉。天命十年（1625）也就是在叶赫灭亡后迁入叶赫地方职居厫长，章嘉之子羓吉顺治元年（1644）从龙入关，留居叶赫地方者无考，进京者编为满洲镶黄旗。此支虽自称叶赫那拉氏，不属于正宗的叶赫那拉氏人。

此外，本溪县草河掌镇崔家房村草甸地方佟姓，也称叶赫那拉氏佟氏。据史书及族谱记载，世居叶赫部的女真人约有七十一姓。其中伊尔根觉罗氏，改汉姓时为赵姓、佟姓。草河掌地方叶赫那拉佟氏，应为伊尔根觉罗氏的后裔。因始居叶赫那拉地方故称叶赫那拉佟氏，或有其他原因尚无考。

其始祖为那郎阿，那郎阿生三子，长子佟色、次子佟岱、三子索色。

四 关于齐达木、齐玛库、奇玛瑚三个名字是同一个人的考证

满语，属于阿尔泰语系通古斯语族。在清代，满语称"清语""国语"，是行政上通用语言。满族在关外时期，除最高统治者外，一般中下级官吏和人民很少有懂汉语者。建州部、扈伦四部和东海部，他们的语言是相通的，但在方言口语上有所不同。清代是依建州满语为标准语。明朝时，一些汉族官吏进入女真地区，他们不懂满语，是通过"启心郎"（翻译）把满语译成汉语。他们写女真人名字时，是按语音记录下来的，因地域口语不同，加之汉官对少数民族女真人的鄙夷，记录下来的名字千奇百怪，如：白羊骨、五丫头、骚达子、红歹石……满人入关后，逐步掌握了汉文化，觉得有些名字不雅，于是就把那些不雅的汉字，用音同字不同或近似音的文雅汉字来代替。把五丫头改写成吾雅图、白羊骨改成布扬古、骚达子改成绍达资、红歹石改成皇太极……

满洲归一，大部分叶赫那拉氏将士从龙入关。在康熙朝，全国有三百九十三个佐领，叶赫部就占了四十五个佐领。大部分都是第八代以后的人，他们征战沙场战功显赫，受到朝廷的重用，一批文臣武将官居高位、权倾各朝，后人为了彰显先辈的功绩撰谱立传。他们不愿再回首往事，把从前叶赫与建州的恩恩怨怨隐讳不写，就从入关后第

八代开始撰写本支家谱。

《叶赫纳兰氏八旗族谱》（以下称《族谱》）是由满洲正白旗叶赫纳兰十四世额腾额根据康熙年间老谱撰写的，是依满洲正白旗为主，其余各旗没有全部记载。《族谱》世系表中记载：七世爱敏台吉，满洲正白旗人，生三子，长子齐纳尔图，次子齐达木，三子齐等浑。在第八代里只有这三个人的名字是"齐"字打头。《族谱》中对长子齐纳尔图三子齐咨浑都有详细的记载，他们的后人记载到十四世。唯有次子齐达木的后代没有记载。由此可见，长子齐纳尔图和三子齐咨浑都是正白旗人，而次子齐达木被拨到其他旗里，不在正白旗。《族谱》附页中记载：其他地方也有叶赫那拉人，其中就有"在吉林地方的齐玛库"。

既然知道齐玛库是叶赫那拉人，为什么在《族谱》正页的世系表中没有齐玛库的名字？谱中从四世到八世记载的是很全面的，不可能单把齐玛库一个人遗漏。那又是什么原因造成世系表中没有齐玛库的名字呢？

经过再三斟酌。认为原因有三个：其一，齐玛库不是正白旗人，如果是正白旗人，谱中会有详细的记载。

其二，同一个人两个名字。《族谱》是根据康熙年间老谱撰写的，谱中的名字是在关外时音译的老名字，老谱早于《八旗满洲氏族通谱》近一百年。《八旗满洲氏族通谱》（以下称《通谱》）是乾隆年间成书的。乾隆时，在正史的书籍里，把从前不雅、怪异的少数民族地区的人名、地名、山川河泊做了统一规范（见乾隆三十二年傅恒奉敕撰写的《御批通鉴辑览》），这样就造成了《族谱》与《通谱》人的名字不相符，如果一个人的名字用两种近似音汉字书写，后人就以为是两个人。

其三，《族谱》在世系表中有记载，是音同字不同。

《通谱》中记载：爱敏台济（吉）正白旗人，金台石同族，世居叶赫地方，国初来归。其子齐努浑（三子）原任内阁侍读，其孙察库原任户部侍郎。《通谱》中还记载：齐玛库、乌拉那拉氏满洲正蓝旗。我查阅了乌拉《那拉氏宗谱》从一世纳齐布禄查看到二十一世，总共九百四十三人，没有发现有齐玛库及其子孙后代的名字，这证实齐玛库不是乌拉那拉人，是《通谱》的误载。

正是由于《通谱》中这一错误的记载，引起了我们的关注，在多方面查找齐玛库世系无果的情况下，联想到《族谱》中爱敏台吉次子齐达木。经过反复核对发现，齐达木与齐玛库的名字都是"齐"字打头，第二个字是"达"（da），和玛（ma）两个字韵母相同。第三个字是"木"（mu），和库（ku）的韵母也一样，念起来尾音相同。齐达木音促齐玛库，因此，这两个名字就是一个人。

《族谱》中的齐达木就是《通谱》里记载的齐玛库。是爱敏台吉的次子。在叶赫灭亡后，爱敏台吉的长子和三子拔到正白旗，而次子齐达木被拨到正蓝旗在吉林驻防。因为驻防地属于原乌拉地界，又都姓那拉，后人误以为是乌拉那拉人。

凤城市蓝旗镇《那氏族谱》是以奇玛瑚为一世，记载到九世"殿"字辈，族谱中记载：奇玛瑚叶赫那拉人，隶属满洲正蓝旗。《凤城市志》记载：奇玛瑚第九子羊山在 1687 年，由乌拉拨驻凤凰城，居宝山石柱子，隶满洲正蓝旗。其长子彦图力进京为侍卫，次子那郎阿原任骁骑校，后迁任防御。

奇玛瑚据传声威显赫，但在清史里又无处可考。

在《族谱》的附页中和《通谱》里发现了齐玛库的名字，是正蓝旗人，齐玛库与奇马瑚两个名字很相似。"齐"和"奇"是音同字不同。第二个字相同，第三个字是"库"（ku），和瑚（hu）韵母相同，是近似音，他们的父辈在谱中都接不上，又同是满洲正蓝旗人，经过核对惊奇地发现，他们的子孙后代是一样的。

《八旗满洲氏族通谱》中记载：正蓝旗齐玛库（奇玛瑚）其子拉哈（麻拉哈）原任鸣赞，孙壁尚阿（巴尚阿）原任城门尉、纳郎阿（那郎阿）原任骁骑校，曾孙章保住（章保住）、博喜（波喜）俱任护军校，元孙七十七（七十七）原任御史、三神保（山神保）任防御，瓦尔达（汪尔达）任骁骑校、四世孙福尔敦（福力敦）、索克济哈（索克吉哈）俱任二等待卫（括号里为那氏族谱中记名）。

由于著书者掌握资料的局限性，不可能把他们的子孙后代一一列举出来，就以上这些后代的名字，也足以证明齐玛库与奇玛瑚两个名字就是同一个人的名字的不同写法。

《那氏族谱》中的奇玛瑚就是《通谱》中的齐玛库，《通谱》中的齐玛库就是《族谱》中的齐达木。是爱敏台吉次子。

世系是：始祖星根达尔汉→席尔克明噶图→齐尔哈尼→诸孔革→尼雅尼雅喀（捏尼哈）→雅巴兰→爱敏台吉→齐玛库。

齐玛库的名字在清史里有记载，齐达木和奇玛瑚这两个名字史书上没有记载，所以，今后应以齐玛库这名字为准。

五 叶赫那拉氏始祖释疑补遗

（一）叶赫那拉氏祖源是北元东部汗的遗族

公元 1434 年，北元东部阿贷汗与太师阿鲁台在姆纳山（今内蒙古阿拉善盟）被瓦喇部杀害，留在东北嫩江驻地的老弱病残妇女儿童就成了遗族，为了躲避瓦喇部的杀戮，他们隐蔽起来，从此这些人去向不明，永远在蒙古人群中消失。恰在此时，清史里却记载了一些来路不明的蒙古人，到女真部那拉氏家族中改姓那拉，融入那拉氏家族之中。

一个是去向不明，一个是来路不明，这种历史上的巧合，恰如其分地把叶赫那拉氏的祖源作了完善的对接。叶赫那拉氏祖源就是北元阿岱汗和太师阿鲁台留在嫩江驻地的遗族中的土默特人星根达尔汉。

（二）改姓氏是为了挽救这些遗族的生命

姓，是代表宗族和血统的渊源，是代表一个家族。人们常说"大丈夫行不改名坐不改姓"，用姓名来表现一个人的英雄气魄。所以不是在万不得已的情况下人们不会随便改换姓氏。

明洪武元年二月，朱元璋下旨令，凡滞留在中原的蒙古人"禁胡服、胡语、胡姓"，尤其是禁胡姓引起了蒙古人强烈的不满。可见蒙古人对姓氏看得多么重要。土默特氏改姓那拉氏不是因为那拉姓高贵，更不是攀高枝。在蒙古土默特姓氏是非常高贵的。土默特是以部落名称为姓，土默是万，特是复数，就是有很多个万。

土默特部早先有白皮肤汪古部（白鞑靼）的加入，基因的遗传，土默特女人皮肤白皙、相貌俊美，世代与蒙古皇族通婚，是皇亲国戚。在嫩江的遗族中除了有土默特人，还有科尔沁、蒙郭勒津的老人、妇女、儿童，他们群体改为女真纳喇姓，是为了千百位老人、妇女、儿童免遭瓦喇部的杀戮。这就是他们集体改姓那拉的原因所在。

（三）古禄格不是星根达尔汉的后裔

古禄格是叶赫那拉氏人，但不是星根达尔汉的后裔。公元 1619 年叶赫灭亡时其世系应在第八代至第九代，在《八旗纳兰氏族谱》中，八代到九代记载得是很详细的，其中没有古禄格的名字，这说明古禄格不是星根达尔汉的后裔。在嫩江的遗族中，土默特人不是只有星根达尔汉一个人，古禄格应该是其他土默特人的后裔，因为星根达尔汉的后裔掌管叶赫大权，所以只有这支叶赫那拉氏被记入史册。

六　本族冬腊月祭祀礼节

凡祭祀之全礼皆是五日，设如定有吉期系冬月二十八日的日子，必从二十六日夜黑使净水淘黄米，礼节为在上屋地下跪一条腿，淘米不准说闲话，淘完时控在祖宗案下，候至二十七日过午轧面，先在影壁前放一张桌子，再扎秫秸把子一个，长三尺，在把子上插年榆树枝两支，再将红庄子内衣裳取出来，即绸布，将黄衣裳绑在东边树枝上，蓝衣裳绑在西边树枝上；并皆相连放在影壁前面。又在西边就近放一马纤或席头均可，上作黄泥一堆，上插榆树枝一支。然后用净烧酒一瓶，斟出头二壶，在壶上执上绵花，在炕头上放执事人净枕头一个，将头壶酒放在东边，二壶酒放在西边，先将头壶酒拿在影壁前，用铜盅六个，影壁前摆三个，泥堆前摆三个，遂将酒斟上，用榆树枝各盅点点，随即去冠叩首一连三遍，随后将公鸭抓住在影壁前拜三拜，用小线刀子在翅膀底下刺死，将血接在小碟内，将毛并下水去净整个入锅，连血煮熟，放在方盘内，使耳挖子将头别正，血并放在头上，使松明子点亮顶在鸭子头上，均放在影壁前桌子上。再将屋内二壶酒拿出来，照前一样点酒、去冠、叩三遍首，即拿家来同大小人们用手拆吃，此时尚准吃酒，以酒，以鸭汤烩小米子饭吃，其饭预先煮好，为是吃完将骨头送在影壁后，遂拿瓶中之酒照前点酒一遍，即将桌子榆树枝撤去，将黄蓝衣裳用油纸包好，仍放于红庄子内，将外板插上。

待至半夜，将日间的黄米面子分出一半蒸熟，外用苏子叶在上屋净手做饽饽，做成扁圆形。依次摆在桌子上候用，再另外摆四盘子，均按一二一二之列，做完时得剩点备用，同时将公鸡抓住杀死，去毛下水备用，整个入锅连血并煮熟放在方盘内，用耳挖子别正，用头两个碗盛汤，血亦放在方盘内，将后摆的头二盘子饽饽，亦放在内，预备苏子一把，右边香碟子一个，即北边白纸条不论多少，同方盘上之物，并鸡毛下水俱拿到街外神树底下，此系孤柳树。将纸条绑在树枝上，鸡毛下水泼在树下，方盘放下，执事人率众去冠跪下，以柳枝将各物点点，举香碟子一遍叩首一次，一连三遍，凡来的人均得去冠叩首，懒者与己身不利，遂将秫秸用火焚之，将鸡拿回来大家同吃，不准放桌子，不用筷子，均以手为之。

待至鸡叫时应发锁蜜（即撒米酒），此酒系自家做的，已先预备，以麦子黄米做成两大碗在此时应用，将院中放一张桌子，仍将以前预备的两盘子饽饽东西摆上，右边香碟子一个，米酒两碗，碟子两个，每碟上摆铜盅三个，外用酒盅两个，好由碗内起酒倒在铜盅内，执事人跪在当中，两边各跪一人，用闲盅起酒斟在铜盅内，使新筷子在各盅内点点，举香碟子一遍，去冠叩首一次，遂将盅内之酒高扬，与前面如此三遍，无论何人不准发言，有不尊者与己身不利，慎之为要。

礼完将头盘子饽饽令一人拿起，在院内各处收藏连吃，小童子随后连找带抢，第二盘子饽饽拿在屋中，亦是连藏带抢，此系遗留之规矩万不能僭越。

至二十八日系正日子，早晨先砍柳树枝一个，高五六尺，绑在里屋台阶前锁庄子上，将祖上锁头妈妈口袋打开，将内里锁线拉出门外，绑在柳枝上，其柳枝上先绑上白纸条三四枝。再用赤黄黑三色绸条三个绑在锁线上，然后在锁妈下放一张小桌，再将前留之糕面另做九个饽饽，头一盘子四个，第二盘子五个，东西摆上，请下右香碟子一个，放与桌上，女执事人跪下举香碟子三遍，叩头三次，男女同行礼，遂将桌子端在门外柳树下。仍举香叩头三次，将头盘子饽饽留在外边，在柳枝上抹抹，令小童看之，礼完准其吃，二盘子拿入屋主人先吃，大家亦吃，随将锁线收起，另扫地、炕，净手，将祖宗案并佛爷案子取出，摆上北边。系佛爷以横绳悬之，前放一桌子，将前原存之饽饽第一二盘子不动，第三以下顺次摆在案前桌子上，再摆铜盅七个，右香碟子一个，再将祖先案子，以净秫秸两个挟之，立在南边西炕上，后边放一枕头，案前用方盘一个，将头二盘子饽饽南北摆上，此因旗人之客屋均在西头，所以按南北计算，用铜盅两个，左香碟子一个，北面用酒一壶，南面空壶一个，新筷子一支，执事人跪在中间，二人站两旁，余者之人均去冠跪在下边，无论何人均不准出言，右边之人以酒按盅斟之，拿新筷子点之，举香一遍叩头一次，左边之人随将酒倒入空壶内，再斟酒，一连三遍，礼毕即抓公鸭一只，先在祖宗案前拜三拜，以刀刺死，血盛碟内入锅浸出，由当腰斜切两截，前截在南，后截在北，以盘子盛之，均摆在祖宗前。随即抓猪（其绑猪之绳应早预备，系以先在西炕沿坐之搓的，凡祭祀绑猪之绳均应先搓妥，以免忙迫），将猪拿在屋内，以左香碟子在猪身上圈三遍，即奠酒三盅，或者领生或者奠酒均听主人之便，自古是领生后更奠酒，礼毕在屋杀死，卸以八大件（此猪祭完后东西院另有老仙家猪一口，亦在此时抓住抬至西老院老仙家案下，点香去冠叩首三遍，或领生或奠酒不限）。

入锅煮熟，下水同入锅，煮熟时灌血，将各处之肉各处割点，凑成两碗汤，随将原有之肉槽子，放在屋地板凳或饭桌之上，将猪肉拿出来按件摆入肉槽子内，与仰卧之猪样，下水放在腑内，以生水油网套在猪头上，汤碗放在两边，左香碟子放在猪身上（倘若在家庭内曾许下嗒哈马的，即儿马子，就在此时将马牵进屋来，将鬃尾皆绑上红布条，以香碟子连圈三遍，将马再转三个圈，即牵出去，此马以后无论何时架车辕子之时不准拉女子，亦不准妇女骑之）。同时两个香碟子前各跪一人，去冠奠酒举香叩首，一连三遍，礼毕收入锅内，遂将屋地放一张桌子，拿切肉墩子两个，得二人片肉，先将下水并血各盘子切点，每桌一盘肉，多的多片，肉少的少吃，以猪肉汤烩高粮米饭，硬咸菜每桌两盘子，均在炕上吃，不准放桌子，亦不准吃酒，倘能预备油纸饭单扑在炕上，以省落油更好。少者听其年长者先吃，吃完速急下去，好待后邦再吃，每桌四人，人多多吃几回，吃完之时，即将各案子严密包起入匣，将祖宗案前之饽饽并鸭皆请在祖宗板上，外人不准吃，过三日后自家吃，此为刻沉肉午前礼毕。

午后日夕之时，重扫地、炕，再摆六盘饽饽，按一三五二四六以帽算候用，再将匣内另包六套衣裳请出来，即绸布条挂在案前，依青黄蓝白黑蓝由右向左排，即由北往南算，再将饽饽摆好，六个铜盅子、新筷子一支，如前法举香奠酒，族中所来之人均去冠叩首三遍，随即抓猪抬在案前，或领生、奠酒，叩首一次，在案前杀死卸八大块，将前右蹄子卸下，备用。将肉入锅候熟时，灌血，切碎肉两碗，仍将肉槽子放案前，此名为背灯肉。将肉摆好，下水仍放在腑内，左香碟子放在猪肉上，汤碗仍在两边，举香叩首三遍，随将第二盘子饽饽移在猪身上，第二盅酒以小盘盛之，令一人拿酒壶并盅子，再令一人将第二件衣裳拿之，唯不准摇动，此二人得妥人，笨者不用，再将猪连桌子抬在房门里，将板门关上，肉槽子顶在门上，此时屋里屋外之人不准动转，亦不准出声，要紧尊训。此时主人跪于当中，拿酒的跪于左，拿衣裳的跪于右，余者无论男女大小均得去冠跪下，再严令屋内外人等均不准发言或咳嗽，随即止灯不准有亮，拿酒的斟酒一盅扬与门上坎上，随举香时一次，拿衣裳的急将衣裳摇动一次，大家叩首一遍，如此三遍礼毕，点灯，即将猪蹄子连饽饽交与主人自吃，其余入锅备用，随将衣裳并案子慎重包起入匣内，请在祖宗板上里边，将饽饽倒入筐内，即照前规矩就炕吃饭，系高粱米干饭冒猪汤，外备咸菜青酱等。前后吃完即得多半夜。

至二十九日天蒙蒙亮之时，将绑猪绳搓好，另外再搓三条，左绳一条，右绳两条以备梭龙杆子上之用，遂预备饭桌子两张，瓢碗刀勺洋火等项，第一张上放净水一碗，小米子两碟，第二张桌子除麻绳瓢碗刀勺等，用锅一口，屋中先煮小米饭一锅，盛出头二盆，头二碗，将两张桌子抬至屋门里，主人跪下，将小米子扬与门上坎上，少须叩首一次，即将两张桌子抬在影壁前，扬米一次，叩首一遍，将院中之大锅安好，随即抓猪，此猪系雄猪，不可用母猪，切记，绑在影壁前，跪下将水米往影壁上扬点，猪身上亦扬点，去冠叩首一次，随即领生或点酒听主人之便，即将猪杀死，将猪拱嘴割下来，眼皮、尾巴、蹄子、肚皮均割下点，放在第一桌上，再将猪皮全扒下来，开堂将岔骨割下，大梁骨割五节，前三节后二节肋条左三右二割下来，肋八扇肉分左、右割两块，后腿肉分左、右割两条，将梭子骨挖下，除各皮拱嘴库根等不计外，余者零星肉均下院中大锅内，不足再割，越肥越好，熟时捞出来切末成丝，再下入锅内，惟肋条骨同肋八扇不动，将梭子骨剔净，再将肉丝捞出来两碗，头碗在东，二碗在西，再将肋条摆在碗上，左三右二，大梁骨亦是左三右二摆好，将屋内头盆饭拿在院中，此盆要大，倘其人多，少了不够吃，两碗饭东西摆上，再用谷草一把，以左右绳将草扎与梭龙杆子头上，左绳在中间，右绳在两头，再将所有的毛皮肉饭等项，均包在草内扎好，将拱嘴套在尖上以绳扎住，所余之绳头系一小结，再将碟内之米并水皆扬与影壁上去，叩首一次，随肉并饭先给东家吃点，将头碗饭并肉拿入屋中，二碗饭连肉倒入外头锅内，将头盆饭下锅内，候会好就由锅内盛吃，谁不让谁，此为小人饭，倘外头人多饭不足用时，速将碗筷洗净，拿入屋中再吃，吃完之时，即将带皮猪肉挂在院中，以秫秸燎之，将毛烧净，以净水收拾清洁，切成大方块下锅，候熟时切成细条，仍照前规矩就炕分桌而吃，此为大人饭，完了即送神，用改连纸一张绑在秫秸上，用净水一瓢将地、炕扫净，以秫秸纸各处扫扫，随将扫地土并骨头水等皆送与影壁后。

待至三十日朝起，将炕、地扫净，再将锁线拉出来绑台阶下柳枝上，遂将小条桌放在锁妈案下，将右香碟子取下，女主人上香叩首，随将小桌端在阶前神树下，叩首举香三遍，随将小跑卵猪抓住，放于树下，以香碟子圈三遍，然后点酒领生杀死，去毛下水切块入锅，煮熟时，摆在方盘内似猪样，仍将下水等物装在腹，端在神树下，主妇仍举香叩首三遍，男子无论何时均得去冠叩首，祭完拿入屋中，仍照前吃法，吃完将锁线收入口袋内，即扫地、炕，仍以秫秸挟改连纸各处扫扫，随将骨头地土等项、纸杆净水连同阶前小神树，一并拿之送至街外神树下弃之。查此树系街外孤柳树，不能用杂色树为此，切记，此礼全完。

查此祭祀章程，自古并无记载，情因牲畜粮米均不值钱，大祭不甚为难，年年有祭祀的（名为使换猪）。人人明白。后因户大丁多，物品涨价，祭祀之家看少，所以青年之子弟多不明了，于光绪末年，经那寿山、庆玉由二人留一笔记草本，乃是族祖那文林指点，各节稍得大概，很不详细。凡祭祀之大礼，均系五天，以冬腊月为之，得预备大小雄猪四口，均得是五六十斤的，惟末日换锁之跑卵，二三十斤即可。其东西院两支人，祭祀多老仙家猪一口；预备公鸭两支，雄鸡一头，黄米至少半斗，小米子半斗，高粱米三四斗，要请客就得多预备，铜盅九个，锡碗两个，铜筷子两双，红筷子一把，银酒壶两提，釉子四两作米酒用。改连纸拾张，预备包案子绑柳枝送神等用。新拆居之家，请立祖宗，就得祭祀，因事许下心愿，亦得祭祀，年景不好请缓期亦可，唯小康之家应年年祭祀，是为冬腊祭，追远常怀，以示不忘云尔。

七 本族世代取字排行

文殿庆世守　贵国德泽长

春明安万载　彦志运永康

八 族内孝顺贤德之人

查我族内之先人不知者不记外，今将所知见的男女亦有孝顺可取得特略记之，以备后世学法改善稍补不足云尔。

（一）男子纯孝

那殿明待母至孝，劳而无怨，喜形如色，舍己从人，志向坚固，和睦邻里，天性诚实，长幼有序，中正不移，幼未读书不通文字，此我族中不可多得之人耳。

（二）男子孝顺

那殿荣顺从母意，不急不躁，孝悌忠信，和渴可亲，保守遗产，不误农事，弟兄和睦，能俭能勤，此乃不识文字之优者。

（三）女子贤德

景春之妻包氏天性贤淑，四德俱全，治家有道，内外不紊，助夫成德，长幼可亲，夫妇相敬，家务更新，教导儿女，不出恶音，族中妇道莫与此伦。

（四）女子慈善

文辉之后妻艾氏生成慈善，敬老怜贫，仁厚和蔼，乐善好施，亲邻有难，者闻见之，日夜不安，常存济贫，负危之心，惜无特权，一生未能随其所愿，惜乎。

九 劝世俚语

好男儿当自强　安心立志自主张

能忍耐有容量　遇事三思免祸殃

学勤俭莫扑张　心高胆大准不良

理家风有定章　女子当家找败亡

孝父母免烧香　三灾八难自调养

戒烟赌莫荒唐　游手好闲败家郎

和邻里敬尊长　节孝廉耻不可忘

守诚信尚礼让　居仁由义顿纲长

勿谈人之短　莫道己之长　家贫出孝子

国乱显忠良　信义行天下　奸巧不久长

好花能几日　转眼两鬓霜　忠厚传家远

廉耻振家邦　勤俭能致富　懒惰败家郎

知足常欢乐　贪吝有余殃　金钱莫乱用

开口求人难　千金置产易　万串买邻难

家财积万贯　难买子孙贤

十　族训

叶赫那拉，源远流长。白山黑水，是其故乡。

渔猎为生，勤劳善良。满洲归一，驰骋疆场。

统一祖国，功勋辉煌。先贤创业，后辈发扬。

少当树立，远大理想。胸怀祖国，志在四方。

科技时代，读书为尚。业精于勤，学毁于荒。

锐意进取，宁折不枉。建功立业，为国争光。

立身之本，修德为纲。德才兼备，展翅高翔。

遵纪守法，身家安康。夫妇相处，贵互礼让。

一人为主，大事共商。赡养父母，理所应当。

父慈子孝，天伦和详。家庭和睦，百业兴旺。

培育子女，勤谨莫忘。宗族嗣续，中华希望。

因材施教，助其成长。溺爱生娇，弛则放荡。

关爱严饬，方成栋梁。择邻交友，察考端详。

误交匪类，家破人亡。发财致富，人人向往。

财不惧多，富不厌广。进财合道，他人赞赏。

取之不义，群诽众谤。乐善好施，千古流芳。

美色悦人，情理之常。正常交游，共勉互帮。

越轨行事，必酿祸殃。善有善报，恶有恶戕。

遇事远虑，无忧无伤。那拉子孙，铭记心上，

倘能如教，锦程无量。

第三节　辽宁《那氏谱书续集》（辽宁那宝琛、那宝范、那权增藏本）有关资料

一　《古谱书序》（那文山）

谱者普也，普纪祖宗相传之讳，以示不忘者也。书者著也，著述族人相继之序，借资联合者也。

综观古之繁族，如螽斯缉缉者有之，如瓜瓞绵绵者有之，子孙绵如凤，后嗣多如麟者又有之。种族之繁如是，无不赖金简玉牒相传于无替也。

况吾人处此竞争时代，欲图生存，尤非繁族不为功，欲繁种族，尤非有谱书难为力，此谱书所以必不可无也。

盖以一族之人，聚散无常，世久年深，将必蔓延各地。使无谱书以为之据，一旦相逢，何以相识？虽系周亲，竟如吴越。尚安望其协衷共济，以谋生存耶？

然吾那氏本族，原籍京师已二世矣，迨吾三世祖，于康熙二十六年，拨归复州大古井，相沿数世，支派遁嬗之序，均有册档可查，谱之有无，似乎无足重轻者，惟甲午兵燹，册档散亡无存，本族若无谱书，亦将难免种切之弊。余尝立一谱单，犹恐记忆未纯，博访咨询，非伊朝夕，幸去冬本族有自双城来者，曾携谱书，珍之行策。余与参互考证，始成完璧。遂扫闻轩，敬缮清楚。当因宗祖坟墓攸关，遂绘

粗图于书末，嗣恐不观者不易瞭然，双列表于简端，并撰四句格言载于卷尾，以备后嗣命名之需。区区苦衷，非徒为分支别派计也。

所厚望者，本族之人，于披书、阅表、览图、诵言之余，绳其祖武之思，贻厥孙谋之志，油然而兴，相离无不相和，相会更能相睦，道德知识，相观而相善；生计财产，相经而相营，情谊既洽，种族自繁。庶几乎水源木本，永承先泽；春露秋霜，长启后昆。纵不能尽如凤雏麟子，庶可知螽斯之绳绳，瓜瓞之绵绵也。虽至代远年湮，竞争剧烈之世界，欲占优胜地位，当不难作此予订立谱书之本心也。于是乎序。

二　远祖、先祖略考

大古井叶赫那拉氏有文字记载的先祖为图哈连，而对于图哈连之上远祖的信息不甚明了。多数那氏后人都渴望了解远祖的一些信息。

近几年，那氏第十三代，中学高级教师那成蛟等部分那氏族人，热心研究族史，对叶赫那氏远祖及其起源进行了探索。查阅了明清时期大量历史资料，《盛京内务府户口册档》《八旗通志》《明实录》《清太祖武皇帝实录》《满文老档》《叶赫那拉氏家族史研究》（薛柏成著）等。特别是《满洲八旗氏族通谱》。还有，道光三年抄本《叶赫纳兰氏八旗族谱》。它是叶赫那拉氏十四代元孙额腾额根据康熙年间叶赫那拉氏家谱敬修而成的，是国家图书馆珍藏的善本族谱，极具权威性。从历史文献和古谱中发现了我先祖图哈连及其之上七代远祖。弄清了我大古井叶赫那拉氏的来龙去脉，整理出远祖星根达尔汉到先祖图哈连八代先人的世系表，使我们这一支世系历史扩展到近600年，同时也揭开了困扰族人多年的疑问。令人欣慰和振奋！

叶赫那拉氏远祖始于明初。据《明实录》记载，距今500多年前，海西女真扈伦四部中的叶赫部始祖酋长星根达尔汉，就是我先祖图哈连之上的远祖。

从远祖星根达尔汉到先祖图哈连，时间跨越了很长。我大古井那氏世系顺序为：星根达尔汉→席尔克明噶图→齐尔哈尼→哲赫纳→巴萨克→萨拜→公阿岱→图哈练（连）。

各种历史资料显示，从四世祖哲赫纳起，我们这一支叶赫那拉氏就逐渐远离叶赫权力中心，不属叶赫贵族直系，只是叶赫那拉氏大家族中普通一员而已。所以在《满洲八旗氏族通谱》人物传中，我们这支叶赫那拉氏并无显赫人物记载。

先祖图哈连及其后代，我们那氏一族，属音译"那"。"属主观上改为那姓氏的。"大体时间应是自六世祖之后。这便是我们那姓氏的来源。

先祖图哈连，系远祖星根达尔汉第八代世孙，属叶赫那拉氏，正蓝旗。时处清朝勃兴时期，先祖与其子英年的花色科等，追随清帝，白山黑水，南征北战，几十年的战场生涯，史迹斑斑。

1644年，先祖们随龙入关，取燕京，进中原，下江南，平三藩，屡立战功。天下底定，回北京，授护军统领，领御前侍卫。相传，三世祖，戎马一生的温大力，已成为镇殿将军。

1687年，部分那氏族人，奉调离京（其余仍留在北京），移防东北各地，护边屯垦，繁衍生息，建设家园。

第四节 吉林满汉合璧《叶赫那拉氏谱单》及神本（吉林那雅夫藏本）有关资料

一 谱序

（一）满文《叶赫那拉氏谱单》谱序

Sucungga i da šusu šanyan alin fase ulen ci wasifi. yehe hada bade tehe bihe. hashū beile yehe nara hala fe manju gulu lamun sunjaci niru niyalma. doro eldengge i juwanci aniya duin biyai juwan uyun de niruhe. gubci elgingge i sucungga aniya duin biyai orin emu de fejergi jalan gebu be nonggiha. doro i badarangga jai aniya nadan biyai juwan jakūn de fejergi jalan gebu be nonggiha.　mukūn i da bo？oko hūsungge. uksin taipingga de mukūn hala uhei hebe sasari giya pu be gingguleme niruhe.

（二）汉译《叶赫那拉氏谱单》谱序

最早从白山木排沟来，落户叶赫山地方。哈思虎贝勒（意译为：左贝勒）叶赫那拉氏，陈满洲，正蓝旗，五牛录人。第四代孙卧和讷。自古以来本没有家谱，敬谨详查始祖，依次序列各辈名字。谨思，家谱之传续至关重要，子孙日繁，唯恐疏漏，故世代续谱。自此以后，详查名字加于谱上，毋须违背。

乾隆三十七年二月。道光十年四月十九日绘谱。咸丰元年四月二十一日续谱。

光绪二年七月十八日续谱。族长督促有力，披甲太平阿（人名）聚集族人共同商议恭绘家谱。

二　神本神辞

（一）满文《叶赫那拉氏谱单》所附神本神辞

doro eldengge I juwan jakūci aniya jorgon biyai

nara hala sucungga ulha jukten I sekten

seheri hada,

hada ningude,

nadan terkin,

terkin ningude,

suwayan sektefun,

sektefun ningude,

tehengge nara manggi,

abka ci wasika amba wecen,

šun ci šurdere sure wecen,

duin soorin endu（enduri）beise mafa mama erun beye.

aisin wan be aname ebuhe,

menggun wan be mehume ebuhe,

siren wan be sindame sisaka,

naisi murihe alha tasha,

siren murihe kerime keku,

sunja soorin endu beise,

deren fejile deduhe ningge derihangge muhan tasha,

dobori dulinde deknime muraha.

uleri（juleri）bajila uyun juru jeje,

jaluri bajila jakūn juru jeje,

yegengge（yekengge）hūlara ildemungge（ildamungga）wecen,

juwe soorin endu beise sadu hala sargan jui wecen.

abka ci wasika,

amba hiyancu,

šun ci šurdere sure hiyancu,

galaha dobori gajire hiyancu,

tulhun dobori tebure sain hiyancu,

hosi honggo,

honggo cikten juwe soorin endu beise,

fa sain de faidaha hiyancu,

uce sain de tosoho wecen,

deringge gasha dekdeme baiha.

amba gasha afame baiha.

aldangga tuwaci aisin boco,

hanci tuwaci haksan boco,

kimcime tuwaci,

giyahūn I angga amila coko uju amila ulhūma meifen,

deringge gasha asha,

giyahūn I šoforo,

deringge gsha uncehen,

hūnggiri gasha,

uren bade amala hūlarangge,

amba amsun de aname gemu solimbi.

bolhoni amsun de geren be gemu solimbi.

hiyancu teburen de amala hūlarangge,

alaha uliyan aiga tatara erin ambata ambata ugiri,

serho ulgiyan I senceke tatara erin semde semde ugiki.

（二）满文《那氏谱单》所附神本神辞汉译

腰铃响彻，大神二神就位，……在门上、窗子吉祥地供放神位，祭祀中杀猪献牲，洁净的供品依次都摆上，等待神的启程，并到神启程的地方再次虔诚地呼唤邀请……从天而降的睿智神那拉瞒尼端坐于圣山长白山高高山峰中的第六个山峰，有七个台阶，第六个台阶第六个黄色的坐褥上，还有德高位尊、风采奕奕的虎神、有搏击长空金黄色的鹰神，四个神位恩都贝子，太爷，太奶沿着金梯子依次下来，沿着银梯子俯身下来，放下索绳梯子，从天而降，此时绕着太阳盘旋的睿智大仙出来了，还有恩都贝子，萨都姓氏的女儿、儿子神灵。

三　汉译《叶赫那拉氏谱单》世系

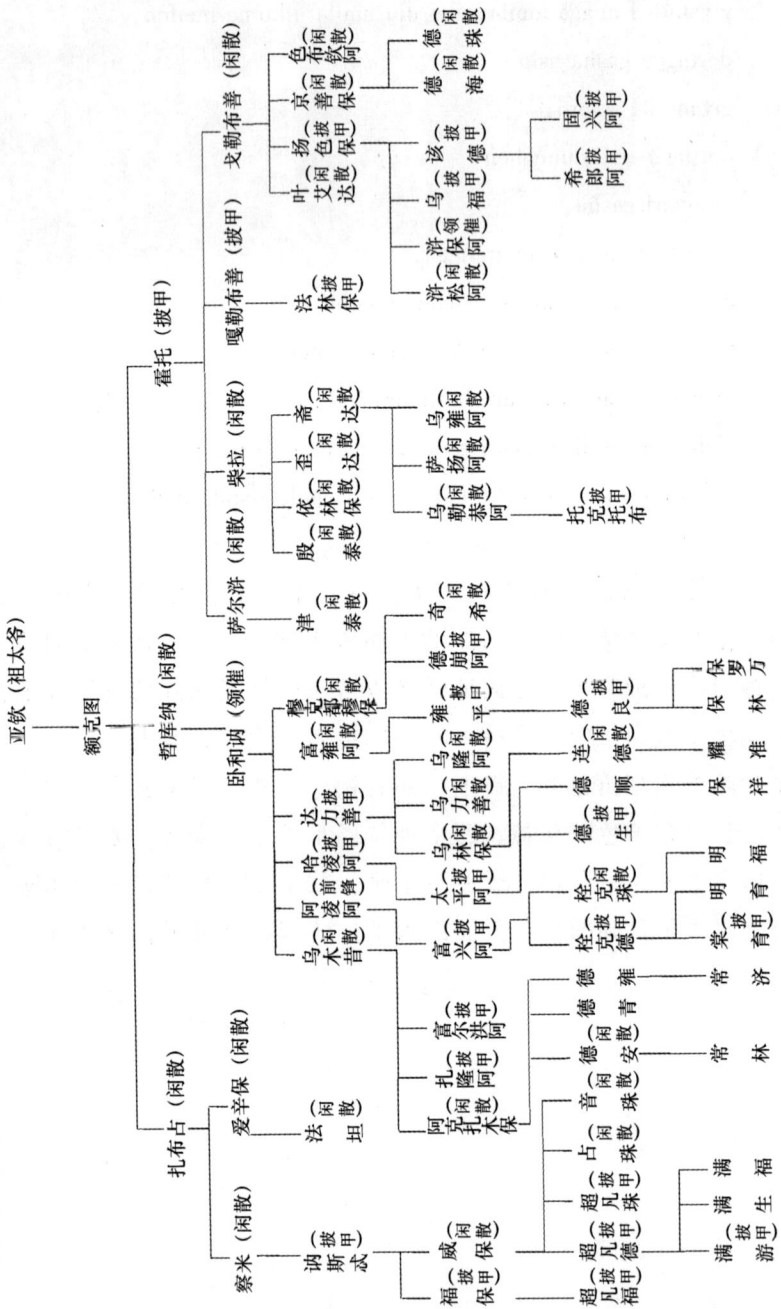

亚钦（祖太爷）

额克图

哲库纳（闲散）

霍托（拔甲）

卧和讷（领催）

嘎勒布善（拔甲）

支勒布善（闲散）

萨尔浒（闲散）

柴拉（闲散）

扎布占（闲散）

爱辛保（闲散）

蔡米（闲散）

讷斯忒

京布（闲散）

色京（闲散）

德（闲散）

德（闲散）珠海（闲散）

希郎阿（拔甲）

固兴阿

扬（色披甲保甲）

叶（艾闲散达闲散）

该（拔德甲）

乌（雍闲散福甲）

济（领催）

济（闲散保阿甲）

济松（闲散福甲）

法（林闲散保甲）

高（布闲散达）

歪（闲散达）

乌（雍闲散阿甲）

萨（扬闲散阿甲）

殷（依林闲散泰保）

乌（勒闲散恭阿）

托（克拔甲托布）

津（闲散泰）

穆（克闲散郁穆禄保）

奇（闲散希）

德（崩拔甲日阿甲）

富（雅闲散阿甲）

乌（隆闲散力阿甲善）

雍（披平甲）

德（闲散良）

保罗万

连（闲散德）

保林

达（力闲散善甲）

乌（闲散力保甲善）

德（披顺甲）

保祥

哈（前披锋甲阿甲）

太（平披阿甲）

德（披生甲）

明

乌木普（闲散）

阿（披拨散甲）

富（兴披阿甲）

栓（闲散克珠散）

常（披甲）

明育

德（闲散安）

常济

阿（兄闲散托木拔保）

扎（隆披阿甲）

音（闲散珠）

雅青

威（闲散保甲）

占（闲散珠）

常林

福（披保甲）

超（披凡甲珠）

满（披甲游）

满满生福

超（披凡甲福）

第五节　京津地区民间《那桐谱单》（天津张之澍藏本）有关资料[①]

一　《那桐日记》

《那桐日记》为研究晚清史提供了重要资料。"《那桐日记》不仅为研究晚清史提供了重要的第一手资料，而且可以从中看到晚清官场的游戏规则，也就是'官俗'"，中国人民大学历史系教授黄兴涛说。那桐后代将那桐的三十多本日记原本以及那桐自写的《履历本》《那桐奏折存稿》等捐赠给了北京档案馆。

《那桐日记》起于光绪十六年（1890），止于民国十四年（1925），共36年，系统完整地记录了晚清及民国初年的政治、外交、军事及官僚日常行为生活。在现存的日记中，前23年的日记为那桐逐日亲笔书写。1912年7月11日，那桐中风以后，日记改为那桐口述，他人代书，之后那桐还会查阅、小改。有时，那桐自觉身体不错，可以提笔，还会亲自再写。由于身处要职并处在一个特殊的变革时期，《那桐日记》的内容十分丰富。日记主人历经了甲午战争、戊戌政变、八国联军入京、辛亥革命、溥仪退位等重要阶段，日记系统完整，时间跨度大，对于研究晚清民初的政治、外交、军事，以及官僚机构的运转都具有重要价值。清史专家阎崇年、房德龄等人都对《那桐日记》给予了高度评价。黄兴涛教授认为："那桐很会做官，从他日记记载与各色官员的往来就可以看出。从中，我们可以看出晚清官场的风俗和游戏规则，以及君臣关系等。"学者定宜庄称："内务府的资料非常少，《那桐日记》所记载的内容很丰富，除了政治以外，还有生活。"

二　那家花园资料

曾祖那桐是光绪十二年（1886）搬到金鱼胡同，曾先后三次大兴

---

① 修谱人张之澍提供的《那桐谱单》相关资料。

土木，陆续扩建，那家花园建成于1902年，闻名京师，其"台榭富丽，尚有水石之趣"。

进入大门，向东转到一个小院落，院北有游廊，廊正中为方亭，穿亭就到达花园部分；进大门往西为设有厅堂的另一组院落，其东北有曲廊与花园相连。花园院落的组合与一般北京宅邸大致相同，但中心部分采用了挖池堆山、叠石、植树等手法，以获得山林情趣，并运用曲廊、叠落廊，变化建筑物高度等方法来组织空间，使宅园观赏点不断转换，产生丰富多彩的景象。

花园入门刻有"怡园"二字，入园北房五间，东接西耳房，前面是宽敞的廊子，后院种有竹林，前院有砖墁甬道，甬道两边土地上，种植着梨、海棠、丁香树，还有两棵大垂杨柳。对面有五间前后廊子的花厅，东边是"碧纱厨"；西边博古架，这里叫"味兰斋"，门前挂有"竹林诸贤相与俯仰""山阴之兴岂在古今"，北面挂着"万卷图书天禄上""四时云物月华中"的抱柱对联。"味兰斋"与南倒座之间是竹竿搭的棚架，其下养的牡丹和芍药。再往东是两侧带有叠落廊子"澄清榭"。东边是一个清水池塘，西侧俯视院内花木茏葱，东边是青石铺叠成山路，"澄清榭"西侧是游廊凳，外边是太湖石，隔着池塘对面叠石假山有路可登山，山后有六角井亭。池塘北边有五间宽游廊，题名"水涯香界"，因其北临池塘。南边是牡丹池子，再北边是三间北房，房前有两棵松树，所以叫"双松精舍"，池塘南有亭名"圆妙"。在池塘对面有"吟秋馆""空潭泻春"匾和"有山可观水可听，于室得静亭得闲"的对联，抱厦西侧立着两块木化石，东行有"翠籁亭"，亭南有架紫藤，附近有池子，种荷花牡丹，旁有平台房，叫"筛月轩"，有墙门可通至"乐真堂"院。

在池塘东南边和假山之间有座小木桥相连，北边院内为五间北房和东西耳房，这里是"叶赫那拉氏宗祠"，祠堂前是牡丹，院东有垂花门通东大院，以上是那家花园大致景观。

1912年8月29日，政府官员在大学士那桐府第欢迎宴请中山先生。9 月 10 日，前清贝子爱新觉罗·溥仁、那桐等上层人士代表清皇室在此举行宴会，当面向孙中山表示，拥护共和。宴会后，孙中山拜访了摄政王载沣。9 月 12 日晚，孙中山和黄兴、陈其美又出席了载沣受隆裕皇后之命，在那家花园举行的前清上层人士的大规模宴会。宴会由傅伦主持，他赞扬了孙中山先生。

三　那家花园往事琐谈

与乐真堂相对的是五大间带廊的南房，我们叫它"倒座儿"。这倒座堂名"遂初"，原是为男宾设酒席的。它的廊子向东西延伸各五间，两边廊子的中间，都开有平门通向外院。乐真堂前台阶下东西两侧是两块草坪，每块草坪中间各植一株罗汉松。草坪上靠近中央甬路处，左右各竖立一座铸有花、叶的铁电灯架。遂初盒的台阶下东西两侧各开一片芍药圃，围以绿色竹编矮栏。两栏之间有一座灯架，此架是由两块大石礅上架一条高拱形铁管构成，是挂水电灯用的，其形状和颐和园乐寿堂外昆明湖边那座灯架很相似。草坪和芍药圃之间有一条甬路通向东西两边的游廊，甬路和其余地面都铺以青方砖。这个院子东西向很长，又没有高大的树木，所以每年春天我们都在这里放风筝，连一丈二的大沙燕儿也放起来过。

乐真堂后身对着的五间带廊北房，是我家为女客摆席的地方。其西边三间耳房主要收存唱戏所用桌椅和台帘等物，东边三间耳房，日常由我家门卫居住，每逢演堂会戏就腾出来，作主角的休息室。名角如杨小楼、梅兰芳、余叔岩等都曾在这屋里扮过戏。这带廊北房和耳房共十一间，其游廊向东西两旁各延伸出二间，共为十五间之数。

北面房廊与乐真堂和其东西耳房后身之间是后院。后院中间甬路之东，南北两侧各有一块小草坪，其余地面铺以青方砖。草坪东边垒起一道中间开有洞门的太湖石山子墙，把后台后身和北边的东耳房截在这东边的院落里。这个院里也留有土地，植以攀藤花木。

那家花园以大门、南房、乐真堂和北房为主轴，以其各游廊与东西两条长廊相衔接，构成一个四周环以游廊，以乐真堂为主的四方建筑整体。这些房廊建筑全是磨砖对缝的细活。所有梁、柱、檩、椽和游廊凳等木结构，都油的深棕色油漆，不加彩绘。每间游廊的后壁上都镶以扇形、桃形、六角形、梅花形等样式的十锦窗，显得十分清雅幽静。

其外围从前院南群房东头起，沿着东游廊和北边房廊的外边，起一道曲尺形院墙。院墙和房廊之间是"更道"，在北边更道的东、西两角宽阔之处盖有厕所，较为隐蔽。在西边的长廊上开有三个门，北门是垂花门，中门和南门是平门，这三个门都通向怡园。外人借用那家花园时，为了我们出入方便，这三个门也总是开着的，在门前和怡园东部都挂有"来宾止步"的木牌，所以一般来宾就见不到怡园里面的石山、池塘、亭榭和花木等景物了。

（一）那家花园落成招待亲友

那家花园落成后，第一次在这里唱戏已是民国了，那是我祖父那桐为我的祖母过生日。因为是散生日，只约至亲友好来那家花园吃酒听戏。张叔诚老人是随他的岳丈绍英（曾任内务府大臣）来的。那天只唱了几出戏，现在他还记得有谭鑫培的《失空斩》。当时我的祖父虽然已患了中风，但还能周旋于亲友之间。

（二）北洋政府招待陆荣廷

民国五六年间，北洋政府借用那家花园设宴唱戏，招待陆荣廷。剧目中有谭鑫培的戏，可是谭病了没来，就由步兵统领姜桂题和右翼总兵袁得亮去找他。谭辞不了，只得到那家花园上台唱了《洪洋洞》里一场戏。后来谭对人说："当年'老佛爷'传戏，要是知道我病到那样，也不会叫我进去当差吧！"言时不胜慨叹，以后不久他就去世了，那天的《洪洋洞》是谭鑫培的最后一场戏。

（三）北洋政府招待三位巡阅使

民国某年，北洋政府曾假地那家花园招待三位巡阅使，演了一场堂会戏。到场的巨头有曹锟、张作霖、冯国璋和吴佩孚，晚间只来听戏未设宴席。那天也截出一块地方供我家观剧。我的祖父由几个人搀扶着，带着他的最小的女儿，我的八姑来听戏。那天戒备森严，连房上都有士兵荷枪站岗，威风凛凛，如临大敌。那天晚上戏不多，我八姑只记得有一出梅兰芳的《审头刺汤》。

（四）祖母过生日

民国初年，我的祖父那桐已半身不遂，但仍很爱听戏，所以每逢我祖父住在北京时，总要唱几次戏。有时是小戏（富连成等科班戏叫小戏），也有时由亲友熟人粉墨登场，若逢我祖父、母生日，就要唱大戏。我祖母生日是冬月十八日，生日前几天就订戏、订酒席、请客、搭棚等，忙个不停。在乐真堂和五间北房之间的后院里搭上暖棚，暖棚里地面架起木板和乐真堂地面找平，铺上地毯，再把乐真堂的北面隔扇全卸下来，暖棚就和乐真堂连成一片了。暖棚和乐真堂里摆上一排排的春凳，春凳都套上大红咔拉（一种西洋毛呢）绣白团鹤的凳套，供人们看戏时坐。乐真堂里设四席官座儿。每席官座是一张红木八仙桌，左右各放两个方几凳儿，正面是两把太师椅。官座后面隔一段雕花木腰墙是女座儿。乐真堂里南面与女座儿隔开的那间阁子设成男寿堂。男寿堂尽里放了一张条案，条案正中摆一张八仙桌，围以红缎桌围，桌上前面设有一堂精致的五供，蜡台上插着一对大红刻花寿烛，后边摆一幅寿屏，条案上摆着八仙等寿礼。迎面正中挂一幅大红缂丝寿字中堂，左右是一对寿联。在寿堂之中挂满了寿联、画幅、麻姑、海屋添筹以及寿幛多端。虽然是我祖母的生日，因为当时我祖父祖母都在，亲友都是作为双寿来送礼的。寿堂地上铺着大红地毯，周围摆有盆花，八仙桌前还铺着红缎拜垫，以备来宾拜寿之用。整个寿堂红光照眼，喜气融融。

那古色古香的方戏台上，已经把后边的隔扇左右各卸下了几扇，作为上下场门，隔扇前挂上了一堂绣花压金线的狮子，滚绣球大红缎子台帘。淡黄色台毯上也摆好了戏桌戏椅，旁边文武场面的座席也布置停当。戏台顶天花板上，拉上斜十字交叉的两条电线，密密地安上许多盏灯泡，台上周围挂起几盏大水电灯，灯上都遮一块绿绸子，以防晃眼刺目。台栏杆里下围安有绿瓢电灯，照得台上明亮异常。

　　我祖母在生日那天早晨梳了两把头，穿上大红氅衣，高底鞋，扶着两个妈妈（女仆），先到祠堂去行礼。回到上屋时，我的父母和本家叔、伯、大娘、婶等以及姑奶奶、姑爷，已经等着拜寿了。我祖父由几名使唤小子搀扶着从他住的"味兰斋"来到这里，祖母向他说："给您道寿喜。"他同时对祖母说一声："拜寿。"后即坐下，大家随即给祖母拜寿。这时各屋的妈妈也都穿着新蓝布衫儿，跪在堂屋的砖地上，给我祖母叩头。男仆们在上屋院里，由管事的带头，跟班的，门房，守卫的，打更的，厨房，马号，花洞子的七八十人，跪在院子砖地上叩头拜寿。这时我祖母出来站在廊子上受礼。那天男女仆都得了拜寿钱，他们所进奉的寿礼，也有回赏。接着就是本家的大爷、叔叔、大娘、婶儿以及姑奶奶、姑爷，都一一给我祖母拜了寿。那天用的大概是聚丰堂的酒席。中午在味兰斋和东屋各摆了一桌，只是冷荤、热炒、什锦火锅，吃寿桃寿面。我们小孩也上了桌。

　　午饭之后，姑爷、姑奶奶和几位本家长辈带着我们兄弟姊妹，来到东大院花园里，我们都坐在戏台前，听着打完了三通锣鼓，等拔了旗，就照例演开场戏《天官赐福》，接着是《长生乐》《蟠桃会》等吉祥戏。

　　那天我的祖母是在她住的正院上屋接见拜寿来的亲戚，所以至亲还是进日常所走的金鱼胡同正门，也就是前面有八字影壁、门前大石块墁地、门洞上悬有"太史第"匾的大门。这天总有门房几个人站在门前伺候着。男女客人的马车将到门前时，总是由跟车人先下车跑来回事说："某某街，胡同，某老爷（爷或格，格就是少爷）。"如果是堂客（女客），就回："某某街，胡同，某太太（奶奶、姑娘、某府福晋、格格）。"男女即使是夫妇也不能同乘一辆车，因为女客人总要带一两个妈妈和包袱。

　　回事之后，如果亲戚是男客，就由门房人直接引进去，到上屋院大声回："某某老爷（爷或格）。"这时男女主人闻声下阶相迎，请安道谢，请入上屋。等客人拜完了寿，请在后炕上坐下，喝茶说话。如果是女客人，女客要在车中等候，直到门房人入内回了事，里边妈妈出来到门口来接，才下车由妈妈前引着，这位女客人扶着带来的妈妈的腕子，如果是府里的福晋或格格，就扶着带来的太监的腕子，慢慢走进来。等女客人进了垂花门，从屏门右侧下台阶走到上屋院时，祖母带着我的母亲（自然也是旗装）在台阶下右边迎接，并走上前去在院子中间与大家见礼，连请两个安。如果客人是晚辈儿，祖母自然就接两个安。来的如果是亲家太太，两位亲家太太相见总是先互握双手，略向上提一提，拉着双手蹲下连请两个安，然后拉着手走进上屋，以表示特别亲热。拜寿也是拉着双手对请安的。其他平辈都是说一声"给您拜寿"，与我祖母对请安。如果是晚辈儿，客人就示意我家妈妈，给她铺上红拜垫，给我祖母拜寿。来拜寿的女客都梳着两把头。新媳妇在上边扁方儿左右两头都要挂上红穗子，年轻的奶奶们为表示喜庆，在一头挂红穗子。穿的都是大红绣花氅衣，氅衣是女礼服，以大红为主，半边人（寡妇）穿藕荷色的，至于偏房或侧福晋（府第中的妾）只能穿其他杂色的了。年轻的都穿花盆底儿鞋。像这般旗装打扮，就要行旗礼，叩"鞑儿头"。鞑儿头怎么叩呢？就是妇女跪在拜垫上，微偏地坐在后脚跟上，稍稍低点头，举起右臂，手心向前轻轻地转动成一个小弧形，使指尖儿接近微微向右偏动的旗头翅儿。这样慢慢连续三次，礼就行完了。我家直到后来，每逢小叔子跪下给嫂子叩头时，嫂子就站在右边，举手行这个礼来还，只是不梳旗头而是烫发，因而显得有点可笑了。因为穿着花盆底儿鞋，行旗礼跪下、起来都必须由在旁边伺候的妈妈给照拂着。拜寿之后，长辈或平辈儿坐在后炕上首，由主人陪着喝茶说话。如果是晚辈儿，又处于侄媳妇或舅奶奶的地位，就不能在堂屋坐，由姑嫂或妈妈陪着在套间屋坐着喝茶说话儿。然后由本宅妈妈陪着去听戏。妈妈在前头引着，女客人都披着大毛斗篷，扶着随身的妈妈或太监的腕子，款款而行，进入乐真堂的西门，上了木台阶就到了女席，本家主人迎过来请安道谢，如果来宾在女客中看见熟人，还要过去请安问好。三点以后到了许多男客，都是从花园大门进来的。他们先到寿堂拜寿，由我父亲、本家的叔伯或侄辈还礼，然后请到大厅听戏，很快连暖棚里也坐满了。名角杨小楼、梅兰芳等也有人引着先后到寿堂拜了寿，然后出去休息。后来我才知道，每次唱堂会，我家总要送给他们一玻璃匣成套的衣料。那天有程砚秋的新戏《红拂传》，杨小楼的《夜奔》和《镇澶州》，梅兰芳的《玉堂春》，余叔岩的戏就记不清了。

四点钟开点心。点心是作寿演戏时待客常用的，每一份是一个干菠菜馅包子，一个炸卤馅三角和一块黄糕，此外还有一小碗鸡丝汤面。男座儿就由几位茶师傅端着点心，送到每位客人跟前。女座儿由茶师傅把点心摆在后面的桌子上，再由妈妈们一份份地送到女客面前。男宾女客都是一边吃着点心，一边听戏。过一会儿我祖母从上屋来到这里照看宾客听戏了，一时又引起女席位中一阵礼让和说笑。用餐前由我父亲和本家叔伯商量男宾每一桌的就席座次，然后用一张张红纸写成座次单。此外，尚有专人掌管竹牌，发一个牌就摆一桌酒席。席摆好了，就有人拿着单子在稠人广坐中，一位位地请来入席。女客就席座次是由我母亲和她的几位姑嫂商定，也是采取写单办法，只是亲戚关系和辈儿更复杂，婆婆和儿媳又不能同桌，所以就更难排定。

开饭时，男席在南屋先摆五桌，男客入席，由我父亲让座。这时我父亲身后站一男仆托着盘中一壶黄酒。我父亲取过酒壶，先给首席的酒杯斟满，再给坐首席的客人请个安请他就座，然后按席次一位位让过，大家才一起就座，由一位本家的叔伯陪坐，我父亲再到其他席前去让。女席先在北屋摆五桌，由我母亲让座。有一位妈妈端着斟满黄酒的盅儿站在旁边，我母亲取一盅酒，摆在首席座前右方，再给坐首席的客人请个安请她就座。就这样依次一位位地让好，等坐齐了，由一位本家婶辈或妯娌相陪，我母亲再到别桌去让。小孩和十二三岁的姑娘、格格凑一两桌，由本家儿的小孩陪着吃，带来的妈妈站在身后伺候着。

男客就座后一般都是尽兴吃喝。如遇酒友们同桌，还要划拳行令，喝个痛快。女客人座后，先由儿媳或随身妈妈给扣上饭挖单（一块方锦有钮绊或别针，扣于领扣上覆在胸前，以防污衣），静坐等女主人给一一布菜。如果这桌女客和本宅常来往，同桌人又都熟识，那就在客气谈话中慢慢吃着，直到上了汤，各自的妈妈递了汤封，大家就一齐离席。照例也给本宅仆人赏封儿，叫"押桌钱"。如果女客中有不常走动的亲戚，同桌人又互不熟识，尽管主人一再殷勤布菜，全桌人连筷子也不动，只等上了汤给汤封儿离席，这叫作"装假"，虽然主人在安排座次单时，曾想方设法不出现这种局面，但往往难免。我祖母生日那天到的各家儿媳妇不少。这时，儿媳妇是最忙不过的，除了像家常那样伺候婆婆外，在自己入席前还要到婆婆和其他长辈前请安谢座，而后方能入席吃饭。坐下后还要叫随身的妈妈望着婆婆那边的动静，在婆婆起席前，赶到婆婆跟前伺候，递折盂漱口水、槟榔豆蔻盒，直等婆婆发了话，才回到自己席上继续吃饭。女客离席后，多是又回到西边院内各屋去洗手、扑粉，喝茶说话儿，歇一会儿，才回去听戏。我祖父在白天由人搀扶着过来听了一会儿戏，晚饭后又过来，坐在他自己的高脚黑皮沙发上，连听了几出戏，兴致很浓。一过十点钟，女席中就有人坐不住了，因为那天天冷路滑，要早点回去，随身的妈妈转告本宅的妈妈给传下去套车。等车齐了客人告辞，母亲也不挽留，只请两个安以表谢意。如果客人向我祖母请安告辞，我祖母必定要说一句："受乏啦！"客人听了还得再请一个安才走。男客也是等车齐了请安告辞。等客人走净了，我的父母还要到我祖父屋和祖母屋去请安，问问累着没有。第二天我们一家人起得很晚，都说腰酸，腿疼，身子乏，因为走的路、请的安实在太多了。

（五）杨琦山摆堂会戏

大约是1928年夏，住在北京西堂子胡同的杨琦山（清直隶总督杨士骧的侄子，当时任张作霖的陆军次长）借那家花园为其父杨八太爷做整寿，请杨小楼、梅兰芳、余叔岩唱了一天的堂会戏，每人都唱了两出，事前就来人布置了几天，并在后院搭了个凉棚，地面用木板垫高和乐真堂地面取平，铺上地毯，把乐真堂的南、北两面的隔扇全部卸下，这样后院和廊子也都摆了座儿。乐真堂那间阁子，分别设了男女寿堂。所收的寿联极多，连院中四面游廊全都挂满了。他们照例也为我家在戏台左侧搭了一个小看台。我的祖母、父母、姑姑和大哥大姐都坐在看台上听戏。

那天到的达官贵人很多，可以说是冠盖云集。我能认识的有孙宝琦、荫昌、胡惟德和曹汝霖等。戏目不少，至今还记得有杨小楼的《水帘洞》，侯喜瑞演牛魔王。还有一出由当时的名坤旦碧云霞主演的《打花鼓》。余叔岩的《上天台》大约是晚9点钟上的。接着是一出客串的《探母坐宫》。公主的扮相雍容华贵，唱得也极好，当时我以为是梅兰芳呢。后来才知道是张学良的盟兄弟周大文，扮四郎的是一位大学生，唱得也不错。那时一些上层人物多不愿把自己的名字和伶人的艺名列在一起，所以戏单上印的是"客串"。那天不论台上唱着什么戏，有时会突然中断，换上"跳加官"。原来这时有某大官儿到了，"跳加官"是表示祝贺这位大官"加官进禄"的意思。

后院东耳房灯火通明，李万春和蓝月春正在扮《神亭岭》中的太史慈和孙策。李万春那时才十几岁，还在斌庆社坐科，已经很红了，大堂会的剧目中，总少不了他的戏。屋里铺上放着白缎子绣花行头和快靴，是梅兰芳演白蛇穿的，靴子上的绣花已经起毛了。原来大名角所穿的行头也不是崭新的！这时梅兰芳和姚玉芙进来了，他们摘下鸭舌帽，脱去西服就立刻扮装。梅兰芳的《金山寺》，那天好像添了一些砌末，就更显得情景逼真，精彩异常。大轴是杨小楼、余叔岩和梅兰芳的《摘缨会》。《摘缨会》本不是名角唱的戏。那天是第一次由杨、余、梅合演。以后在北京第一舞台义务戏中，也曾这样唱过。

杨家那次堂会戏到的人不少，今天还记得当时的情景，这也是假地那家花园唱的最后一次大堂会戏。

四　那桐谱单三代世系

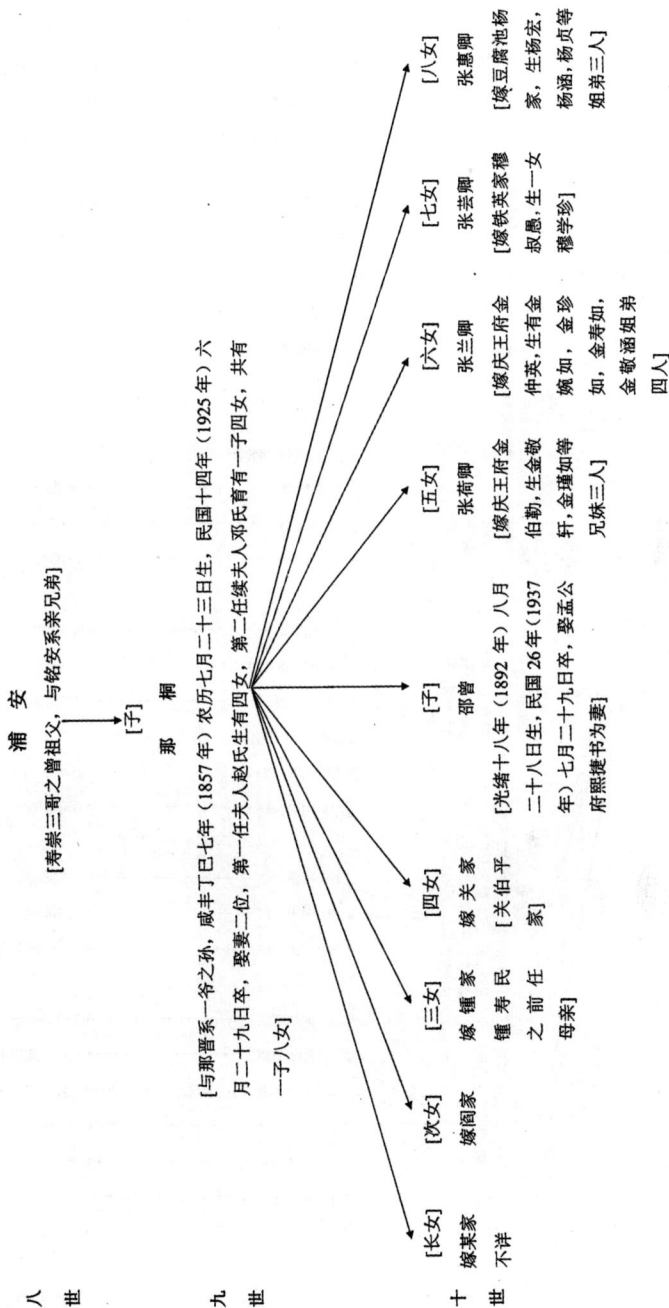

八世

浦安
[寿崇三哥之曾祖父，与铭安系亲兄弟]

九世

[子] 那桐
[与那晋系一爷之孙，咸丰丁巳七年（1857年）农历七月二十三日生，民国十四年（1925年）六月二十九日卒，娶妻二位，第一任夫人赵氏生有四女，第二任续夫人邓氏育有一子四女，共有一子八女]

十世

[长女] 嫁某家 不详

[次女] 嫁阎家

[三女] 嫁锺家 锺寿民之前任母亲

[四女] 嫁夫家 [关伯平家]

[子] 邵曾 [光绪十八年（1892年）八月二十八日生，民国26年（1937年）七月二十九日卒，娶孟公府照捷书为妻]

[五女] 张荷卿 [嫁庆王府金伯勤，生金敬轩，金瑾如等兄妹三人]

[六女] 张兰卿 [嫁庆王府金仲英，生有金媚如，金珍如，金寿如，金敬涵姐弟四人]

[七女] 张岩卿 [嫁铁英家豪穆叔愚，生一女穆学珍]

[八女] 张惠卿 [嫁豆腐池杨家，生杨宏，杨涵，杨贞贞等姐弟三人]

五　那桐之子绍曾一支谱单

绍　曾
[那桐之子，育四子三女]

[三女]张莳蓉
[五姑张莳卿之儿媳，媳庆王府金敬轩，育二子二女]
- [三子]金恒茂 → [子]李明非
- [次女]金恒芳 → [子]刘力[子]刘工
- [次女]金镜 → [女]金启萌
- [长子]金恒堉[妻张佩玲] → [子]金红[女]金朝

[次女]张莳英
[嫁蔡老胡同曾蔡聚荃堰(又名琪荣)，育四子一女]
- [子]蔡世荃 → [子]昌燥[女]昌瑞[女]昌悦
- [子]蔡世析 → [女]蔡玉
- [女]蔡世怡 → [女]蔡[女]蔡霞
- [子]蔡世忠 → 无后
- [子]蔡世蕖 → [子]贾晓明

[长女]张莳芬
[嫁袁守安早故无后]

[四子]张莳蕃
[1923年农历四月十二日生，娶妻岳维珍，育一子三女]
- [三女]张玫[金谨如之儿媳] → [女]钟鸣
- [二女]张玥 → [女]周思宸
- [长女]张琪 → [子]刘新聪
- [子]张之沅 → [子]张旸

[三子]张莳崇
[1921年8月31日生，2002年4月10日卒，娶妻中垫李安金桂芬为妻，育三子三女]
- [三女]张琳 → [女]李天芙
- [二女]张乐 → [子]于悦
- [长女]张瑗 → [子]黄睿
- [三子]张之润[亡]
- [次子]张之涛[亡]
- [长子]张之翰 → [子]张苗[子]张玺

[次子]张莳禹
[1918年3月12日生2003年5月卒，育三子，娶夫人二世第一夫人杨伯敏，育三子，续夫子张南鹤]
- [三子]张之浯 → [女]张茱
- [次子]张之波 → [女]张萌
- [长子]张之谢 → [子]张槿[女]张珙琳

[长子]张莳愚
[1912年7月12日生，1978年6月2日卒，育一子六女]
- [六女]张颖琪 → [子]彭嘉[子]彭曦
- [五女]张颖海 → [女]韩宗楷[子]韩宗龙
- [四女]张颖玲[莳蓉之儿媳] → [女]金红[女]金朝
- [三女]张颖茏 → [子]黄伟
- [次女]张颖珠 → [子]翁祖培[子]翁东岩
- [长女]张颖参[媳海培清] 育二子二女 → [女]蒋燕[女]海瑾瑾[子]海琬
- [长子]张之清 → [子]张戫

十世　　十一世　　十二世　　十三世

第六节 叶赫那拉氏后裔叶嘉莹家世之渊源及谱系有关资料

一 叶嘉莹家世渊源

（一）叶嘉莹简介

叶嘉莹，女，号迦陵，中国古典文学研究专家。1924 年 7 月出生于北京的一个书香世家，1945 年毕业于辅仁大学国文系。现为南开大学中华古典文化研究所所长，博士生导师，加拿大皇家学会院士。曾任台湾大学教授，美国哈佛大学、密歇根大学及哥伦比亚大学客座教授，加拿大不列颠哥伦比亚大学终身教授，并受聘于国内多所大学客座教授及中国社会科学院文学所名誉研究员，2012 年 6 月被聘任为中央文史研究馆馆员。2015 年 10 月 18 日，阿尔伯塔大学授予叶嘉莹荣誉博士学位，成为该校文学荣誉博士。2016 年 3 月 21 日，华人盛典组委会公布叶嘉莹获得 2015—2016 年度"影响世界华人大奖"终身成就奖。2018 年 4 月 16 日，叶嘉莹入选改革开放 40 周年最具影响力的外国专家。2018 年 6 月 3 日，叶嘉莹先生将自己的全部财产捐赠给南开大学教育基金会，用于设立"迦陵基金"，目前已完成初期捐赠 1857 万元。叶嘉莹先生谱系：始祖为星根达尔汉→二世：席尔克明噶图→三世：齐尔哈尼→四世：诸孔革→五世：台担住→六世：清加砮→七世：兀逊布禄→八世：乌达哈→九世：尼克达→十世：托三太→十一世：谙布→十二世：常龄（長龄）→十三世：多隆→十四世：联魁→十五世：中兴→十六世：廷元→十七世：叶嘉莹。

（二）叶嘉莹自述

按照中国旧传统之习俗，在为先世叙写生平时，首先要对家世之渊源略加叙述。我家虽然取姓叶氏，但与刘向《新序》所记述的中国历史上最有名的"好龙"之"叶公"则并无任何渊源。我家先世原为蒙古裔之土默特部族，原居住地在今呼和浩特一带，曾随元世祖忽必烈入主中原，约百年后遭汉人逐反漠北。其中一支于明代中叶移居海西之地。所谓"海西"者，是蒙古时代对于松花江大曲折处之西岸的一个通称。当时该地区原有几个女真族之部落，就是辉发那拉、乌拉那拉和哈达那拉。蒙古之土默特族移居此地以后，奉星根达尔汉为初祖。一说谓其入赘那拉部，另一说谓其攻占那拉部且取其姓，遂亦以"那拉"为氏族之称。至于其冠以"叶赫"之名。则是因为在 16 世纪初，有一位名为"祝孔革"的首领，率其部族迁居于一条名为"叶赫"的河水之滨，遂自称为"叶赫那拉"。及至明代万历年间，有原居于建州之女真族首领努尔哈赤所率之部逐渐强大，遂并吞了原居海西之地的几个女真族之部落。至于自号"叶赫那拉"之原为蒙古土默特之部族，则与建州女真族之努尔哈赤原来互相友好，叶赫部族最后一个领袖金台石将其妹号称"孟古格格"者嫁给了努尔哈赤，她所生的儿子就是继承清太祖努尔哈赤领袖地位的名为皇太极之清太宗，当年努尔哈赤为了扩展势力，曾将建州的诸族陆续吞并消灭，其后遂率大军来攻打叶赫之部族。叶赫部原有东西二城，东城贝勒为金台石，西城贝勒为布扬古。努尔哈赤先来攻打东城时曾令其部下挖掘城基，东城不能守。金台石原拟自焚而死，未遂，为努尔哈赤所杀之。金台石之子尼雅哈遂率众降于爱新觉罗，此一支编入了正黄旗。西城之布扬古亦随之而降，此一支编入了正红旗，及至努尔哈赤战死辽阳，其第八子皇太极即位，因问鼎中原，为减少中原人对"大金"国名之反感，宣布改定女真族名为"满洲"，改国号为"大清"，其开国之主即为叶赫氏孟古格格之子皇太极。其后顺治、康熙诸帝对于叶赫之后人都颇为优遇。金台石之子，投降于清朝的尼雅哈其子即为康熙朝权倾一时之著名的明珠大学士，而明珠之子纳兰性德则曾为康熙帝之侍卫近臣，且颇获宠信。

　　我之所以琐琐记叙叶赫那拉氏族之往事，主要盖由于我家先世实出于此同一之氏族。先曾祖联魁公字慎斋者。曾于道光年间任佐领之职，先祖父中兴公为先绪十八年壬辰科之翻译进士。曾在农工商部任职（先曾祖之职位得之于堂兄嘉縠之记述，先祖之功名职位则见于宣统四年春《职官录》之记载。且我家旧居之大门上端原曾悬有"进士第"之匾额）。盖以我家先世不仅与清皇室曾有姻亲之关系，既随满族之统治者同时入关，而且于入关之后也随满族统治者同时逐渐汉化，并受到了儒家思想极深的影响，有着"学而优则仕"的观念。先曾祖之讳"联魁"，先祖之讳"中兴"，皆可以为证。我幼年时还曾见到过他们父子两代朝服前胸的"补子"与朝冠上的顶戴花翎。据宣统四年春《职官录》于先祖中兴公之科第官职下之记载，先祖曾任农工商部之主事。并标注云："满州正黄旗人"（按：多年前当《红莱留梦》一书之撰写者张侯萍女士邀我访谈时，我曾经记为镶黄旗人，今据史料在此更正）。

　　总之，我家先世既接受了汉族之儒家文化，而养成了一种"学而优则仕"的观念，遂以仕宦为出身之正途。所以我的父亲乃被取名为"廷元"，而字曰"舜庸"。此一名字之取义，盖出于《史记》之《五帝本经》，其中于舜帝之记载曾云："高辛氏有才子八人，世谓之八元……至于尧，尧未能举……舜……举八元。使布五教于四方……内平外成。"由此可见，我父亲之得名，原也寄寓有先祖父的一种欲其出仕朝廷之意。不过事实上是当我父亲只有二十一岁时，清王朝就已经被中华民国所取代了。而国民革命的口号则是"驱除鞑虏，恢复中华"。于是清旧日的世家宗族，遂纷纷把自己原来的满蒙之姓氏更改成了汉人之姓氏。于是我祖父遂择取了"叶赫"部族之首字，而改成了简单的"叶"姓。而且祖父也失去了原来工部的官职，而改以中医为业。这是因为先祖原来就一直喜爱岐黄之术，改业从医后，遂成了有名的中医。他借用了南宋淳熙年间永嘉著名学者叶适的名号，自愿名为"水心堂叶"。盖以叶适原为温州永嘉人，曾居住于永嘉之水心村，人称之为叶水心先生。我当年的祖居，一进大门，迎面的影壁墙上正中央就镌刻了"水心堂叶"四个大字。先伯父讳廷父，自号狷卿，早年曾留学日本，其后就继承了我祖父的岐黄之术，也成为颇被人尊重的一位中医。大约在20世纪90年代，国内著名的文史学家邓云乡先生曾经在《光明日报》的副刊上发表过一篇题为《女词人及其故居》的文稿，内容写的就是我家的庭院。因为他少年时代曾到我家来请我伯父为他的母亲写药方子，故对我家的庭院有详细的记忆与描写，他在文稿中以为，正是因为有这样"庭院深深"的环境，才培养出我这样的"词家"。

二　叶嘉莹谱系

始祖：星根达尔汉→二世：席尔克明噶图→三世：齐尔哈尼→四世：诸孔革→五世：台祖住→六世：清加努→七世：兀逊布禄→八世：乌达哈→
九世：尼克达→十世：托三太→十一世：谱布 ──→ 长龄（十二世）

多隆（十三世）

（十四世）　联
（十五世）　乌氏　中善　中和
（十六世）　廷（女）?　廷（女）珍
（十七世）
（十八世）

（十四世）　关氏　中兴（员外郎）
（十五世）　余廷义　廷惠
（十六世）　嘉林　嘉（女）井　嘉穀
（十七世）　言朴　言郁　言都
（十八世）

（十四世）　氏魁　廷（女）兰
（十五世）　
（十六世）　

廷元
（十五世）　嘉莹　嘉谋
（十六世）　赵言　赵（女）言　言柏　言（女）权
（十七世）　言材　言楷
（十八世）

廷弼　嘉枳

（叶嘉穀，台湾大学教授，其妻杨如雪为台湾人，台湾师大教授）

（叶言都，台湾中国时报记者兼作家）

（叶言材，日本北九州大学教师，兼九州大学福冈大学等校教师）葛联

主要参考文献

《明实录》，中华书局 2016 年版。

《明史》，中华书局 1974 年版。

《满文老档》上、下册，中华书局 1990 年版。

《满洲实录》，辽宁通志馆 1930 年影印线装本。

阿桂等：《满洲源流考》，辽宁民族出版社 1988 年版。

《清代档案史料丛编》，第 1 辑，中华书局 1979 年版。

《清代史料笔记丛刊》，中华书局 2015 年版。

《清入关前史料选辑》，中国人民大学出版社 1989 年版。

《清实录》，中华书局 1986 年影印《清实录》本。

赵尔巽等：《清史稿》，中华书局 1977 年点校本。

朱寿朋：《光绪朝东华录》，中华书局 2016 年版。

《咸丰朝上谕档（影印本）（全 11 册）》，广西师范大学出版社 2008
  年版。

《翁同龢日记排印本》，上海古籍出版社 2006 年版。

《道光朝上谕档（30 册）》，广西师范大学出版社 2009 年版。

鄂尔泰：《八旗通志》（初集、二集），李洵、赵德贵主点校，东北师
  范大学出版社 2003 年版。

中国第一历史档案馆：《康熙起居注（全三册）》，中华书局 1984
  年版。

《北京图书馆藏家谱丛刊·民族卷》，北京图书馆出版社 2002 年版。

额腾额：《叶赫纳兰氏八旗族谱》，国家图书馆道光三年抄本。

《德贺讷世管佐领接袭家谱》，中国第一历史档案馆藏本。

崇秀等：《叶赫呐喇氏宗谱》，中央民族大学图书馆藏本。

常英、兴泰、祥安：《叶赫那拉氏族谱》，国家图书馆道光二十九年朱丝栏稿本。

那寿山：《那氏族谱》，辽宁本溪那寿山藏本。

那世垣：《叶赫那喇氏宗族谱》，辽宁本溪那世垣藏本。

那淳：《叶赫那拉氏世系生辰谱》，国家图书馆清蓝丝栏抄本。

那成举：《叶赫那拉氏双城古谱》，黑龙江那成举藏本。

徐乾学：《叶赫那拉氏家乘》，崇秀等《叶赫呐喇氏宗谱》，中央民族大学图书馆藏本。

叶嘉莹：《叶嘉莹家世之渊源及谱系》，叶嘉莹藏本。

叶凌云：《叶赫那拉氏宗谱源流考》，国家图书馆 1934 年叶凌云写本。

佚名：《布寨佐领世表》，国家图书馆光绪年间抄本。

张之澍：《那桐谱单》，天津张之澍藏本。

那宝琛、那宝范、那权增：《那氏谱书续集》，辽宁瓦房店那宝琛、那宝范、那权增藏本。

弘昼、鄂尔泰等：《八旗满洲氏族通谱》，辽海出版社 2002 年影印本。

李林：《满族家谱选编》，辽宁民族出版社 1988 年版。

傅波、张德玉：《满族家谱选》，中国社会科学出版社 1994 年版。

王钟翰：《清史列传》，中华书局 1987 年点校本。

［美］费正清编：《剑桥中国晚清史》，郭沂纹译，中国社会出版社 1985 年版。

李洵、薛虹：《清代全史》第 1 卷，辽宁人民出版社 1991 年版。

李燕光、关捷：《满族通史》，辽宁民族出版社 1991 年版。

梁启超：《戊戌政变记》，岳麓书社 2011 年版。

刘德鸿：《清初学人第一——纳兰性德研究》，中国社会科学出版社 1997 年版。

刘庆华：《满族家谱序评注》，辽宁民族出版社 2010 年版。

刘庆华：《满族姓氏综录》，辽宁民族出版社 2012 年版。

李林：《本溪满族家谱研究》，辽宁民族出版社 1989 年版。

李慈铭：《越缦堂国事日记》，文海出版社 1977 年版。

金基浩、葛荫山：《满族研究文集》，吉林文史出版社 1990 年版。

傅波、张德玉：《满族家谱研究》，辽宁古籍出版社 1996 年版。

宝成关：《奕訢慈禧政争记》，吉林文史出版社 1980 年版。

鲍明：《满族文化模式》，辽宁民族出版社 2006 年版。

定宜庄：《老北京人的口述历史》，中国社会科学出版社 2009 年版。

定宜庄：《清代八旗驻防制度研究》，天津古籍出版社 1992 年版。

费行简：《慈禧传信录》，《戊戌变法》，资料丛刊本，上海出版社 2015 年版。

李澍田：《长白丛书·海西女真史料》（二集），吉林文史出版社 1986 年版。

苏景春：《叶赫史话》，吉林文史出版社 2001 年版。

汤志钧：《戊戌变法史》，上海社会科学院出版社 2015 年版。

徐彻：《慈禧纪实丛书》，辽沈书社 1994 年版。

徐彻：《一个真实的慈禧太后》，团结出版社 2007 年版。

薛柏成：《叶赫那拉氏家族史研究》，吉林文史出版社 2004 年版。

杨宾：《柳边纪略》，商务印书馆 1936 年版。

俞炳坤等：《西太后》（紫禁城丛书），紫禁城出版社 1985 年版。

曾国藩：《曾文正公手书日记》，凤凰出版社 2010 年版。

张德玉：《满族宗谱研究》，辽宁民族出版社 2002 年版。

张佳生：《满族文化史》，辽宁民族出版社 1999 年版。

赵力：《满族姓氏寻根词典》，辽宁民族出版社 2012 年版。

庄福林：《叶赫部（地区）历史地理残档拾萃》，吉林教育出版社 1999 年版。

杜家骥：《满族家谱对女性的记载及其社会史史料价值》，《中国社会历史评论》2006 年第 7 卷。

杜家骥：《清代满族家谱的史料价值及其利用》，《吉林师范大学学报》2016 年第 2 期。

刘小萌：《清代满人的姓与名》，《吉林师范大学学报》2014 年第 1 期。

薛柏成：《德贺讷世管佐领接袭家谱再论》，《延边大学学报》2014 年第 2 期。

薛柏成：《辽宁〈那氏谱书续集〉述评》，《满族研究》2014 年第 2 期。

薛柏成：《论叶赫那拉氏家族在清初的历史作用》，《北方文物》2001 年第 3 期。

薛柏成：《满文那氏谱单及神本述评》，《吉林师范大学学报》2007 年第 6 期。

薛柏成：《那桐谱单研究》，《东北师范大学学报》2014 年第 6 期。

薛柏成：《纳兰性德"关东题材"诗词的文化学意义》，《吉林师范大学学报》2013 年第 3 期。

薛柏成：《浅论叶赫那拉氏族谱》，《满族研究》2001 年第 4 期

薛柏成：《叶赫那拉氏后妃与清代历史考评》，《吉林师范大学学报》2004 年第 2 期。

薛柏成：《叶赫那拉氏家族史料研究述评》，《史学集刊》2012 年第 2 期。

薛柏成：《叶赫那拉氏宗族谱述评》，《满族研究》2004 年第 4 期。

薛柏成：《叶赫那拉氏族谱与满族集体历史记忆研究》，《吉林师范大学学报》2014 年第 6 期。

薛柏成：《叶赫呐喇氏宗谱（正白旗）述论》，《社会科学战线》2014

年第 5 期。

赵殿坤：《额腾额叶赫纳兰氏八旗族谱试评》，《北方文物》1996 年第
  5 期。

赵殿坤、隽琳：《叶赫纳兰氏八旗族谱补遗》，《满族研究》2012 年第
  9 期。

后　记

距笔者上一部叶赫那拉氏家族史专著《叶赫那拉氏家族史研究》出版已十三年了，十几年来该书圆了不少叶赫家族后人的寻根之梦，得到了很多叶赫后人及有关专家的赞扬与肯定，笔者更与其中的一些满族朋友结下了深厚的友谊，如辽宁本溪《叶赫那拉氏宗族谱》修谱人那世垣先生，辽宁瓦房店《那氏谱书续集》修谱人那宝范、那权增先生等。通过该书笔者也与一些叶赫家族的名人建立了密切的联系，如著名作家叶广芩女士、诗人纳兰明媚、画家张之澍、书法家叶赫那拉·振海先生等。特别是在本书即将出版之际，那世垣、叶赫那拉·振海二先生多方联系叶赫族人，为本书提供了叶赫那拉氏后裔叶嘉莹家世之渊源及谱系，且叶嘉莹先生在此谱系之中亲自撰写了家世之渊源。通过与他们的交往，笔者深深地为他们的家国情怀所感。他们身上及其作品中所体现的家族凝聚力、爱国热情、无处不在的人文关怀、优秀的伦理道德生活，使笔者进一步坚定了从历史人类学的向度研究满族家族史的信心。笔者先后作了国家古委会项目《传世珍藏叶赫那拉氏族谱整理与研究》、国家社科基金项目《满族伦理思想研究》（在研），后来随着有关资料的丰富，特别是又陆续得到了北京国家图书馆《叶赫那拉氏族谱》《叶赫那拉氏世系生辰谱》《叶赫拉氏宗谱源流考》，中国第一历史档案馆藏的慈禧世系《德贺讷世管佐领接袭家谱》，中央民族大学图书馆藏的善本正白旗《叶赫呐喇氏宗谱》，辽宁民间藏《叶赫那拉宗族谱》，吉林民间藏《叶赫那拉氏谱单及神本》，黑龙江民间藏《那氏谱单》、那氏《双城古谱》，天津民间藏《那桐谱单》等珍贵谱牒资料后，便开始一边整理，一边对一些重要的族谱进行理论研究，发表了十几篇有关研究论文。惜于篇幅，中央民族大学图书馆藏正白旗《叶赫呐喇氏宗谱》、辽宁《叶赫那拉宗族谱》、辽宁《那氏谱书续集》、黑龙江《那氏谱书》虽已整理完毕，但未全部收入本书，只好待以后另结集出版。

《叶赫那拉氏族谱整理与研究》到今天终于可以结集面世了，虽然这部书稿还有很多不尽如人意的地方，但它毕竟是笔者近年来在满族文化领域教书、科研的一个小结，满族文化研究的道路还很长，"颠沛必于斯，造次必于斯"，总结一下，有利于下一步的教学与科研，故有此举。

在这里感谢为本书提供族谱的那世垣、那宝范、那权增、张之澍、叶赫那拉·振海等先生的大力支持，感谢刘晓萌、杜家骥教授为本书提出的诸多宝贵意见，尤其是杜家骥教授还拨冗为本书撰写了序言，同时感谢为本书出版提供支持的吉林师范大学及出版社的各位朋友们！

戊戌年秋于寓所跃马堂